Du hast die Wahl – welche Aufgabe interessiert dich am meisten?

Übe, mathematische Begriffe anzuwenden: Beschreibe, erkläre, begründe.

Schau im Plusbereich unten nach Tipps oder weiteren Aufgaben passend zu dieser Aufgabe.

Die Aufgaben im Plusbereich passen zur Aufgabe oben:
„mehr" – auf gleichem Niveau
„leichter" – auf einfacherem Niveau

Verständnis vertiefen und sichern

Fasst gemeinsam zusammen, was ihr gelernt habt.

Alles gut verstanden?!

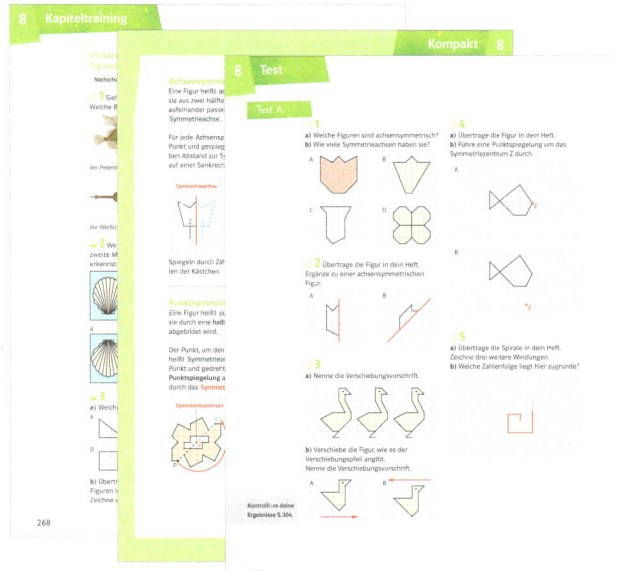

Am Ende jedes Kapitels kannst du im **Kapiteltraining** nochmal vertiefen und üben, im **Kompakt** nachschlagen und im **Test** dein Wissen überprüfen. Die Lösungen zum Test findest du am Ende des Schulbuchs.

Symbole im Buch

○	Aufgabe auf einfachem Niveau
◐	Aufgabe auf mittlerem Niveau
●	Aufgabe auf schwierigem Niveau
+	Zu dieser Aufgabe gibt es Tipps und weitere Aufgaben zum Üben
💡	Tipp
👥	Aufgabe für Zweierteams
👥👥	Aufgabe mit Gruppenarbeit
MK	Medienkompetenz
SP	Sprachkompetenz

Mathe live 5

Karl Charon
Marie Diekgerdes
Dr. Dorothee Göckel
Mareike Helmis
Sabine Kliemann
Dr. Regina Puscher
Matthias Römer
Ronja Wienewski

Ernst Klett Verlag GmbH
Stuttgart · Leipzig · Dortmund

1 S.7

Daten | Neugierig aufeinander

Kennt ihr euch schon? Was wisst ihr voneinander? Welche Hobbys habt ihr? Von welchen Grundschulen kommt ihr? Wer hat wann Geburtstag? Wer ist am größten, wer am kleinsten?

8	Check-in
10	Fragen und Auswerten
19	Große Anzahlen darstellen und runden
24	Am größten, am kleinsten, in der Mitte
28	Auf einen Blick
30	Kapiteltraining
33	Kompakt
35	Test

2 S.37

Brüche | Fair verteilt

Magst du Lakritzschnecken, Äpfel, Pizza oder Schokolade? Wie teilst du gerecht und fair?

38	Check-in
40	Wir teilen gerecht
46	Brüche darstellen
52	Gleichwertige Brüche
56	Brüche vergleichen
61	Prozente
64	Auf einen Blick
66	Kapiteltraining
69	Kompakt
70	Test

3 Zahlen | Teilen und Ordnen

S. 72

Welche besonderen Zahlen und Muster kennst du? Wie haben Menschen in antiken und anderen Kulturen gezählt und gerechnet? Wie bündeln wir heute große und kleine Zahlen?

- 73 Check-in
- 75 Aufteilen und Anordnen
- 82 Teilbarkeit
- 86 Primzahlen und Quadratzahlen
- 89 Potenzen
- 92 Zahlenfolgen und Muster
- 95 Zahldarstellungen und Stellenwerte
- 101 Meisterlich rechnen
- 106 Auf einen Blick
- 108 Kapiteltraining
- 112 Kompakt
- 113 Test

4 Längen | Unterwegs zueinander

S. 115

Weißt du von allen Kindern deiner Klasse, wo sie wohnen? Wie weit ist dein Schulweg? Welche öffentlichen Verkehrsmittel benutzt ihr? Könnt ihr euch auf einem Stadtplan den Weg erklären?

- 116 Check-in
- 118 Stadtplan
- 121 Koordinatensystem
- 126 Längen
- 131 Längen addieren und subtrahieren
- 134 Längen vervielfachen
- 137 Längen teilen
- 140 Auf einen Blick
- 142 Kapiteltraining
- 145 Kompakt
- 146 Test

5 Zeiten | Reiselustig

S. 149

Wie pünktlich bist du am Bus? Wofür planst du bei einer Reise gerne Zeit ein? Wie lange war deine längste Reise? Hast du genügend Zeit für deine Abenteuer?

150	Check-in
152	Kleine Zeiteinheiten
156	Zeitspannen und Zeitpunkte
161	Große Zeiteinheiten
165	Weg-Zeit-Diagramm
172	Auf einen Blick
174	Kapiteltraining
176	Kompakt
177	Test

6 Geometrische Körper | Verpackt

S. 179

Eckig, rund, groß, klein, aus Kunststoff und Papier – wie können Verpackungen aussehen? Wozu werden Verpackungen gebraucht? Sind Verpackungen notwendig?

180	Check-in
182	Körper und ihre Eigenschaften
186	Körpernetze
190	Parallel und senkrecht
194	Besondere Vierecke
198	Schrägbilder
202	Auf einen Blick
204	Kapiteltraining
207	Kompakt
208	Test

7 Geld, Gewichte | Tierisch wichtig

S. 210

Was kostet es im Jahr, ein Haustier zu halten? Wieviel Gramm Futter frisst das Meerschweinchen am Tag? Wie groß und wie schwer ist ein Hund?

211	Check-in
213	Kosten überschlagen
217	Mit Geld rechnen
221	Gewichte vergleichen
227	Mit Gewichten rechnen
230	Situationen verstehen
233	Größen schätzen
236	Auf einen Blick
238	Kapiteltraining
241	Kompakt
242	Test

8 Symmetrie | Blüten, Blätter

S. 244

Welche besonderen Muster und Symmetrien entdeckst du in Blumen und Bäumen, Tannenzapfen und Schnecken?

245	Check-in
247	Achsensymmetrie
251	Achsenspiegelung
255	Parallelverschiebung
259	Punktsymmetrie
263	Spiralen
266	Auf einen Blick
268	Kapiteltraining
271	Kompakt
272	Test
275	Lösungen
306	Operatoren
309	Stichwortverzeichnis
312	Quellennachweis

Daten | Neugierig aufeinander

1

In diesem Kapitel lernt ihr,
- wie Ergebnisse von Befragungen ausgewertet und übersichtlich dargestellt werden,
- wie Diagramme gezeichnet und gelesen werden,
- wie Diagramme beschrieben werden,
- wie Zahlen gerundet werden,
- wie Daten geordnet und verglichen werden.

1 Check-in

1 ➕ **Ich kann Zahlen am Zahlenstrahl ablesen.**
Notiere, auf welche Zahl der Pfeil zeigt.
a)
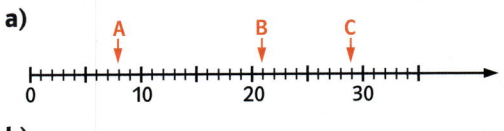
b)
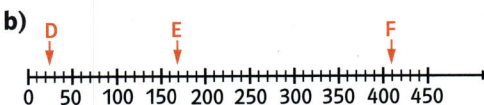

2 ➕ **Ich kann Zahlen am Zahlenstrahl eintragen.**
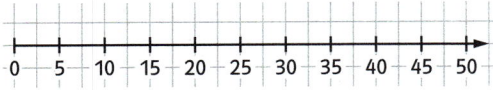
a) Zeichne den Zahlenstrahl ins Heft.
b) Markiere die Zahlen auf dem Zahlenstrahl.
A = 15; B = 30; C = 49; D = 8

Kontrolliere deine Ergebnisse S. 275.

3 ➕ **Ich kann einen Zahlenstrahl einteilen.**
Zeichne den Zahlenstrahl ins Heft. Beschrifte vollständig.
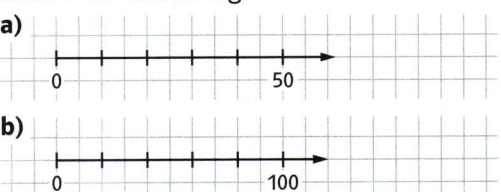

4 ➕ **Ich kann Stellenwerte erkennen.**
a) Schreibe die Zahlen ins Heft. Unterstreiche Einer in Rot, Tausender in Grün.
2345; 12 604; 40 546
b) Gib die Nachbarhunderter an.
231; 784; 920

➕

💡 **1 Tipp**
Ein **Zahlenstrahl** ist eine gerade Linie, auf der Zahlen der Größe nach angeordnet werden. Der Abstand zwischen benachbarten Zahlen ist immer gleich groß.

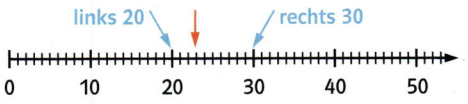

Der Abstand zwischen 20 und 30 ist 10.
Bei allen Strichen wird um 1 weitergezählt.

💡 **2 Tipp**
b) Zwischen welche der bereits eingetragenen Zahlen gehört die Zahl? Um wie viel wird bei jedem Strich weitergezählt?

💡 **3 Tipp**
Es liegen fünf Abschnitte zwischen den eingetragenen Zahlen.
Wie groß ist der Abstand der Zahlen für jeden Abschnitt?

💡 **4 Tipp**
Zahlen bestehen aus Ziffern.

ZT	T	H	Z	E
	1	5	3	8

ZT **Z**ehn**t**ausender,
T **T**ausender,
H **H**underter,
Z **Z**ehner,
E **E**iner

5 ➕ Ich kann Zahlen aus einer Stellenwerttafel ablesen.

HT	ZT	T	H	Z	E	Zahl
	••	•••		••••	•••	
	2	3	0	4	3	23 043
		••	••••	•	••••	
☐	☐	☐	☐	☐	☐	☐
•••	••••••		••	•••••	••	
☐	☐	☐	☐	☐	☐	☐

a) Übertrage die Stellenwerttafel ins Heft. Schreibe die Zahlen auf.
b) Wie viele Punkte brauchst du, um die Zahl 12 darzustellen?

6 ➕ Ich kann schriftlich addieren.
Addiere schriftlich im Heft.

a)
```
  2 4 5 3
+   3 4 2
```

b)
```
  1 2 3 4
+ 5 6 7 8
```

c) 614 + 237
   6140 + 2370
   614 + 2370

Kontrolliere deine Ergebnisse S. 275.

7 ➕ Ich kann subtrahieren.
a) Subtrahiere im Kopf.
179 − 71; 84 − 50; 84 − 49; 152 − 128
b) Berechne die Differenz.
345 m und 221 m; 52 kg und 38 kg;
467 € und 288 €
c) Berechne die Differenz.
388 cm und 345 cm; 304 cm und 295 cm

8 ➕ Ich kann Größenangaben ordnen.
Ordne der Größe nach.
a) 8 kg; 43 kg; 42 kg; 850 kg; 15 kg
b) 89 m; 271 m; 158 m; 90 m; 164 m
c) 12 min; 1 min; 90 min; 80 min; 125 min; 32 min

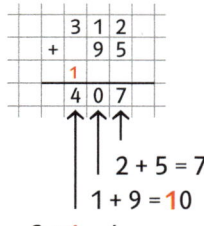

💡 5 Tipp
Jede Spalte einer Stellenwerttafel steht für einen bestimmten Stellenwert.

ZT	T	H	Z	E
	1	5	3	8

ZT Zehntausender, **T T**ausender, **H H**underter, **Z Z**ehner, **E E**iner

💡 6 Tipp
1 Schreibe die Zahlen stellengerecht untereinander.
2 Addiere stellenweise von rechts nach links.

```
    3 1 2
 +    9 5
      1
    4 0 7
```
3 + 1 = 4
1 + 9 = 10
2 + 5 = 7
Schreibe den **Übertrag** auf den Rechenstrich.

💡 7 Tipp
a) Nutze eine Hilfsaufgabe.
Zerlege 179 − 71 in 179 − 70 = ☐ und ☐ − 1
b) und c) Die **Differenz** ist das Ergebnis einer Minus-Rechnung.

💡 8 Tipp
Je mehr Stellen eine Zahl hat, desto größer ist sie. Vergleiche bei gleicher Anzahl an Stellen die Stellenwerte der Zahlen von links nach rechts: 12**3**6 und 12**5**4
Da **3** < **5** ist 12**3**6 < 12**5**4

1 Fragen und Auswerten

Entdecke:

A

a) Erstellt einen Geburtstagskalender eurer Klasse. Schreibt euren Namen und euer Geburtsdatum auf einen Zettel. Ordnet diese nach den Geburtsmonaten.

b) [SP] Beschreibt, was ihr bei dieser Form des Geburtstagskalenders gut erkennt.

Alex 4.3.2014

Der Geburtstagskalender der Klasse 5c

☐ = 2014
☐ = 2013
☐ = 2012

Januar	Februar	März	April	Mai	Juni	Juli	August	September	Oktober	November	Dezember
										Mike 15.11.	
										Sina 13.11.	
		Alex 4.3.		Noah 17.5.			Bura 9.8.	Naiema 5.9.	Ida 5.10.	Luis 5.11.	Aische 13.12.
		Eva 17.3.		Ben 2.5.	Emilia 25.6.		Tilda 3.8.	Nora 7.9.	Wiebke 8.10.	Felix 22.11.	Paul 28.12.
Kübra 22.1.	Alina 27.2.	Steffi 28.3.	Marie 2.4.	Lovis 30.5.	Lisa 24.6.		Jonte 26.8.	Finn 23.9.	Kosta 14.10.	Ahmed 19.11.	Lotta 8.12.

B [MK] Die Kinder der Klasse 5a haben Fragen für einen Fragebogen gesammelt.

1. Welches Fach ist dein Lieblingsfach?
2. Welche Farbe ist deine Lieblingsfarbe?
3. Welches Tier ist dein Lieblingstier?
4. Schreibst du mit rechts oder mit links?
5. Wie lang brauchst du morgens für den Schulweg?
6. Was ist deine Lieblingssportart?

Wie wichtig ist dir …

	total wichtig	wichtig	nicht so wichtig	gar nicht wichtig
Gerechtigkeit				
Respekt				
Mut				
Freundschaft				
Ordnung				

Wie viele Geschwister hast du?

Keine	II
1	
2	I
3	
mehr	I

a) Was interessiert euch an den Kindern in eurer Klasse? Einigt euch auf Fragen für einen Fragebogen.
b) Führt eine Befragung durch, indem ihr einen eigenen Fragebogen erstellt.
c) Wertet eure Befragung aus. Nummeriert die Fragebögen, damit ihr sie nicht verwechselt. Legt Strichlisten mit der Anzahl der Antworten an. Teilt euch die Arbeit untereinander auf.

Lieblingsfarbe	Anzahl
Blau	III …
Rot	…
Gelb	…
…	…

	total wichtig	wichtig	nicht so wichtig	gar nicht wichtig
Gerechtigkeit ist	III …			

Fragen und Auswerten 1

d) MK Stellt die Ergebnisse eurer Befragung für eine Präsentation übersichtlich dar.

Unsere Lieblingsfarben
Rot ⅢⅢ   Gelb || Blau ⅢⅢ ||||
Grün ⅢⅢ ||| Andere ||||

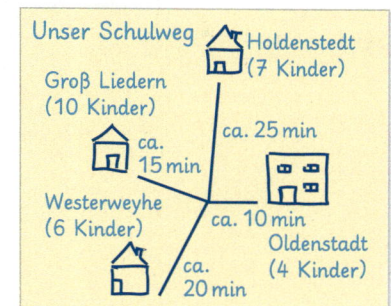

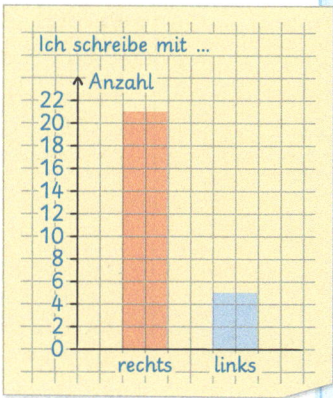

e) Die Klasse 5a hat aufgelistet, was für die Darstellung eines Ergebnisses wichtig ist. Fällt euch noch etwas ein? Ergänzt eure Darstellung, falls nötig.

f) SP Präsentiert euch eure Ergebnisse. Beschreibt nach jeder Präsentation, was euch gut gefallen hat.

Wenn wir Ergebnisse darstellen oder präsentieren, achten wir auf ...
– eine Überschrift.
– eine übersichtliche Anordnung.
– eine Grafik, die das Ergebnis darstellt.
– eine schöne Gestaltung.
– einen Satz am Ende, der die Informationen zusammenfasst.

So heißt es:

Die Tabelle

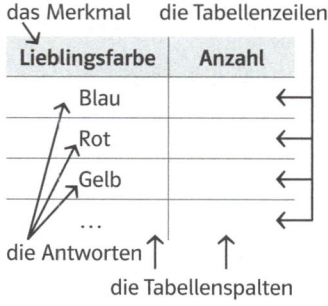

Die Strichliste

Lieblingsfarbe	Anzahl
Rot	ⅢⅢ ||||
Blau	ⅢⅢ	
Gelb	|||

Jeder 5. Strich wird quer gesetzt.

Die Häufigkeitstabelle

Lieblingsfarbe	Häufigkeit
Rot	9
Blau	6
Gelb	3

Das Säulendiagramm

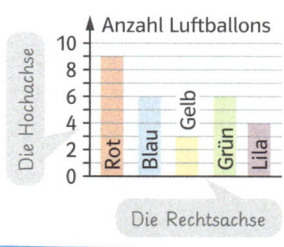

Das Balkendiagramm

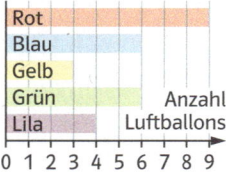

Das Bilddiagramm

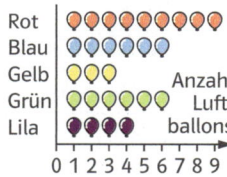

1 Fragen und Auswerten

So geht es:

Beispiel: Zeichne ein Säulendiagramm zur Tabelle.

Alter	Anzahl (Striche)	Häufigkeit
10 Jahre	|||| |||| |||	13
11 Jahre	|||| ||||	9
12 Jahre	||||	4

Mindestens 13 Striche an der Hochachse, da 13 der höchste Wert bei der Häufigkeit ist.

Die Zahlen stehen in regelmäßigen Abständen an den Strichen der Hochachse.

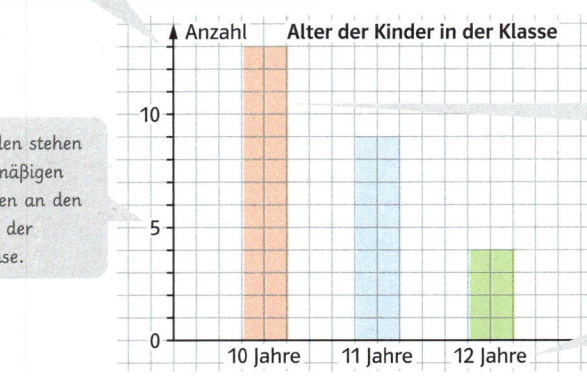

13 Kinder sind 10 Jahre alt. Die Säule geht bis zum Wert 13.

Die Antworten stehen auf der Rechtsachse.

Schreibe es auf:

1 [SP] Mit den Daten aus der Häufigkeitstabelle soll ein Säulendiagramm gezeichnet werden.

a) Schreibe die Schritte zum Zeichnen des Diagramms in einer sinnvollen Reihenfolge auf.

Farbe	Häufigkeit
Rot	9
Blau	8
Gelb	3

- 1. Zeichne eine Rechts- und eine Hochachse.
- ☐ Zeichne alle Säulen gleich breit.
- ☐ Schreibe an die Rechtsachse die Farben.
- ☐ Schreibe eine Überschrift über das Diagramm.
- ☐ Lies in der Tabelle ab, wie häufig die Farbe genannt wird.
- ☐ Beschrifte die Hochachse mit Zahlen in gleichmäßigen Abständen. Beginne bei 0.
- ☐ Zeichne die Höhen der Säulen passend zur Häufigkeit der Farben in der Tabelle.

b) Zeichne das Säulendiagramm ins Heft.

Übe jetzt:

○ **2** Vervollständige die Tabelle im Heft.

Lieblingssportart	Anzahl (Striche)	Häufigkeit
Fußball	☐	9
Schwimmen	|||	☐
Inlineskaten	☐	4

○ **3** 👥 [SP] Erklärt, woher die Namen der Diagramme kommen könnten: Bilddiagramm, Säulendiagramm, Balkendiagramm.

Fragen und Auswerten 1

4 Lucas Ergebnis aus der Klasse:

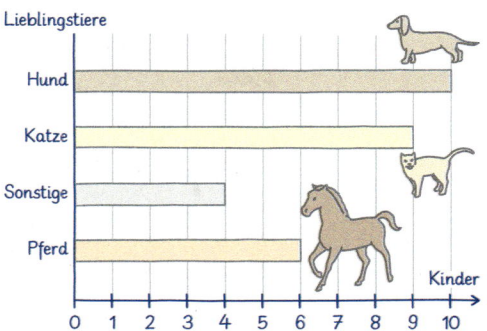

a) Erstelle die Strichliste und die Häufigkeitstabelle zu Lucas Balkendiagramm.

Lieblingstier	Anzahl (Striche)	Häufigkeit

b) Entscheide, welche Frage Luca der Klasse gestellt haben könnte.

(1) Kreuze dein Lieblingstier an:
  ○ Katze   ○ Hund
  ○ Pferd   ○ Meerschweinchen

(2) Welches ist dein Lieblingstier? _____

(3) Kreuze dein Lieblingstier an:
  ○ Katze   ○ Hund   ○ Pferd
  ○ Ich habe kein Lieblingstier.

5 Die Sportarten der Kinder einer fünften Klasse: 5 spielen Fußball, 4 turnen, 6 spielen Volleyball, 3 spielen Badminton, 2 schwimmen.
a) Erstelle eine Häufigkeitstabelle.
b) Ergänze das Säulendiagramm im Heft.

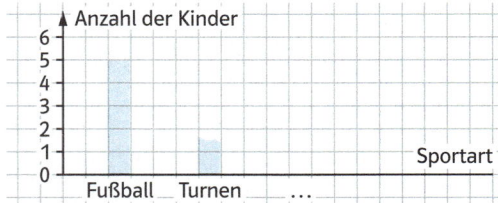

6 Zeichne ein Balkendiagramm.

Alter	Anzahl
10 Jahre	11
11 Jahre	14
12 Jahre	4

7 Schon in der Steinzeit gab es Strichlisten. Die Menschen haben vor über 20 000 Jahren die Anzahl der Tiere oder die Zahl der vergangenen Tage gezählt.
Lies ab, wie viele Pferde gezählt wurden.

8 Celina hat ein Säulendiagramm gezeichnet. Gib Celina Tipps für Korrekturen.

Lieblingssportart	Häufigkeit
Fußball	9
Schwimmen	3
Inlineskaten	4

9 SP Das Diagramm zeigt das Umfrageergebnis einer fünften Klasse.

Jedes Symbol bedeutet: Ein Kind kommt mit diesem Verkehrsmittel zur Schule.

Vervollständige die Sätze.

„Die wenigsten Kinder kommen …"

„Es kommen … Kinder mehr zu Fuß als mit …"

1 Fragen und Auswerten

○ **10** Die Fahrräder einer fünften Klasse wurden überprüft. Die Polizei hat für die defekten Teile eine Strichliste angelegt. Zeichne ein Balkendiagramm.

defektes Teil	Anzahl
Klingel	ЖЖ II
Bremsen	IIII
Reifen	II
Beleuchtung	Ж IIII
Reflektoren	IIII

○ **11** Zeichne ein Diagramm zur Umfrage „Wie verbringst du am liebsten deine Freizeit?"

Freizeitaktivität	Anzahl
Chatten	3
Computerspielen	3
Sport	8
Lesen	2
Freunde treffen	7
Sonstiges	5

○ **12** Anna hat ein Diagramm gezeichnet. Es zeigt die Ergebnisse einer Umfrage in ihrer Klasse zur Frage „Wie oft in der Woche liest du Bücher?"
Gib Anna zwei Tipps, was sie beim Zeichnen des Diagramms vergessen hat.

◐ **13** SP ➕ Eine Umfrage in einer fünften Klasse zur Frage „Wie viel Zeit verbringst du jede Woche mit deinem Hobby?" wurde ausgewertet.

Zeit für mein Hobby	Anzahl der Kinder
bis zu 15 min	II
16 min bis 30 min	ЖЖ III
31 min bis 45 min	III
46 min bis 60 min	IIII
61 min bis 90 min	III
mehr als 91 min	III

a) Gib die Anzahl der Kinder an, die höchstens 30 min mit ihrem Hobby verbringen.
b) Gib die Anzahl der Kinder an, die mehr als eine Stunde mit ihrem Hobby verbringen.
c) Formuliere zwei richtige Aussagen mit „höchstens" und „mehr als" zur Tabelle.

➕ 💡 **13 Tipp**
a) „höchstens 30 min" bedeutet 30 min oder weniger.
b) Eine Stunde (1 h) hat 60 min.

Fragen und Auswerten

14 „Wie viele Geschwister hast du?"

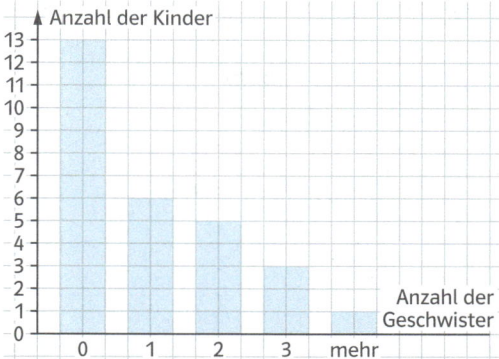

a) Wie viele Kinder sind keine Einzelkinder?
b) SP Bestimme, bei wie vielen Kindern zu Hause mindestens drei Kinder sind.

15

Mia: Was findest du wichtig? _____

Karim: Kreuze bis zu drei Dinge an, die dir besonders wichtig sind:
○ Familie   ○ Freundschaft
○ Gerechtigkeit   ○ Umwelt
○ Haustiere   ○ Vertrauen

a) Welche Befragung findest du besser? Begründe.
b) Erstelle eine eigene Befragung zum Thema.

16 „Ordnung ist mir …"

Klasse	total wichtig	wichtig	nicht so wichtig	gar nicht wichtig
5.1	1	11	12	2
5.2	6	12	4	2

a) Zeichne ein Diagramm.
b) SP Ist „Ordnung" für die Klassen gleich wichtig? Begründe deine Entscheidung.
c) Welche Meinungen habt ihr in eurer Klasse zu „Ordnung"? Stellt euer Ergebnis in einem Diagramm dar.

---

14 Tipp
b) In einer Familie sind 3 Kinder: Tom, Luis und Alina. Wie viele Geschwister hat Tom?

14 mehr SP
Bei wie vielen Kindern sind zu Hause höchstens zwei Kinder? Bestimme.

15 Tipp
a) Welchen Fragebogen kannst du gut auswerten?

16 Tipp
b) Wo unterscheiden sich die Häufigkeiten der Klassen? Wo sind sie gleich?

16 leichter
„Gerechtigkeit ist mir …"

Klasse	total wichtig	wichtig	nicht so wichtig	gar nicht wichtig
5a	11	11	0	0
5b	12	10	1	0

a) Zeichne ein Diagramm.
b) Ist „Gerechtigkeit" für die Klassen unterschiedlich wichtig? Entscheide.
c) Welche Meinungen habt ihr zu „Gerechtigkeit" in eurer Klasse? Stellt euer Ergebnis in einem Diagramm dar.

1 Fragen und Auswerten

17

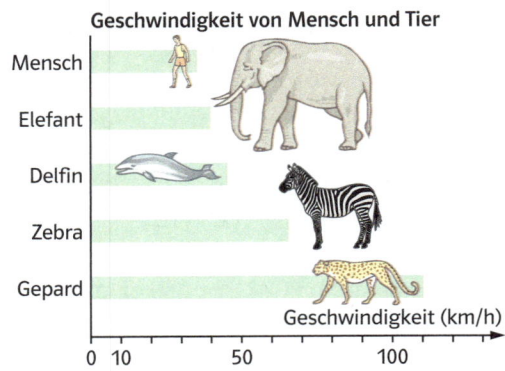

Geschwindigkeit von Mensch und Tier

a) Gib an, welche Tiere schneller als 60 km/h laufen können.
b) Um wie viele km/h ist der Gepard schneller als der Mensch?
c) Bei welchen Tieren wäre es schwierig, ihre Geschwindigkeit einzuzeichnen?
d) Beschreibe das Diagramm.

- Das Diagramm beschreibt ….
- Die Balken stehen für ….
- Die Länge der Balken gibt an, ….
- Das schnellste Tier ist … mit ….

18

„Wann stehst du während der Schulzeit morgens auf?"

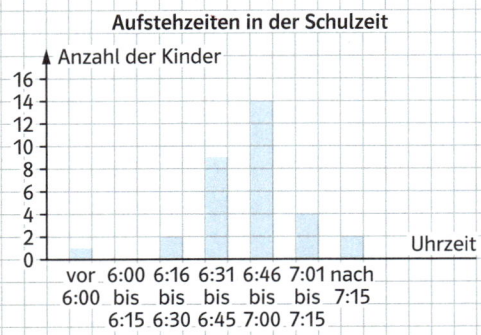

Dennis hat das Diagramm beschrieben.

Jede Säule im Diagramm steht für eine Zeitspanne. Die meisten Kinder stehen zwischen 6:46 Uhr und 7:00 Uhr auf. Dass zwei Kinder so spät aufstehen, könnte daran liegen, dass sie nahe an der Schule wohnen.

a) Was hat Dennis gut gemacht?
b) Gib Dennis Tipps für Ergänzungen.

17 Tipp
c) Denke an sehr langsame Tiere.

17 leichter

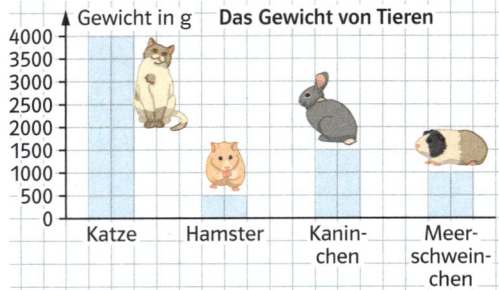

Das Gewicht von Tieren

Beschreibe das Diagramm.

- Das Diagramm beschreibt …
- Jede Säule steht für …
- Die Höhe der Säule gibt an, ….
- Das schwerste Tier ist … mit … g.
- … ist doppelt so schwer wie …
- Das leichteste Tier ….
- … ist schwerer als …

18 Tipp
Nutze das „Wortgeländer" als Checkliste.

Wortgeländer Diagramme beschreiben
- Das Diagramm beschreibt … (Das Diagramm zeigt …)
- Jede Säule zeigt … / Jede Säule steht für …
- Die Länge der Säulen gibt an, …
- Die Angaben reichen von … bis …
- Am meisten … / Am häufigsten … / Am schnellsten … / Die wenigsten …
- Auffällig ist, …
- Das könnte daran liegen, dass … (wenn du eine Vermutung hast)

Fragen und Auswerten

● 19 [SP] ✚ „Welche drei Fächer sind deine Lieblingsfächer?"

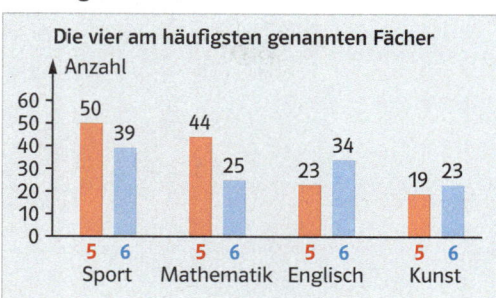

Die vier am häufigsten genannten Fächer

In den Jahrgängen 5 und 6 wurde eine Umfrage zu den drei Lieblingsfächern gemacht.
a) Beschreibe das Diagramm.
b) 👥 Tauscht eure Beschreibungen aus. Lobt, was gut gelungen ist. Gebt Tipps, was verbessert werden kann.
c) 👥 Sind diese vier Fächer auch in eurer Klasse die beliebtesten? Vergleicht mit einer eigenen Umfrage. Beschreibt euer Diagramm.

💡 19 Tipp
Zu einer Beschreibung gehört dazu:
- was das Diagramm zeigt
- wofür die Säulen stehen und was ihre Längen angeben
- Angaben zu höchsten und niedrigsten Werten
- eventuelle Auffälligkeiten

⊝ 19 leichter
„Ist Mathe eines deiner Lieblingsfächer?" Beschreibe das Diagramm.

Wähle aus:

● 20 [SP] Getränke in der Schule
Michael und Mareike haben an ihrer Schule gefragt, welche Getränke in der Pause verkauft werden sollen.

	Klasse 5/6	Klasse 7/8	Klasse 9/10
Milch	|||| |||| |||| |||	|||	||
Säfte	|||| |||| |||| |||	|||| |||	|||| |||| ||
Wasser	||||	|||	|||| |||

a) Beschreibe die Ergebnisse der Umfrage.
b) [SP] Farid sagt: „Nach dieser Umfrage ist Milch beliebter als Wasser. Ich glaube nicht, dass diese Umfrage die Meinung unserer Schule wiedergibt." Was meinst du? Begründe.

● 21 [SP] Alte Bäume
Bäume können sehr alt werden.

Baumart	mögliches Alter
Birne	70 Jahre
Kirsche	90 Jahre
Kiefer	600 Jahre
Rotbuche	300 Jahre
Linde	1000 Jahre

a) Zeichne ein Diagramm.
b) Der älteste Baum der Welt ist „Old Tjikko", eine Fichte in Schweden mit 9550 Jahren. Erläutere, warum es schwierig ist, das Alter in das Diagramm zu zeichnen.

1 Fragen und Auswerten

○ 22 [MK] Tabellenkalkulation

Sarah hat 40 Kinder des 5. Jahrgangs nach ihrem Lieblingsessen gefragt. Die Daten in der rechten Spalte sind aus einem Zeitungsartikel.

Lieblingsessen	Anzahl (Sarah)	Anzahl (Zeitung)
Pizza	10	22
Baguette	8	keine Angabe
Würstchen	3	27
Pommes	4	32
Spaghetti	6	63
Milchreis	3	47
Hähnchen	3	27
Salate	2	19
alles	1	keine Angabe

a) Übertrage die Daten in ein Tabellenkalkulationsprogramm.
b) Erstelle mit der Tabellenkalkulation zu jeder Spalte ein Diagramm.
(Markiere die zwei Spalten für die Achsen und nutze *Einfügen ▶ Diagramme*.)

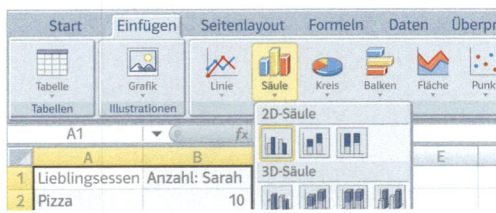

c) Vergleiche die beiden Diagramme. Was stellst du fest?

○ 23 [MK] [SP] Aktuelle Diagramme

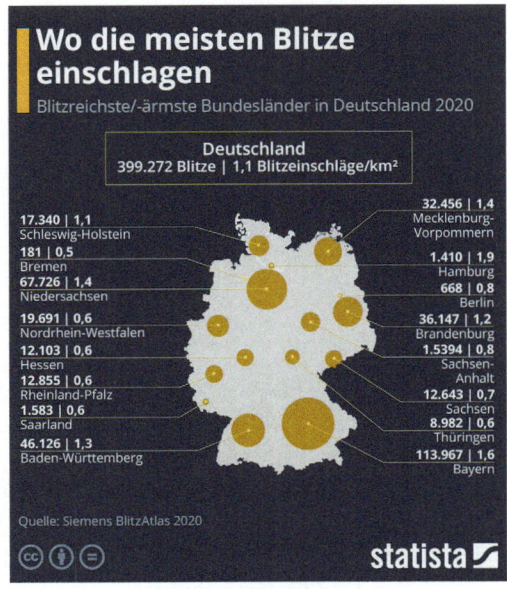

a) Suche zu einem Thema, das dich interessiert, ein Diagramm (z. B. im Internet oder in einer Zeitung).
Zeichne, kopiere oder schneide das Diagramm aus. Übertrage es in dein Heft.
Du kannst auch das Blitzdiagramm in dieser Aufgabe verwenden.
b) Unterscheidet sich das Diagramm von denen, die du bereits kennst?
Wenn ja, beschreibe den Unterschied.
c) Beschreibe dein Diagramm.
Wie genau sind die Zahlenangaben?

Gemeinsam sichern:

24 „Mut ist mir ..."

Klasse	total wichtig	wichtig	nicht so wichtig	gar nicht wichtig
5b	4	9	12	1

a) Findet die beiden Fehler im Diagramm und in der Überschrift. Verbessert sie im Heft.
b) [SP] Welche Aussagen zum Diagramm sind richtig und welche falsch?

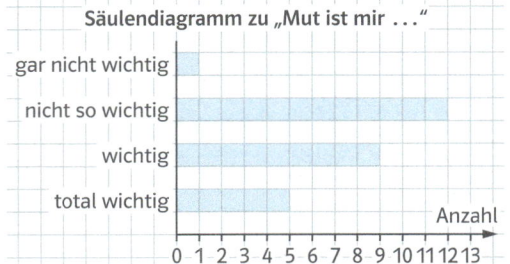

Alica: Im Diagramm wird beschrieben, wie wichtig „Mut" für die Klasse 5b ist.
Ben: Die einzelnen Balken stehen für „total wichtig" bis „gar nicht wichtig".
Finn: Die Länge der Balken gibt an, wie wichtig den Kindern Mut ist.
Lisa: Am häufigsten haben die Kinder gesagt: „Mut ist mir wichtig".

25 [SP] Sammelt Punkte, auf die ihr beim Zeichnen und beim Beschreiben von Diagrammen achten müsst.

Große Anzahlen darstellen und runden

Entdecke:

A

Beispiel 1: Fußballstadion

A Der Stadionsprecher meldet:
„Der BVB Dortmund begrüßt heute 78 348 Gäste."

B In der Zeitung steht:
78 000 Zuschauer waren beim Heimspiel des BVB im Stadion.

Beispiel 2: Schülerzahlen

A Die Schulbehörde schreibt:
Die Gesamtschule Mitte hat 702 Schülerinnen und Schüler. Die Schule am Leibnizplatz hat 1049 Schülerinnen und Schüler.

B Aus der Zeitung: Schülerzahlen

a) Wählt ein Beispiel aus. Beschreibt euch gegenseitig den Unterschied zwischen den Zahlenangaben in **A** und in **B** eures Beispiels.
b) Erklärt euch gegenseitig Vorteile und Nachteile von Zahlenangaben wie in **A** und in **B**.
c) **A** Das Museum schreibt: „112 283 Personen haben die Ausstellung besucht."
Schreibt eine mögliche Angabe wie in den Aussagen bei **B** dazu.

So heißt es:

Beim **Runden** gibst du für den genauen Wert einer Zahl einen ungefähren Wert an.
Die **Rundungsstelle** ist der Stellenwert, auf den du rundest.

die genaue Zahl → 3**7**1 ≈ 400 ← die ungefähre Zahl / die gerundete Zahl

die Rundungsstelle ↑   ↑ das Ungefähr-Zeichen

sprich: „371 ist ungefähr 400"
oder „371 ist gerundet 400"

So geht es:

Betrachte die Ziffer nach der **Rundungsstelle**. Steht dort eine 0; 1; 2; 3 oder 4 wird **abgerundet**. Steht dort eine 5; 6; 7; 8 oder 9 wird **aufgerundet**.

Beispiel 1: Runde auf Zehner.

2**0**4 ist ungefähr 200, weil 204 näher an 200 als an 210 liegt. Schreibweise: 204 ≈ 200
2**0**8 ist ungefähr 210, weil 208 näher an 210 als an 200 liegt. Schreibweise: 208 ≈ 210

Beispiel 2: Runde die Zahl 76 485.
- auf Zehner: 76 4**8**5 ≈ 76 490
- auf Hunderter: 76 **4**85 ≈ 76 500
- auf Tausender: 76 **4**85 ≈ 76 000
- auf Zehntausender: 7**6** 485 ≈ 80 000
- auf Hunderttausender: 76 485 ≈ 100 000

1 Große Anzahlen darstellen und runden

Schreibe es auf:

1 Vervollständige die Sätze. Du kannst die Worte in den Kärtchen benutzen.
(1) Ich runde, wenn …
(2) Ich runde auf, wenn …
(3) Ich runde ab, wenn …

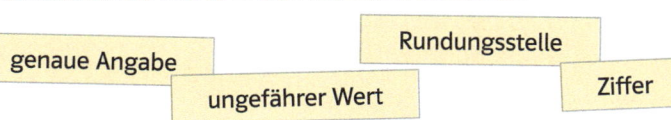

genaue Angabe — ungefährer Wert — Rundungsstelle — Ziffer

Übe jetzt:

2
a) Gib an, welcher Zehner am nächsten bei 158 liegt.

```
  +--+--+--+--+--+--+--+--+--+--+-->
     150        155        160
```

b) Gib an, welcher Zehner am nächsten bei 233 (236; 241) liegt.

```
  +--+--+--+--+--+--+--+--+--+--+-->
     230        235        240
```

c) Gib an, welcher Hunderter am nächsten bei 590 (642; 683) liegt.

3 Runde die Zahlen auf Zehner.
a) 179; 181; 182; 184; 185; 186; 188
b) 22; 33; 44; 55; 66; 77; 99

4 Am Zahlenstrahl sind die Zahlen 4100, 4200 und 4300 eingetragen.

```
  +-----------+-----------+-----------+-->
     4100        4200        4300
```

a) Welche Zahl liegt am nächsten an 4172?
b) Welche Zahl liegt am nächsten an 4242?
c) Runde die Zahlen auf Hunderter.
4180; 4190; 4210; 4240; 4250; 4270

5 1111; 3333; 4444; 5555; 6666; 9999
a) Runde auf Zehner.
b) Runde auf Hunderter.
c) Runde auf Tausender.

6 Runde die Zahlen auf Tausender.
a) 2900; 3100; 3200; 3400; 3500; 4300
b) 5901; 5991; 6499; 6501; 499; 501

7 Wie viele Besucher könnten es genau gewesen sein? Nenne drei Möglichkeiten.

Hitzewelle! In dieser Woche haben 12 300 Badegäste unser Schwimmbad besucht.

8

A 12 435 + 47 213   B 86 982 − 45 273

a) Überschlage das Ergebnis, indem du vor dem Rechnen auf Hunderter rundest.
b) Berechne genau. Vergleiche mit deinem Überschlag.

9 So viele Kinder und Jugendliche besuchten 2020 in Nordrhein-Westfalen die verschiedenen Schularten.

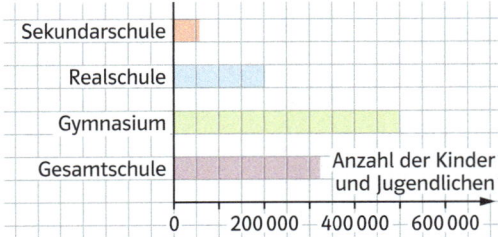

Lies die Zahlen ab. Auf welche Rundungsstelle genau kannst du ablesen?

Große Anzahlen darstellen und runden — 1

10

Einwohnerzahlen im Jahr 2019	
Bremen	576 459
Essen	582 760

Erklärt euch gegenseitig, was Mira und Jerry falsch gemacht haben.

Ich runde bei Essen auf Zehntausender – also 583 000.

Mira

Jerry

Ich runde bei Bremen erst auf Hunderter – also 576 500 Einwohner. Dann runde ich das auf Tausender – also 577 000 Einwohner.

11 Wie stark belastet euch die Schule?

Umfrage bei Kindern (6–14 Jahre)	
überhaupt nicht	255
etwas	507
einigermaßen stark	185
sehr stark	53
weiß nicht / keine Angabe	12

Stelle die Daten in einem Säulendiagramm dar. Runde so, dass du die Daten gut darstellen kannst.

12

a) „Mein Zug fährt etwa um 16:00 Uhr." Was könnte an dieser Zeitangabe problematisch werden?

b) Gib Beispiele an, bei denen man Zahlen nicht runden sollte.

13 Menschen mit Migrationshintergrund sind zugewanderte Menschen mit ihren Kindern. In Deutschland wohnten 2020 insgesamt etwa 21 Millionen Menschen mit Migrationshintergrund.

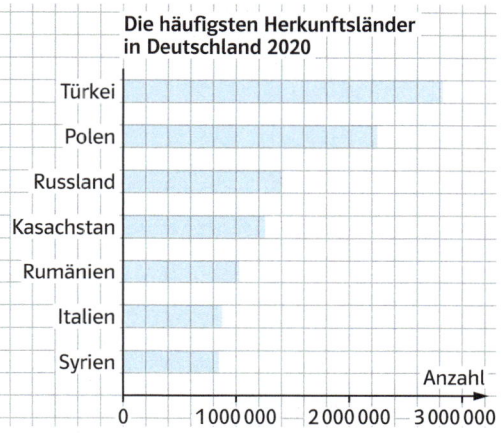

a) Lies die Zahlen ab. Auf welche Rundungsstelle kannst du ablesen?
b) Beschreibe das Diagramm.

---

10 Tipp
Zu Mira: Überlege, an welcher Stelle die Zehntausender stehen.
Zu Jerry: Runde gleich auf Tausender und vergleiche mit Jerrys Ergebnis.

11 Tipp
- Zeichne die Hochachse so, dass du den höchsten und den niedrigsten Wert einzeichnen kannst.
- Teile die Hochachse in gleich große Abschnitte ein.
- Zeichne alle Säulen gleich breit.
- Beschrifte die Achsen und schreibe eine Überschrift über das Diagramm.

12 Tipp
b) Denke an den Bereich Medizin oder an Nummern, mit denen etwas gefunden werden soll.

13 Tipp
b) Vervollständige die Sätze.

> Das Diagramm beschreibt ….
> Die Balken stehen für ….
> Auffällig ist ….
> Die Länge der Balken gibt an ….
> Die meisten …
> Das könnte daran liegen, dass …

1 Große Anzahlen darstellen und runden

14 Im Schuljahr 2019/2020 gingen in Deutschland 8 079 042 Kinder und Jugendliche auf eine allgemeinbildende Schule.

Bundesland	Anzahl Kinder und Jugendlicher
Baden-Württemberg	1 109 593
Berlin	365 942
Bremen	67 233
Hamburg	198 889
Niedersachsen	822 058
Nordrhein-Westfalen	1 916 925
Saarland	91 036

a) Alex sagt: „So genau kann man diese Zahlen doch gar nicht angeben." Was meinst du dazu?
b) Stelle die Daten in einem Diagramm übersichtlich dar. Runde dafür sinnvoll. Überlege dir eine passende Einteilung für die Achse mit den Anzahlen.
c) Erkläre, wie du die Achse mit den Anzahlen unterteilt hast.

15 Der Feldhamster gehört in Deutschland zu den bedrohten Tierarten.

Anzahl der Bauten von Feldhamstern in Nordrhein-Westfalen				
Jahr	2010	2012	2014	2018
Anzahl der Bauten	230	138	48	31

Stelle die Entwicklung in einem Diagramm dar.

16 Tobias' Ergebnis von 48 · 39 ist 2072.
Alina sagt: „Das kann nicht stimmen, das Ergebnis liegt unter 2000."
Alina hat recht. Erkläre, wie sie Tobias' Ergebnis so schnell überprüfen konnte.

17
a) Leas Taschenrechner zeigt bei der Rechnung 478 · 9 das Ergebnis „7002". Lea hat sich vertippt.
Erkläre, wie du das erkennst.
b) Überschlage das Ergebnis.

2989 : 61

---

14 Tipp
b) • Der größte und der kleinste Wert müssen auf die Achse mit den Anzahlen passen.
• Die Achse muss gleichmäßig unterteilt sein.
• Runde so, dass du die Werte gut darstellen kannst.

14 leichter
Länge der Flüsse: Mosel 544 km; Weser 452 km; Elbe 1091 km; Main 524 km; Donau 2857 km; Rhein 1236 km
Zeichne ein Balkendiagramm.
Prüfe: Wenn du als Einteilung auf der Rechtsachse 1 Kästchen für 100 km wählst, passt dann die Länge des Balkens für den längsten Fluss in dein Heft?

15 Tipp
• Teile die Anzahlachse in gleich große Abschnitte, sodass du den höchsten und den niedrigsten gerundeten Wert einzeichnen kannst.
• Vergiss die Beschriftung der Achsen und die Überschrift über dem Diagramm nicht.

16 Tipp
Runde vor dem Rechnen.
Rechne mit den gerundeten Zahlen.

17 Tipp
Runde vor dem Rechnen.
Rechne mit den gerundeten Zahlen.

1 Große Anzahlen darstellen und runden

Wähle aus:

● 18 Falsche Eindrücke

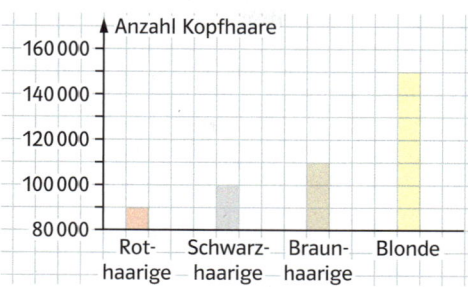

a) [SP] „Schwarzhaarige haben doppelt so viele Haare wie Rothaarige, Braunhaarige dreimal so viele."
Was meinst du?
b) Zeichne selbst ein Diagramm so, dass auf den ersten Blick ein falscher Eindruck entsteht.

◐ 19 [SP] Schulbücher
Schätze, ob es eine Million Schulbücher an deiner Schule gibt.
Erkläre deine Überlegung.

◐ 20 Bilddiagramme mit großen Zahlen

Haustiere in Deutschland im Jahr 2020

Die groß abgebildeten Tiere bedeuten:
1 Million Tiere dieser Tierart.
Die klein abgebildeten Tiere bedeuten:
100 000 Tiere dieser Tierart.

a) Gib an, wie viele Katzen es 2020 in Deutschland gab.
b) [SP] Es gibt mehrere Millionen Haustiere in Deutschland. Im Bilddiagramm können die Tiere nicht alle einzeln gezeichnet werden. Beschreibe, wie das Problem gelöst wird.

Gemeinsam sichern:

21 [SP] Nicht immer ist es sinnvoll oder notwendig, Zahlen ganz genau anzugeben.
a) Nenne so eine Situation. Zeige an einem Zahlenbeispiel, wie du dabei rundest.
b) Vergleicht eure Beispiele. Überlegt gemeinsam, welches der Stichworte zu den Beispielen passt.

- genaue Daten nicht verfügbar
- Überblick über Größenordnung reicht aus
- Rechenergebnisse überprüfen

22 [MK] [SP] So viele Lehrkräfte gab es im Jahr 2020.

- in Niedersachsen 76 477
- in Bremen 6891
- in Nordrhein-Westfalen 177 378
- in Berlin 34 363

Stellt die Daten in einem Balkendiagramm dar. Zeichnet das Balkendiagramm möglichst groß auf ein DIN-A4-Blatt. Bereitet eine Präsentation eures Diagramms vor. Erklärt eurer Klasse, wie ihr vorgeht, um die Rechtsachse für diese Daten einzuteilen.

1 Am größten, am kleinsten, in der Mitte

Entdecke:

A

a) Messt eure Körpergrößen oder nutzt die Daten der Klasse 5.3.
Klebt für eure Messung Papierblätter an eine Wand. Markiert die Größen aller Kinder darauf. Schreibt die Namen und die Größe an die Markierungslinie.

b) Wertet die Daten aus. Beschreibt sie.

> Am größten ist … mit … cm.
> Am kleinsten ist … mit … cm.
> Wenn sich alle der Reihe nach aufstellen, stehen … und … in der Mitte.

c) Wie groß ist der Unterschied zwischen dem größten und dem kleinsten Wert? Wie weit sind der kleinste und der größte Wert jeweils vom Wert der Kinder in der Mitte entfernt?

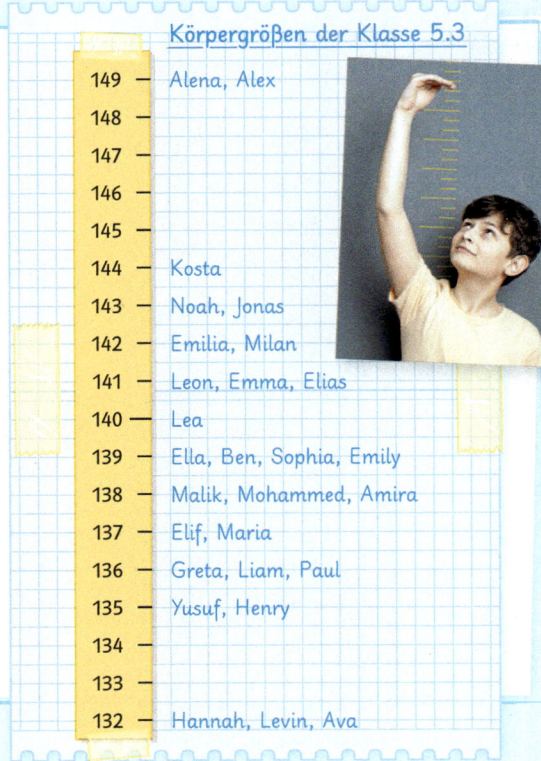

Körpergrößen der Klasse 5.3

- 149 — Alena, Alex
- 148 —
- 147 —
- 146 —
- 145 —
- 144 — Kosta
- 143 — Noah, Jonas
- 142 — Emilia, Milan
- 141 — Leon, Emma, Elias
- 140 — Lea
- 139 — Ella, Ben, Sophia, Emily
- 138 — Malik, Mohammed, Amira
- 137 — Elif, Maria
- 136 — Greta, Liam, Paul
- 135 — Yusuf, Henry
- 134 —
- 133 —
- 132 — Hannah, Levin, Ava

B Eine Gruppe hat in ihrem Jahrgang gefragt, wie viel Taschengeld die Kinder pro Woche bekommen. Sortiert die Ergebnisse, sodass ihr einen Überblick bekommt. Beschreibt das Befragungsergebnis kurz.

11 €, 16 €, 10 €, 20 €, 17 €, 15 €, 8 €

So heißt es:

In einer **Rangliste** werden die Ergebnisse einer Befragung oder Messung der Größe nach geordnet.

das Maximum: der größte Wert der Rangliste

die Spannweite: der Unterschied zwischen größtem und kleinstem Wert

das Minimum: der kleinste Wert der Rangliste

der Zentralwert: Wert in der Mitte der Rangliste
Rechts und links vom Zentralwert liegen gleich viele Werte.
Der Zentralwert heißt auch **Median**.

1 Am größten, am kleinsten, in der Mitte

So geht es:

Ungerade Anzahl an Datenwerten

Name	Körpergröße
Levin	143 cm
Neila	145 cm
Paul	142 cm
Lilly	134 cm
Erik	136 cm

Rangliste:
134 cm; 136 cm; 142 cm; 143 cm; 145 cm
Minimum — Zentralwert — Maximum

Es liegen gleich viele Werte rechts und links davon.

Spannweite = Maximum − Minimum = 145 cm − 134 cm = 11 cm

Gerade Anzahl an Datenwerten

Name	Körpergröße
Moritz	138 cm
Elisa	141 cm
Eleni	141 cm
Can	145 cm
Mika	147 cm
Maja	149 cm

Rangliste:
138 cm; 141 cm; 141 cm; 145 cm; 147 cm; 149 cm
↑ Zentralwert

In der Mitte zwischen diesen beiden Werten liegt der Zentralwert.

Zentralwert: 141 cm + 145 cm = 286 cm
286 cm : 2 = 143 cm

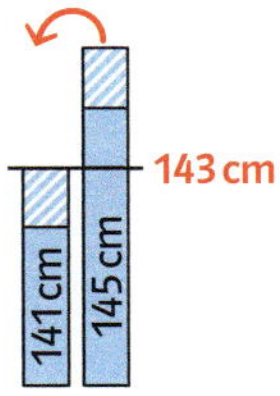

Schreibe es auf:

1 📝 Wie ermittelst du das Maximum, das Minimum, die Spannweite und den Zentralwert? Beschreibe. Du kannst diese Wortbausteine benutzen.

- gerade/ungerade Anzahl an Datenwerten
- durch 2 dividieren
- den höchsten Wert in der Rangliste suchen
- die beiden mittleren Werte addieren
- in einer Rangliste ordnen
- Unterschied zwischen größtem und niedrigstem Wert bestimmen
- den niedrigsten Wert suchen
- Wert in der Mitte der Rangliste

Übe jetzt:

○ **2** Fünf Kinder haben sich gewogen:
43 kg; 33 kg; 47 kg; 37 kg; 41 kg
Erstelle die Rangliste. Markiere Maximum grün, Minimum blau und Zentralwert rot.

○ **3** Schulwegzeiten zu Fuß:

Levi	Ida	Sophie	Luan	Jona
8 min	6 min	13 min	25 min	18 min

Erstelle eine Rangliste. Bestimme die Spannweite und den Zentralwert.

○ **4** „Wie lange nutzt du täglich digitale Medien?"
Angaben in min: 30; 90; 45; 80; 90; 60; 120
Erstelle die Rangliste. Bestimme die Spannweite und den Median.

○ **5** 👥 Nehmt 6 unterschiedlich lange Stifte.
a) Sortiert die Stifte der Größe nach.
b) Messt die Länge der Stifte.
Bestimmt Maximum und Minimum.
c) Bestimmt Spannweite und Zentralwert.

1 Am größten, am kleinsten, in der Mitte

6 Sechs Kinder haben ihre Fußlänge gemessen und sie auf einem Zahlenstrahl angeordnet.

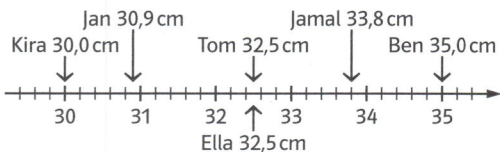

a) Bestimme Maximum und Minimum.
b) Bestimme Spannweite und Zentralwert.

7 Sechs Kinder haben ihre Schultaschen gewogen. Die schwerste Tasche wog 5400 g. Die Spannweite war 2000 g und der Zentralwert 4200 g.
a) Wie schwer sind die anderen fünf Schultaschen? Schreibe zwei mögliche Ranglisten auf.
b) [SP] Emil sagt: „Bei mindestens der Hälfte der Kinder wiegt die Schultasche 4200 g oder weniger." Stimmt das? Begründe.
c) Bildet eine 6er-Gruppe. Wiegt eure Schultaschen und vergleicht.
d) Eine Empfehlung besagt: „Das Gewicht der Schultasche darf nicht mehr als das eigene Körpergewicht geteilt durch 10 betragen."
Überprüfe die Empfehlung mit deiner Tasche.

8 Erstelle eine Rangliste mit 6 Werten, deren Minimum und Median 20 ist.

9 Dauer des Schulwegs: 18 min; 10 min; 12 min; 35 min; 20 min; 22 min
a) Bestimme den Median.
b) [SP] Beschreibe, welche Informationen du aus den Werten ablesen kannst.
c) Erstelle mit derselben Spannweite und demselben Median zwei weitere Ranglisten aus sechs Werten.

10 Für einen Schulwettkampf wurden drei Mädchen mit den besten Weitsprungergebnissen ausgewählt.

Clara: 3,14 m; 3,12 m; 3,04 m
3,12 m; 3,08 m; 3,06 m

Joana: ungültig; 3,04 m; 2,93 m
3,26 m; 3,35 m; ungültig

Aishe: 2,98 m; 3,16 m; 3,08 m
3,27 m; ungültig; 3,29 m

a) [SP] Wen sollte die Trainerin aussuchen, wenn sie nur ein Mädchen zum Wettkampf schicken kann? Begründe.
b) [SP] Mit welchen Werten könnten die Mädchen jeweils für sich argumentieren?
c) Wenn Joana beim letzten Sprung nicht übertreten hätte, hätte sie den besten Zentralwert gehabt. Wie weit war der Sprung mindestens?

💡 **7 Tipp**
a) Die Anzahl der Werte ist gerade. 4200 g liegt zwischen den zwei Werten in der Mitte.

7 leichter
Gib zwei mögliche Ranglisten zu den Körpergrößen der 5 Kinder an: Minimum 129 cm; Spannweite 24 cm; Zentralwert 138 cm

💡 **8 Tipp**
• Ein Wert kann mehrmals vorkommen.
• Können der dritte und vierte Wert der Rangliste größer als 20 sein?
• Kann das Maximum größer als 20 sein?
• Muss das Maximum größer als 20 sein?

💡 **9 Tipp**
b) Nutze die Satzanfänge.

Das Kind mit dem längsten Schulweg braucht …

Die Hälfte der Kinder brauchen höchstens …

Das Kind mit dem kürzesten Schulweg …

💡 **10 Tipp**
b) Bestimme die Maxima, Spannweiten und Zentralwerte und verwende sie für die Argumentationen.
c) Überlege, welchen Zentralwert Joana übertreffen müsste, um den besten Zentralwert zu haben.

Am größten, am kleinsten, in der Mitte

Wähle aus:

○ 11 [MK] Weiten beim Schlagballwurf

Die Weiten einer fünften Klasse beim Schlagballwurf:

Mädchen	Jungen
23 m; 17 m; 30 m; 14 m; 15 m; 32 m; 12 m; 21 m; 29 m; 26 m; 22 m	19 m; 20 m; 28 m; 32 m; 23 m; 11 m; 27 m; 12 m; 16 m; 15 m; 21 m; 9 m; 38 m; 39 m; 18 m; 34 m; 40 m

Du kannst die Aufgaben mit oder ohne eine Tabellenkalkulation lösen.
a) Erstelle Ranglisten für die Weiten.
(Nutze in der Tabellenkalkulation dafür *Daten ► sortieren*).
b) Bestimme bei den Mädchen und Jungen die größte und die kleinste Weite. Berechne jeweils den Unterschied.
c) Welche Weite liegt bei den Mädchen und welche bei den Jungen in der Mitte?
(Nutze in der Tabellenkalkulation dafür *Formeln ► Statistik*)
d) [SP] Welche Gruppe war deiner Meinung nach die bessere? Begründe.

○ 12 Ein anderer Mittelwert

Bei der Beschreibung von Daten findest du häufig auch den Durchschnittswert. Um ihn zu bestimmen, werden alle Werte addiert. Dann wird diese Summe durch die Anzahl der Daten geteilt.
Bestimme die Durchschnittstemperatur:
33 °C; 24 °C; 27 °C

○ 13 [SP] Wachstumstabellen für Kinder

Die Angaben in den Wachstumstabellen für Kinder beruhen auf vielen Daten. Für das Größenwachstum der 10- bis 12-Jährigen werden diese Zentralwerte angegeben.

Alter	Zentralwert Mädchen	Zentralwert Jungen
10 Jahre	138,6 cm	137,8 cm
11 Jahre	145 cm	143,1 cm
12 Jahre	151,2 cm	149,1 cm

a) Beschreibe, was der Wert „145 cm" bei den 11-jährigen Mädchen aussagt.
b) Jakub (11 Jahre) ist 146 cm groß. Formuliere einen Satz, der Jakubs Größe mit der Körpergröße anderer 11-jähriger Jungen vergleicht.

● 14 Klimawerte

Für die Jahre von 1961 bis 1990 und 1991 bis 2020 wurde für jedes Jahr die Durchschnittstemperatur in Deutschland notiert. Daraus ergaben sich diese Werte.

	Minimum	Zentralwert	Maximum
1961–1990	7,1 °C	8,1 °C	8,9 °C
1991–2020	7,2 °C	9,5 °C	10,5 °C

Vergleiche die beiden Zeitabschnitte.

Gemeinsam sichern:

15 [SP]

In einem Test konnten 50 Punkte erreicht werden. Das Ergebnis aus 2 Klassen mit je 26 Kindern seht ihr in der Tabelle.
a) Erklärt, was der Wert 30 für die Klasse 5.1 aussagt.
b) Vergleicht die Ergebnisse der beiden Klassen.

Erreichte Punkte

Klasse	Minimum	Maximum	Zentralwert
5.1	25	49	30
5.2	29	42	34

1

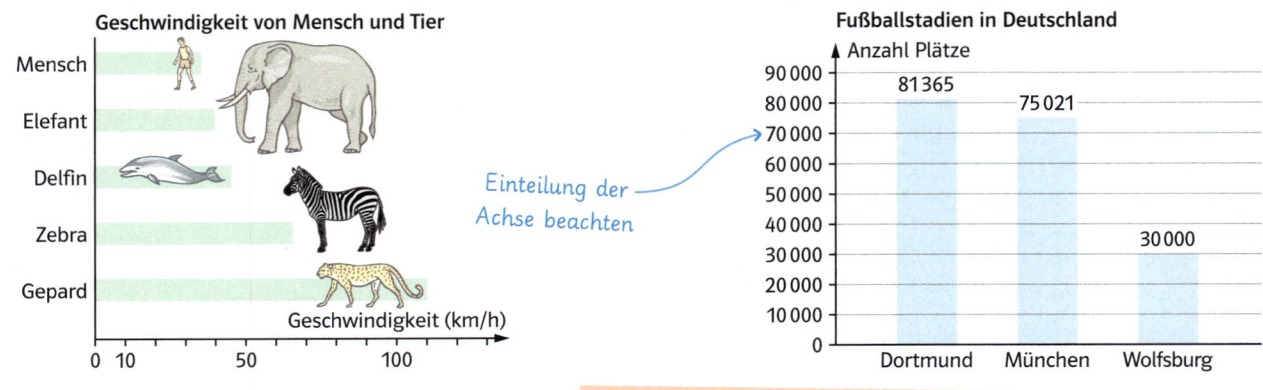

Einteilung der Achse beachten

Das Diagramm beschreibt …

Die Balken stehen für …

Ich kann Diagramme lesen, zeichnen und beschreiben.

Runden auf Tausender

die genaue Zahl   die ungefähre Zahl

Rundungsstelle $8348 \approx 8000$

Ich kann Zahlen runden.

Daten

Zentralwert = Wert in der Mitte der Rangliste

Ich kann den Zentralwert einer Rangliste bestimmen und interpretieren.

Ungerade Anzahl an Datenwerten: 134 cm;   136 cm;   **142 cm**;   143 cm;   145 cm
                                                         Zentralwert (Median)

Gerade Anzahl an Datenwerten: 141 cm;   141 cm;   145 cm;   147 cm
                                                   Zentralwert
                                                   143 cm

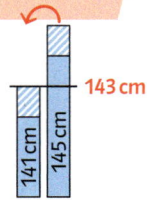

Auf einen Blick 1

Umfrage

Wie wichtig ist dir …	total wichtig	wichtig	nicht so wichtig	gar nicht wichtig
Gerechtigkeit	☐	☐	☐	☐
Respekt	☐	☐	☐	☐
Mut	☐	☐	☐	☐
Freundschaft	☐	☐	☐	☐
Ordnung	☐	☐	☐	☐

Lieblingsfach	Anzahl	Häufigkeit
Kunst	⊪⊩ I	6
Mathe	I	1
Englisch	⊪⊩ II	7
Biologie	II	2
Technik	IIII	4
Sport	⊪⊩ III	8

Ich kann eine Umfrage auswerten und darstellen.

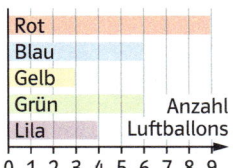

das Balkendiagramm

das Bilddiagramm

das Säulendiagramm

Ich kann Minimum, Maximum und Spannweite bestimmen.

- Maximum: größter Wert
- Spannweite
- Minimum: kleinster Wert

---

1 Zu welchen Kompetenzen passt das Kärtchen? Ordne zu und erkläre deine Zuordnung.

- Unterschied zwischen größtem und kleinstem Wert
- Strichliste
- Tabellenspalte
- Achsen einteilen
- abschätzen
- „höchstens die Hälfte der Kinder hat mehr als 15 € Taschengeld"
- „Die Länge der Balken gibt an, …"
- etwa 12 000 Gäste

2 Teilt euch die Kompetenzen auf.
a) Denkt euch Aufgaben zu euren Kompetenzen aus. Erstellt Lösungen dazu.
b) Löst gegenseitig eure Aufgaben und kontrolliert sie.

1 Kapiteltraining

Ich kann Umfragen auswerten.

Nachschauen kannst du auf den Seiten 10–18.

1 Die 5. Klasse hat eine Klassensprecherin und einen Klassensprecher gewählt.

Name	Anzahl
Tom	IIII
Luis	ЖII IIII
Marie	ЖII I
Alena	ЖII ЖII

a) Erstelle eine Häufigkeitstabelle.
b) Wie viele Stimmen hat Luis erhalten?
c) Wer hat die meisten Stimmen erhalten?

2 Marie und Joshua waren bei der Klassenvertretungswahl aufgestellt. Die Stimmen der Jungen und der Mädchen wurden getrennt aufgeschrieben. Was kannst du aus der Strichliste ablesen?

	Marie	Joshua
Jungen	ЖII II	ЖII I
Mädchen	ЖII I	ЖII III

3 Vera und Kosta haben in einer Strichliste den Straßenverkehr 10 min lang erfasst.

Fahrzeug	Anzahl
Pkw	ЖII ЖII ЖII ЖII I
Lkw	ЖII III
Motorräder	ЖII II
Motorroller	ЖII ЖII I
Fahrräder	ЖII ЖII ЖII I

a) Wie viele Zweiräder haben sie gezählt?
b) Wie viele Pkws würden bei diesem Verkehr in einer Stunde vorbeifahren?

Ich kann ein Balken- oder Säulendiagramm zeichnen.

Nachschauen kannst du auf den Seiten 10–18.

4 Auf einem Klassenfest wurden Luftballons aufgeblasen.

Farbe	Strichliste	Häufigkeit
Rot	ЖII IIII	9
Blau	ЖII I	6
Gelb	III	3
Grün	ЖII I	6

Vervollständige das Balkendiagramm im Heft.

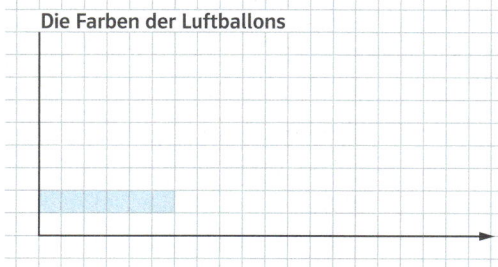

Die Farben der Luftballons

5 Zeichne ein Säulendiagramm zur Klassenvertretungswahl der 5. Klasse.

Name	Anzahl
Tom	IIII
Luis	ЖII IIII
Marie	ЖII I
Alena	ЖII ЖII

6 Dies sind die Ergebnisse aus der Umfrage zu der Aussage: „Geld ist mir …"

Klasse	total wichtig	wichtig	nicht so wichtig	gar nicht wichtig
5c	6	9	9	2
5e	5	7	11	3

Zeichne ein Diagramm zur Umfrage.

Kapiteltraining

Ich kann Diagramme beschreiben.

Nachschauen kannst du auf den Seiten 10–18.

7

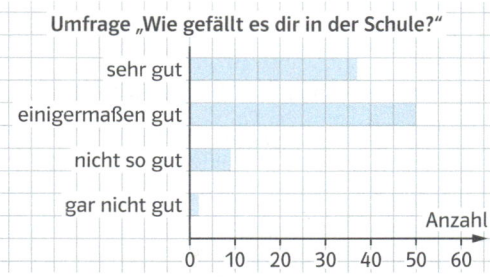

a) Welche Aussagen zum Diagramm sind richtig?
(1) Das Diagramm beschreibt, wie vielen Kindern es in der Schule gefällt.
(2) Die Länge der Balken gibt an, wie gut es den Kindern in der Schule gefällt.
(3) Den wenigsten Kindern gefällt es in der Schule gar nicht gut.
b) Beschreibe das Diagramm.

Ich kann Diagramme mit großen Anzahlen lesen, zeichnen und beschreiben.

Nachschauen kannst du auf den Seiten 19–23.

8 Das Diagramm zeigt die Anzahl der Einschulungen in einigen Bundesländern.

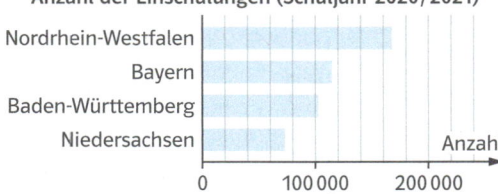

Gib an, wie viele Einschulungen es in den Bundesländern gab.

9 Zeichne ein Balkendiagramm zur Anzahl der Einschulungen in den ausgewählten Bundesländern im Schuljahr 2020/2021.

Bundesland	Anzahl der Einschulungen
Berlin	35 400
Hamburg	17 600
Saarland	7900
Bremen	6000

10 1231 Kinder zwischen 6 und 13 Jahren wurden nach ihren liebsten Freizeitbeschäftigungen gefragt. Die Kinder konnten in einer Liste bis zu drei Aktivitäten ankreuzen. Das Diagramm zeigt das Ergebnis.

Beschreibe das Diagramm.

Ich kann Zahlen runden.

Nachschauen kannst du auf den Seiten 19–23.

11 245; 933; 7697; 135 489
a) Runde auf Hunderter.
b) Runde auf Tausender.

12
a) Runde die Zahlen im Heft.

Zahl	86 543	8654	865	86	8
auf Z	☐	☐	☐	☐	☐
auf H	☐	☐	☐	☐	☐
auf T	☐	☐	☐	☐	☐

b) Denke dir eine ähnliche Zahlenreihe aus. Runde auf Zehner, Hunderter und Tausender.

13 Im Schuljahr 2020/2021 besuchten in Nordrhein-Westfalen 171 391 Kinder die fünfte Klasse. In Berlin waren es 39 603 Kinder. Runde auf Tausender.

14 Nenne drei unterschiedliche Zahlen, die auf Tausender gerundet 12 000 ergeben.

Kapiteltraining

15 Auf einer Karte wird die Entfernung zwischen markierten Stellen in Kilometer (km) angegeben.

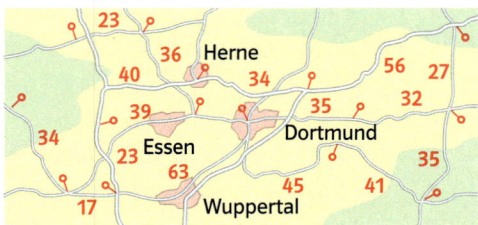

Miriam fährt mit ihrer Mutter von Dortmund nach München. Sie liest folgende Streckenlängen aus ihrer Karte ab: 57 km; 191 km; 52 km; 18 km; 74 km; 23 km; 83 km; 7 km; 7 km; 105 km; 30 km; 10 km.
a) Überschlage die Länge der gesamten Strecke, indem du rundest.
b) Berechne die Länge der gesamten Strecke.
c) Wie weit weicht dein Überschlag vom exakten Ergebnis ab?

Ich kann Ranglisten aufstellen. Ich kann das Minimum, das Maximum und die Spannweite bestimmen.

Nachschauen kannst du auf den Seiten 24–27.

16 Bei sechs Kindern wurde die Körpergröße gemessen.

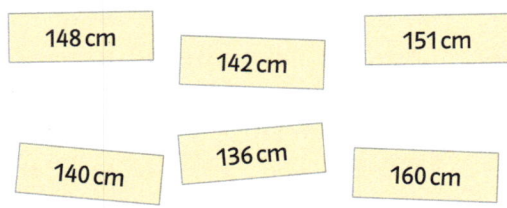

a) Stelle eine Rangliste auf.
b) Bestimme das Maximum und das Minimum.
c) Bestimme die Spannweite.

17 Sechs Kinder vergleichen ihre Größe. Das kleinste Kind ist 134 cm groß. Die Spannweite der Körpergrößen beträgt 22 cm.
Gib zwei mögliche Ranglisten an.

Ich kann den Zentralwert (Median) einer Datenliste bestimmen und interpretieren.

Nachschauen kannst du auf den Seiten 24–27.

18 Bestimme den Zentralwert.
137 cm; 142 cm; 145 cm; 149 cm; 156 cm

19 Bestimme den Zentralwert.
37 kg; 39 kg; 41 kg; 43 kg; 44 kg; 45 kg

20 Sieben Kinder haben die Zeiten für ihren Schulweg ausgewertet. Der Zentralwert beträgt 11 min, die Spannweite 21 min. Gib zwei mögliche Ranglisten dazu an.

21 [SP] Die Körpergrößen von zwei Gruppen mit je 6 Kindern werden verglichen. Gruppe 1 hat einen Zentralwert von 142 cm. Gruppe 2 hat einen größeren Zentralwert von 143 cm. Sitzt das größte Kind in Tischgruppe 2? Erkläre.

Alles im Blick

Nachschauen kannst du auf den Seiten 28, 29, 33, 34.

22 In den europäischen Ländern sind die Schulferien nicht gleich lang.

Land	Anzahl der Ferientage
Deutschland	75
Frankreich	95
Italien	90
Türkei	110
Spanien	75
Großbritannien	80
Polen	75

a) Zeichne ein Säulendiagramm.
b) Beschreibe dein Diagramm.
c) Ordne die Daten der Länder in einer Rangliste nach der Anzahl der Ferientage.
d) Wer hat die meisten, wer hat die wenigsten Ferientage? Berechne die Spannweite.
e) Bestimme, wie weit die Ferien in den einzelnen Ländern vom Zentralwert abweichen.

Strichlisten, Häufigkeitstabellen

Zum Erfassen der Ergebnisse einer Befragung werden häufig Strichlisten verwendet. In der Häufigkeitstabelle hältst du die Anzahl der verschiedenen Antworten fest.

Lieblingsfach	Anzahl	Häufigkeit
Kunst	ЖН I	6
Mathe	I	1
Englisch	ЖН II	7
Biologie	II	2
Technik	IIII	4
Sport	ЖН III	8

die Strichliste

Diagramme

In einem Diagramm kannst du Daten übersichtlich darstellen.

Beispiel:
Das Säulendiagramm

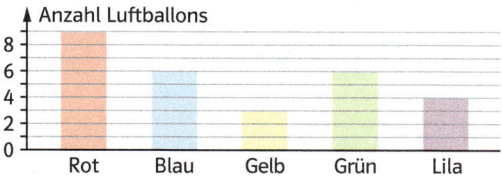

Das Balkendiagramm

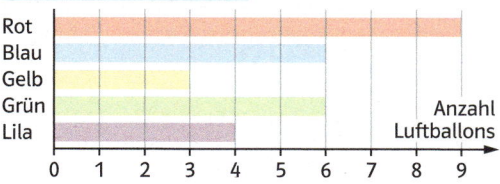

Das Bilddiagramm

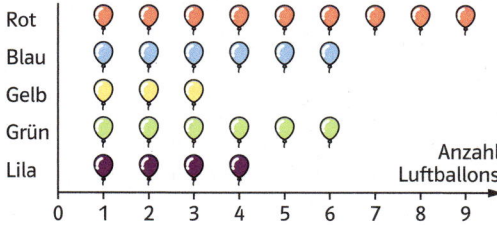

Ein Säulen- oder Balkendiagramm zeichnen

Überlege dir vor dem Zeichnen,
- welches der größte und welches der kleinste Wert ist.
- auf welche Stelle du rundest.
- wie du die Achsen einteilst, damit der größte und der kleinste Wert ins Diagramm passen.
  (Die Achsen müssen gleichmäßig unterteilt sein.)
- wie breit die Säulen (oder Balken) werden (immer dieselbe Breite verwenden).

Achte darauf, dass dein Diagramm eine Überschrift hat und dass die Achsen beschriftet sind.

Beispiel:
Umfrage unter 15- bis 29-Jährigen zur Aussage: „Fridays for future ist eine wichtige Bewegung"

Antwort	Anzahl	Gerundet auf Zehner
stimme voll und ganz zu	(264)	260
stimme eher zu	245	250
teils, teils	235	240
lehne eher ab	(126)	130
lehne ganz und gar ab	137	140

kleinster Wert   größter Wert

15- bis 29-Jährige zur Aussage „Fridays for future ist eine wichtige Bewegung"

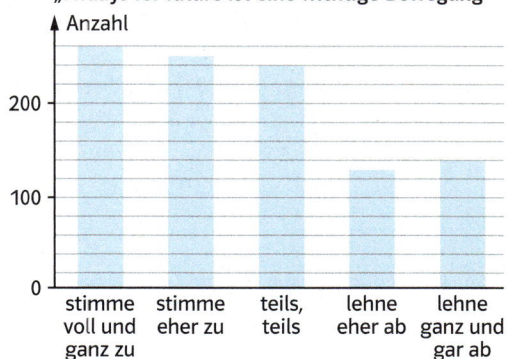

1 Kompakt

Ein Säulen- oder Balkendiagramm beschreiben
Eine Diagrammbeschreibung enthält:
- einen Satz, was das Diagramm darstellt.
- eine Angabe, wofür die Säulen/Balken stehen.
- eine Angabe, was die Höhe der Säulen/die Länge der Balken aussagt.
- die kleinsten und die größten Werte (oder die wenigsten und meisten Werte) und zu welchen Antworten sie gehören.
- Auffälligkeiten bei den Daten und eine mögliche Erklärung der Auffälligkeiten.

Zahlen runden
Runden ist sinnvoll, wenn du nur einen Überblick brauchst, keine genauen Angaben machen kannst oder Rechenergebnisse schnell abschätzen oder überprüfen möchtest.

Beim Runden betrachtest du die Ziffer nach der **Rundungsstelle**. Steht dort eine 0; 1; 2; 3 oder 4 wird **abgerundet**. Steht dort eine 5; 6; 7; 8 oder 9 wird **aufgerundet**.

Beispiel 1:
Runde auf Hunderter.

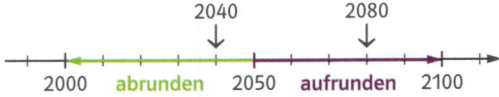

2040 ≈ 2000, weil 2040 näher an 2000 liegt als an 2100.
2080 ≈ 2100, weil 2080 näher an 2100 liegt als an 2000.

Beispiel 2:
- Runde auf Zehner.   4**5**6 ≈ 460
- Runde auf Hunderter.   12**7**15 ≈ 12 700
- Runde auf Tausender.   12**7**15 ≈ 13 000

Rangliste und Kennwerte
In einer **Rangliste** werden Daten der Größe oder der Anzahl nach geordnet.

Der kleinste Wert einer Rangliste heißt **Minimum**. Der größte Wert einer Rangliste heißt **Maximum**.
Den Unterschied zwischen größtem und kleinstem Wert nennt man **Spannweite**.

In einer Rangliste stehen rechts und links vom **Zentralwert (Median)** gleich viele Werte, er ist also die Mitte der Liste.
Ist die Anzahl der Datenwerte gerade, liegt der Zentralwert in der Mitte zwischen den beiden mittleren Datenwerten.

Beispiel:
Bestimme das Minimum, das Maximum, den Zentralwert und die Spannweite zur Rangliste mit gerader Anzahl an Datenwerten.

Rangliste:

Es liegen gleich viele Werte rechts und links vom Zentralwert.

Spannweite = Maximum − Minimum = 8 − 1 = 7
Zentralwert: 6 + 4 = 10
             10 : 2 = 5

Test 1

Test A:

1 Ausgeliehene Spielgeräte in der Mittagspause:

Spielgerät	Jahrgang 5	Jahrgang 6	Jahrgang 7
Pedalo	||||| ||||	|||||		|||
Stelzen	||||| ||	|||	||
Springseil	||||| |||||		||||| |||	|||||	
Inliner	|||	||||| ||||	||||| |||||	
Indiaca	|||||		||||	||
Softball	|||	||||| |||	||||| ||||| ||

a) Gib an, wie viele Spielgeräte vom Jahrgang 5 ausgeliehen wurden.
b) Gib an, wie viele Spielgeräte von den Jahrgängen 6 und 7 ausgeliehen wurden.
c) Welche Spielgeräte wurden in den einzelnen Jahrgängen am meisten und am wenigsten ausgeliehen?

2 Eine fünfte Klasse wurde befragt, wie interessiert sie am Thema Sport ist.

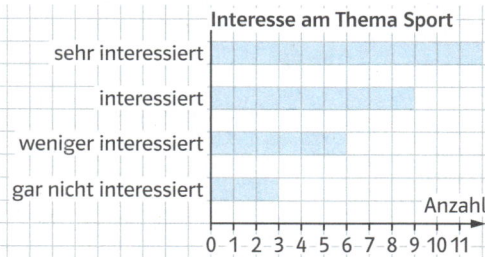

a) Wie viele Kinder sind sehr interessiert?
b) Wie viele Kinder wurden befragt?

3 Der Amazonas ist 6437 km lang. Runde auf Hunderter.

4 Prüfe die Aussagen.

Nutzung des Internets bei den 10- bis 11-Jährigen

(1) Das Diagramm beschreibt, wie häufig 10- bis 11-Jährige das Internet nutzen.
(2) Die Länge der Balken gibt an, wie viele Minuten die Kinder das Internet nutzen.
(3) Am häufigsten ist die Angabe: „Jeden Tag/fast jeden Tag."

5 Die Körpergrößen der Kinder:
Kosta 148 cm; Yusuf 146 cm; Nico 139 cm; Nella 140 cm; Sophie 143 cm; Luca 137 cm; Elif 138 cm; Elias 140 cm
a) Ordne die Kinder nach ihrer Körpergröße.
b) Bestimme die Spannweite und den Zentralwert.

Kontrolliere deine Ergebnisse S. 275.

Test B:

1 „Wie wichtig ist dir Umweltschutz?"

Klasse	total wichtig	wichtig	nicht so wichtig	gar nicht wichtig
5.3	||||| ||||	||||| ||||| |||	|||||	
7.1	||||| |||||	||||| |||||	||||| ||	

a) Bei welcher Antwort unterscheiden sich die beiden Klassen am meisten?
b) Stelle die Daten für die 5. Klasse in einem Diagramm dar.

2 Welche Haustiere leben bei uns?

(Katzen, Hunde, Vögel, Mäuse, Hasen/Kaninchen, Fische; Wohnort Stadt, Wohnort Land; Anzahl der Kinder)

a) Wie viele Kinder haben Käfigtiere?
b) Leben bei den Kindern vom Land oder denen aus der Stadt mehr Tiere?

Test

3 Bochum hatte 2019 etwa 370 000 Einwohnerinnen und Einwohner. Gib an, wie viele Menschen die Stadt höchstens und mindestens haben könnte.

4

Nutzung des Internets der 12- bis 13-Jährigen	Anzahl
(fast) jeden Tag	186
einmal/mehrmals die Woche	99
seltener	35

a) Zeichne ein Säulen- oder Balkendiagramm.
b) Beschreibe das Diagramm.

5 Gewichte der Kinder: 44 kg; 36 kg; 40 kg; 44 kg; 47 kg; 34 kg; 38 kg; 45 kg
a) Ordne die Werte in einer Rangliste. Berechne die Spannweite und den Zentralwert.
b) Bei einer Gruppe von 8 Kindern ist der Zentralwert der Körpergewichte 39 kg. Beschreibe, was der Zentralwert über die Körpergewichte der Gruppe aussagt.

Kontrolliere deine Ergebnisse S. 276.

Test C:

1 Alle Kinder der Klasse wurden befragt.

Zeiten für den Schulweg	Anzahl
bis 5 min	III
zwischen 6 und 10 min	⊮II
zwischen 11 und 20 min	⊮IIII
zwischen 21 und 30 min	⊮I
mehr als 31 min	II

a) Gib an, wie viele Kinder in der Klasse sind.
b) Gib an, wie viele Kinder höchstens 20 min für ihren Schulweg brauchen.
c) Gib an, wie viele mehr als 10 min für ihren Schulweg brauchen.
d) Stelle die Daten in einem Diagramm dar.

2 28 Kinder der 5. Klasse wurden befragt:

Welche Haustiere leben bei uns? (Katzen, Hunde, Vögel, Mäuse, Hasen/Kaninchen, Fische) — Wohnort Stadt / Wohnort Land

a) Erstelle je eine Rangliste nach Kindern aus der Stadt und Kindern vom Land getrennt.
b) Bei 6 Kindern leben 2 Tierarten. Wie viele Kinder haben kein Tier?

3 In Deutschland lebten 2020 83 707 633 Menschen, davon lebten 17 931 879 in Nordrhein-Westfalen und 7 983 608 in Niedersachsen. Runde die Daten, sodass du ein Säulendiagramm zeichnen könntest.

4

Nutzung des Internets der 12- bis 13-Jährigen	Anzahl
(fast) jeden Tag	186
einmal/mehrmals die Woche	99
seltener	35

a) Zeichne ein Balkendiagramm zur Tabelle.
b) Beschreibe Gemeinsamkeiten und Unterschiede zwischen den beiden Diagrammen.

Nutzung des Internets der 10- bis 11-Jährigen

5 Weitsprungergebnisse von 2 Gruppen:

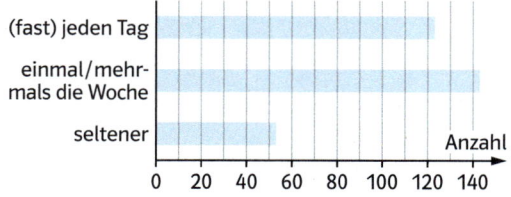

Gruppe A		Gruppe B	
2,87 m	3,24 m	3,06 m	2,63 m
3,18 m	2,96 m	2,94 m	2,89 m
2,65 m	3,04 m	3,22 m	3,18 m

Gib jeweils die Spannweiten und die Zentralwerte an. Welche Gruppe ist besser? Begründe.

Kontrolliere deine Ergebnisse S. 278.

Brüche | Fair verteilt

2

In diesem Kapitel lernt ihr,
- was ein Bruch ist,
- wo Brüche im Alltag vorkommen,
- wie Brüche dargestellt werden,
- wie Anteile bestimmt und bezeichnet werden,
- wie ihr gleichgroße Brüche erkennt,
- wie ihr Brüche vergleicht,
- was Prozente sind.

2 Check-in

1 ➕ **Ich kann Rechtecke und Kreise in gleich große Stücke einteilen.**

a) Übertrage die Figuren ins Heft. Teile sie in drei gleich große Stücke ein. Gib zwei Möglichkeiten an.

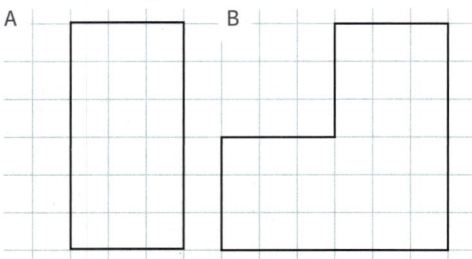

b) Skizziere drei Kreise ins Heft. Teile die Kreise in 2, 4 und 8 gleich große Stücke auf.

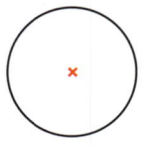 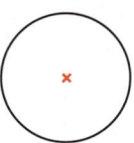 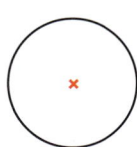

c) Teile die Figur in zwei gleich große Stücke. Gib zwei Möglichkeiten dafür an.

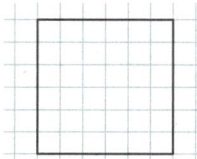

Kontrolliere deine Ergebnisse S. 279.

2 ➕ **Ich kann Informationen aus Tabellen entnehmen und Tabellen erstellen.**

Eine Klasse hat eine Umfrage durchgeführt. Die Tabelle zeigt das Ergebnis.

Wie viele Geschwister hast du?	0	1	2	mehr als 2
Anzahl der Antworten	9	11	3	2

a) Gib an, wie viele Kinder zwei Geschwister haben.
b) Gib an, wie viele Kinder weniger als zwei Geschwister haben.
c) Bestimme, wie viele Kinder geantwortet haben.
d) Erstelle eine Tabelle:
• Zwei Kinder haben einen Hund.
• Drei Kinder haben eine Katze.
• Zwei Kinder haben ein Meerschweinchen.
• 16 Kinder haben kein Haustier.

➕

💡 **1 Tipp**

a) Zähle die Kästchen. Alle Stücke müssen aus gleich vielen Kästchen bestehen.
b) Mit einem Lineal kannst du leichter teilen.
c) Skizziere auf Karopapier verschiedene Möglichkeiten. Denke auch an nicht-rechteckige Teile.

Beispiel:

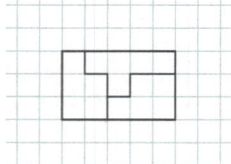

💡 **2 Tipp**

Tom, Marie, Leonie und Ida Müller sind vier Geschwister. Jedes Kind der Familie Müller hat drei Geschwister.

b) „weniger als zwei Geschwister" heißt ein oder kein Geschwisterkind.
c) In der Tabelle sind alle Kinder erfasst. Jedes Kind hat nur eine Antwort gegeben.
d) Du kannst die Tabelle auf zwei verschiedene Arten aufbauen:

Tierart	Anzahl
…	…
…	…

oder

Tierart	…	…
Anzahl	…	…

Check-in 2

3 ➕ **Ich kann Mengen verdoppeln und halbieren.**
Verdopple und halbiere die Menge.

a)

b) 12 Äpfel

c)

d)

10 Kästchen
4 Kästchen

4 ➕ **Ich kann Zahlen vergleichen.**
Vergleiche. Setze <, > oder = ein.
a) 4 ☐ 7
b) 8 ☐ 3
c) 248 ☐ 248
d) 1020 ☐ 1002
e) 6 + 3 ☐ 3 + 6
f) 6 · 3 ☐ 3 · 6
g) 6 + 3 ☐ 6 · 3
h) 18 : 3 ☐ 6 · 3

Kontrolliere deine Ergebnisse S. 280.

➕

💡 **3 Tipp**
Verdoppeln heißt zweimal so viel. Das kannst du dir mit einem Spiegel vorstellen.

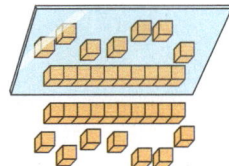

Beim **Halbieren** teilst du in zwei gleich große Teile.

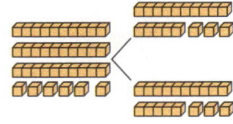

💡 **4 Tipp**
- Die Spitze der Zeichen „<" und „>" zeigt immer auf die kleinere Zahl.
- Das Krokodil (<) frisst die größere Zahl.

3 ist kleiner als 5.

- Wenn du vor das Zeichen „<" einen senkrechten Strich (|) setzt, sieht es aus wie ein „k", dem Anfangsbuchstaben von „kleiner"
- „5 < 6" lies: „fünf kleiner sechs".
- „6 > 5" lies: „6 größer 5"

39

2 Wir teilen gerecht

Entdecke:

A 👥 SP Anna und Kim haben zwei unterschiedliche Äpfel. Sie wollen die Äpfel gerecht teilen. Was findet ihr gerecht? Diskutiert verschiedene Vorschläge.

(1) Du darfst aussuchen. — Dann nehme ich …
(2) Wir losen.
(3) Wir halbieren beide Äpfel. — Gute Idee.
(4) Ich esse lieber den grünen Apfel. — Dann nehme ich den anderen.
(5) Ich nehme den kleinen. — Und ich vom großen Apfel die Hälfte.

B 👥 Bildet Gruppen mit vier Personen. Jede Gruppe erhält drei Lakritzschnecken, ein Messer und ein Brettchen zum Schneiden.
a) Verteilt die Lakritzschnecken gerecht in eurer Gruppe. Skizziert eure Lösung.
b) Vergleicht mit den anderen Gruppen. Haben alle gleich geteilt?

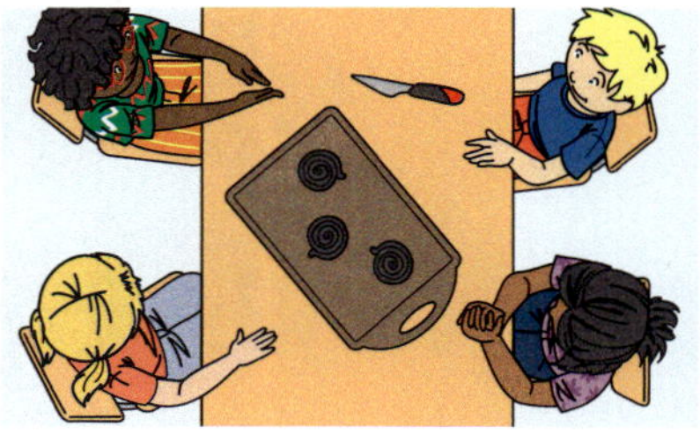

C 👥

Tisch (1)   Tisch (2)    Tisch (3)

a) Betrachtet die Tische. Wie teilen die Kinder die Pizzen gerecht? Skizziert eure Lösung.
b) SP Wie viel bekommt jedes Kind? Erklärt euch gegenseitig euer Vorgehen.

So heißt es:

Ein Ganzes | Ich schneide es in **4** gleich große Teile. | Ich behalte **3** davon.

Das sind dann **3 Viertel** einer Lakritzschnecke.

3 Viertel ist ein **Bruch**.

ein Viertel ← der Bruchteil → ein Drittel   3 Achtel

Auch ein Viertel, ein Drittel oder 3 Achtel sind **Brüche**.

2 Wir teilen gerecht

So geht es:

Brüche darstellen

Beispiel 1: Verteile 3 Lakritzschnecken gerecht an 4 Kinder. Gib an, welchen Anteil jedes Kind bekommt.

Bruch in der Verteilsituation

Ich verteile 3 Lakritzschnecken …

… an 4 Kinder.

Bruch als Anteil

Ich schneide jede Lakritzschnecke in 4 gleich große Teile.

3 Viertel

Jedes Kind bekommt 3 Teile davon.

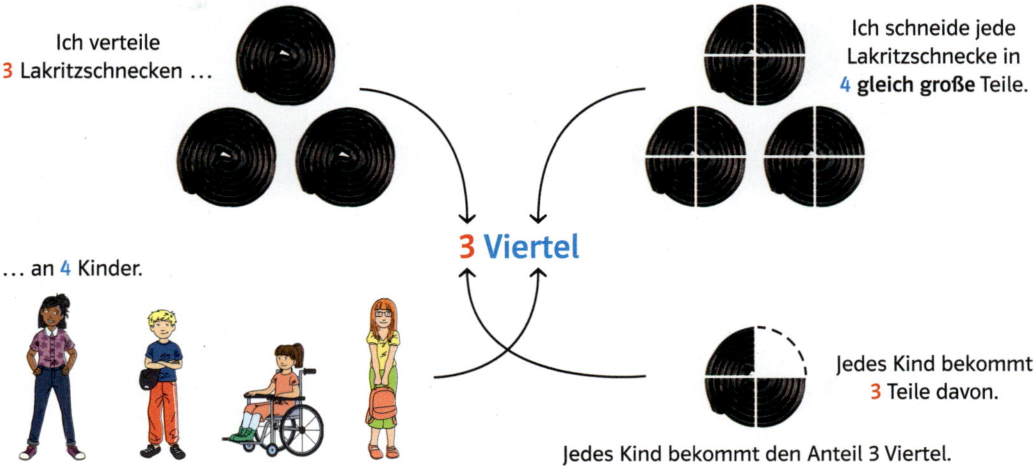

Jedes Kind bekommt den Anteil 3 Viertel.

Unterschiedliche Verteilmöglichkeiten

Beispiel 2: Es gibt unterschiedliche Möglichkeiten, 3 Lakritzschnecken an 4 Personen zu verteilen. Hier siehst du zwei davon.

1. Möglichkeit

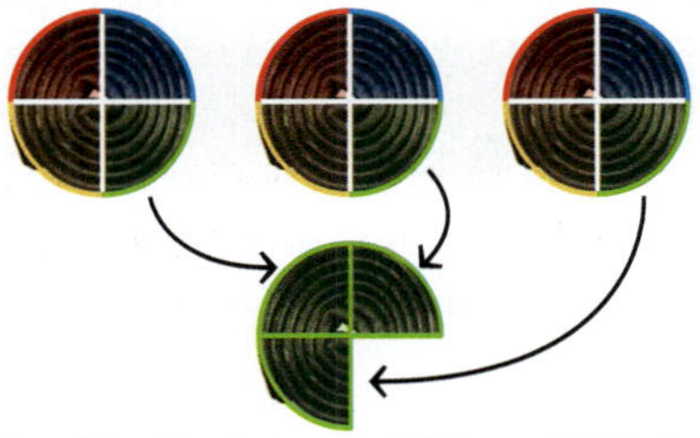

Jedes Kind bekommt 3 Viertel-Stücke. Das ist so viel wie eine dreiviertel Lakritzschnecke.

2. Möglichkeit

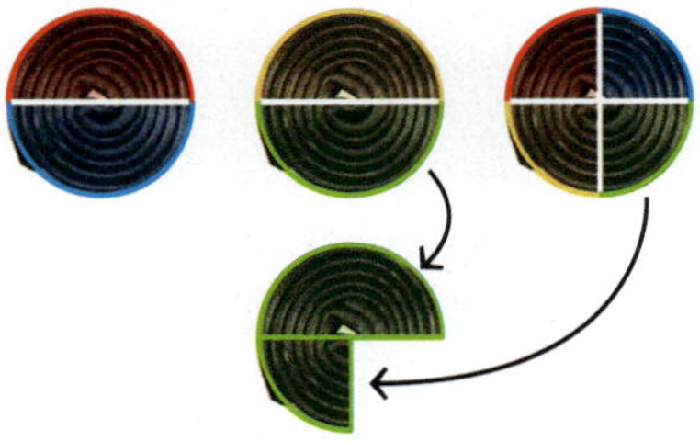

Jedes Kind bekommt die Hälfte und ein Viertel einer Lakritzschnecke. Das ist so viel wie eine dreiviertel Lakritzschnecke.

Schreibe es auf:

1 SP Was muss beim Zerschneiden und Verteilen beachtet werden? Gib den Kindern eine Rückmeldung zu ihren Ideen.

Marlin

Ich habe 3 Lakritzschnecken so auf 4 Kinder verteilt:

Dann bekommen 3 Kinder ein Stück und ein Kind 3 Stücke. Ist das noch gerecht?

Ich habe 3 Lakritzschnecken so auf 4 Kinder verteilt:

Dann bekommt jedes Kind 3 Stücke.

Dylan

2 Wir teilen gerecht

Übe jetzt:

2 Teile gerecht. Skizziere deine Lösung. Du kannst die Lakritzschnecken als Kreise darstellen. Gib an, welchen Anteil jedes Kind bekommt.

a)
b)
c)

3 Eine Pizza wird gerecht geteilt. Gib an, wie viele Kinder sich die Pizza teilen können.
a) Jedes Kind erhält ein Viertel.
b) Jedes Kind erhält ein Fünftel.
c) Jedes Kind erhält zwei Viertel.
d) Jedes Kind erhält ein Siebtel.

4 Gib an, wie viele Pizzen die Kinder bestellen müssen.
a) Acht Kinder erhalten jeweils ein Viertel Pizza.
b) Zwölf Kinder erhalten jeweils ein Viertel Pizza.
c) Neun Kinder erhalten jeweils ein Drittel Pizza.

5 Lässt sich die Tafel gerecht an vier Kinder verteilen, ohne einzelne Stücke zu zerbrechen? Zeichne.

a) 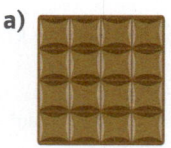 b)

c)

6 Teile gerecht. Skizziere deine Lösung. Gib an, welchen Anteil jedes Kind bekommt.
a)
b)

c) Verteile die Schokolade an 12 Kinder.

7
a) Drei Kinder teilen sich Süßigkeiten. Skizziere deine Lösung. Zeichne die Fruchtgummischnüre 6 cm lang. Gib an, welchen Anteil jedes Kind bekommt.
(1) Schokolade

(2) Fruchtgummischnüre

b) Zeichne eine zweite Möglichkeit, die Süßigkeiten zu verteilen.

8 SP Beschreibe die Verteilsituation in Worten. Gib an, welchen Anteil jedes Kind bekommt.
a)

b)

c)

Wir teilen gerecht

9 Gib an, welcher Anteil der Schokoladentafel ausgepackt wurde.

a)
b)
c)
d)

11 Beschreibe Verteilsituationen, in denen jedes Kind diesen Anteil Pizza bekommt.

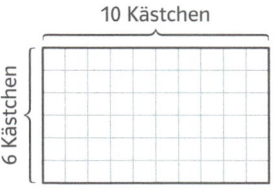

ein Achtel   3 Fünftel   2 Viertel   2 Drittel

12

10 Kästchen / 6 Kästchen

a) Zeichne das Rechteck in dein Heft. Färbe ein Zehntel.
b) Zeichne das Rechteck noch dreimal in dein Heft. Färbe ein Fünftel, 3 Fünftel, 2 Drittel.
c) Zeichne das Rechteck noch einmal. Färbe 30 Kästchen. Gib den Bruch an. Mache das ebenso mit 10 und 3 Kästchen.
d) Überlege dir selbst weitere Aufgaben.

10

a) Wie teilen die Kinder das Pizzastück in der Mitte des Tisches gerecht? Skizziere deine Lösung.
b) Gib an, wie viel Pizza jedes Kind insgesamt bekommt.

---

9 Tipp
Hier siehst du die Schokolade ausgepackt.

a)
b)
c)
d)

10 leichter
Betrachte den Tisch. Wie teilen sich die Kinder die Pizza gerecht? Skizziere deine Lösung.

10 Tipp
a) Die Pizza in der Mitte ist eine halbe Pizza. Teile sie auf 3 Kinder auf. Wie heißen die Stücke?
b) <u>Beispiel</u>: Eine halbe und eine viertel Pizza sind eine dreiviertel Pizza.

11 Tipp
Wie viele Pizzen brauchst du? Wie viele Kinder teilen sich die Pizzen? Mache eine Skizze.

12 Tipp
Du kannst Rechtecke unterschiedlich teilen:

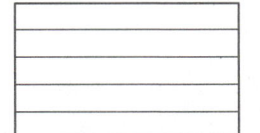 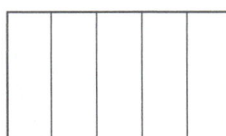

Für ein **Fünftel** teilst du das Rechteck in **fünf** gleich große Teile.

2 Wir teilen gerecht

● **13** [SP] [+] Alina, Jojo und Lennard haben 3 Viertel gezeichnet.

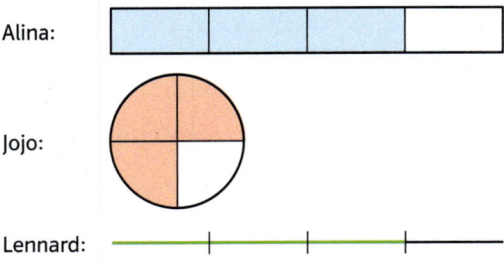

Sind das immer 3 Viertel? Begründe deine Antwort.

● **14** [SP] [+] In unserer Alltagssprache gibt es viele Ausdrücke mit Brüchen, z. B. eine Viertelstunde, ein Achtel-Liter, Halbzeit, … .
a) Nenne weitere Begriffe aus deiner Umwelt, die mit Brüchen zu tun haben.
b) Beschreibe die Bedeutung der Ausdrücke.

  ein Viertel-Liter Milch   Halbschuhe
  Viertel vor Acht   Sieben-Achtel-Hose

● **15** [SP] [+] Hier haben sich Fehler eingeschlichen. Korrigiere. Erkläre, was falsch ist.
a) ein Viertel   b) ein Drittel

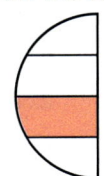 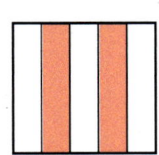

● **16** [+] Sechs Kinder teilen acht Fruchtgummischnüre gerecht unter sich auf.

a) Zeichne deine Aufteilung auf. Zeichne die Fruchtgummischnüre 6 cm lang. Gib den Anteil an.
b) Drei Kinder kommen dazu. Sie wollen den gleichen Anteil bekommen. Wie viele Fruchtgummischnüre werden noch zusätzlich gebraucht?

[+]

💡 **13 Tipp**
Nutze die Formulierungen für deine Begründung:

  gefärbt   gleich große Teile   Es sind immer

○ **13 leichter**
Gib an, welche Darstellungen 3 Fünftel zeigen.

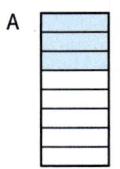   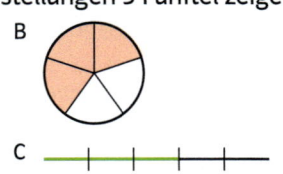

C ├──┼──┼──┼──┤

● **13 mehr**
Skizziere drei unterschiedliche Bilder zu 2 Sechstel.

💡 **14 Tipp**
Beispiele:

💡 **15 Tipp**
Nutze die Formulierungen:

  … ist gleich groß …
       … von … Stücken gefärbt.
  Richtig wäre es, wenn …

● **15 mehr** [SP]
Erkläre, was falsch ist.
a) ein Fünftel   b) ein Sechstel

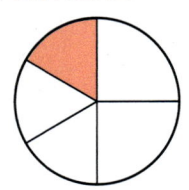   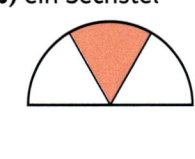

● **16 leichter**
a) Vier Kinder teilen sich drei Fruchtgummischnüre. Zeichne deine Lösung (1 Fruchtgummischnur = 4 cm).
b) Jetzt teilen die vier Kinder drei weitere Fruchtgummischnüre. Gib den Anteil an, den jedes Kind insgesamt erhält.

Wähle aus:

🔵 17 Schokoladentafeln

Schokoladentafeln können unterschiedlich große Stücke haben.

a) Findet heraus, welche Einteilungen es gibt. Zeichnet Möglichkeiten, auch unterschiedlich große Stücke gerecht zu verteilen.
b) Überlegt euch eigene Aufgaben und Lösungen dazu. Tauscht die Aufgaben untereinander aus.

🔵 18 Kreativ sein

Entwickle eigene Aufgaben. Sie sollen als Ergebnis haben:
a) ein Sechstel
b) 3 Zehntel
c) eine Hälfte und ein Viertel

🟢 19 Verschiedene Tischverteilungen

Erin hat zum Geburtstag 17 Kinder in eine Pizzeria eingeladen. Weil die Pizzen dort sehr groß sind, hat sie nur 12 Pizzen bestellt.
Die Pizzeria hat keinen Tisch für alle 18 Kinder. Es gibt drei Tische:
einen Tisch für höchstens 10 Personen,
einen Tisch, an den 6 Personen passen, und
einen kleinen Tisch für 4 Personen.
Wie sollen sich die Kinder an die Tische verteilen, damit an jeden Tisch nur ganze Pizzen gebracht werden müssen und alle gleich viel bekommen? Zeichne es auf.

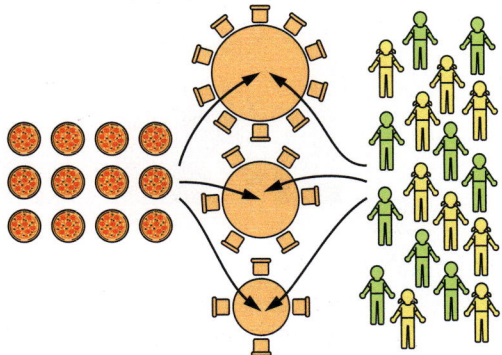

Gemeinsam sichern:

20

a) Sucht euch einen beliebigen Bruch aus. Stellt ihn als Bild (Kreis, Rechteck und Strecke) dar. Beschreibt eine passende Verteilsituation.
b) Denkt euch eine zweite Möglichkeit aus, wie ihr euren Bruch darstellen könnt.
c) Stellt eure Ergebnisse in einer Präsentation dar. Ihr könnt eure Präsentation auch digital gestalten.

Ein Sechstel

6 Kinder teilen sich eine Pizza. Jedes Kind bekommt genau so viel, wie wenn sich 12 Kinder 2 Pizzen teilen.

Schokolade

2 Brüche darstellen

Entdecke:

A

a) Falte ein Blatt Papier so, dass zwei gleich große Hälften entstehen. Falte es noch einmal in der Mitte. Klappe es dann wieder auf. Wie viele Bruchteile sind entstanden? Wie heißen die Bruchteile?
b) Nimm dir einen Papierstreifen. Falte ihn möglichst genau in drei Drittel. Zeige einem anderen Kind, wie du vorgegangen bist.
c) Falte weitere Blätter oder Papierstreifen in andere gleich große Bruchteile. Gib an, wie die Bruchteile heißen.

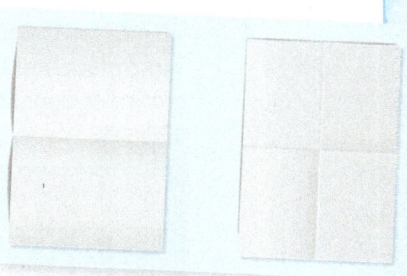

B

(1) Wusstet ihr, dass Riesen-Pizzen im Guinness-Buch der Rekorde stehen?

(2) Wenn wir 4 Kinder uns die Pizza aussuchen dürfen, würde ich auf jeden Fall die große nehmen.

(3) Es ist egal, ob ich die große oder kleine Pizza auf vier Kinder verteile. Jedes Mal bekommen sie ein Viertel.

(4) Das kann nicht beides Mal ein Viertel sein. Die Stücke sind doch unterschiedlich groß.

a) Was meint ihr? Begründet.
b) Recherchiert im Internet über Rekord-Pizzen. Formuliert dazu eigene Aufgaben. Stellt sie euch gegenseitig.

So heißt es:

In der Mathematik schreibt man den Bruch 3 Viertel so:

$$\text{der Zähler} \rightarrow \frac{3}{4} \leftarrow \text{der Bruchstrich}$$
$$\text{der Nenner} \rightarrow$$

2 Brüche darstellen

So geht es:

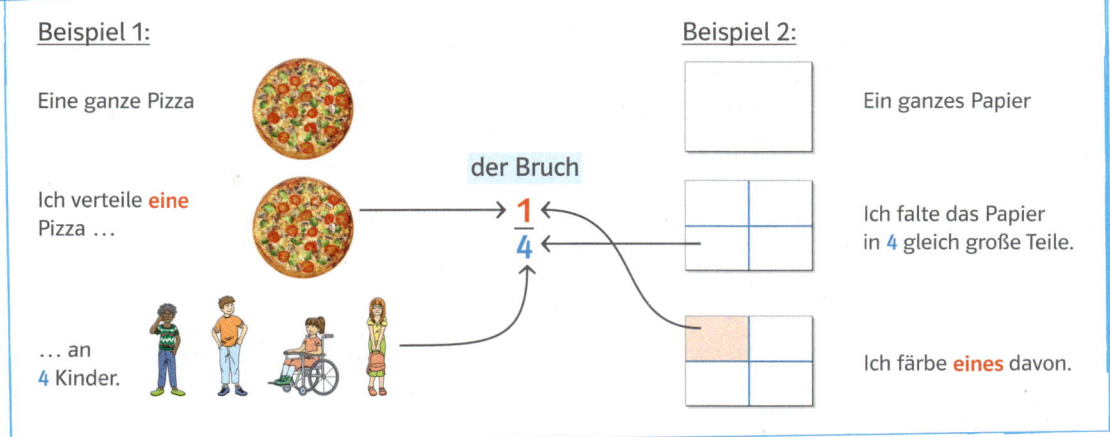

Beispiel 1:
Eine ganze Pizza
Ich verteile eine Pizza …
… an 4 Kinder.

der Bruch
$\frac{1}{4}$

Beispiel 2:
Ein ganzes Papier
Ich falte das Papier in 4 gleich große Teile.
Ich färbe eines davon.

Schreibe es auf:

1 [SP] Deine Freundin hat in der Schule gefehlt. Erkläre ihr, was $\frac{3}{5}$ bedeutet.

Übe jetzt:

○ **2** Schreibe mit Bruchstrich. Skizziere den Bruch.
a) ein Viertel   b) 3 Viertel
c) 2 Drittel   d) 5 Achtel

○ **3** Gib den Bruch an, der dargestellt ist.

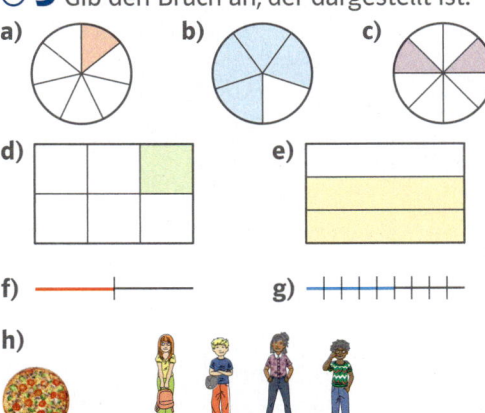

a) b) c)
d) e)
f) g)
h)
i)

○ **4**
a) Gib zwei Brüche an mit dem Nenner 4.
b) Gib zwei Brüche an mit dem Zähler 2.
c) Skizziere deine Brüche.

○ **5** Welche Darstellung passt zu welchem Bruch? Ordne zu. Es bleiben Brüche übrig.

$\frac{2}{3}$ $\frac{1}{8}$ $\frac{3}{4}$ $\frac{1}{6}$ $\frac{1}{4}$ $\frac{1}{10}$ $\frac{7}{8}$

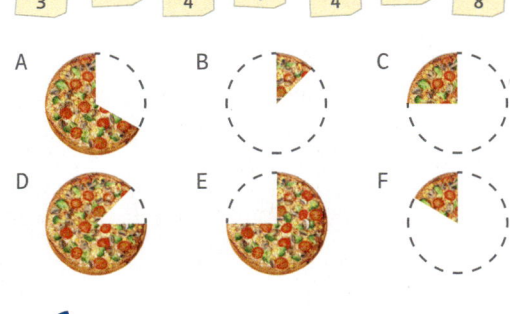

A B C
D E F

○ **6**
a) Gib den Bruch an, der gefärbt ist.

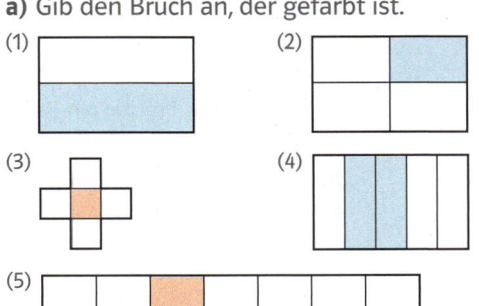

(1) (2)
(3) (4)
(5)

b) [SP] Erkläre, wie du den Anteil bei (2) und (4) herausgefunden hast.

2 Brüche darstellen

○ **7** [SP] Selma hat einen Papierstreifen gefaltet.

Selma sagt: „Das ist $\frac{1}{6}$."
Was fehlt in der Abbildung, damit Selmas Aussage richtig wird? Erkläre.

◐ **8** [+]

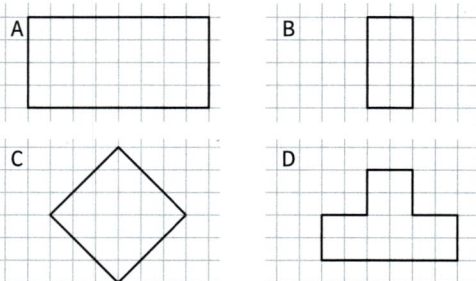

a) Zeichne die Figuren in dein Heft. Färbe in jeder Figur $\frac{1}{4}$.
b) Findest du eine zweite Möglichkeit, $\frac{1}{4}$ der Figuren zu färben? Zeichne sie ein.

◐ **9** [+] Gib an, welcher Anteil grün gefärbt ist.

a)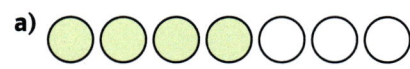
b)
c)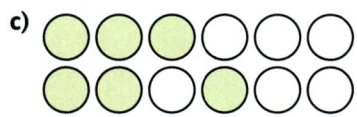

d) 3 von 5 Kugeln sind grün.

◐ **10** [+] Zeichne die Rechtecke in dein Heft.

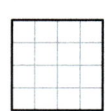 

a) Zeichne $\frac{3}{4}$; $\frac{1}{8}$ und $\frac{5}{8}$ mit verschiedenen Farben ein.
b) Nenne fünf weitere Brüche, die du in beide Rechtecke einzeichnen kannst.
c) [SP] Warum kannst du $\frac{2}{7}$ nicht einzeichnen? Erkläre. Nenne andere Brüche, die du in beiden Rechtecken nicht einzeichnen kannst.

[+]

💡 **8 Tipp**
$\frac{1}{2}$ kannst du so darstellen:

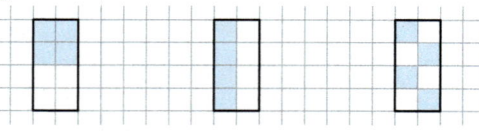

◐ **8 mehr**

a) Zeichne die Figuren in dein Heft. Färbe in jeder Figur $\frac{1}{2}$ und $\frac{3}{8}$.
b) Denke eigene Figuren aus, in denen du $\frac{1}{2}$ und $\frac{3}{8}$ färben kannst.

💡 **9 Tipp**
Beispiel: $\frac{2}{6}$

Es sind 6 Kugeln. 2 davon sind gefärbt.

◐ **9 mehr**
Gib an, welcher Anteil rot gefärbt ist.
a)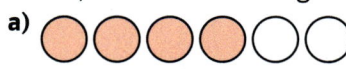

b) 9 von 20 Kugeln sind rot.

○ **10 leichter**

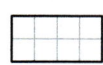

a) Zeichne das Rechteck in dein Heft. Zähle die Kästchen.
b) Zeichne $\frac{3}{4}$; $\frac{1}{8}$ und $\frac{5}{8}$ mit verschiedenen Farben ein.
c) Nenne drei Brüche, die du einzeichnen kannst.
d) [SP] Warum kannst du $\frac{1}{7}$ nicht einzeichnen? Erkläre. Nenne andere Brüche, die du nicht einzeichnen kannst.

Brüche darstellen 2

11 Thailand

Fritz sagt:
„$\frac{1}{3}$ der Fahne von Thailand ist weiß."
Kara sagt:
„Das kann nicht sein. Es sind doch zwei weiße Streifen."
Wer hat recht? Begründe.

12 Gib an, welcher Anteil jeweils gefärbt ist. Schreibe als Bruch.
a) b) c) d)
e) f) g) h)
i) j)

13 Juliane, Kathi und Timo haben Brüche dargestellt.

Julianes Bruch   Kathis Bruch

Timos Bruch

a) Gib den Bruch an, den Juliane, Timo und Kathi dargestellt haben.
b) Wähle zwei andere Brüche aus und stelle sie auf verschiedene Arten dar.

14 Hier siehst du nur Teilfiguren.

A $\frac{3}{4}$ B $\frac{1}{5}$ C $\frac{1}{4}$

a) Wie könnte das Ganze aussehen? Zeichne ins Heft.
b) Zeichne noch eine weitere Möglichkeit.

---

11 Tipp
Folgende Formulierungen können dir helfen:

halb so groß   genauso so groß wie
Insgesamt sind es … Teile.   doppelt so groß

11 leichter
Mauritius   Argentinien

a) Gib an, wie groß die Anteile der Farben in der Fahne von Mauritius sind.
b) Stimmt es, dass $\frac{2}{3}$ der Fahne von Argentinien blau und $\frac{1}{3}$ weiß sind? Begründe.

12 Tipp
Achte auf Diagonalen, die Kästchen halbieren.

13 leichter
Bo, Kay und Lia haben Brüche dargestellt. Gib den dargestellten Bruch an.
Bos Bruch   Kays Bruch   Lias Bruch

14 leichter
Hier siehst du nur Teilfiguren. Wie könnte das Ganze aussehen? Zeichne ins Heft.

A $\frac{1}{2}$ B $\frac{1}{4}$ C $\frac{3}{4}$

14 mehr
Hier siehst du nur Teilfiguren. Wie könnte das Ganze aussehen? Zeichne ins Heft.

A $\frac{3}{8}$ B $\frac{1}{8}$
C $\frac{4}{7}$ D $\frac{1}{4}$

2 Brüche darstellen

15 Gib an, wie viel zum Ganzen fehlt.

$\frac{2}{3}$ $\frac{4}{5}$ $\frac{7}{8}$ $\frac{3}{10}$ $\frac{1}{9}$

16
a) Finn sagt: „Zwei Kinder haben die Hälfte von diesem Stück bekommen. Das ist ein Viertel von einer ganzen Pizza." Erstelle eine Skizze, die das erklärt.
b) Sechs Kinder teilen sich dieses Stück Pizza. Skizziere deine Lösung. Schreibe wie Finn einen Satz, der zu dieser Situation passt.

17 Keola sagt: „Der grün gefärbte Teil ist kleiner als der blau gefärbte Teil. Das kann nicht beides $\frac{1}{3}$ sein." Was meinst du? Begründe.

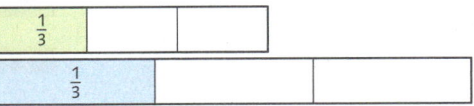

18 Wer hat recht? Begründe.

Links wurde mehr abgeschnitten. Hier fehlen 10 Kästchen, rechts nur 8.

Rechts wurde mehr abgeschnitten. Hier fehlt $\frac{1}{2}$ und links nur $\frac{1}{4}$.

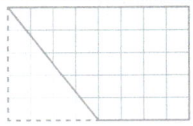
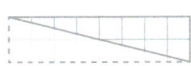

---

15 Tipp
Skizziere die Brüche.

15 leichter
Gib den Bruch an, der gefärbt ist. Gib an, wie viel zum Ganzen fehlt.
a) b)
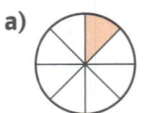

c) d) e)

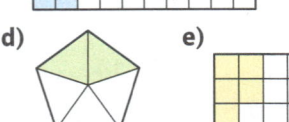

16 leichter
Gib an, wie viel jedes Kind bekommt. Skizziere deine Lösung.
a) Vier Kinder teilen sich eine Pizza.
b) Vier Kinder teilen sich zwei Pizzen.
c) Zwei Kinder teilen sich eineinhalb Pizzen.

17 Tipp
Folgende Formulierungen können dir helfen:

… in gleich große Teile geteilt … Das Ganze ist größer/kleiner, also sind die Teile …

18 Tipp
Es kann auch beides richtig sein. Begründen kannst du mit einer Zeichnung oder Worten.

Das Ganze hat … … unterschiedlich ist …
… Anzahl der Kästchen … … Anteil …

18 leichter
Ordne die Aussagen den Abbildungen zu.
A   B

(1) 6 von 14 Kästchen sind gefärbt
(2) $\frac{6}{14}$ (3) $\frac{4}{8}$ (4) $\frac{1}{2}$ (5) $\frac{3}{7}$
(6) 4 von 8 Kästchen sind gefärbt
(7) Hier sind mehr Kästchen gefärbt.
(8) Hier ist der größere Anteil gefärbt.

Brüche darstellen 2

Wähle aus:

19 Kreative Zeichnungen
Zeynep stellt Brüche gerne ungewöhnlich dar.

a) Gib an, welchen Bruch Zeynep dargestellt hat.
b) Stelle die Brüche $\frac{1}{4}$ und $\frac{2}{3}$ so ähnlich wie den von Zeynep dar.
c) Denke dir andere Brüche aus. Stelle sie auf verschiedene Arten dar.

20 Mit Brüchen rechnen
Corin hat eine Rechenaufgabe skizziert und aufgeschrieben:

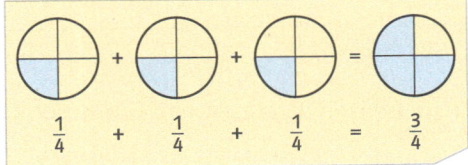

a) Skizziere und berechne wie Corin: $\frac{5}{8} - \frac{1}{8}$
b) Skizziere und schreibe drei eigene Rechenaufgaben zu Brüchen auf.

21 SP Unterschiedliche Ansichten
5 Kinder teilen sich 3 Stücke Butterkuchen.

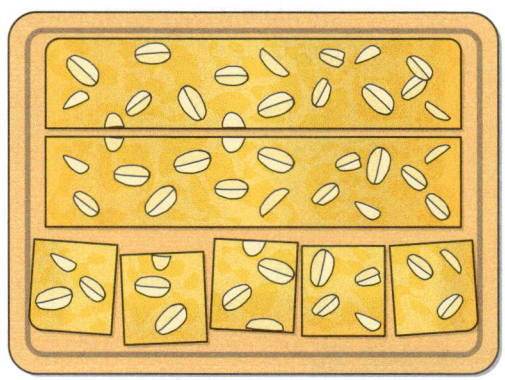

Dann bekommt jeder $\frac{3}{5}$.

Aber wir teilen doch durch 5. Wieso bekommt denn nicht jeder $\frac{1}{5}$?

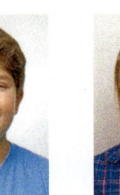

Mohammed   Teresa

Gemeinsam sichern:

22
a) Ordne die unterschiedlichen Bruchdarstellungen einander zu. Es gehören immer drei zusammen.

b) 👥 Erklärt euch gegenseitig eure Zuordnungen.

2 Gleichwertige Brüche

Entdecke:

A 👥 [SP] Ihr habt großen Hunger. An welchen Tisch würdet ihr euch setzen, um mehr Pizza zu bekommen? Begründet.

So heißt es:

Brüche, die den gleichen Anteil darstellen, nennt man **gleichwertig**.

So geht es:

Beispiel: Vergleiche $\frac{3}{4}$ und $\frac{6}{8}$.

1. Möglichkeit: Brüche als Anteil an einem Ganzen darstellen und Größe der gefärbten Teile vergleichen.

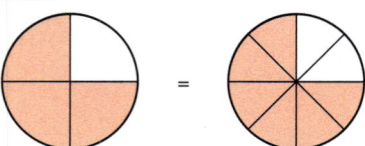

$\frac{3}{4}$ ist genauso groß wie $\frac{6}{8}$.

$\frac{3}{4} = \frac{6}{8}$

2. Möglichkeit: Brüche als Verteilsituation darstellen und prüfen, ob jedes Kind gleich viel erhält.

In diesen Verteilsituationen erhalten die Kinder gleich viel Pizza:
3 Pizzen werden an 4 Kinder verteilt.
6 Pizzen werden an 8 Kinder verteilt.

Anzahl Pizzen	3	6
Anzahl Kinder	4	8

3 Pizzen werden an 4 Kinder verteilt ← **Jedes Kind erhält gleich viel.** → 6 Pizzen werden an 8 Kinder verteilt

Das kannst du in einer Tabelle aufschreiben. Jedes Kind erhält immer gleich viel Pizza.

Schreibe es auf:

1 Hier wurde $\frac{1}{3}$ dargestellt.
a) Zeichne zwei gleichwertige Brüche zu $\frac{1}{3}$.
b) [SP] Schreibe zu den Brüchen eine Verteilsituation auf.
c) Stelle die Brüche übersichtlich in einer Tabelle dar.

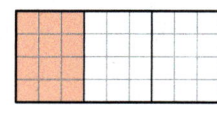

Gleichwertige Brüche 2

Übe jetzt:

○ 2 Welche Brüche sind gleichwertig? Gib die Brüche an.

A 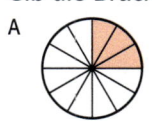 B 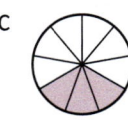 C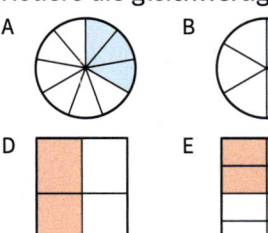

D 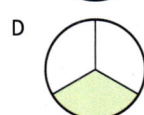 E 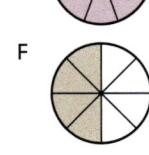 F

○ 3

a) Gib an, bei welchen Verteilsituationen die Kinder den gleichen Anteil bekommen.

A B

C D

b) [SP] Beschreibe zwei weitere Verteilsituationen, in denen Kinder den gleichen Anteil bekommen. Notiere deine Verteilsituationen in einer Tabelle.

○ 4

a) Gib an, welche Brüche gleichwertig zu $\frac{2}{4}$ sind.

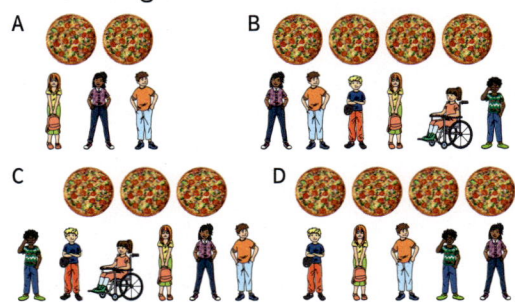

b) [SP] Schreibe zu den gleichwertigen Brüchen eine Verteilsituation.

○ 5 Vergleiche die Abbildungen. Welche Brüche sind so groß wie $\frac{1}{3}$? Notiere die gleichwertigen Brüche.

A B C

D E F

G H

⊖ 6 ⊞ Gib den Anteil der braunen Stückchen mit verschiedenen Brüchen an.

A B C

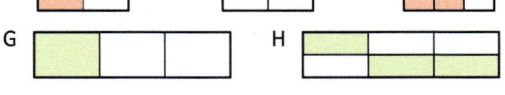

⊖ 7 ⊞ Prüfe, welche Brüche gleichwertig sind. Notiere die gleichwertigen Brüche.

a) (1) (2) (3) (4) (5)

b) (1) (2) (3) (4) (5)

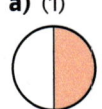 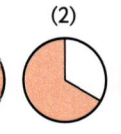 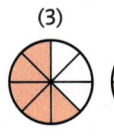 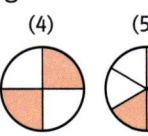

+

💡 6 Tipp

Sortiere zuerst nach weißen und braunen Stückchen.

A B

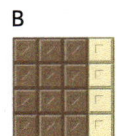

C

○ 7 leichter

Prüfe, welche Brüche gleichwertig sind. Notiere die gleichwertigen Brüche.

a) (1) (2) (3) (4) (5)

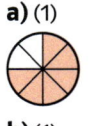 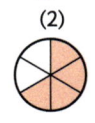 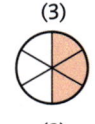 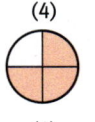 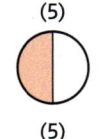

b) (1) (2) (3) (4) (5)

 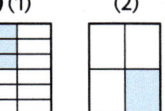 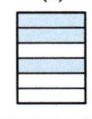

2 Gleichwertige Brüche

● 8 ➕

a) Fülle die Tabellen in deinem Heft so aus, dass jedes Kind immer gleich viel bekommt.

Anzahl Pizzen	1	2	4	☐	☐	3
Anzahl Kinder	5	10	☐	30	25	☐

Anzahl Pizzen	4	6	☐	24	☐	3
Anzahl Kinder	12	☐	24	☐	3	☐

Anzahl Pizzen	1	2	3	☐	☐	☐
Anzahl Kinder	8	☐	☐	☐	☐	☐

b) Luan füllt eine Tabelle so aus:

Anzahl Pizzen	4	6	8
Anzahl Kinder	24	36	48

Svea sagt: „Diese Tabelle lässt sich auch mit einfacheren Brüchen ausfüllen!" Gib Brüche an, die Svea damit meinen könnte.

● 9 ➕

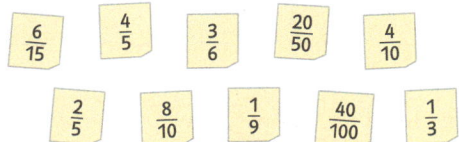

a) Gib an, welche Brüche gleichwertig sind.
b) [SP] Wähle zwei gleichwertige Brüche aus. Erkläre, wie du herausgefunden hast, dass die Brüche gleichwertig sind.

● 10 [SP] ➕

a) Ergänze die fehlenden Zahlen in deinem Heft.

A $\frac{3}{5} = \frac{6}{\square}$ B $\frac{12}{18} = \frac{4}{\square}$

C $\frac{5}{6} = \frac{\square}{18} = \frac{10}{\square}$ D $\frac{21}{30} = \frac{\square}{10} = \frac{14}{\square}$

b) Wähle eine Teilaufgabe aus a). Erkläre die Gleichwertigkeit mithilfe einer Skizze oder Verteilsituationen.

➕

💡 8 Tipp

a)

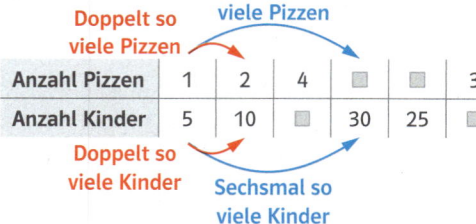

b) Einfachere Brüche können Brüche mit kleineren Zahlen sein.

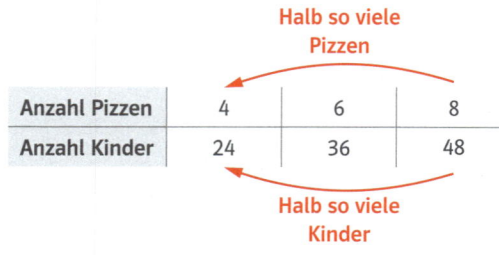

● 8 mehr

Fülle die Tabellen in deinem Heft so aus, dass jedes Kind immer gleich viel bekommt.

Anzahl Pizzen	3	6	9	☐	☐	☐
Anzahl Kinder	4	☐	☐	☐	☐	☐

⊝ 9 leichter

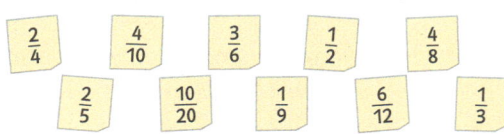

a) Gib an, welche Brüche gleichwertig zu $\frac{1}{2}$ sind.
b) Schreibe die gleichwertigen Brüche in einer Tabelle auf.

Anzahl Pizzen	1	☐	☐	☐	☐	☐
Anzahl Kinder	2	☐	☐	☐	☐	☐

💡 10 Tipp

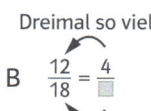

Doppelt so viel / Doppelt so viel
A $\frac{3}{5} = \frac{6}{\square}$

Dreimal so viel / Dreimal so viel
B $\frac{12}{18} = \frac{4}{\square}$

● 10 mehr

Ergänze die fehlenden Zahlen in deinem Heft.

a) $\frac{3}{7} = \frac{\square}{21}$ **b)** $\frac{4}{12} = \frac{\square}{6}$

c) $\frac{1}{4} = \frac{\square}{16} = \frac{2}{\square}$ **d)** $\frac{30}{50} = \frac{3}{\square} = \frac{\square}{20}$

Gleichwertige Brüche 2

Wähle aus:

11 Pizza verteilen

34 Kinder haben sich in sechs unterschiedlich große Gruppen eingeteilt. In je zwei Gruppen sollen die Kinder den gleichen Anteil Pizza bekommen. Ordne den Gruppen die Pizzen zu.

12 Ist das gleich?

Ist das Gleichheitszeichen hier richtig? Begründe deine Antwort.

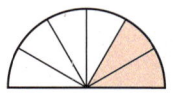 $\stackrel{?}{=}$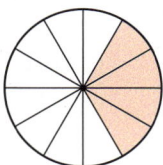

13 Muster

Wenn du bei einem Dreieck mit drei gleich langen Seiten alle Seitenmitten miteinander verbindest, erhältst du das Dreieck von Stufe 1. Der gefärbte Teil ist $\frac{1}{4}$ des großen Dreiecks.
Wenn du nun wieder die Seitenmitten verbindest, entsteht das Dreieck von Stufe 2.

Stufe 1   Stufe 2   Stufe 3

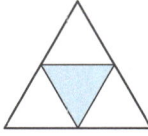 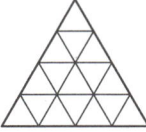 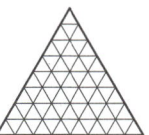

a) Bei Stufe 2 und 3 soll wieder $\frac{1}{4}$ des großen Dreiecks gefärbt sein. Gib an, wie viele kleine Dreiecke gefärbt sein müssen.
b) Wie geht das weiter bei Stufe 4 und 5? Gib die Anzahl der gefärbten Dreiecke von Stufe 4 und 5 an.
c) SP Finde eine Regel, mit der du die Reihe beliebig weit fortführen kannst. Überlege dir, wie du das aufschreiben kannst.

Gemeinsam sichern:

14

a) Gib zwei gleichwertige Brüche zu $\frac{4}{6}$ an.
b) SP Vergleiche deine Ergebnisse mit einem anderen Kind. Erklärt euch gegenseitig, wie ihr eure gleichwertigen Brüche gefunden habt.

2 Brüche vergleichen

Entdecke:

A Zum Vergleichen von Brüchen kann man Bruchstreifen verwenden.

Bruchstreifen basteln

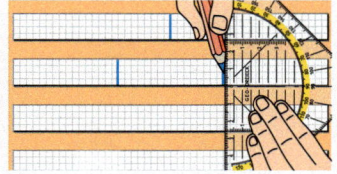
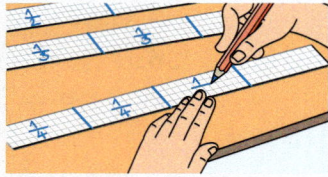

(1) Stelle sechs 24 cm lange Streifen aus Papier her.

(2) Teile sie in 2; 3; 4; 6; 8 gleich große Teile ein. Miss und zeichne möglichst genau.

(3) Beschrifte die Streifen mit den Brüchen.

Beispiel: **Bruchstreifen**

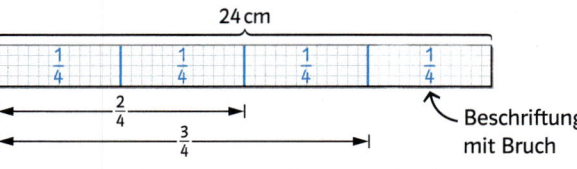

← Beschriftung mit Bruch

Brüche mithilfe von Bruchstreifen vergleichen

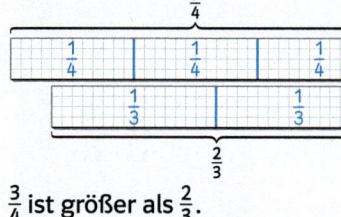

$\frac{3}{4}$ ist größer als $\frac{2}{3}$.

a) Bastle sechs Bruchstreifen mithilfe der Anleitung.
b) Vergleiche $\frac{1}{2}$ und $\frac{5}{8}$. Welcher Bruch ist größer?
c) Erklärt euch gegenseitig, wie ihr vorgegangen seid.

B

Aufgabe 1

Verteilsituation 1

Verteilsituation 2

Verteilsituation 3

Gib an, welchen Anteil die Kinder bekommen. Begründe, bei welcher Verteilsituation die Kinder am meisten Pizza bekommen.

Aufgabe 2

Verteilsituation 1

Verteilsituation 2

Verteilsituation 3

Gib an, welchen Anteil die Kinder bekommen. Begründe, bei welcher Verteilsituation die Kinder am meisten Pizza bekommen.

a) Teilt die Aufgaben auf. Jeder von euch bearbeitet eine Aufgabe.
b) Stellt euch gegenseitig eure Lösung vor.
c) Gebt an, welcher Bruch größer ist. Begründet eure Entscheidung.

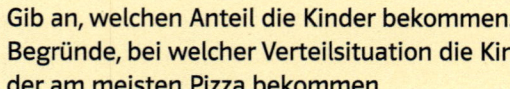

A $\frac{3}{7}$ oder $\frac{3}{9}$ B $\frac{4}{5}$ oder $\frac{2}{5}$

2 Brüche vergleichen

So heißt es:

Es gibt verschiedene Strategien, um Brüche zu vergleichen:

- **Bruchstreifen vergleichen**
  Lege die Bruchstreifen aneinander und prüfe, welcher Bruchstreifen länger ist.
  Beispiel 1: Hannah vergleicht $\frac{3}{4}$ und $\frac{2}{3}$.

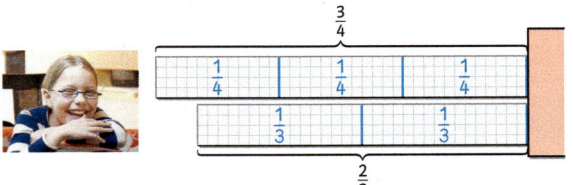

$\frac{3}{4}$ ist größer als $\frac{2}{3}$, denn der Bruchstreifen $\frac{3}{4}$ ist länger.

- **Brüche als Kreise, Rechtecke oder Streifen darstellen**
  Beispiel 2: Alina vergleicht $\frac{1}{3}$ und $\frac{1}{4}$.

 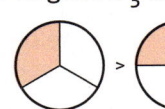

$\frac{1}{3}$ ist größer als $\frac{1}{4}$, denn das $\frac{1}{3}$-Stück ist größer.

- **Verteilsituation überlegen**
  Beispiel 3: Max vergleicht $\frac{1}{3}$ und $\frac{3}{9}$.

Anzahl Pizzen	1	2	3
Anzahl Kinder	3	6	9

$\frac{1}{3}$ ist genauso groß wie $\frac{3}{9}$. Wenn eine Pizza an 3 Kinder verteilt wird, bekommt jedes Kind genauso viel, wie wenn 3 Pizzen an 9 Kinder verteilt werden.

- **Vergleichen bei gleichem Nenner**
  Wenn die Nenner gleich sind, ist der Bruch mit dem größeren Zähler größer.
  Beispiel 4: Niko vergleicht $\frac{4}{5}$ und $\frac{3}{5}$.

 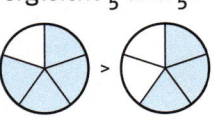

$\frac{4}{5}$ ist größer als $\frac{3}{5}$, denn 4 von 5 Teilen sind mehr als 3 von 5 Teilen.

- **Vergleichen bei gleichem Zähler**
  Wenn die Zähler gleich sind, ist der Bruch mit dem kleineren Nenner größer.
  Beispiel 5: Luka vergleicht $\frac{2}{3}$ und $\frac{2}{5}$.

Hier bekommt jedes Kind mehr

$\frac{2}{3}$ ist größer als $\frac{2}{5}$. Wenn ich 2 Pizzen an 3 Kinder verteile, bekommt jedes Kind mehr, als wenn ich 2 Pizzen an 5 Kinder verteile.

Schreibe es auf:

1

a) Vergleiche die Brüche. Welcher Bruch ist größer? Erkläre, wie du vorgegangen bist.
b) Beschreibe eine zweite Möglichkeit, wie du die Brüche vergleichen kannst.

2 Brüche vergleichen

Übe jetzt:

2 Vergleiche die Brüche mithilfe deiner Bruchstreifen. Welcher Bruch ist größer?
a) $\frac{1}{2}$ und $\frac{3}{5}$ b) $\frac{2}{3}$ und $\frac{3}{4}$ c) $\frac{2}{6}$ und $\frac{1}{4}$

3 Entscheide, welcher Bruchteil größer ist. Gib die gefärbten Teile als Bruch an.
a)
b)
c)

4
a) Zeichne den Streifen ins Heft. Färbe im Streifen die Anteile $\frac{1}{4}$ und $\frac{1}{5}$ unterschiedlich.

20 Kästchen

Gib an, welcher Anteil größer ist.
b) Zeichne einen weiteren Streifen. Färbe die Anteile $\frac{7}{10}$ und $\frac{9}{20}$. Gib an, welcher Anteil größer ist.
c) Gib zwei weitere Brüche an, die du mithilfe des Streifens vergleichen kannst.

5 SP

Verteilsituation A  Verteilsituation B

a) Begründe, bei welcher Verteilsituation die Kinder den größeren Anteil bekommen.
b) Beschreibe zwei Verteilsituationen, bei denen die Kinder unterschiedlich viel Pizza erhalten. Gib den größeren Anteil an.

6 SP Vergleiche die Brüche. Erkläre, wie du vorgehst.
a) $\frac{1}{3}$ und $\frac{2}{3}$ b) $\frac{5}{8}$ und $\frac{3}{8}$ c) $\frac{7}{12}$ und $\frac{4}{12}$

7 SP Vergleiche die Brüche. Erkläre, wie du vorgehst.
a) $\frac{1}{4}$ und $\frac{1}{2}$ b) $\frac{5}{6}$ und $\frac{5}{7}$ c) $\frac{3}{8}$ und $\frac{3}{10}$

8 Ordne die Bruchteile der Größe nach. Gib den gefärbten Teil als Bruch an.

A 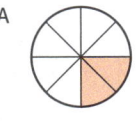 B  C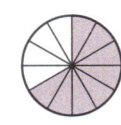

D 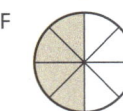 E F

9 Welche Anteile sind größer als $\frac{1}{2}$, welche kleiner? Gib den gefärbten Teil als Bruch an.

A 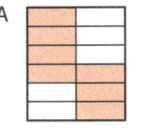 B C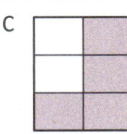

D 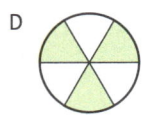 E  F

G 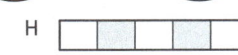 H

10 +
a) Zeichne den Streifen ins Heft.

18 Kästchen

Färbe die Anteile $\frac{2}{6}$ und $\frac{5}{18}$ im Streifen. Welcher Bruch ist größer?
b) SP Welche Anteile lassen sich bei diesem Streifen gut einzeichnen, welche sind schwierig? Begründe.
c) Färbe die Anteile $\frac{5}{12}$; $\frac{2}{3}$ und $\frac{3}{4}$ auf einem passenden Streifen. Ordne sie der Größe nach.

---

10 mehr
a) Ordne die Brüche $\frac{2}{9}$; $\frac{1}{3}$ und $\frac{5}{6}$ der Größe nach. Färbe die Anteile auf einem passenden Streifen.

b) SP Erkläre, wie du eine passende Streifenlänge gefunden hast.

Brüche vergleichen

11

Verteilsituation A   Verteilsituation B

a) Drei Freundinnen teilen sich zwei Schokoriegel. Gib den Anteil jedes Mädchens an.
b) Judith und Giovanna kommen mit zwei weiteren Schokoriegeln dazu. Die fünf Freundinnen teilen die vier Schokoriegel untereinander auf. Gib den Anteil an, den jedes Mädchen jetzt bekommt.
c) Gibt es bei a) oder b) mehr? Begründe.
d) Führe die Geschichte fort. Zeichne die weiteren Situationen und vergleiche sie.

12

a) Sortiere die Brüche $\frac{1}{2}$; $\frac{1}{4}$; $\frac{3}{4}$; $\frac{1}{8}$ und $\frac{3}{8}$ der Größe nach. Zeichne die Anteile dazu auf einem 8 cm langen Streifen ein.
b) Zeichne direkt darunter die gleichen Brüche auf einem 12 cm langen Streifen.
c) Erkläre, warum $\frac{1}{2}$ auf dem ersten Streifen nicht direkt über $\frac{1}{2}$ auf dem zweiten Streifen liegt.

13 Gib an, welcher Bruch größer ist.

a) $\frac{1}{2}$ oder $\frac{1}{3}$ b) $\frac{4}{6}$ oder $\frac{2}{6}$ c) $\frac{2}{4}$ oder $\frac{3}{8}$

d) $\frac{4}{8}$ oder $\frac{1}{2}$ e) $\frac{2}{3}$ oder $\frac{5}{6}$ f) $\frac{1}{3}$ oder $\frac{2}{8}$

14

a) Vergleiche die Brüche. Setze <, > oder = ein.

A $\frac{1}{2}$ ☐ $\frac{3}{4}$ B $\frac{2}{7}$ ☐ $\frac{5}{7}$ C $\frac{1}{8}$ ☐ $\frac{1}{9}$

D $\frac{2}{3}$ ☐ $\frac{3}{4}$ E $\frac{4}{9}$ ☐ $\frac{4}{5}$ F $\frac{3}{4}$ ☐ $\frac{6}{8}$

G $\frac{3}{10}$ ☐ $\frac{3}{10}$ H $\frac{1}{2}$ ☐ $\frac{3}{6}$ I $\frac{2}{5}$ ☐ $\frac{2}{12}$

b) Erkläre, welche Strategien du bei A bis D verwendet hast.

15

a) Gib an, welcher Bruch größer ist. Begründe.

A $\frac{1}{5}$ oder $\frac{1}{10}$ B $\frac{3}{5}$ oder $\frac{3}{6}$ C $\frac{2}{6}$ oder $\frac{1}{3}$

D $\frac{6}{15}$ oder $\frac{2}{5}$ E $\frac{2}{3}$ oder $\frac{1}{3}$ F $\frac{4}{7}$ oder $\frac{3}{8}$

b) Welche Brüche waren leicht zu vergleichen, welche schwierig? Begründe deine Meinung.

---

11 Tipp
Zeichne zwei 15 Kästchen lange Streifen als Schokoriegel. Teile sie auf die drei Freundinnen auf.
Zeichne weitere gleich lange Streifen für die anderen Schokoriegel.

12 Tipp

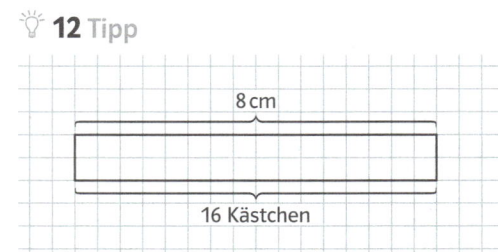

8 cm
16 Kästchen

13 Tipp
Zeichne die Brüche zum Beispiel in einen Streifen mit 24 Kästchen oder denke dir Verteilsituationen aus.

14 mehr
Vergleiche. Setze <, > oder = ein.

a) $\frac{3}{7}$ ☐ $\frac{1}{7}$ b) $\frac{2}{6}$ ☐ $\frac{2}{9}$ c) $\frac{2}{4}$ ☐ $\frac{1}{2}$

d) $\frac{1}{4}$ ☐ $\frac{2}{8}$ e) $\frac{5}{10}$ ☐ $\frac{8}{10}$ f) $\frac{3}{8}$ ☐ $\frac{2}{3}$

15 Tipp
Mögliche Strategien wären:

Bruchstreifen verwenden
Brüche darstellen
Verteilsituation überlegen
Nenner vergleichen
Zähler vergleichen

2 Brüche vergleichen

Wähle aus:

16 Nah dran

   $\frac{1}{3}$

a) Nenne die Brüche, die größer sind als $\frac{1}{2}$.
b) Nenne die Brüche, die größer sind als $\frac{1}{3}$.
c) Gib drei eigene Brüche an, die möglichst nahe an 1 liegen. Vergleicht zu zweit eure Ergebnisse. Welcher Bruch liegt am nächsten an 1?
d) [SP] Beschreibe, wie du einen Bruch finden kannst, der noch näher an 1 liegt.

17 Nichts Halbes, nichts Ganzes

Kims Strategie: Mit einem Halben vergleichen

$\frac{3}{4}$ ist mehr als $\frac{1}{3}$. Denn: $\frac{3}{4}$ ist mehr als ein Halbes und $\frac{1}{3}$ weniger als ein Halbes.

Alex' Strategie: Mit einem Ganzen vergleichen

$\frac{5}{6}$ ist mehr als $\frac{3}{4}$, denn bei $\frac{5}{6}$ fehlt ein kleineres Stück zu einem Ganzen als bei $\frac{3}{4}$.

a) Skizziere zu Kims und Alex' Strategie ein Bild, das die Situation erklärt.
b) Vergleiche die Brüche wie Kim oder Alex. Setze <, > oder = ein.

A $\frac{3}{4} \square \frac{7}{8}$ B $\frac{10}{18} \square \frac{5}{12}$ C $\frac{5}{9} \square \frac{6}{12}$
D $\frac{7}{14} \square \frac{8}{16}$ E $\frac{9}{10} \square \frac{5}{6}$ F $\frac{5}{20} \square \frac{15}{20}$
G $\frac{6}{25} \square \frac{16}{30}$ H $\frac{20}{21} \square \frac{8}{9}$ I $\frac{6}{7} \square \frac{6}{15}$

18 Spielend Brüche vergleichen

Ein Spiel für zwei: Würfelt beide abwechselnd mit zwei 12-seitigen Würfeln. Bildet aus beiden gewürfelten Zahlen einen Bruch. Der Zähler soll kleiner oder genauso groß wie der Nenner sein. Wer den größeren Bruch hat, erhält einen Punkt. Zur Überprüfung könnt ihr die Bruchstreifen verwenden. Wer zuerst fünf Punkte hat gewinnt.
Variante: Die erste Person würfelt. Dann sagt sie, ob die andere einen größeren oder einen kleineren Bruch würfeln muss, um zu gewinnen.

$\frac{1}{12}$ wurde gewürfelt

19 Genau dazwischen

a) [SP] Gib an, welcher Bruch genau in der Mitte liegt. Beschreibe, wie du den Bruch gefunden hast.

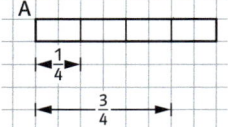 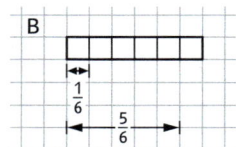

b) Eine Firma hat zwei Flaschengrößen, eine mit $\frac{1}{2}$ l Inhalt und eine mit $\frac{7}{10}$ l Inhalt. Sie möchte eine Flasche anbieten, deren Inhalt genau zwischen diesen beiden liegt. Gib eine entsprechende Flaschengröße an.
c) Gib einen Bruch zwischen $\frac{5}{11}$ und $\frac{6}{11}$ an.
d) Entwirf ähnliche Aufgaben.

Gemeinsam sichern:

20

a) Sucht euch einen Korb aus. Ordnet die Brüche der Größe nach. Nutzt unterschiedliche Strategien. Erklärt, wie ihr vorgegangen seid.
b) Erstellt eigene Aufgaben zum Vergleichen von Brüchen. Tauscht diese untereinander.

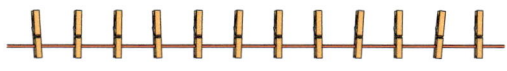

Prozente

Entdecke:

A

a) Sucht nach Anzeigen mit Prozentangaben.
b) Vergleicht eure Anzeigen. Welche Rabatte kommen besonders häufig vor?
c) Mit dieser Anzeige wirbt ein Pizza-Lieferant. Erklärt, was „50 % Rabatt" bedeutet.

B

a) Der Akkustand eines Handys wird häufig auch in Prozent angegeben. Prozente lassen sich als Brüche schreiben. Gebt die Akkustände als Brüche an.

LOADING... 50%   LOADING... 25%   LOADING... 75%

LOADING... 100% LOADING... 10%   LOADING... 20%

b) Sucht weitere Beispiele aus eurer Umwelt für Ladeanzeigen.

So heißt es:

Prozente sind auch Brüche.
Prozent (abgekürzt %) heißt „von Hundert" und meint Hundertstel $1\% = \frac{1}{100}$.

So geht es:

Beispiel 1:

$25\% = \frac{25}{100}$

25 von 100 Stücken sind gefärbt.

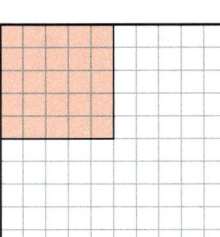

Beispiel 2:

$50\% = \frac{50}{100} = \frac{1}{2}$ $20\% = \frac{20}{100} = \frac{1}{5}$

$25\% = \frac{1}{4}$ $10\% = \frac{1}{10}$

$75\% = \frac{3}{4}$ $100\% = 1$ Ganzes

Schreibe es auf:

1 Hier ist eine Prozentangabe dargestellt.
a) Gib an, welche Prozentangabe dargestellt ist.
b) [SP] Erkläre, wie du das erkannt hast.

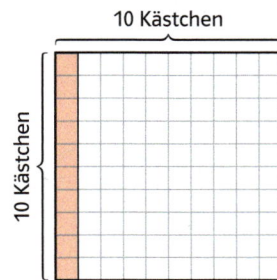

10 Kästchen / 10 Kästchen

2 Prozente

Übe jetzt:

2 Gib an, welche Prozentangabe dargestellt ist. Gib den passenden Bruch dazu an.

a)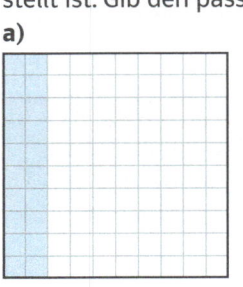

b)

c)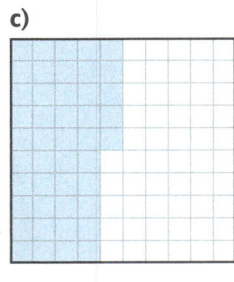

d)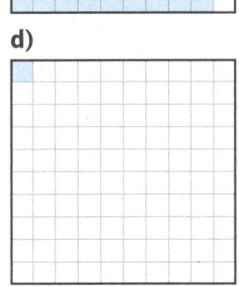

3 Gib an, wie viel Prozent geladen sind.
a)   b)   c)   d)

4 Ordne Brüche, Prozente und Bilder zu.

20% 50% 96% 100% 25% 75% 10%

$\frac{3}{4}$ $\frac{1}{4}$ $\frac{1}{10}$ 1 $\frac{1}{2}$ $\frac{96}{100}$ $\frac{1}{5}$

A
B C D
E F G

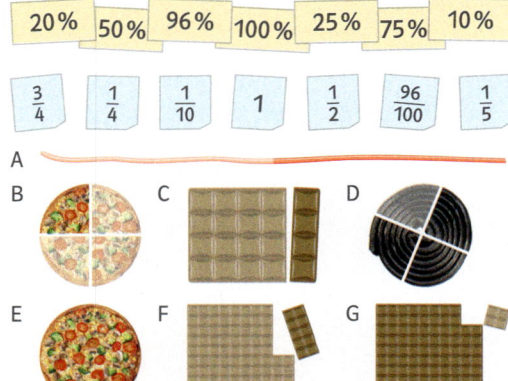

5 Wandle in einen Bruch um.
a) 70%   b) 1%   c) 35%   d) 5%

6 Wandle in Prozent um.
a) $\frac{80}{100}$ b) $\frac{75}{100}$ c) $\frac{23}{100}$ d) $\frac{3}{10}$

7 ➕
a) Zeichne das Hunderterfeld ins Heft. Färbe in verschiedenen Farben 10%, 34% und 45%.

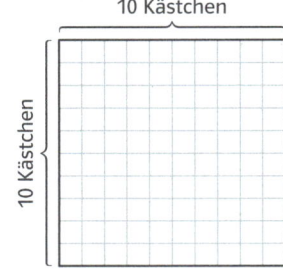
10 Kästchen
10 Kästchen

b) Zeichne einen Streifen ins Heft.
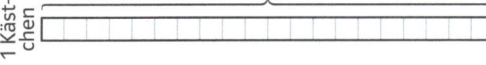
1 Kästchen — 20 Kästchen

Färbe 10%, 5% und 25%.

8 ➕
Wie viel Prozent sind hier gefärbt? Schätze. Gib auch als Bruch an.

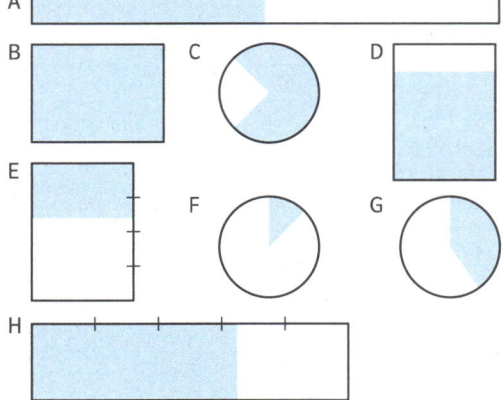

A   B   C   D   E   F   G   H

➕ **7 Tipp**
a) 12% = $\frac{12}{100}$, also sind 12 von 100 Kästchen gefärbt.
b) 5% ist die Hälfte von 10%.

💡 **8 Tipp**
a) Teile die Figuren in gleich große Teile.
b) Lege dir eine Tabelle an für das Umwandeln in Prozent.

$\frac{1}{5}$	$\frac{2}{5}$	$\frac{3}{5}$	$\frac{4}{5}$	$\frac{5}{5}$
20%	40%	60%	80%	100%

Prozente 2

9 Ergänze die Tabelle im Heft.

Prozent	22 %		40 %		
Bruch		$\frac{7}{100}$		$\frac{4}{5}$	$\frac{2}{10}$

10 Wie viel Prozent …
a) ist die Hälfte einer Tafel Schokolade?
b) ist ein Zehntel einer Torte?
c) ist der vierte Teil eines Kuchens?
d) sind drei von fünf Stücken Pizza?

11 Finde drei Fehler im Kreisdiagramm.

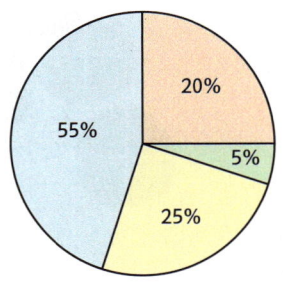

---

9 Tipp

viermal so groß $\left(\begin{array}{c}\frac{1}{5} = 20\,\%\\ \frac{4}{5} = \square\end{array}\right)$ viermal so groß

9 leichter
Ergänze die Tabelle im Heft.

Prozent		45 %		60 %	89 %
Bruch	$\frac{13}{100}$		$\frac{2}{4}$		

10 Tipp
„der vierte Teil" = $\frac{1}{4}$; „drei von fünf" = $\frac{3}{5}$

11 leichter
Finde die Fehler.

a) 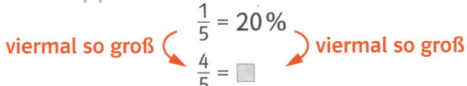   b)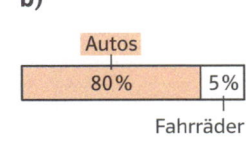

c) 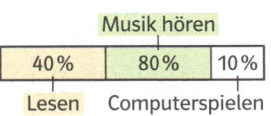   d)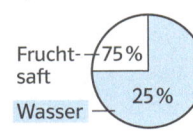

Wähle aus:

12 Umfrage
In einer Umfrage wird nach der Anzahl der Geschwister gefragt. Die Umfrageergebnisse werden in einem Streifendiagramm dargestellt. Gib an, wie viel Prozent der Befragten jeweils keine, ein oder mehrere Geschwister haben.

13 [SP] Prozente ungefähr
Erkläre mit einer Zeichnung oder in Worten.

$\frac{1}{3}$ sind ungefähr 33 %

$\frac{1}{9}$ sind ungefähr 11 %

$\frac{1021}{2035}$ sind ungefähr 50 %

$\frac{203}{810}$ sind ungefähr 25 %

Gemeinsam sichern:

14 Erklärt die Fehler. Formuliert die Berichte richtig.

Kakaoanteil in der Schokolade erhöht
Der Kakaoanteil unserer Schokolade wurde erhöht. Vorher betrug er 40 %. Nun ist sogar $\frac{1}{5}$ unserer Schokolade aus Kakao.

Wenig Kinder im Sportverein
An unserer Schule finden zwar 15 % der Kinder täglichen Sport wichtig. Doch nur jedes vierte Kind ist in einem Sportverein.

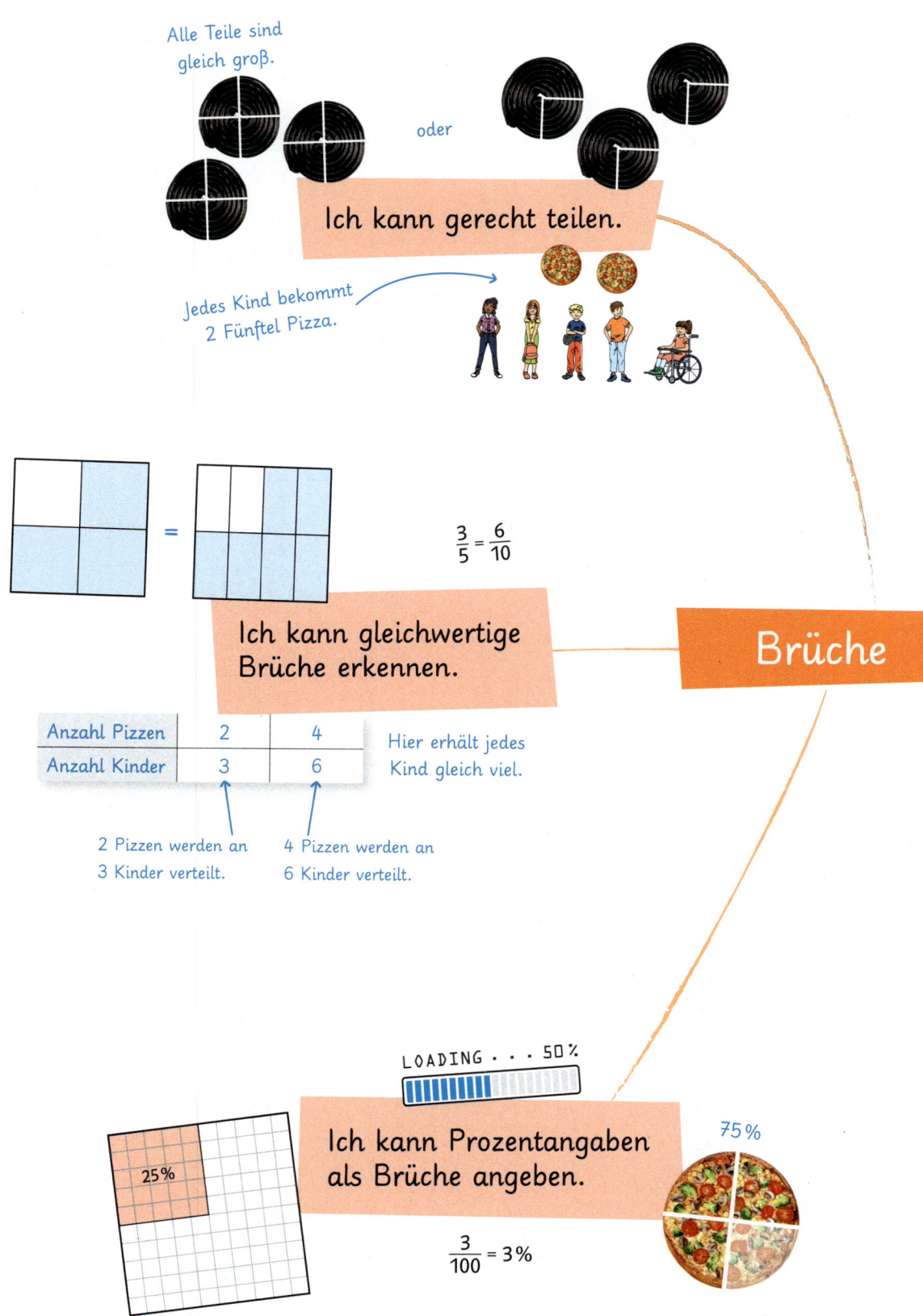

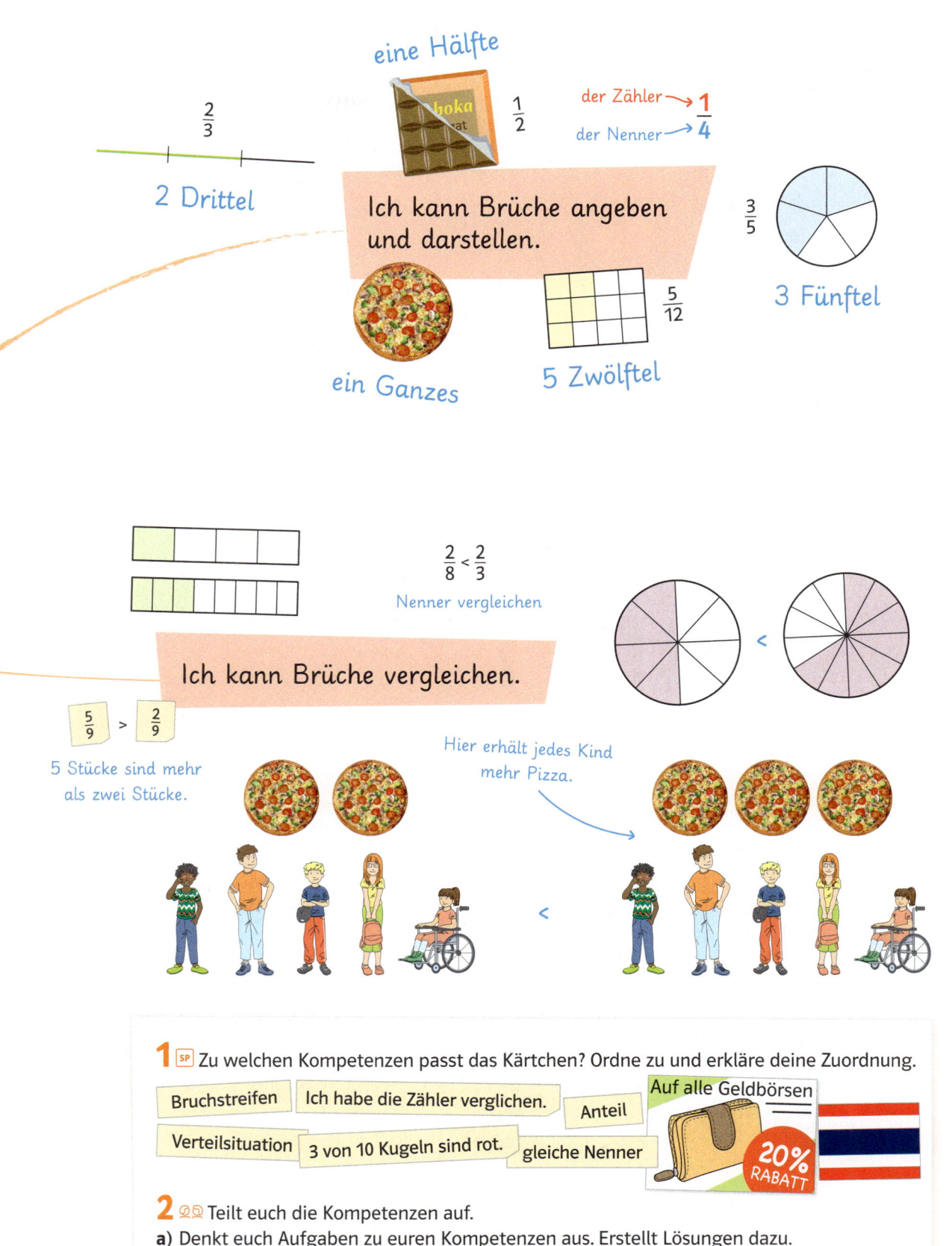

2 Kapiteltraining

Ich kann gerecht teilen.

Nachschauen kannst du auf den Seiten 40–45.

○1
a) Teile gerecht. Skizziere deine Lösung. Gib den Anteil jedes Kindes als Bruch an.

A

B

C

b) Skizziere für jede Verteilsituation eine weitere Möglichkeit zu teilen.

◐2
a) Gib zwei Verteilsituationen mit Schokolade an, in denen jedes Kind zwei Drittel der Schokolade bekommt. Skizziere deine Lösungen.
b) Gib zwei Verteilsituationen mit Pizzen an, in denen jedes Kind drei Achtel Pizza bekommt.

●3
Vier Kinder teilen sich zwei Drittel Pizza. Gib den Anteil an, den jedes Kind von einer ganzen Pizza bekommt. Erkläre deine Antwort mit einer Skizze.

Ich kann Brüche angeben und darstellen.

Nachschauen kannst du auf den Seiten 46–51.

○4
Wiebke, Tim und Sonja haben Anteile dargestellt.

Wiebkes Anteil   Tims Anteil   Sonjas Anteil
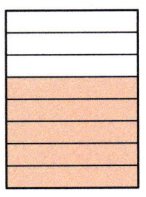  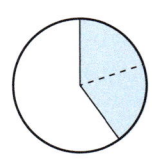

a) Gib die Brüche an, die die Kinder dargestellt haben.
b) Stelle $\frac{1}{4}$ auf Wiebkes, Tims und Sonjas Weise dar.

◐5
a) Zeichne die Figur ins Heft.
Färbe den Anteil $\frac{2}{8}$.
b) Gib den ungefärbten Anteil an.
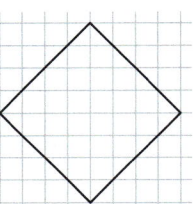

◐6
Bei der Pizza auf dem Foto wurden drei Stücke abgeschnitten.
a) Gib den Anteil an, der abgeschnitten wurde. Welchen Anteil hat ein abgeschnittenes Stück an der ganzen Pizza?
b) [SP] Skizziere deine Einteilungen. Erkläre, wie du den Anteil herausgefunden hast.

◐7 [SP]
Theo sagt: „Der Teil meiner Pizza ist $\frac{1}{5}$."
a) Was hat Theo sich wahrscheinlich gedacht? Erkläre.
b) Begründe, warum Theos Aussage falsch ist.
c) Schätze die Größe der Teilstücke. Gib sie als Bruch an.

Theos Stück
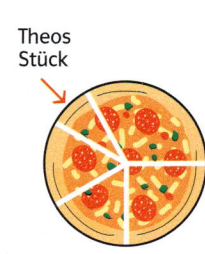

● 8

a) Gib an, welcher Anteil gefärbt wurde.

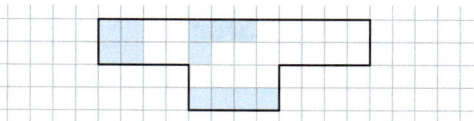

b) Zeichne die Figur. Färbe $\frac{1}{6}$ rot und $\frac{4}{6}$ blau.

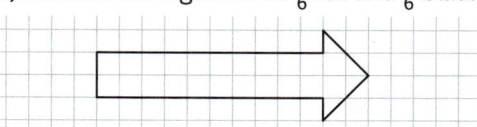

Ich kann gleichwertige Brüche erkennen.

Nachschauen kannst du auf den Seiten 52–55.

○ **9** Gib einen gleichwertigen Bruch zu $\frac{2}{3}$ an. Zeichne beide Brüche in ein Rechteck ein.

○ **10** Gib die gleichwertigen Brüche an.

A 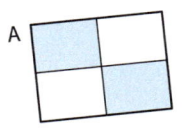   B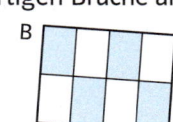

C 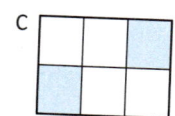   D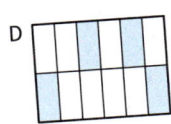

E 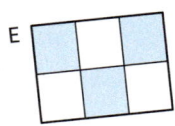   F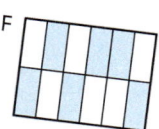

◐ 11

a) Ergänze die Tabelle so, dass die Kinder immer gleich viel bekommen.

Anzahl Pizzen	1	2	▪
Anzahl Kinder	4	▪	16

b) Gib die gleichwertigen Brüche an.

● 12

a) Ergänze die fehlenden Zahlen.

A $\frac{2}{5} = \frac{\Box}{10}$ B $\frac{10}{15} = \frac{2}{\Box}$

b) Erkläre die Gleichwertigkeit bei A mithilfe einer Skizze oder Verteilsituationen.

Kapiteltraining 2

Ich kann Brüche vergleichen.

Nachschauen kannst du auf den Seiten 56–60.

○ **13** Vergleiche die blauen Bruchteile. Gib die Brüche an.

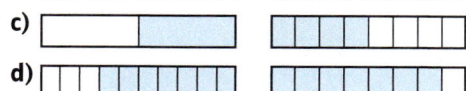

◐ **14** ⒮⒫ Vergleiche die Brüche. Erkläre, wie du vorgegangen bist.

a) $\frac{1}{2}$ und $\frac{3}{4}$ **b)** $\frac{5}{6}$ und $\frac{2}{6}$ **c)** $\frac{2}{8}$ und $\frac{2}{3}$

● 15 ⒮⒫

a) Ordne die Brüche $\frac{1}{2}$; $\frac{1}{5}$; $\frac{3}{5}$ und $\frac{3}{10}$ der Größe nach.

b) Beschreibe, wie du vorgegangen bist.

Ich kann Prozentangaben als Brüche angeben.

Nachschauen kannst du auf den Seiten 61–63.

○ **16** Zeichne das Hunderterfeld in dein Heft.

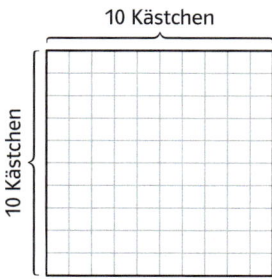

a) Färbe in verschiedenen Farben 20 % und 32 %.

b) Gib 20 % und 32 % als Bruch an.

○ **17** Gib an, welche Prozentangabe dargestellt ist. Gib den passenden Bruch an.

Kapiteltraining

◒ 18 Wandle in Brüche um.

50%   76%   15%   5%   25%

◒ 19 Wandle in Prozent um.

$\frac{4}{10}$ $\frac{3}{4}$ $\frac{15}{100}$ $\frac{1}{1}$ $\frac{3}{6}$

◒ 20 Wie viel Prozent …
a) ist die Hälfte einer Torte?
b) ist ein Hundertstel von 1 kg Reis?
c) ist der fünfte Teil einer Pizza?
d) sind vier von fünf Stücken Kuchen?

Alles im Blick

Nachschauen kannst du auf den Seiten 64, 65, 69.

○ 21 Finde ein gelbes, blaues und rotes Kärtchen, die den gleichen oder einen gleichwertigen Bruch zeigen.

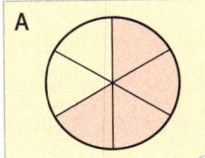
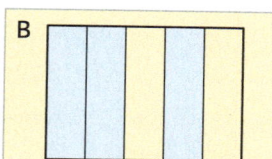
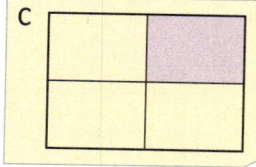
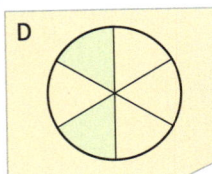

(1) 1 Pizza wird an 3 Kinder verteilt.
(2) 4 Pizzen werden an 6 Kinder verteilt.
(3) 2 Pizzen werden an 8 Kinder verteilt.
(4) 3 Pizzen werden an 5 Kinder verteilt.

a) $\frac{1}{4}$ b) $\frac{1}{3}$ c) $\frac{4}{6}$ d) $\frac{3}{5}$

◒ 22
a) Gib die gefärbten Anteile an.

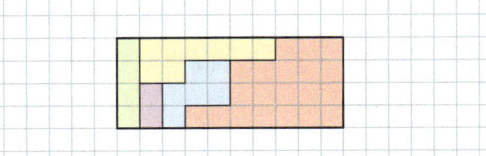

b) Gib an, wie viel Prozent des Rechtecks in einer Farbe gefärbt sind.

● 23 Gib an, welche Aussagen der Kinder stimmen. Korrigiere die falschen Aussagen.

a) Emma

2 Fünftel ist kleiner als 2 Viertel, denn 2 von 5 gleichen Teilen sind weniger als 2 von 4 gleichen Teilen.

b) Stig

2 Fünftel ist so groß wie 2 Viertel, denn man hat immer 2 Bruchteile.

c) Raj

2 Fünftel ist größer als 2 Viertel, denn 5 ist größer als 4.

d) Maria

3 Sechstel ist größer als 2 Drittel, denn bei 3 Sechsteln sind 3 Teile gefärbt und bei 2 Dritteln nur 2 Teile.

Kompakt 2

Brüche

Ein Viertel, ein Drittel und 3 Achtel sind Brüche.

Du kannst Brüche darstellen, indem du ein Ganzes in gleich große Teile einteilst und ein oder mehrere Teile färbst.

Beispiel:
Du teilst ein Ganzes in drei gleich große Teile ein und färbst einen Teil davon. Dann hast du ein Drittel gezeichnet.

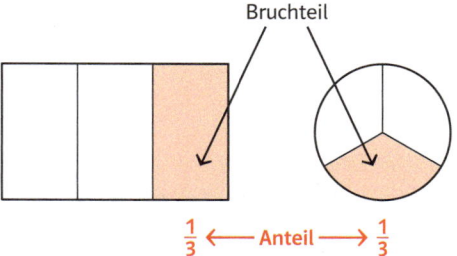

Gleichwertige Brüche

Brüche können gleich groß sein, aber unterschiedlich aussehen. Brüche, die gleich groß sind, nennen wir gleichwertig.

Beispiel:

$$\frac{1}{3} = \frac{2}{6}$$

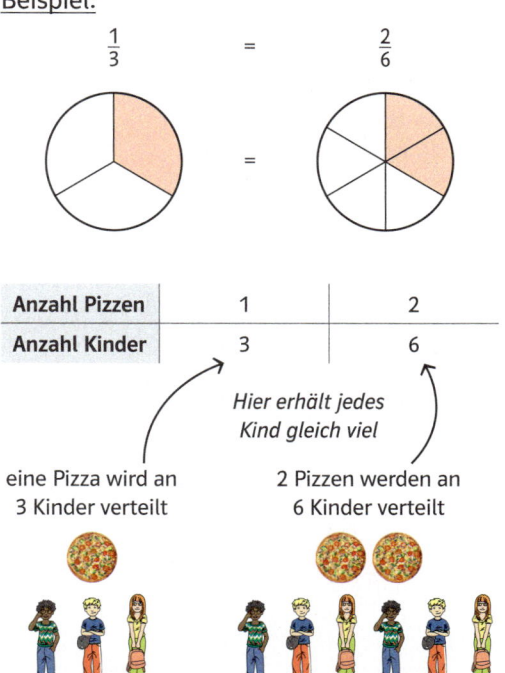

Anzahl Pizzen	1	2
Anzahl Kinder	3	6

Hier erhält jedes Kind gleich viel

eine Pizza wird an 3 Kinder verteilt

2 Pizzen werden an 6 Kinder verteilt

Zähler, Nenner, Bruchstrich

Brüche lassen sich unterschiedlich darstellen:

- als Zahl

  der Zähler ⟶ $\frac{3}{4}$ ⟵ der Bruchstrich
  der Nenner ⟶

- als Bruchteil eines Ganzen

  Beispiel 2:

  $\frac{3}{4}$ eines Kreises $\frac{3}{4}$ eines Rechtecks

  In vier gleich große Teile geteilt, drei davon rot eingefärbt.

- als Verteilsituation

  3 Pizzen werden an 4 Kinder verteilt

Prozente

Prozentangaben sind auch Brüche.

10 Kästchen

10 Kästchen

$1\% = \frac{1}{100}$

Wichtige Prozentangaben:

$10\% = \frac{1}{10}$ $20\% = \frac{1}{5}$

$25\% = \frac{1}{4}$ $50\% = \frac{1}{2}$

$75\% = \frac{3}{4}$ $100\% = 1$ Ganzes

2 Test

Test A:

1 Zwei Pizzen sollen gerecht an drei Kinder verteilt werden.
a) Skizziere deine Lösung.
b) Welchen Anteil erhält jedes Kind?

2
a) Gib an, welcher Anteil gefärbt ist.

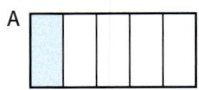 A 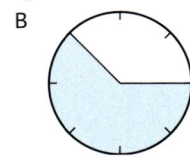 B

b) Zeichne das Rechteck in dein Heft.

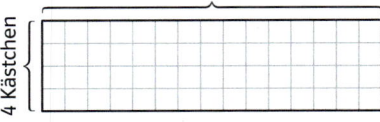

Färbe mit verschiedenen Farben $\frac{3}{4}$ und $\frac{3}{5}$.

3 Vergleiche. Bekommt ein Kind bei A und B gleich viel? Begründe deine Antwort.

A

B

4 In der Tabelle sind drei Verteilsituationen dargestellt. Jedes Kind bekommt gleich viel. Vervollständige die Tabelle in deinem Heft.

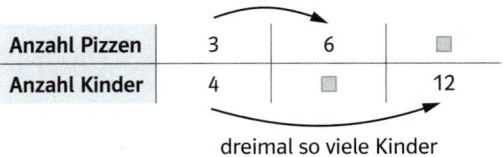

doppelt so viele Pizzen

Anzahl Pizzen	3	6	☐
Anzahl Kinder	4	☐	12

dreimal so viele Kinder

5 $\frac{1}{2}$
         $\frac{□}{8}$ $\frac{□}{4}$

a) Der Bruch auf der blauen Karte soll kleiner sein als der Bruch auf der weißen Karte. Gib einen möglichen Zähler für die blaue Karte an.
b) Der Bruch auf der roten Karte soll größer sein als der Bruch auf der weißen Karte. Gib einen möglichen Zähler für die rote Karte an.

6
a) Gib an, welche Prozentangabe hier dargestellt ist.

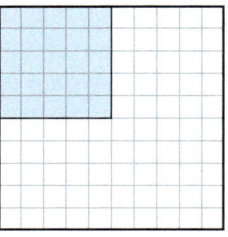

6 Kästchen

b) Zeichne das Rechteck in dein Heft. Stelle 50 % dar.

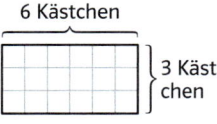

3 Kästchen

Kontrolliere deine Ergebnisse S. 280.

Test B:

1 Eine ganze und eine halbe Pizza sollen gerecht an drei Kinder verteilt werden.
a) Skizziere zwei verschiedene Lösungen.
b) Welchen Anteil erhält jedes Kind?

2
a) Gib an, welcher Anteil gefärbt ist.

A 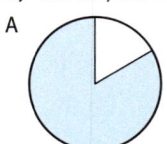 B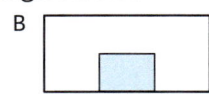

b) Zeichne ein Rechteck, das 4 Kästchen breit und 25 Kästchen hoch ist. Färbe mit verschiedenen Farben $\frac{3}{4}$; $\frac{4}{25}$ und $\frac{3}{10}$.

3 Vergleiche. Bekommt ein Kind bei A und B gleich viel? Begründe deine Antwort.

A

B

4 Erkläre mit einer Zeichnung oder mit einer Verteilsituation, warum $\frac{3}{4}$ und $\frac{6}{8}$ gleichwertig sind.

5

a) Der Bruch auf der blauen Karte soll kleiner sein als die Brüche auf den weißen Karten. Gib einen möglichen Zähler für die blaue Karte an.
b) Der Bruch auf der roten Karte soll größer sein als die Brüche auf den weißen Karten. Gib einen möglichen Zähler für die rote Karte an.

6 Schätze, wie viel Prozent bei diesen Figuren gefärbt sind.

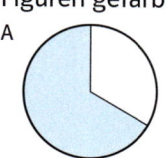 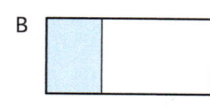

Kontrolliere deine Ergebnisse S. 281.

Test C:

1 Fünf Pizzen sollen gerecht an drei Kinder verteilt werden.
a) Skizziere zwei verschiedene Lösungen.
b) Welchen Anteil erhält jedes Kind?

2
a) Gib an, welcher Anteil gefärbt ist.

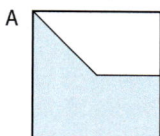

b) Zeichne ein Rechteck, das 4 Kästchen breit und 25 Kästchen hoch ist. Färbe mit verschiedenen Farben $\frac{2}{5}$; $\frac{2}{8}$; 20 % und 12 %.

3 [SP] Vergleiche. Bekommt ein Kind bei A und B gleich viel? Begründe deine Antwort.

A

B

4
a) Ergänze die fehlenden Zahlen.
(1) $\frac{2}{3} = \frac{6}{\square}$ (2) $\frac{6}{16} = \frac{\square}{8}$

b) Erkläre bei (1) und (2) die Gleichwertigkeit mithilfe einer Zeichnung oder Verteilsituation.

5

a) Der Bruch auf der blauen Karte soll kleiner sein als die Brüche auf den weißen Karten. Gib einen möglichen Zähler für die blaue Karte an.
b) Der Bruch auf der roten Karte soll größer sein als die Brüche auf den weißen Karten. Gib einen möglichen Zähler für die rote Karte an.

6 Finde zwei Fehler im Kreisdiagramm.

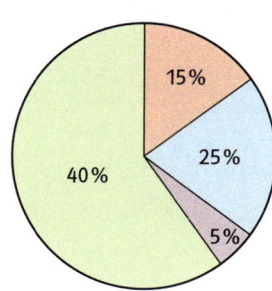

Kontrolliere deine Ergebnisse S. 282.

Zahlen | Teilen und Ordnen

3

In diesem Kapitel lernt ihr,
- wie ihr Zahlen unterschiedlich aufteilen könnt,
- was Teiler und Vielfache einer Zahl sind,
- wie ihr alle Teiler einer Zahl findet,
- was Quadratzahlen und Primzahlen sind,
- was Potenzen sind,
- wie ihr Zahlenfolgen und Muster fortsetzt,
- wie Zahlen in Stellenwertsystemen dargestellt werden,
- wie ihr verschiedene Rechenverfahren anwendet.

Check-in 3

1 ➕ Ich kann Zahlen verdoppeln.
Verdopple die Zahl.
a) 13   b) 17   c) 38
d) 74   e) 97   f) 62

2 ➕ Ich kann Zahlen halbieren.
Halbiere die Zahl.
a) 24   b) 46   c) 180
d) 36   e) 138 f) 222

3 ➕ Ich kann im Kopf multiplizieren.
Berechne.
a) $3 \cdot 8$ b) $3 \cdot 9$ c) $4 \cdot 9$
d) $5 \cdot 7$ e) $7 \cdot 8$ f) $9 \cdot 9$
g) $4 \cdot \square = 36$ h) $7 \cdot \square = 49$ i) $8 \cdot \square = 72$

Kontrolliere deine Ergebnisse S. 284.

4 ➕ Ich kann in Schritten zählen.
a) Zähle in 3er-Schritten vorwärts.
Starte bei 28. Zähle, bis du über 50 kommst.
b) Zähle in 4er-Schritten rückwärts.
Starte bei 41. Zähle, bis du unter 20 kommst.

💡 **1 Tipp**
Stell dir Verdoppeln mit einem Spiegel vor.

$17 \cdot 2$
$= 10 \cdot 2 + 7 \cdot 2$
$= 20 + 14$
$= 34$

Rechne geschickt, zum Beispiel:
$47 \cdot 2$
$= 50 \cdot 2 - 3 \cdot 2$
$= 100 - 6$
$= 94$

💡 **2 Tipp**
Beim Halbieren teilst du in zwei gleich große Teile.

$36 : 2$
$= 30 : 2 + 6 : 2$
$= 15 + 3$
$= 18$

Rechne geschickt, zum Beispiel:
$158 : 2$
$= 160 : 2 - 2 : 2$
$= 80 - 1$
$= 79$

💡 **3 Tipp**
- Multiplikation ist wiederholte Addition.
  Beispiel: $4 \cdot 8 = 8 + 8 + 8 + 8 = 32$

- Die Multiplikation mit 9 kannst du von der Multiplikation mit 10 ableiten.
  Beispiel:
  $9 \cdot 6$
  $= 10 \cdot 6 - 1 \cdot 6$
  $= 60 - 6$
  $= 54$

- Die Multiplikation mit 8 kannst du von der Multiplikation mit 4 ableiten. 8 ist das Doppelte von 4.
  Beispiel:
  $4 \cdot 6 = 24$, und damit ist
  $8 \cdot 6 = 2 \cdot 24 = 48$

💡 **4 Tipp**
„Gehe" die Schritte am Zahlenstrahl. Notiere alle Zwischenschritte.

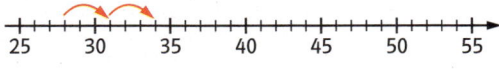

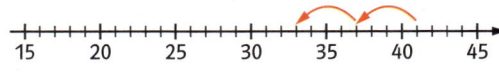

3 Check-in

5 ➕ **Ich kann zu Stufenzahlen ergänzen.**
Ergänze bis zur angegebenen Zahl.
a) 89 + ☐ = 100
b) 63 + ☐ = 100
c) 17 + ☐ = 100
d) 3 + ☐ = 100
e) 873 + ☐ = 1000
f) 614 + ☐ = 1000
g) 8725 + ☐ = 10 000
h) 145 + ☐ = 10 000
i) 123 456 + ☐ = 1 000 000

6 ➕ **Ich kann Zahlen im Kopf addieren und subtrahieren.**
Berechne im Kopf.
a) 5 + 6 − 7 + 8
b) 18 − 9 + 7 − 8
c) 23 − 8 + 9 − 8
d) 32 − 13 + 14 − 15

Kontrolliere deine Ergebnisse S. 284.

7 ➕ **Ich kann eine Stellenwerttafel nutzen.**

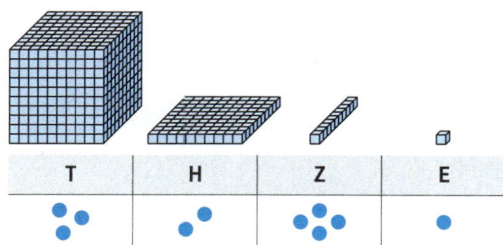

a) Gib die Zahl an, die in der Stellenwerttafel dargestellt ist.
b) Vertausche die Plättchen in der Zehner- und der Hunderterspalte. Entscheide, ob dadurch die Zahl größer oder kleiner wird.
c) Verschiebe ein Plättchen in der Stellenwerttafel aus der Zehner- in die Einerspalte. Schreibe die neue Zahl auf. Um wie viel ist die Zahl kleiner geworden?
d) Verteile alle 10 Plättchen neu auf der Stellenwerttafel. Notiere die neue Zahl.

💡 **5 Tipp**
Stell dir die Zahl auf einem Hunderterfeld vor. Wie viel fehlt bis zur 100?
Ergänze zuerst zum nächsten Zehner. Wie viele Zehner fehlen noch bis zur 100?

Beispiel: 89 im Hunderterfeld

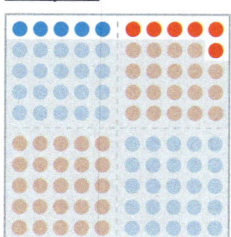

Bis zum nächsten Zehner fehlt 1.
Von da bis zur 100 fehlt noch 1 Zehner.
Von 89 zu 100 fehlen 10 + 1 = 11.

💡 **6 Tipp**
Gehe schrittweise vor:  5 + 6 = 11
Sprich das erste Ergebnis laut aus: elf
Führe den nächsten Schritt aus:
11 − 7 = usw.

💡 **7 Tipp**
a) Die Anzahl der Plättchen gibt die Anzahl der Einer, Zehner, Hunderter und Tausender an. Schreibe die entsprechenden Ziffern auf.
b) Hat die neue Zahl mehr oder weniger Hunderter?

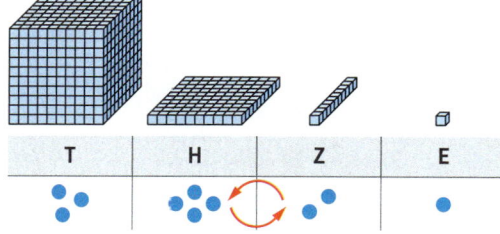

c) Der Zahl fehlt ein Zehner, dafür hat sie einen Einer mehr.

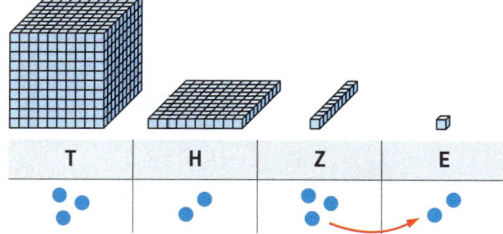

3 Aufteilen und Anordnen

Entdecke:

A In der 5a sollen Fotos der 24 Kinder aufgehängt werden. Frau Marx schlägt eine Anordnung im Rechteck vor.
a) Ermittelt mithilfe von Notizzetteln möglichst viele Möglichkeiten, die Bilder anzuordnen.
b) Welche Möglichkeit findest du am schönsten? Welche findest du am praktischsten?
c) Emre meint: „Zwei Ansichten sind immer irgendwie ähnlich und doch anders."
Erläutere, was Emre damit meinen könnte.
d) In der Parallelklasse 5b sind 19 Kinder. Wie viele Möglichkeiten gibt es, 19 Fotos in einem rechteckigen Muster aufzuhängen?

B Für die 24 Kinder der 5a gibt es Schränke mit jeweils 5 Schubladen. Jedes Kind soll eine Schublade für sich haben.
a) Klebe dir mit einzelnen Notizzetteln „Schränke" zusammen. Bestimme, wie viele Schränke für alle 24 Kinder aus Lars' Klasse benötigt werden.
b) Entscheide, ob Schränke mit jeweils 6, 7 oder 8 Schubladen besser für Lars' Klasse geeignet wären.
c) Wie viele Schränke bräuchte die 5b mit 19 Kindern? Berechne. Welche Schränke wären für diese Klasse geeignet? Wie viele Schubladen soll ein Schrank haben? Probiere mit Notizzetteln deine Lösung aus.

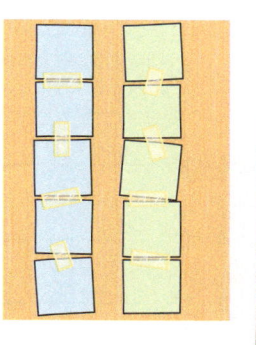

So heißt es:

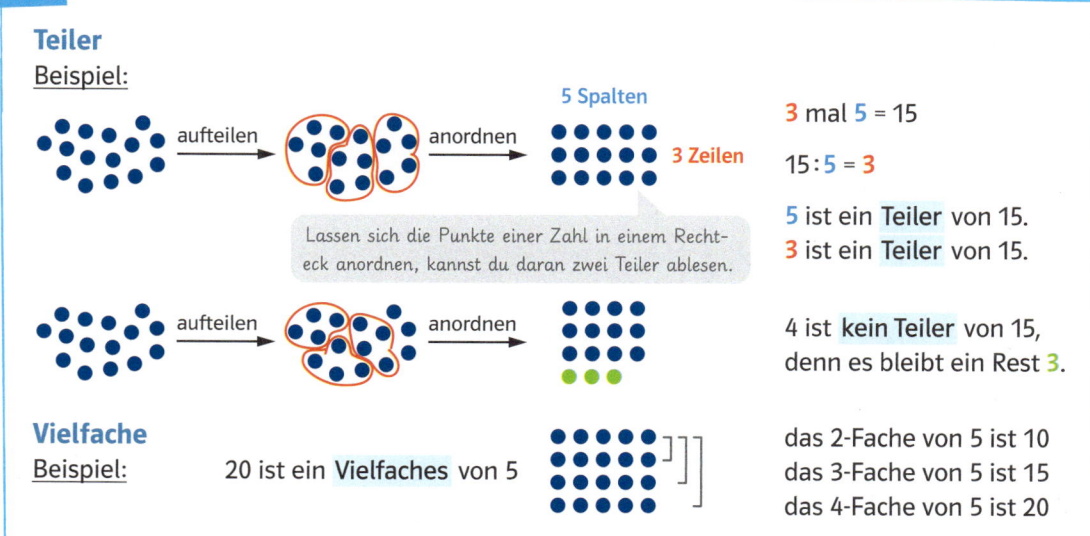

3 Aufteilen und Anordnen

So geht es:

Teilbarkeit prüfen
Wenn ein Rest bleibt oder eine Zeile / Spalte nicht vollständig besetzt werden kann, dann ist der **Divisor** kein Teiler des **Dividenden**.

Der **Dividend** ist kein Vielfaches des **Divisors**.

Beispiel: Prüfe, ob 9 ein Teiler von 24 ist.
Teile 24 durch 9.   1·9
24 : 9 = 2 Rest 6   2·9

Rest 6

Da ein Rest bleibt, ist 9 kein Teiler von 24.
24 ist kein Vielfaches von 9.

> Die Vielfachen von 9 sind 9; 18; 27; 36 ...

Alle Teiler einer Zahl ermitteln
Probiere systematisch aus, welche Produkte von Zahlen möglich sind. Du kannst auch alle Rechteckanordnungen ermitteln.

> Für manche Zahlen gibt es mehr als eine Möglichkeit, die Punkte als Rechteck anzuordnen. Dann hat die Zahl mehr als zwei Teiler.

Beispiel: Bestimme alle Teiler von 12.

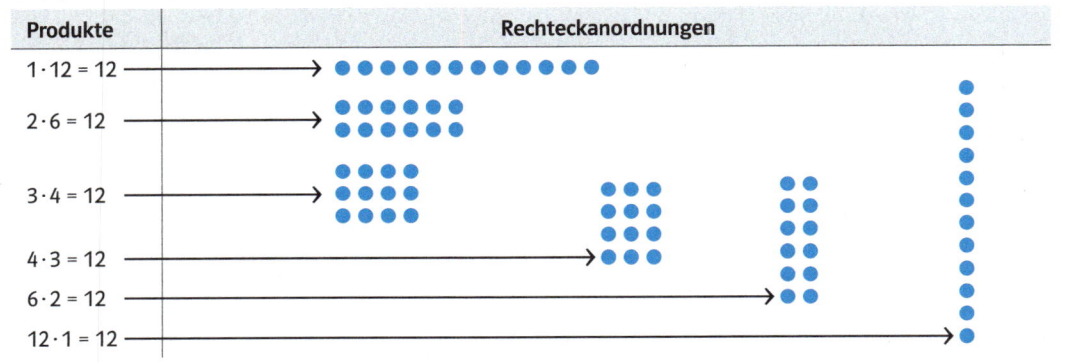

Produkte	Rechteckanordnungen
1 · 12 = 12	
2 · 6 = 12	
3 · 4 = 12	
4 · 3 = 12	
6 · 2 = 12	
12 · 1 = 12	

Damit hat 12 die Teiler 1; 2; 3; 4; 6 und 12.
Die Zahl 12 hat sechs Teiler.
12 ist ein Vielfaches von 1; 2; 3; 4 und 6.

Schreibe es auf:

1 [SP] Du kannst die Wortbausteine verwenden.
a) Beschreibe, wie du Teiler der Zahl 8 findest.
b) Erkläre, wie du die Vielfachen der Zahl 8 angeben kannst.
c) Erkläre den Unterschied zwischen Teiler und Vielfachen.

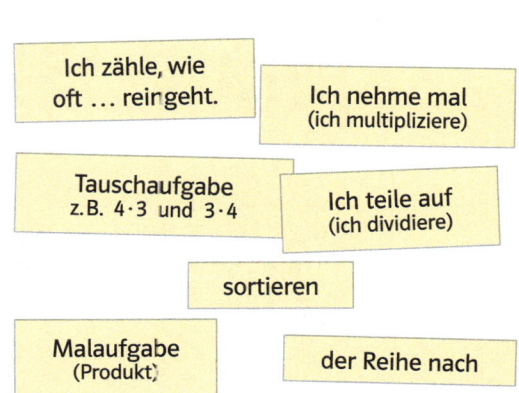

3 Aufteilen und Anordnen

Übe jetzt:

○ 2
a) Zeichne zu 12 Punkten alle möglichen Rechteckanordnungen.
b) Gib alle Teiler von 12 an.

○ 3 Gib alle Teiler der Zahl an.
a) 15   b) 16   c) 17   d) 18

○ 4
a) Gib das Dreifache von 6 (8; 12; 16) an.
b) Gib das 7-Fache von 5 (6; 7; 8) an.
c) Vervierfache 6 (7; 8; 9).

○ 5 SP Notiere sechs Sätze zu den Zahlen 2; 3; 4; 8; 9; 12; 16; 24; 48.

> 4 ist ein Teiler von 8.
> 21 ist ein Vielfaches von 3.

○ 6 Nenne drei Beispiele aus deinem Alltag für eine Rechteckanordnung.

○ 7
a) Welche Zahl ist kein Vielfaches von 8?

| 16 | 64 | 8 | 30 | 96 |

b) Welche Zahl ist kein Vielfaches von 9?

| 27 | 45 | 99 | 34 | 63 |

c)  Stellt euch gegenseitig ähnliche Aufgaben. Wer zuerst die Zahl findet, gewinnt die Runde.

◐ 8 ➕ Zeichne mögliche Anordnungen von Schubladenschränken für eine Klasse mit 30 Kindern.

◐ 9 ➕ Gib Zahlen an, die
a) nur zwei Teiler haben.
b) nur vier Teiler haben.
c) mehr als sechs Teiler haben.

➕

💡 **8 Tipp**
Entscheide zunächst, wie viele Schubladen in deinen Schränken übereinanderstehen sollen. Passt die Anzahl für 30 Kinder?

○ 8 leichter
In einer Klasse mit 20 Kindern sollen Schubladenschränke aufgestellt werden. Jeder der Schränke hat vier Schubladen. Zeichne die Anordnung der Schränke in dein Heft.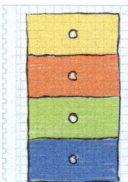

◐ 8 mehr
Lara und Sam planen eine große Feier. Sie wollen 36 Personen gleichmäßig an Tische verteilen. An jedem Tisch sollen gleich viele Personen sitzen. Zeichne eine mögliche Lösung.

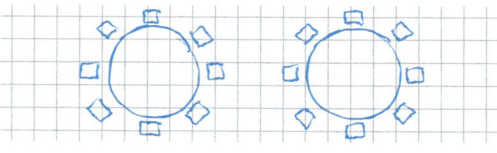

💡 **9 Tipp**
a) Du kannst jede Zahl durch 1 teilen und durch die Zahl selbst. Wenn eine Zahl nur zwei Teiler haben soll, dann darf sie sonst keine Teiler haben.

○ 9 leichter
a) Welche Zahl hat nur zwei Teiler: 6 oder 7?
b) Welche Zahl hat drei Teiler: 6 oder 9?
c) Welche Zahl hat mehr als sechs Teiler: 24 oder 28?

◐ 9 mehr
a) Gib Zahlen an, die genau drei Teiler haben.
b) Gib eine Zahl an, die mehr als acht Teiler hat.

3 Aufteilen und Anordnen

● 10 ➕ Eine unbekannte Anzahl von Würfeln kannst du leicht zählen.

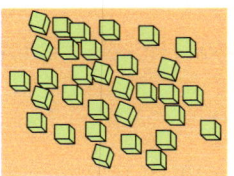 

a) Gib an, wie die Würfel angeordnet wurden und wie viele es sind.
b) 👥 Ordnet die Würfel auf dem Bild so an, dass ein vollständiges Rechteck entsteht. Wie viele Möglichkeiten findet ihr? Vergleicht.

● 11 SP ➕ Ist die Aussage richtig? Begründe deine Meinung.

> A Ein Teiler von 12 kann größer als 12 sein.

> B Eine Zahl hat immer 5 Vielfache.

● 12 ➕
a) Welche Zahlen kannst du ohne Rest durch 6 teilen?
12; 22; 32; 42; 52
b) Welche Zahlen kannst du ohne Rest durch 9 teilen?
45; 54; 26; 62; 17; 71; 36; 63

● 13 ➕
Zeichne ein Ziffernblatt.
a) Starte bei 12 und laufe in Dreierschritten mehrmals über das Ziffernblatt. Markiere nach jedem Schritt die Zahl, an der du angekommen bist. Notiere die markierten Zahlen.

ein Dreierschritt

b) Laufe in Fünferschritten mehrmals über das Ziffernblatt. Markiere nach jedem Schritt die Zahl, an der du angekommen bist. Notiere die markierten Zahlen.
c) Bei welchen Schrittlängen werden nur manche Zahlen markiert, bei welchen Schrittgrößen werden alle Zahlen markiert?
d) Was beobachtest du bei Schrittlängen, die größer als 12 sind?

💡 **10 Tipp**
Probiere es mit Würfeln, Plättchen oder Ähnlichem aus.

💡 **11 Tipp**
Schreibe die Teiler von 12 auf. Sind sie größer oder kleiner als 12?
Schreibe 5 Vielfache von 3 auf. Gibt es noch mehr als diese 5?

● **11 mehr** SP
Ist die Aussage richtig? Begründe deine Meinung.

> A Jede Zahl kann ein Teiler sein.

> B Je größer eine Zahl ist, desto mehr Teiler hat sie.

💡 **12 Tipp**
Prüfe, welche Zahlen Vielfache von 6 (oder von 9) sind.

○ **12 leichter**
Welche Zahl ist durch 6 teilbar?
a) 15 oder 18
b) 26 oder 36
c) 33 oder 66

💡 **13 Tipp**
Überlege, wie viele Schritte eine Runde hat.
Drei ist ein Teiler von 12.
Fünf ist kein Teiler von 12. Deshalb ist es nötig mehrere Runden zu gehen, um wieder bei der 12 anzukommen.

Aufteilen und Anordnen 3

◐ **14** ➕ Nimm das Heft quer.
Zeichne einen Zahlenstrahl von 0 bis 50.
Ein Kästchen ist eine Einheit. Insgesamt
wird dein Zahlenstrahl 25 cm lang.

a) Markiere 7er-Schritte in zwei verschiedenen Farben.
b) [SP] Kannst du mit dem Zahlenstrahl und den 7er-Schritten sehen, ob eine Zahl durch 7 teilbar ist? Erkläre.
c) Lies an deinem Zahlenstrahl ab, ob 7 ein Teiler von 12; 22; 32 oder 42 ist.
d) [SP] Lies an deinem Zahlenstrahl ab, wie viel Rest bleibt, wenn du 44 durch 7 teilst. Erkläre, wie du vorgehst.

◐ **15** ➕
a) Zerlege 30 in Faktoren.
Die Faktoren sind die Teiler
von 30. Schreibe die Teiler
auf.

b) Ermittle alle Teiler von
10 (15; 25; 35; 24; 36 und 40).
c) [SP] Woran erkennst du, dass du alle Teiler gefunden hast? Erkläre.

● **16** 👥 [SP] ➕
Sucht ein Wort aus (z. B. Ringelnatter).
Sprecht euer Wort mehrmals hintereinander aus und tippt bei jeder Silbe auf einen Finger. Beginnt beim Daumen.

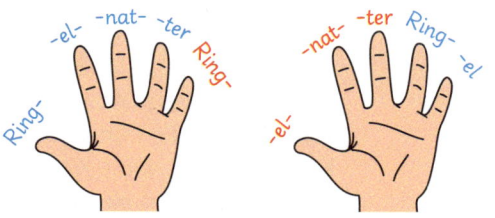

a) Zählt, nach wie vielen Wiederholungen das Wort wieder beim Daumen startet.

b) Bei welchen Wörtern geht es schnell, bei welchen dauert es länger?
c) Probiert es mit längeren Worten oder Sätzen aus. Erklärt, wie ihr voraussagen könnt, wann ihr wieder beim Daumen startet.
d) Begründet, dass ihr nie öfter als fünfmal wiederholen müsst, um wieder beim Daumen zu starten.

➕

◐ **14** mehr
Zeichne einen Zahlenstrahl von 0 bis 50 in dein Heft. Ein Kästchen ist eine Einheit.
a) Markiere 6er-Schritte mit zwei Farben.
b) Ermittle, welche Zahlen zwischen 0 und 50 durch 6 teilbar sind.

💡 **15** Tipp

Faktor · Faktor = Produkt

○ **15** leichter
Immer diese Tintenkleckse. Ergänze in deinem Heft die Liste der Teiler.
a) 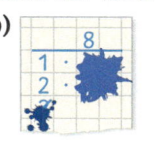 b) 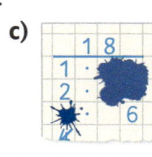 c)

💡 **16** Tipp
Hier geht es um Vielfache. Markiere Fünferblöcke auf Karopapier für die 5 Finger.

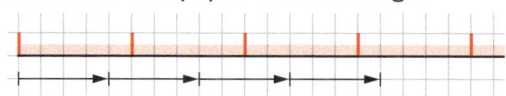

Das Wort Ringelnatter hat vier Silben. Deshalb zeichne Pfeile unter die Fünferblöcke, die 4 Kästchen lang sind.

◐ **16** leichter 👥
Ihr kauft zu fünft Schokoriegel in Viererpacks. Wie viele Viererpacks braucht ihr, damit alle gleich viele ganze Schokoriegel erhalten und kein Rest übrig bleibt?

3 Aufteilen und Anordnen

● **17** 👥 SP ➕ Probiert Abzählreime aus.

Ich – und – du – Müllers – Kuh – Müllers – E – sel – das – bist – du.

a) Probiert diesen Abzählreim mit unterschiedlich großen Gruppen aus.
b) Bei 2; 3; 4 und 6 Kindern in der Gruppe endet der Abzählreim immer bei dem Kind, bei dem er begonnen hat. Erklärt, weshalb das so ist.
c) Sucht andere Abzählreime. Wie ist es da bei Gruppen von 2; 3; 4; 5 Kindern?

● **18** 👥 SP ➕

a) Zeichnet ein Rechteck, das 21 Kästchen lang und 15 Kästchen breit ist. Unterteilt das Rechteck vollständig in gleich große Quadrate. Wie groß sind die größten Quadrate, mit denen das möglich ist? Beschreibt, wie ihr vorgeht.
b) Zeichnet ein Rechteck, das ihr in gleich große Quadrate (2 cm lang und 2 cm breit) unterteilen könnt.
c) Wie breit kann ein 24 cm langes Rechteck sein, das in Quadrate der Seitenlänge 8 cm unterteilt werden kann? Gebt mehrere Möglichkeiten an.

➕

💡 **17 Tipp**
Zeichne die Situation. Welche Eigenschaft des Reims ist wichtig für das Ergebnis?

Ich	und	du	Müllers
lers	Kuh	Müllers	bist
E-	sel	das	
du			

💡 **18 Tipp**
Die Quadrate müssen in beide Seitenlängen des Rechtecks passen ohne Rest.

◯ **18 leichter**

a) Zeichne ein Rechteck (18 Kästchen lang und 12 Kästchen breit).
Unterteile das Rechteck vollständig in gleich große Quadrate. Beschreibe, wie du vorgehst.
b) Ein Rechteck ist 48 Kästchen breit. Es soll gleichmäßig in Quadrate mit der Seitenlänge 6 Kästchen unterteilt werden. Wie lang kann das Rechteck sein? Gib mehrere Möglichkeiten an.

Wähle aus:

◯ **19 Filmtag im Kino**
Alle 5. Klassen mit 66 Kindern und 6 Lehrkräften gehen ins Schulkino.

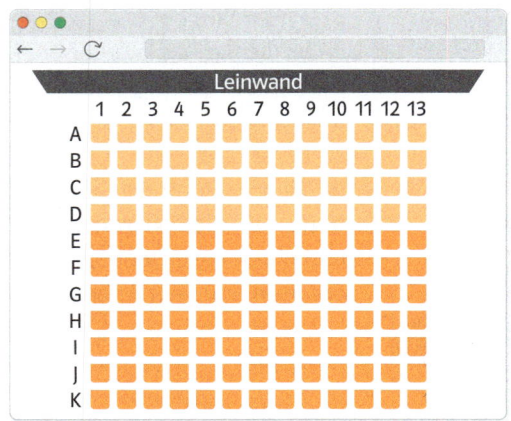

a) Wie viele Sitzplätze gibt es in dem Kinosaal?
b) Alle setzen sich so, dass sie die vorderen Reihen des Kinos komplett füllen. Bestimme, wie viele Reihen damit besetzt sind.
c) Wie viele Plätze müsste es in jeder Reihe geben, damit von der Gruppe nur ganze Reihen besetzt werden?
d) MK Suche im Internet nach dem Sitzplan eines Kinos.
Wie sind die Plätze verteilt?
Würden alle Fünftklässler deiner Schule darin Platz finden?
Wie viele Reihen wären gefüllt?

Aufteilen und Anordnen

● 20 Gleiche Summe, aber unterschiedliches Produkt

a) Notiere alle Produkte, bei denen die Summe der beiden Faktoren 8 ergibt.

Beispiel:
1 + 7 = 8, also 1 · 7 = 7
2 + 6 = 8, also 2 · 6 = 12

Welches Produkt hat den größten Wert?

b) Notiere alle Produkte, bei denen die Summe der beiden Faktoren 6 ergibt. Welches Produkt hat den größten Wert?

c) Notiere alle Produkte, bei denen die Summe der beiden Faktoren 10 ergibt. Welches Produkt hat den größten Wert?

d) [SP] Welche Regelmäßigkeit erkennst du? Erkläre.

Gemeinsam sichern:

21

a) Erstellt eine Tabelle. Notiert, wie viele Teiler die Zahlen von 1 bis 20 haben.

Zahl	1	2	3	4	5
Teiler dieser Zahl	1	1; 2	1; 3	1; 2; 4	...
Anzahl der Teiler	1	2	2	3	...

b) Zeichnet ein Säulendiagramm zur Anzahl der Teiler einer Zahl.

c) [SP] Beschreibt das Diagramm. Was fällt euch auf?

d) Welche Zahlen haben gleich viele Teiler?

e) Schreibt auf, welche großen Zahlen wenige Teiler haben.

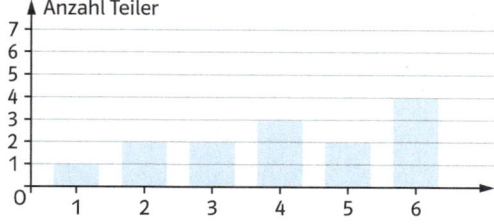

3 Teilbarkeit

Entdecke:

A

👥 [SP] Ihr braucht 10 Notizzettel oder Karteikärtchen und einen Stift zum Beschriften.

a) Stellt aus Notizzetteln Ziffernkarten mit den Ziffern 0 bis 9 her.

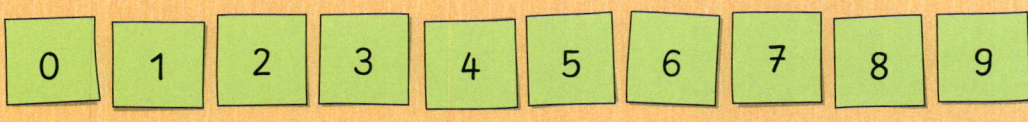

b) Legt mit euren Ziffernkarten zweistellige Zahlen. Welche dieser Zahlen könnt ihr ohne Rest durch 2 teilen?
Notiert die Zahlen nach ihrer Teilbarkeit in einer Tabelle.

durch 2 teilbar	**nicht** durch 2 teilbar
78	89

c) Betrachtet alle Zahlen, die durch 2 ohne Rest teilbar sind. Beschreibt, was sie alle gemeinsam haben.

d) Legt mit zwei Ziffernkarten Vielfache von 5. Welche beiden Kärtchen braucht ihr dazu auf jeden Fall?

e) Alex hat beim Erstellen der Ziffernkarten die Null vergessen. Erklärt, weshalb Alex keine Vielfachen von 10 legen kann.

B

👥 Ihr braucht 10 Notizzettel oder Karteikärtchen und einen Stift zum Beschriften.

a) Stellt aus Notizzetteln Ziffernkarten mit den Ziffern 0 bis 9 her.

b) Legt mit zwei Ziffernkarten eine Zahl, die durch 9 teilbar ist. Vertauscht die Karten. Prüft, ob die neue Zahl auch durch 9 teilbar ist.

c) Prüft, ob eure Beobachtung auch für andere zweistellige Vielfache der 9 gilt.

d) Die Zahl 135 ist durch 9 teilbar ohne Rest. Legt mit den Ziffernkarten eine andere Zahl. Ist sie auch durch 9 teilbar? Prüft verschiedene Zahlen mit den Ziffern 1; 3 und 5.

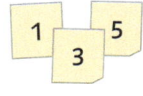

e) Erstellt eine Tabelle mit allen Zahlen aus den Ziffern 1; 2 und 6.
Prüft, ob diese Zahlen alle durch 9 teilbar sind ohne Rest.

f) Addiert die Ziffern der Zahl 126. Addiert die Ziffern der Zahl 135. Was fällt euch auf?

g) Mit den Kärtchen der Ziffern 1; 3 und 7 lässt sich keine Zahl legen, die durch 9 teilbar ist. Addiert die Ziffern. Was fällt euch auf?

h) Legt mit den Kärtchen zweistellige Zahlen, die durch 3 teilbar sind. Addiert die Ziffern auf den Kärtchen. Was fällt euch auf?

Zahl	durch 9 teilbar ohne Rest?	Summe der Ziffern
126	ja	1 + 2 + 6 = 9
162	☐	☐
612	☐	☐
…	☐	☐

Zahl	durch 3 teilbar ohne Rest?	Summe der Ziffern
24	ja	2 + 4 = 6
60	☐	☐
…	☐	☐

3 Teilbarkeit

So heißt es:

Mithilfe von Teilbarkeitsregeln kannst du prüfen, ob eine Zahl Teiler einer anderen Zahl ist.

Die Endstellenregeln
Es genügt, die Endstelle (Einer) bzw. die **letzte Ziffer** einer Zahl zu prüfen.

Beispiel 1: 437**6** ← letzte Ziffer

Die Quersummenregeln
Die Quersumme ist die Summe aller Ziffern einer Zahl. Die Quersumme einer Zahl wird berechnet und auf Teilbarkeit geprüft.

Beispiel 2:
4125 hat die Quersumme 4 + 1 + 2 + 5 = 12.

So geht es:

Die Endstellenregeln
Eine Zahl ist **durch 10 teilbar**, wenn ihre letzte Ziffer eine Null ist.
Beispiel 3: Prüfe, welche Zahl durch 10 teilbar ist.
- 234**0** ist durch 10 teilbar.
- 2341 ist nicht durch 10 teilbar.

Eine Zahl ist **durch 5 teilbar**, wenn ihre letzte Ziffer eine Null oder eine 5 ist.
Beispiel 4: Prüfe, welche Zahl durch 5 teilbar ist.
- 432**5** und 233**0** sind durch 5 teilbar.
- 324 ist nicht durch 5 teilbar.

Eine Zahl ist **durch 2 teilbar**, wenn ihre letzte Ziffer eine gerade Zahl ist.
Es kann auch eine Null sein.
Beispiel 5: Prüfe, welche Zahl durch 2 teilbar ist.
- 32**4**; 35**0** und 29**8** sind durch 2 teilbar.
- 331 ist nicht durch 2 teilbar.

Die Quersummenregeln
Eine Zahl ist **durch 3 teilbar**, wenn ihre Quersumme durch 3 teilbar ist.
Beispiel 6: Prüfe, welche Zahl durch 3 teilbar ist.
- 186 hat die Quersumme 1 + 8 + 6 = 15
  15 ist durch 3 teilbar, also auch 186.
  186 : 3 = 62
- 187 hat die Quersumme 1 + 8 + 7 = 16
  16 ist nicht ohne Rest durch 3 teilbar, also ist auch 187 nicht ohne Rest durch 3 teilbar.
  187 : 3 = 62 Rest 1

Eine Zahl ist **durch 9 teilbar**, wenn ihre Quersumme durch 9 teilbar ist.
Beispiel 7: Prüfe, welche Zahl durch 9 teilbar ist.
- 279 hat die Quersumme 2 + 7 + 9 = 18
  18 ist durch 9 teilbar, also auch 279.
  279 : 9 = 31
- 281 hat die Quersumme 2 + 8 + 1 = 11
  11 ist nicht ohne Rest durch 9 teilbar, also ist 281 nicht ohne Rest durch 9 teilbar.
  281 : 9 = 31 Rest 2

Schreibe es auf:

1 [SP] Eine „**Nicht**teilbarkeitsregel" besagt, wann eine Zahl nicht durch eine bestimmte Zahl teilbar ist. Notiere „**Nicht**teilbarkeitsregeln" für die Teilbarkeit durch 2 und durch 3.

> Eine Zahl ist <u>nicht</u> durch 2 teilbar, wenn ...

Übe jetzt:

○ **2** Lege mit den Ziffernkärtchen vierstellige Zahlen, die durch 2 teilbar sind. Wie viele findest du? | 1 | 5 | 8 | 0 |

○ **3** Gib an, welche Zahlen teilbar sind.
a) durch 5: 35; 55; 57; 152; 200
b) durch 10: 40; 78; 90; 190; 1900; 1001

83

3 Teilbarkeit

○ 4
a) Gib eine Zahl an, die durch 5, aber nicht durch 10 teilbar ist.
b) Gib eine Zahl an, die durch 2, aber nicht durch 10 teilbar ist.
c) Gib eine Zahl an, die durch 2, aber nicht durch 5 teilbar ist.

○ 5
a) Entscheide, welche Zahlen durch 3 teilbar sind: 73; 78; 93; 234; 3003
b) Entscheide, welche Zahlen durch 9 teilbar sind: 9999; 9126; 9621; 1926; 9009

◐ 6 ⚆⚆ ✚
a) Nehmt die Ziffernkarten 1; 2; 5 und 7. Legt eine beliebige Zahl damit.
b) Entscheidet, ob eure Zahl durch 3 teilbar ist.
c) [SP] Jede Zahl aus den Ziffern 1; 2; 5 und 7 ist durch 3 teilbar. Begründet.
d) Wählt vier andere Ziffernkarten so aus, dass die gelegte Zahl durch 3 teilbar ist.

◐ 7 ✚
a) Ergänze die letzte Ziffer der Zahl so, dass die Zahl durch 3 teilbar ist.

b) Ergänze die letzte Ziffer der Zahl so, dass die Zahl durch 3 und durch 2 teilbar ist.

c) Ergänze die letzte Ziffer der Zahl so, dass die Zahl durch 3 und durch 10 teilbar ist.

d) [SP] Kannst du die letzte Ziffer so ergänzen, dass die Zahl durch 3 und durch 5 teilbar ist? Begründe.

| 4 | 0 | 1 | ? |

💡 6 Tipp
Bestimmt die Quersumme eurer Zahl.

○ 6 leichter
a) Prüfe, ob die Zahlen durch 3 teilbar sind. Was haben die Zahlen gemeinsam?
624; 264; 462; 642; 246; 426
b) Prüfe, ob die Zahlen durch 3 teilbar sind. Was haben die Zahlen gemeinsam?
536; 365; 563; 635; 356; 653
c) Gib sechs Zahlen größer als 100 an, die durch 3 teilbar sind.

◐ 6 mehr ⚆⚆
a) Nehmt die Ziffernkarten 2; 3; 6 und 7. Legt eine beliebige Zahl damit.
b) Entscheidet, ob eure Zahl durch 9 teilbar ist.
c) [SP] Begründet, dass jede Zahl aus den Ziffern 2; 3; 6 und 7 durch 9 teilbar ist.
d) Wählt vier andere Ziffernkarten so aus, dass die gelegte Zahl nicht durch 9 teilbar ist.

💡 7 Tipp
a) Berechne die Quersumme der Zahl. Welche Zahl fehlt bis zu einem Vielfachen von 3?
b) Alle geraden Zahlen sind durch 2 ohne Rest teilbar.
c) Eine Zahl ist ohne Rest durch 5 teilbar, wenn die letzte Stelle eine Null oder eine 5 ist.

○ 7 leichter
Welche Ziffernkarte musst du dazulegen, damit die Zahl durch 3 teilbar ist?

a) 31☐   **b)** 12☐   **c)** 73☐   **d)** 60☐

◐ 7 mehr
a) Ergänze die letzte Stelle der Zahl so, dass die Zahl durch 3 teilbar ist:
412☐; 723☐; 605☐
b) Ergänze die letzte Stelle der Zahl so, dass die Zahl durch 3 und durch 2 teilbar ist:
222☐; 333☐; 444☐

8

a) Formuliere eine Teilbarkeitsregel für die Teilbarkeit durch 100.
b) Formuliere eine Teilbarkeitsregel für die Teilbarkeit durch 25.
c) Formuliere eine Teilbarkeitsregel für die Teilbarkeit durch 4.

9

Ob eine Zahl teilbar ist, kannst du auch durch Zerlegen erkennen.
168 ist durch 7 teilbar, denn: 168 = 140 + 28 und 140 und 28 sind beide durch 7 teilbar.
a) Begründe, dass die Zahlen durch 7 teilbar sind: 154; 91; 189; 497; 294
b) Begründe, dass die Zahlen durch 13 teilbar sind: 143; 273; 156; 2613

8 Tipp
Eine Zahl, die durch 100 geteilt werden kann, kann auch durch 25 geteilt werden. Welche Ziffern stehen an den letzten beiden Stellen der Zahl, wenn sie durch 25 teilbar sein soll?

9 Tipp
Wähle die Summanden geschickt. Alle Summanden sollten Vielfache von 7 sein wie zum Beispiel 70; 140 und 280.
Vielfache von 13 sind 130; 260 und 390.

Wähle aus:

10 Gleiche-Ziffern-Regel
a) Begründe, dass 3333 durch 3 teilbar ist.
b) Begründe, dass 777 durch 7 teilbar ist. Gilt das auch für 7777?
c) Formuliere die „Gleiche Ziffern"-Teilbarkeitsregel.

11 Teamarbeit von Teilern
a) Eine Zahl ist durch 6 teilbar, wenn sie durch 2 und durch 3 teilbar ist.
Entscheide, welche Zahlen durch 6 teilbar sind: 224; 424; 524; 1014; 1018; 1020
b) Eine Zahl ist durch 15 teilbar, wenn sie durch 3 und durch 5 teilbar ist.
Entscheide, welche Zahlen durch 15 teilbar sind: 530; 535; 540; 605; 705; 805
c) Formuliere eine Teilbarkeitsregel für 18. Prüfe deine Regel an Beispielen.

12 Die Quersummenregel für 11
Um zu prüfen, ob eine Zahl durch 11 teilbar ist, benötigst du die 2er-Quersumme.
Beispiel:
Betrachte die Zahl: 3421
Zerlege die Zahl in Zweierblöcke (starte bei den Einern): 34   21
Berechne die 2er-Quersumme: 34 + 21 = 55
Prüfe, ob die 2er-Quersumme durch 11 teilbar ist: 55 : 11 = 5
55 ist durch 11 teilbar und damit 3421 auch.
a) Prüfe, ob die Zahlen durch 11 teilbar sind: 3427; 4829; 2035; 7007; 132; 234
b) Gib drei vierstellige Zahlen an, die durch 11 teilbar sind.
c) Begründe, dass die Zahl 5 020 301 durch 11 teilbar ist.

Gemeinsam sichern:

13
a) Erstellt eine Übersicht zu den Teilbarkeitsregeln auf einem Plakat.
b) Legt mehrere Ziffernkarten-Sets (jeweils mit Kärtchen von 0 bis 9) in ein Säckchen.
Zieht ohne hinzusehen fünf Ziffernkarten heraus und legt sie vor euch.
c) Prüft, durch welche Zahlen die Zahl teilbar ist. Könnt ihr durch Umlegen der Ziffernkarten eine Zahl erzeugen, die durch mehr Zahlen teilbar ist?

3 Primzahlen und Quadratzahlen

Entdecke:

A Manche Regale sind so gebaut, dass ihre Fächer eine quadratische Anordnung haben.
a) Mona hat die Regalform mit Notizzetteln nachgelegt. Wie viele benötigt sie dazu?
b) Lege andere quadratische Anordnungen mit Notizzetteln. Wie viele brauchst du jeweils?
c) Wie viele Fächer hat ein quadratisches Regal, das 8 Fächer breit ist?

B 👥 Versucht, aus 5 oder 13 Notizzetteln ein Quadrat oder ein Rechteck zu legen. Was fällt euch auf? Tauscht euch darüber aus.

So heißt es:

Die Quadratzahl
Du kannst **Quadratzahlen** als Quadrate darstellen.
Eine **Quadratzahl** erhältst du, wenn du eine Zahl mit sich selbst multiplizierst.

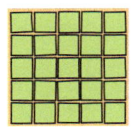 25

Die Primzahl
Du kannst **Primzahlen** nur als streifenförmige Rechtecke darstellen.
Primzahlen haben nur zwei Teiler: 1 und sich selbst.
Die Zahl 1 ist keine Primzahl.

 7

7 hat nur zwei Teiler: 1 und 7.
Die ersten 10 Primzahlen sind
2; 3; 5; 7; 11; 13; 17; 19; 23; 29.

So geht es:

Quadratzahlen bilden
Beispiele: 1·1 = **1**   2·2 = **4**   3·3 = **9**   4·4 = **16**   5·5 = **25**

Prüfen, ob eine Zahl eine Primzahl ist
Prüfe die Zahl systematisch auf ihre Teiler.
1 Beginne bei 2.
2 Prüfe die Teilbarkeit mit allen Primzahlen, die kleiner als die Zahl sind.
- Wende die Teilbarkeitsregeln (Endstellenregeln und Quersummenregeln) an.
- Dividiere die Zahl. Wenn es einen Rest gibt, ist sie nicht teilbar.

Beispiel: Ist die Zahl 11 eine Primzahl?
- Teilbar durch 2? Nein, denn die letzte Ziffer 1 ist keine gerade Zahl.
- Teilbar durch 3? Nein, denn 11 hat die Quersumme 2 und die ist nicht durch 3 teilbar.
- Teilbar durch 5? Nein, denn 11 endet nicht auf 5 und nicht auf 0.
- Teilbar durch 7? Nein, denn 11:7 = 1 Rest 4
11 ist nur durch 1 und 11 teilbar. Also ist 11 eine Primzahl.

Primzahlen und Quadratzahlen   3

Schreibe es auf:

1 [SP] Führe die Chatverläufe weiter.

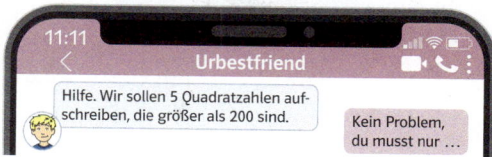
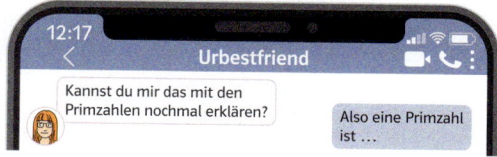

Übe jetzt:

2 Nenne die ersten 12 Quadratzahlen.

3 Entscheide, welche Zahlen Quadratzahlen sind: 48; 64; 100; 125; 200.

4 Bestimme die Anzahl der Punkte.

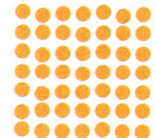

5 Zeichne die Punkte in quadratischer Anordnung in dein Heft.

6 Entscheide, welche Zahlen Primzahlen sind: 21; 29; 51; 59; 75.

7 Bastelt ein Quadratzahl-Memory mit mindestens 10 Paaren.

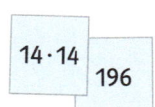

8 Gib alle Primzahlen zwischen 30 und 40 an.

9 [SP] [+] Begründe, dass die Zahl keine Primzahl ist.
a) 74   b) 90   c) 77

10 [+] Multipliziere eine Zahl zwischen 10 und 20 mit sich selbst.
Nennt euch gegenseitig eure Ergebnisse. Ratet, welche Zahl quadriert wurde.

11 [SP] [+] Dean behauptet: „Eine Zahl, die mit einer Null endet, kann keine Primzahl sein."
a) Erkläre, weshalb Dean recht hat.
b) Formuliere eigene ähnliche Aussagen.

12 [+]
a) Gib eine Primzahl zwischen 60 und 70 an.
b) 11 ist eine Primzahl. Wie ist es mit 22; 33; 44 und so weiter?
c) 13 und 31 sind Primzahlen. Gib ein weiteres solches Paar an.

---

9 Tipp
Prüfe, ob die Zahl mehr als 2 Teiler (1 und sich selbst) hat.

10 Tipp
Schätze zuerst und rechne dann nach.

10 leichter
Ordne zu.

14·14   11·11   19·19   361   121   196

11 Tipp
Erkläre mit der Endstellenregel.

12 Tipp
Die Zahl 2 ist die einzige gerade Primzahl.

12 leichter
a) Notiere alle Zahlen zwischen 50 und 60.
b) Streiche alle Zahlen durch, die du durch 2; 3 oder 5 teilen kannst.
c) Sind die übrigen Zahlen Primzahlen?

3 Primzahlen und Quadratzahlen

Wähle aus:

13 Das Sieb des Eratosthenes
Notiere die Zahlen von 2 bis 100 in einer Tabelle.

2	3	4	5	6	7	8	9	10
11	12	13	14	15	16	17	18	19	20
21	22	23	24	25	26	27	28	29	30
31	32	33	34	35	36	37	38	39	40
41	42	43	44	45	46	47	48	49	50
51	52	53	54	55	56	57	58	59	60
61	62	63	64	65	66	67	68	69	70
71	72	73	74	75	76	77	78	79	80
81	82	83	84	85	86	87	88	89	90
91	92	93	94	95	96	97	98	99	100

Mit dieser Tabelle findest du alle Primzahlen von 2 bis 100.
a) Streiche alle geraden Zahlen (außer der 2 selbst) mit einem blauen Stift durch.
b) Streiche alle Vielfachen von 3 (außer der 3 selbst) mit einem roten Stift durch.
c) [SP] Erkläre, weshalb die Vielfachen der 4 bereits gestrichen sind.
d) Streiche die Vielfachen von 5 mit grünem Stift, die Vielfachen von 7 mit gelbem Stift (außer der 5 und der 7 selbst).
e) Nun sind in der Tabelle nur noch die Primzahlen übrig. Notiere sie in einer Liste.

14 Quadratmuster

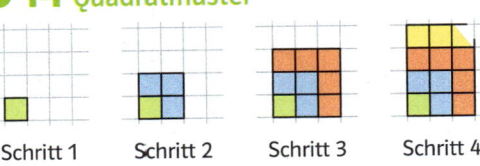

Schritt 1   Schritt 2   Schritt 3   Schritt 4

a) Setze das Muster in deinem Heft um drei Schritte fort.
b) Aus wie vielen einzelnen Kästchen besteht ein Muster jeweils?
c) Ermittle, aus wie vielen Kästchen das 10. Muster besteht.
d) [SP] Beschreibe, wie sich die Muster des 3. und 4. Schrittes unterscheiden.
e) [SP] „Bei jedem Schritt kommt eine ungerade Anzahl an Kästchen dazu." Begründe.

15 Ein Quadrat aus Quadraten
a) Zeichne das Bild in dein Heft.
b) Aus wie vielen Kästchen besteht das ganze Quadrat?

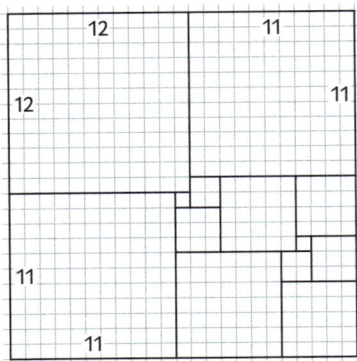

Gemeinsam sichern:

16
a) Notiert die Zahlen von 1 bis 100 in einer Tabelle. Markiert alle Quadratzahlen rot, alle Primzahlen blau.
b) Entscheidet, welche der Aussagen richtig sind.
A Es gibt nur zwei Primzahlen, bei denen die Einerstelle eine 2 oder eine 5 ist.
B Die meisten Primzahlen enden mit einer 1.
C Der Abstand zwischen zwei großen Quadratzahlen ist größer als zwischen zwei kleinen Quadratzahlen.
D Quadratzahlen haben an der Einerstelle eine Quadratzahl.

17 Schaut euch zusammen die Daten eurer Geburtstage an.
a) Wer hat ein Geburtsdatum mit einer Primzahl oder Quadratzahl?
b) Wer hat ein Geburtsdatum ohne Primzahl oder Quadratzahl?
c) Wie viele Geburtsdaten bestehen nur aus Quadratzahlen oder nur aus Primzahlen?

Beispiel:
Geburtstag Ahmed 19.11.
19 und 11 sind Primzahlen.

Potenzen

Entdecke:

A 👥 Alinas Katze hat drei Junge bekommen. Alina will Fotos der Katzenkinder in der Klasse aufhängen. „Wenn die auch wieder Kinder kriegen, können wir mit den Katzenfotos bis zur 9. Klasse die ganze Wand verzieren", sagt Melek. Jungkatzen sind mit einem Jahr voll ausgewachsen und bringen dann selbst drei bis sechs Junge pro Wurf zur Welt.
a) Erläutert das Schaubild.
b) Berechnet die Anzahl der Nachkommen im zweiten, dritten und vierten Jahr.
c) Wie geht es in den nächsten Jahren weiter?

1. Jahr 3	
2. Jahr 3 · 3	
3. Jahr 3 · 3 · 3	
4. Jahr ?	
5. Jahr ?	
6. Jahr ?	

B Falte ein Blatt Papier in der Mitte. Dann liegen zwei Teile übereinander.
a) Wie viele Teile liegen übereinander, wenn du das gefaltete Blatt Papier noch einmal in der Mitte faltest? Wie viele Teile erhältst du beim dritten und vierten Mal falten?
b) Ein Blatt Papier öfter als viermal zu falten ist schwierig. Erkläre, wie du die Anzahl der Teile nach 5-maligem oder 6-maligem Falten berechnen könntest.

So heißt es:

Das wiederholte Multiplizieren der gleichen Zahl wird **Potenzieren** genannt.

fünf Punkte   fünf mal fünf Punkte   fünf mal fünf mal fünf Punkte
5   5 · 5   5 · 5 · 5
5^1 5^2 5^3
                 ↗ ↖
            die Basis die Hochzahl

sprich: fünf hoch zwei

So geht es:

Produkte aus gleichen **Faktoren** kannst du als **Potenz** schreiben.

3 · 3 · 3 · 3 = 3^4 = 81
das Produkt — die Potenz — der Wert der Potenz

Mit einem **Baumdiagramm** kannst du Potenzen veranschaulichen.

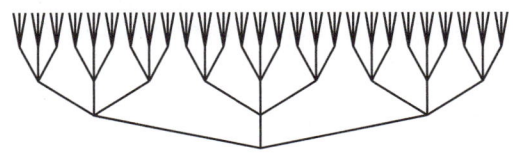

3 · 3 · 3 · 3 Äste
3 · 3 · 3 Äste
3 · 3 Äste
3 Äste

3 Potenzen

Schreibe es auf:

1 [SP] Schreibe auf, wie du einem Grundschulkind erklären würdest, was eine Potenz ist. Was muss das Grundschulkind können, um es zu verstehen?

Übe jetzt:

○ **2** Gib an, wie viele Äste in der untersten Reihe des Baumdiagramms sind. Schreibe als Potenz.

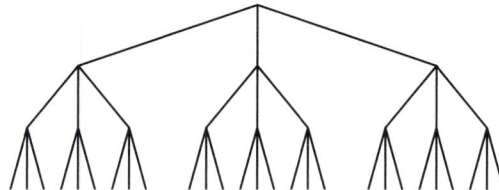

○ **3** Der Würfel ist aus einzelnen Magnetkugeln zusammengesetzt. Bestimme, aus wie vielen Kugeln er besteht. Schreibe als Potenz.

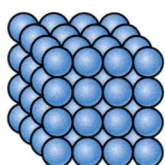

○ **4** Bestimme, wie viele Punkte du in dem Muster siehst. Schreibe als Potenz.

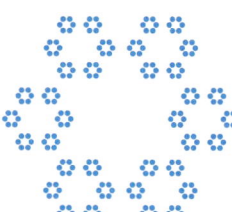

○ **5** Schreibe das Produkt als Potenz.
a) $4 \cdot 4$ b) $2 \cdot 2 \cdot 2 \cdot 2 \cdot 2 \cdot 2$
c) $6 \cdot 6 \cdot 6$ d) $10 \cdot 10 \cdot 10 \cdot 10$
e) $1 \cdot 1 \cdot 1 \cdot 1$ f) $15 \cdot 15$

○ **6** Schreibe die Summe als Produkt.
a) $4 + 4$ b) $2 + 2 + 2 + 2 + 2 + 2$
c) $6 + 6 + 6$ d) $10 + 10 + 10 + 10$
e) $1 + 1 + 1 + 1$ f) $15 + 15$

◐ **7** [+] Berechne und vergleiche.
a) $5 \cdot 3$ mit 5^3 b) $2 \cdot 6$ mit 2^6
c) $10 \cdot 5$ mit 10^5 d) $2 \cdot 4$ mit 2^4

◐ **8** [+] Ermittle die Zahl, die du anstelle des Platzhalters schreiben kannst.
a) $2^5 = \square$ b) $2^\square = 64$ c) $\square^3 = 1000$
d) $3^\square = 81$ e) $\square^7 = 1$ f) $1^\square = 1$

◐ **9** [+] Stelle die Zahlen als Potenzen dar. Manchmal gibt es mehrere Möglichkeiten.
a) 49; 81; 100; 64; 900
b) 27; 8; 125; 8000

[+]

💡 **7 Tipp**
Schreibe die Potenz als Produkt.
Beispiel: $3^4 = 3 \cdot 3 \cdot 3 \cdot 3 = 81$

○ **7 leichter**
Berechne den Wert der Potenz.
a) 2^3 b) 4^2 c) 3^3 d) 10^3 e) 10^6

💡 **8 Tipp**
Probiere aus. Notiere verschiedene Potenzen zur selben Basis: $2^2 = 4$; $2^3 = 8$; $2^4 = 16$; usw.

○ **8 leichter**
Ermittle die fehlende Hochzahl oder Basis.
a) $2^\square = 32$ b) $\square^2 = 16$ c) $3^\square = 27$

💡 **9 Tipp**
Prüfe, welche Teiler die Zahl hat. Die Teiler können die Basis der Potenz sein.
Beispiel: 36 hat als Teiler 2; 3; 4; 6 und 9. Davon ergibt nur $6 \cdot 6$ eine Potenz.

○ **9 leichter**
Ordne zu.

5^2	8^2	3^3	2^5	10^3
27	25	1000	32	64

Potenzen 3

● 10 ➕ Die vier Würfel sind aus einzelnen Magnetkugeln zusammengebaut. Kann man mit allen Kugeln einen Würfel bauen, der 6 Kugeln lang, breit und hoch ist?

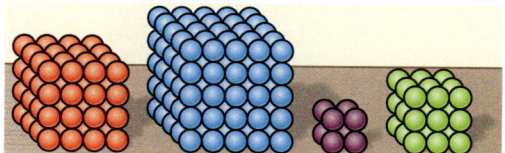

● 11 👥 ➕
a) Bestimme die Anzahl der jungen Triebe an dem Ast.
b) 🗨 Erklärt euch gegenseitig eure Rechnung.

💡 **10 Tipp**
Notiere die Anzahl der Kugeln jedes Würfels.

💡 **11 Tipp**
Welche Aststrukturen wiederholen sich? Zähle, wie oft diese Wiederholungen vorkommen.

Wähle aus:

● 12 Kubikzahlen
Zahlen, mit denen du Würfel bauen kannst, werden Kubikzahlen genannt.
Die erste Kubikzahl ist $1 = 1^3$
Die zweite Kubikzahl ist $8 = 2^3$
a) Schreibe die ersten 10 Kubikzahlen auf.
b) Vergleiche die Kubikzahlen mit den Quadratzahlen. Was fällt dir auf?

● 13 Stammbäume
Petra zeichnet ihren Stammbaum.
a) Wie viele Eltern, Großeltern und Urgroßeltern hat Petra jeweils?
b) Wie viele Ururgroßeltern kann sie höchstens haben?

● 14 Sierpinski-Dreieck
Bei einem Sierpinski-Dreieck kommen von Schritt zu Schritt Löcher dazu.

Anfang   Schritt 1   Schritt 2   Schritt 3   Schritt 4

a) Bei Schritt 1 kommt ein Loch dazu. Ermittle, wie viele Löcher bei Schritt 2, Schritt 3 und Schritt 4 dazukommen.
b) Berechne, wie viele Löcher das Dreieck in Schritt 4 insgesamt hat.
c) Wie viele Löcher insgesamt vermutest du bei Schritt 5?
d) Wie sieht das Dreieck bei Schritt 10 aus?

Gemeinsam sichern:

15 👥 📋 Die Multiplikation ist eine Kurzschreibweise für das Addieren gleicher Zahlen:
Beispiel: $3 + 3 + 3 + 3 = 4 \cdot 3$. Das Potenzieren ist eine Kurzschreibweise für das Multiplizieren. Gestaltet ein Plakat, auf dem ihr das darstellt.

16 👥 🗨 Wie viele Katzenfotos müsste man aufhängen, wenn drei Katzen jeweils 3 Katzenbabys bekommen und die wieder und so weiter? Wie könntet ihr eine Wand mit Katzenbildern gestalten?

3 Zahlenfolgen und Muster

Entdecke:

A

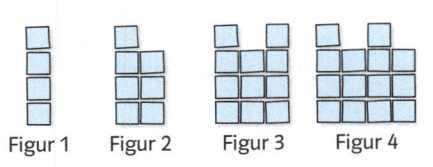

Figur 1 Figur 2 Figur 3 Figur 4

👥 „Auch, wenn es keine Rechtecke sind, kann ich schöne Figuren legen", meint Alex.

a) Alex hat sich ein Muster ausgedacht und die ersten vier Figuren gelegt. Wie geht es weiter? Legt selbst.
b) Wie viele Notizzettel braucht ihr, um die zehnte Figur zu legen? Erklärt, wie ihr vorgeht.
c) Findet heraus, ob ihr mit 30 Notizzetteln eine Figur nach diesem Muster legen könnt.

B

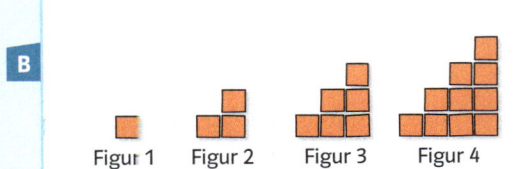

Figur 1 Figur 2 Figur 3 Figur 4

👥 „Ich hab' ein tolles Muster entdeckt", Lara ist ganz stolz.

a) Legt die Figuren nach.
b) Beschreibt, wie ihr vorgegangen seid.
c) Bestimmt die Anzahl der Notizzettel, die ihr braucht, um die achte Figur nach Laras Muster zu legen.
d) Findet heraus, ob ihr mit 30 Notizzetteln eine Figur nach Laras Muster legen könnt.

So geht es:

Zahlenfolgen und Muster
Beispiel:

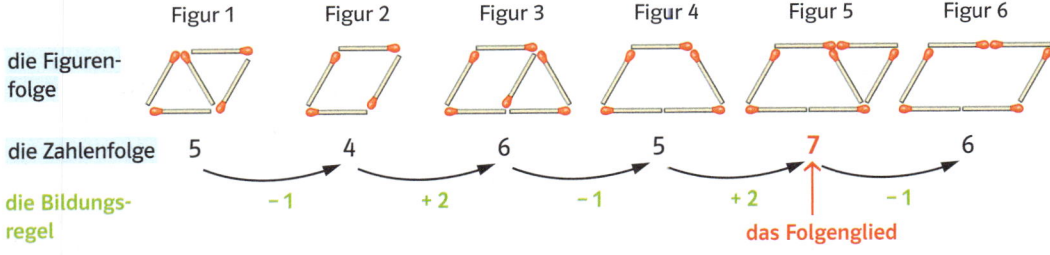

Figur 1 Figur 2 Figur 3 Figur 4 Figur 5 Figur 6

die Figurenfolge

die Zahlenfolge: 5 4 6 5 7 6

die Bildungsregel: −1 +2 −1 +2 −1

das Folgenglied

Bildungsregel finden
Schaue nach, wie sich die Folgenglieder **verändern**.

Weitere Folgenglieder bestimmen
Ermittle mit der Bildungsregel **die nächsten Folgenglieder**.

Die **Bildungsregel** als Satz:
Es wird abwechselnd 1 Streichholz entfernt (1 abgezogen) und 2 dazugelegt (2 addiert).

Schreibe es auf:

1 SP Hoppla, da sind in der Erklärung ein paar falsche Wörter reingerutscht. Schreibe den korrigierten Text in dein Heft.

Figurenfolgen, die nach einer bestimmten Beduinenleiter aufgebaut werden, können mit einem Zitronenfalter beschrieben werden. Die einzelnen Zahlen werden Fohlenlieder genannt.

92

3 Zahlenfolgen und Muster

Übe jetzt:

○ **2** Zeichne die Figurenfolge in dein Heft. Ergänze die nächsten beiden Figuren. Notiere die Zahlenfolgen.

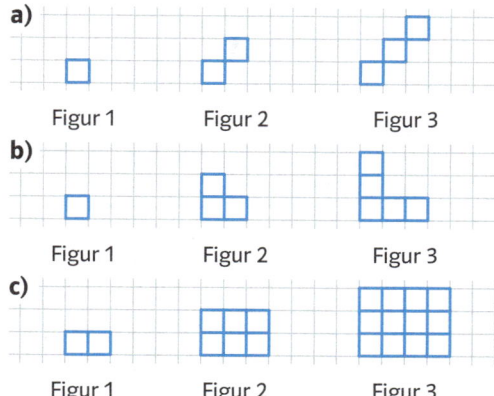

○ **3** Gib eine Bildungsregel an.
a) 2; 5; 8; 11; ...
b) 11; 13; 16; 18; 21; ...
c) 6; 8; 7; 9; 8; ...

○ **4** Bilde Zahlenfolgen mit 5 Folgengliedern.
a) Starte bei 8. Addiere in jedem Schritt 3.
b) Starte bei 2. Verdopple in jedem Schritt.
c) Starte bei 19. Subtrahiere abwechselnd 2 und 3.

○ **5** 👥 Bildet selbst eigene Zahlenfolgen. Tauscht sie aus. Bestimmt die Bildungsregeln.

○ **6** Kim geht immer drei Schritte vor und einen zurück. Bestimme, wie viele Schritte sie nach 100 Schritten vorangekommen ist.

○ **7** Lege mit Streichhölzern nach. Gib die Zahlenfolge und die Bildungsregel an.

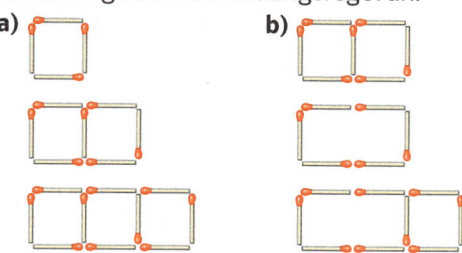

◐ **8** ➕ Bilde Zahlenfolgen, mit denen du von der Startzahl zur Zielzahl kommst. Schreibe die Zahlenfolge auf und gib die Bildungsregel an.
a) Startzahl: 3   Zielzahl: 18
b) Startzahl: 40 Zielzahl: 20
c) Startzahl: 4   Zielzahl: 25
d) Startzahl: 2   Zielzahl: 64

● **9** SP ➕ Diese Figurenfolge zeigt die Dreieckszahlen.

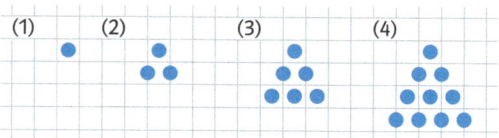

a) Erkläre den Namen.
b) Die erste Dreieckszahl ist 1 und die zweite 3. Wie lautet die zehnte Dreieckszahl? Beschreibe, wie du vorgehst.
c) 120 ist eine Dreieckszahl. Kann dann 125 eine Dreieckszahl sein? Begründe.

➕

💡 **8 Tipp**
Du kannst schrittweise vorgehen, jeweils nur 1 addieren oder subtrahieren. Versuche es mit größeren Schritten oder Multiplikation.

○ **8 leichter**
Gib die Folgenglieder und die Bildungsregel an.
a) 8; ▢; ▢; ▢; ▢; 18
b) 5; ▢; ▢; ▢; ▢; ▢; 35
c) 30; ▢; ▢; 12

💡 **9 Tipp**
Bei der 2. Dreieckszahl kommen 2 dazu, bei der 3. Dreieckszahl kommen drei dazu usw.

3 Zahlenfolgen und Muster

Wähle aus:

10 Fibonacci-Folge
Bei der Fibonacci-Zahlenfolge entsteht ein Folgenglied durch Addition der beiden vorhergehenden Folgenglieder. Die ersten beiden Folgenglieder sind 1 und nochmal 1.
Fibonacci-Folge: 1; 1; 2; 3; 5; …
a) Bestimme die ersten 10 Folgenglieder.
b) Entdecke die Fibonacci-Zahlenfolge in der Rechtecksfigur.

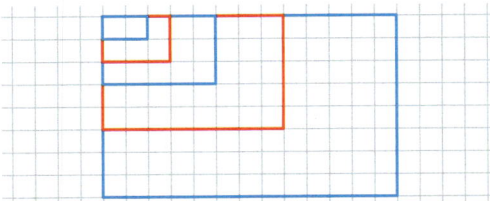

c) Zeichne die Figur in dein Heft. Ergänze sie um ein weiteres Folgenglied.

11 Tabellenkalkulation
Mit einer Tabellenkalkulation kannst du schnell viele Folgenglieder berechnen.

Wenn du an der rechten unteren Ecke einer Zelle „ziehst", wird die Formel in die nächsten Zellen übertragen.

Schreibe eine Startzahl in eine Zelle. In die benachbarte Zelle schreibst du eine Formel, mit der das nächste Folgenglied berechnet werden soll.
Beispiel: Startwert in Zelle A2 „54".
Formel in Zelle B2 „=A2-5".
a) Erzeugt mit einer Tabellenkalkulation eine Folge, die bei 54 startet mit der Bildungsregel „immer 5 subtrahieren".
b) Erzeugt mit einer Tabellenkalkulation weitere Folgen. Tauscht sie aus und findet die Bildungsregel.

12 Daumenkino
Erstelle ein Folgen-Daumenkino. Zeichne dazu jede Figur einer Figurenfolge auf jeweils ein Blatt. Wenn du jede einzelne Figur auf mehrere Seiten zeichnest, läuft dein Film langsamer ab.

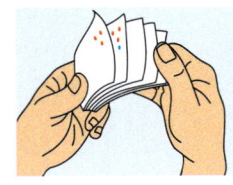

13 Weder 3-Eck noch 4-Eck …

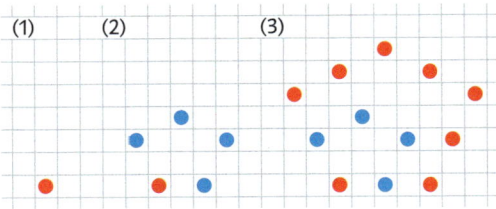

a) Zeichne die Figurenfolge in dein Heft.
b) Ergänze die nächsten beiden Muster.
c) Notiere die Zahlenfolge.
d) Zeichne eine Folge aus Sechseckmustern.

14 NIM-Spiel
Beim einfachen NIM-Spiel werden 15 Hölzchen auf den Tisch gelegt. Nun nehmt ihr abwechselnd Hölzchen weg. In jedem Zug darfst du 1; 2 oder 3 Hölzchen wegnehmen. Wer das letzte Hölzchen nimmt, gewinnt.
a) Spielt das Spiel mehrere Runden.
b) Notiert die Zahlenfolgen, die durch eure Spiele entstehen. Könnt ihr eine Gewinnstrategie erkennen? Erklärt.

Gemeinsam sichern:

15 Erstellt gemeinsam ein Plakat, auf dem eure drei Lieblingsfolgen als Figurenfolgen und als Zahlenfolgen dargestellt sind. Gebt die Bildungsregeln an.

die Zahl wird verdoppelt

3 Zahldarstellungen und Stellenwerte

Entdecke:

A 👥 Enya hat eine Menge Cent-Münzen. Sie möchte sie zählen.
a) Wie zählst du eine große Menge an Dingen? Beschreibe deine Vorgehensweise.
b) Stellt euch gegenseitig eure Vorgehensweise vor.

B In anderen Kulturen und in früheren Zeiten schreibt und schrieb man Zahlen anders auf als wir heute.
a) Suche nach solchen Darstellungen und stelle sie in der Klasse vor.
b) Was zeigen die drei Abbildungen?

▶ Internet Protocol
▶ Internet Control

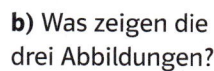
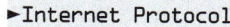

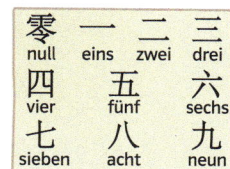

C 👥 SP Unser Zahlensystem nennt man Dezimalsystem, weil es auf der Zahl 10 aufbaut. Mit dem Dezimalsystem kannst du sehr große Zahlen aufschreiben. Zum Beispiel wurde im Jahr 2021 die Einwohnerzahl Chinas auf 1 446 530 600 geschätzt.
a) Sprecht euch die Einwohnerzahl Chinas gegenseitig vor.
b) Welche großen Zahlen kennst du? Wo sind sie dir begegnet? Was bedeuten sie? Tauscht euch aus.

1 446 530 600

So heißt es:

Im **dezimalen Stellenwertsystem** hängt der Wert der Zahl von den Stellen der Ziffern ab.

Von rechts nach links stehen **Einer**, **Zehner** usw.
Der **größere Stellenwert** ist immer **zehnmal** so groß wie der vorherige. Wenn eine Stelle nicht besetzt ist, wird eine Null geschrieben.

Beispiel:
die **Einer**stelle
die Zahl **1054**
die **Zehner**stelle

Die unterschiedlichen **Stellenwerte** und ihre Namen können in eine **Stellenwerttafel** geschrieben werden.

Billion			Milliarde			Million			Tausend					
Hundert Bio.	Zehn Bio.	Billion (Bio.)	Hundert Mrd.	Zehn Mrd.	Milliarde (Mrd.)	Hundert Mio.	Zehn Mio.	Million (Mio.)	Hunderttausender	Zehntausender	Tausender	Hunderter	Zehner	Einer
					1	3	9	6	5	2	7	7	0	9

Beispiel: die Ziffer

Die Zahl 1 396 527 709 in Worten: eine Milliarde dreihundertsechsundneunzig Millionen fünfhundertsiebenundzwanzigtausend siebenhundertneun

95

3 Zahldarstellungen und Stellenwerte

So geht es:

Dezimales Stellenwertsystem (kurz: Dezimalsystem)

Es werden Bündel nach den Stellenwerten gebildet.

Die Bündelung wird in das dezimale Stellenwertsystem übertragen.

Hunderter H	Zehner Z	Einer E
1	3	5

Andere dezimale Zahldarstellungen

Ägyptische Hieroglyphen

Im alten Ägypten wurde schon eine dezimale Zahlendarstellung mit Zehnern, Hundertern usw. verwendet. Die Ägypter damals schrieben für Bündel einer bestimmten Menge ein eigenes Symbol.

Beispiel 1:

1	3	5

wird mit ägpytischen Hieroglyphen so geschrieben:

Römische Zahlen

In der antiken römischen Zahldarstellung wurden zusätzlich zu den 10er-Stellenwerten noch Fünfer-, Fünfziger- und Fünfhunderterbündel verwendet.

M = 1000 wie (lat.) mille
D = 500 die Hälfte von M
C = 100 wie (lat.) centum
L = 50 die Hälfte von C
X = 10 das Doppelte von V
V = 5 als Symbol einer Hand
I = 1 als Symbol eines Fingers

Beispiel 2:

1	3	5

wird mit römischen Zahlzeichen so geschrieben: **CXXXV**

Schreibe es auf:

1 [SP] Hier siehst du dieselbe Zahl in verschiedenen Darstellungen. Beschreibe Gemeinsamkeiten und Unterschiede zwischen den Darstellungen.

4079   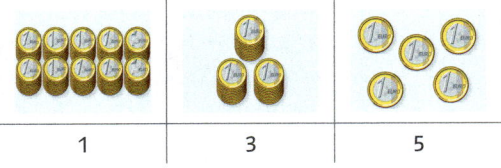   MMMMLXXVIIII

Zahldarstellungen und Stellenwerte 3

Übe jetzt:

○ 2 Schreibe die Zahl mit Ziffern im dezimalen Stellenwertsystem.
a) sechstausenddreihundertzweiundsiebzig
b) fünf Millionen dreihundertvierundsechzigtausend
c) achttausendvierundzwanzig

○ 3 Schreibe die Zahl in Worten.
a) 371 b) 1007
c) 45 012 d) 3 000 150

○ 4 [SP] Formuliere drei ähnliche Sätze.
Eine Milliarde sind 1000 Millionen.

○ 5 Gib die Anzahl mit ägyptischen Hieroglyphen an.
a) b)
c) 2013 d) 12 321

○ 6 Schreibe die ägyptischen Hieroglyphen mit Ziffern im dezimalen Stellenwertsystem.
a)  b)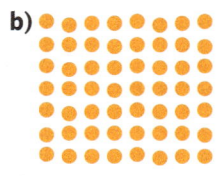
c) d)

○ 7 Gib die Anzahl der Legionäre mit römischen Zahlen an.
a) b)
c)

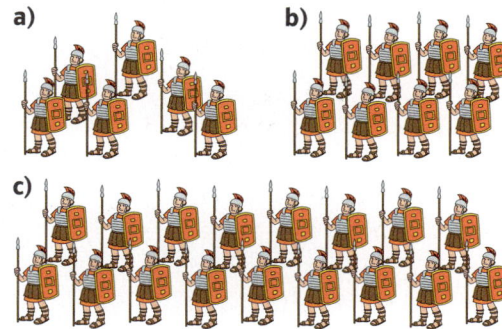

◐ 8 [+] Schreibe die Jahreszahl mit Ziffern im dezimalen Stellenwertsystem.
a) MDCCCXXII b) MMXXII c) MCCIII

◐ 9 [+] Die Zahl 444 war als römische Zahl früher sehr lang: CCCCXXXXIIII
Zur Abkürzung wurden deshalb später vier Zeichen mit dem nächstgrößeren Zeichen dargestellt.
Statt IIII schreibt man IV und meint „eins weniger als 5".
Statt XXXX schreibt man XL und meint „10 weniger als 50".
444 wird dann so geschrieben: CDXLIV
Schreibe die Zahlen mit römischen Zahlen.
a) 9; 90; 900 b) 19; 29; 49; 94

💡 8 Tipp
Notiere alle dargestellten Zahlen und addiere die Werte:
C XXX V III   100 + 30 + 5 + 3 = 138

○ 8 leichter
Schreibe die römische Zahl mit Ziffern im dezimalen Stellenwertsystem.
a) VIII b) XVI c) CXII d) LXXII

◐ 8 mehr
Schreibe die römische Zahl mit Ziffern im dezimalen Stellenwertsystem.
a) CXI b) DLV c) MMDCCCCLVIII

○ 9 leichter
a) Die Zahl 4 kann man als römische Zahl statt mit IIII verkürzt mit IV schreiben.
Schreibe 14; 24 und 34 als römische Zahl.
b) Man schreibt XC für 90.
Schreibe 91; 95 und 94 als römische Zahlen.

◐ 9 mehr
Schreibe als römische Zahlen.
a) 39; 390; 3900 b) 24; 84; 124; 184
c) 2945; 294; 29 d) 999; 989; 979

3 Zahldarstellungen und Stellenwerte

◐ 10 ⊞ Hier siehst du auf einem Blatt zehnmal zehn Hunderterfelder abgebildet.

a) Wie viele einzelne Punkte sind abgebildet?
b) Wie viele solcher Blätter bräuchtest du für eine Million Punkte?
c) Wie viele solcher Blätter bräuchtest du für eine Milliarde Punkte?
d) Wie viele Bücher kannst du aus den Blättern mit einer Milliarde Punkten machen? Schätze ab.

◐ 11 ⊞ In welchen Zusammenhängen begegnen dir sehr große Zahlen? Notiere die Zahlen und ihre Bedeutung.

◐ 12 ⊞
a) Schreibe die großen Zahlen mit Abkürzungen, zum Beispiel 3 000 000 = 3 Mio.

> Die häufigsten Zellen in unserem Blut sind die roten Blutkörperchen. Schon in einem Tropfen Blut sind etwa 5 000 000 000 rote Blutkörperchen!
> Und in einem Liter Blut sind es dann etwa 5 000 000 000 000.
> Insgesamt haben Menschen zwischen 24 000 000 000 000 und 30 000 000 000 000 rote Blutkörperchen.
> Weil die Blutkörperchen nur 4 Monate überleben, produziert der Körper sie ständig neu: Jeden Tag etwa 200 000 000 000, das sind mehr als 2 000 000 pro Sekunde. Und das alles, ohne dass wir es merken.

b) Schreibe die Zahlen mit Ziffern, zum Beispiel 2 Mio. = 2 000 000.

> Unsere Heimatgalaxie ist die Milchstraße. Die Anzahl der Sterne in der Milchstraße wird auf hundert Mrd. bis zweihundert Mrd. geschätzt. Die Milchstraße hat einen Durchmesser von etwa hunderttausend Lichtjahren und eine Dicke von ungefähr dreihundertzehntausend bis sechzehntausend Lichtjahren (je weiter außen, desto dünner). Unsere Galaxie hat die Form einer Spirale. Unsere Sonne befindet sich in den Außenzonen der Milchstraße. Sie ist etwa dreißigtausend Lichtjahre vom Zentrum der Milchstraße entfernt.
> Die Erde ist von der Sonne rund 147 Millionen Kilometer entfernt.

💡 **10 Tipp**
Wie viele Blätter brauchst du für eine Million Punkte? Berechne damit, wie viele Blätter du für eine Milliarde brauchst.
Schätze, wie viele Seiten ein Buch hat.
Wie viele solcher Bücher könntest du aus 100 000 Blättern binden?

💡 **11 Tipp**
Denke an das Weltall oder an Speichergrößen in digitalen Bereichen.

💡 **12 Tipp**
Verwende die Stellenwerttafel.
1000 Milliarden sind eine Billion (Bio.)
1000 Billionen sind eine Billiarde (Brd.)
1000 Billiarden sind eine Trillion (Trill.)

○ **12 leichter**
Schreibe die Zahlen verkürzt.

Beispiel: 13 000 000 = 13 Mio.

a) 7 000 000 b) 4 000 000 000
c) 14 000 000 000 d) 2 000 000 000 000

Zahldarstellungen und Stellenwerte 3

● 13 In den USA werden die Bezeichnungen Milliarden oder Billiarden nicht verwendet. Dort gibt es nur „-illionen". Eine Milliarde (1000 Millionen) heißt dort „1 billion". Übersetze die amerikanischen Zahlenangaben in deutsche Zahlenangaben.
a) 2 trillion dollars
b) 280 billion people
c) 13 quadrillion

● 14 Die Zahlennamen für große Zahlen werden mit lateinischen Zahlwörtern gebildet. Trillion kommt von tria wie (lat.) drei. Danach gibt es Quadri-, Quinti-, Sexti-, Septi-, Okti-, Noni- und Dezi-. Eine Trillion hat 18 (drei mal sechs) Nullen, eine Quadrillion hat 24 (vier mal sechs) Nullen.
Bestimme, wie viele Nullen eine Oktillion hat.

● 15 SP MK Recherchiere, was ein Googol ist. Erkläre, wie das Googol die Erfinder von Google zum Namen ihrer Suchmaschine inspiriert haben könnte.

💡 13 Tipp
Erstelle eine Tabelle mit deutschen und amerikanischen Zahlenangaben.

deutsch	1 Mio.	1 Mrd.	1 Bio.	1 Brd.
amerikanisch	1 million	1 billion	1 trillion	1 quadrillion

💡 14 Tipp
Erstelle eine Liste.
1 Million hat 6 Nullen.
1 Milliarde hat 9 Nullen.
1 Billion hat ….

💡 15 Tipp
Du kannst eine Geschichte dazu schreiben oder ein Plakat erstellen.

Wähle aus:

◯ 16 Babylonische Zahlzeichen

Die Babylonier notierten bereits vor über 4000 Jahren Zahlen. Für ihre Keilschrift benutzten sie Holzkeile, mit denen sie Muster in Tonscheiben drückten.

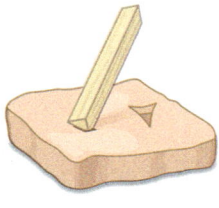

a) Schreibe die Babylonischen Zahlen mit Ziffern im dezimalen Stellenwertsystem.

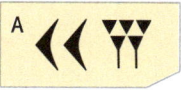
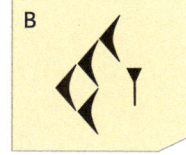
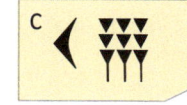

b) Schreibe die Zahlen in Keilschrift.
13; 16; 20; 27; 39; 44; 53

3 Zahldarstellungen und Stellenwerte

● 17 MK Binärsystem

Elektronische Rechner können nur zwei Ziffern unterscheiden: Null und Eins. Sie arbeiten mit einem Zweiersystem (Binärsystem).
Die Stellenwerttafel sieht so aus:

16er-Bündel	8er-Bündel	4er-Bündel	2er-Bündel	Einer
●●●● ●●●● ●●●● ●●●●	●●●● ●●●●	●●●●	●●	●
2·2·2·2 = 16	2·2·2 = 8	2·2 = 4	2 = 2	1 = 1

Beispiel:
Die Zahl 12 würde zerlegt werden in 8 + 4, mit Ziffern im Binärsystem: 1100_B

Die ersten fünf Binärzahlen lauten:

Zahl im Dezimalsystem				
1	2	3	4	5
1_B	10_B	11_B	100_B	101_B
Zahl im Binärsystem				

a) Notiere die ersten 10 Binärzahlen.
b) Rechne die Binärzahlen in Zahlen im dezimalen Stellenwertsystem um.
11_B; 111_B; 1111_B; 1110_B; 1100_B; 1001_B
c) Erkläre, wie du die Binärzahl zur Dezimalzahl 40 finden kannst.

● 18 Comic-Figuren

Comic-Figuren haben oft nur vier Finger an jeder Hand, weil sich das besser zeichnen lässt.
Unser Zehnersystem baut auf der Anzahl unserer Finger auf. Comic-Figuren müssten dann ein Zahlensystem haben, das auf der Zahl 8 aufbaut. Ihre Stellenwerttafel würde dann so aussehen. Die Namen für die Stellen sind erfunden.

Tausatt	Atterd	Achter	Einer
8·8·8	8·8	8	1

Beispiele: $12 = 14_{co}$ $21 = 25_{co}$

a) Schreibe als Comic-Zahlen.
13; 15; 23; 31; 73
b) Rechne die Comic-Zahlen um in Zahlen im dezimalen Stellenwertsystem.
Beispiel: $43_{co} = 4 \cdot 8 + 3 = 35$
11_{co}; 22_{co}; 33_{co}; 77_{co}; 1111_{co}

Gemeinsam sichern:

19 SP MK

a) Erstellt zusammen Plakate oder eine Präsentation zu Zahlensystemen. Sucht euch ein Zahlensystem aus und beschreibt es.
b) Stellt euer Plakat oder eure Präsentation in der Klasse vor oder macht eine Ausstellung in eurer Schule.

3 Meisterlich rechnen

Entdecke:

A 👥 Beschreibt euch gegenseitig, wie ihr die Aufgabe 45 · 27 rechnet. Wie schafft ihr es, dabei nicht durcheinanderzugeraten?

45 mal 27. Also 40 mal 20 ist 800. 5 mal 20 ist …

Bist du schon fertig mit der Aufgabe?

Jetzt hast du mich durcheinandergebracht.

B 👥 Berechnet die Aufgaben. Welche der Aufgaben rechnet ihr lieber im Kopf? Welche Aufgaben rechnet ihr lieber schriftlich? Diskutiert und entscheidet selbst.

a) 270 + 140   b) 307 − 298
c) 257 + 586   d) 825 − 175
e) 1000 − 382   f) 40 · 17
g) 234 · 3   h) 111 · 50
i) 19 · 26   j) 248 · 7

C a) Berechne

8 · 7   8 · 27   8 · 327
35 : 7   735 : 7   14 735 : 7

b) 👥 [SP] Vergleicht eure Ergebnisse. Geht ihr unterschiedlich vor? Erklärt euch gegenseitig eure Rechnungen.

So heißt es:

im Kopf rechnen

13 · 7 ist 10 · 7, also 70, plus 3 · 7, also 70 + 21 = 91

Die Aufgabe ohne Aufzuschreiben lösen. Die Zwischenergebnisse merken und damit das Endergebnis berechnen.

halbschriftlich rechnen

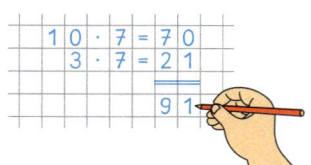

```
10 · 7 = 70
 3 · 7 = 21
        91
```

Die Zwischenschritte auf Papier notieren. Mithilfe der notierten Zwischenergebnisse das Endergebnis berechnen.

schriftlich rechnen

```
13 · 7
   91
```

der Rechenstrich

Die Aufgabe Schritt für Schritt auf Papier mit einem Rechenverfahren lösen.

die Addition:	die Subtraktion:	die Multiplikation:	die Division:
Summand + Summand	Minuend − Subtrahend	Faktor · Faktor	Dividend : Divisor
Summe	Differenz	Produkt	Quotient

3 Meisterlich rechnen

So geht es:

Schriftliches Addieren und Subtrahieren

Addiere 234 + 6495.

Subtrahiere 3427 − 584.

1. Schreibe die Zahlen stellengerecht untereinander Einer unter Einer, Zehner unter Zehner, ….
2. Rechne Stelle für Stelle von rechts nach links (zuerst die Einer, dann die Zehner, …). Notiere den Übertrag.

		2	3	4
+		6	4	9	5

		3	4	2	7
−			5	8	4

		2	3	4
+		6	4	9	5
				1	
		6	7	2	9

			(10)	(10)	
		3	4	2	7
−			5	8	4
			1	1	
		2	8	4	3

Beachte beim Subtrahieren: Ist die obere Ziffer kleiner als die untere Ziffer, werden oben **10** und beim **Übertrag** eine **1** ergänzt.

Multiplizieren
Beispiel: Berechne 43 · 27.

halbschriftliches Multiplizieren
Faktoren 43 · 27 zerlegen in 40 · 27 und 3 · 27

Schreibe die Teilprodukte stellengerecht untereinander und addiere.

40 · 20 = 800
40 · 7 = 280
 3 · 20 = 60
 3 · 7 = 21
          1 1
         1161

multiplizieren mit einem Malkreuz
Zerlege die Faktoren. Berechne die Teilprodukte.

·	20	7	
40	800	280	1080
3	60	21	81
			1161

Addiere zeilenweise:
800 + 280 = 1080
60 + 21 = 81
Addiere die rechte Spalte:
1080 + 81 = 1161

schriftliches Multiplizieren

	4	3	·	2	7
			8	6	0
+			3	0	1
			1		
		1	1	6	1

1. Multipliziere stellenweise:
43 · 2 = 86 und 43 · 7:
7 · 3 = 21
(schreibe 1, merke 2)
7 · 4 = 28 (addiere 2), schreibe 30
2. Schreibe die Teilergebnisse stellengerecht unter den jeweiligen Faktor. Ergänze, wenn nötig, eine **Null**.
3. Addiere die Teilergebnisse.

Dividieren

halbschriftliches Dividieren
Beispiel 1: Dividiere 3528 : 7.
Zerlege den Dividenden passend.
3528 kannst du zerlegen in 3500 + 28.

3500 : 7 = 500
28 : 7 = 4
also ist 3528 : 7 = 504

schriftliches Dividieren
Beispiel 2: Dividiere 3836 : 7.
1. Dividiere stellenweise. Beginne bei den ersten Ziffern des Dividenden.
2. Wie oft passt der Divisor in die Zahl?
3. Subtrahiere das größte Vielfache.
4. Nimm die nächste Stelle des Dividenden dazu und wiederhole die Schritte 2 bis 4.

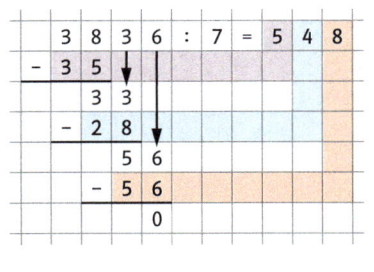

3 Meisterlich rechnen

Schreibe es auf:

1 [SP]

a) Bilde eine Aufgabe zu einer der vier Rechenarten oder suche dir eine Aufgabe aus:

   348 : 3   1025 · 16   999 + 1118   1234 − 399

b) Wähle ein schriftliches oder halbschriftliches Rechenverfahren aus. Löse deine Aufgabe.

c) Schreibe in einzelnen Schritten auf, wie du rechnest. Notiere dazu die Lösung Schritt für Schritt wie in einem Kochrezept.

Anleitung zum schriftlichen Multiplizieren	
① 249 · 38	Schreibe die Zahlen nebeneinander. Mache einen Rechenstrich.
② 249 · 38 7 4 7 0	Rechne zuerst 249 · 3. Denke an die 0.
③ 249 · 38 7 4 7 0	Rechne dann die 249 · 8.

Übe jetzt:

2 Berechne. Du kannst schriftlich oder im Kopf rechnen.
a) 500 + 300   b) 530 + 340   c) 560 + 380
d) 532 + 347   e) 563 + 381   f) 537 + 388

3 Berechne. Du kannst schriftlich oder im Kopf rechnen.
a) 198 + 5   b) 198 + 27   c) 198 + 105
d) 198 + 127 e) 198 + 1005 f) 198 + 1027

4 Berechne. Du kannst schriftlich oder im Kopf rechnen.
a) 630 − 110 b) 630 − 140 c) 603 − 52
d) 603 − 25   e) 603 − 594 f) 603 − 236

5 Beschreibe die Fehler. Löse die Aufgaben richtig.

a)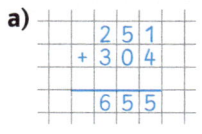
b)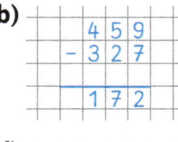

c)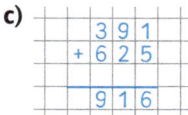
d)
```
  6 0 5
− 1 8 2
  5 8 3
```

6 Berechne schriftlich.
a) 4523 + 3104   b) 4523 + 3597
c) 3864 − 1403   d) 3846 − 1935
e) [SP] Begründe, welche der Aufgaben leichter sind und welche schwerer.

7 Berechne schriftlich oder halbschriftlich.
a) 3512 · 4   b) 7321 · 6
c) 687 · 3   d) 9037 · 8

8 Berechne mit einem Malkreuz.
a) 45 · 26   b) 38 · 19
c) 57 · 61   d) 29 · 27

9 Bei den Malkreuzen wurden Fehler gemacht. Beschreibe die Fehler und korrigiere sie.

a)
·	30	7	
20	600	140	760
3	90	21	114
			874

b)
·	30	5	
40	120	20	140
7	21	35	56
			196

10 Berechne schriftlich.
a) 4213 · 23   b) 1312 · 24   c) 1462 · 34
d) 8104 · 62   e) 3127 · 83   f) 354 · 14
g) 354 · 104   h) 354 · 1004   i) 354 · 2008

11 Dividiere.
a) 12 036 : 6   b) 8404 : 4   c) 2515 : 5
d) 2408 : 8   e) 1760 : 8   f) 19 236 : 6
g) 2345 : 5   h) 29 176 : 7   i) 3660 : 12

103

3 Meisterlich rechnen

⬤ 12 ✏️ ➕

"Cool, bei meiner Aufgabe ist das Ergebnis 12 345 herausgekommen."

Aufgaben mit besonderen Ergebnissen könnt ihr selbst erstellen.
Beispiel: Startet mit 12 345.
Addiert eine beliebige Zahl, z.B. 37 219.
Das ergibt 49 564.
Die Aufgabe lautet 49 564 − 37 219.
Stellt euch gegenseitig Aufgaben mit besonderen Ergebnissen.

⬤ 13 ➕ Berechne schriftlich.
a) 11 · 11   b) 111 · 111   c) 1111 · 1111
d) [SP] Was fällt dir auf? Beschreibe.

⬤ 14 ➕ Berechne.
a) 77 · 13   b) 77 · 26   c) 77 · 39
d) [SP] Was fällt dir auf? Beschreibe.

⬤ 15 [SP] ➕
LOL-Zahlen sind Zahlen in der Form 131. Zu jeder LOL-Zahl gibt es eine OLO-Zahl. Zu 131 ist das 313.
a) Notiere fünf LOL-Zahlen und ihre OLO-Zahlen. Addiere die einzelnen Paare.
b) Beschreibe, was dir an den Ergebnissen auffällt.
c) Erkläre, weshalb bei manchen Paaren ein besonderes Ergebnis herauskommt.

⬤ 16 ➕
a) Dividiere 850 : 2; 1700 : 4 und 3400 : 8.
b) [SP] Was fällt dir auf? Beschreibe.
c) Erstelle drei ähnliche Aufgaben.

⬤ 17 ➕ Immer diese Tintenkleckse. Ermittle die fehlenden Ziffern in den Rechnungen.

a) 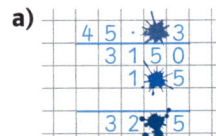   b)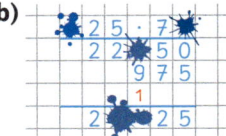

➕

💡 12 Tipp
Wenn du dein besonderes Ergebnis
- um eine beliebige Zahl vermehrst, kannst du eine Minusaufgabe erstellen,
- um eine beliebige Zahl verminderst, kannst du eine Plusaufgabe erstellen,
- mit einer beliebigen Zahl multiplizierst, kannst du eine Divisionsaufgabe erstellen.

⬤ 13 mehr
a) 22 · 11   b) 222 · 111   c) 2222 · 1111
d) [SP] Was fällt dir auf? Beschreibe.

○ 14 leichter
Berechne.
a) 111 · 14   b) 111 · 15   c) 111 · 16
d) [SP] Was fällt dir bei den Ergebnissen auf? Beschreibe.

💡 15 Tipp
Rechne schriftlich. Bei welchen Rechnungen geht es besonders einfach, bei welchen nicht? Wie musst du die Ziffern der LOL-Zahl wählen, damit ein besonderes Ergebnis herauskommt?

○ 15 leichter [SP]
Berechne schriftlich. Was fällt dir auf? Beschreibe.
a) 313 + 131   b) 242 + 424
c) 535 + 353   d) 474 + 747

⬤ 15 mehr [SP]
TATA-Zahlen sind Zahlen in der Form 2424. Zu jeder TATA-Zahl gibt es eine ATAT-Zahl. Zu 2424 wäre das 4242.
a) Notiere fünf TATA-Zahlen und ihre ATAT-Zahlen. Addiere die einzelnen Paare.
b) Beschreibe, was dir auffällt.
c) Erkläre, weshalb bei manchen Paaren ein besonderes Ergebnis herauskommt.

💡 16 Tipp
Achte auf Verdopplungen und Halbierungen.

○ 17 leichter
Ermittle die fehlenden Ziffern.
a)    b)

Meisterlich rechnen 3

Wähle aus:

18 **Napiers Rechenstäbe**

John Napier erfand im 16. Jahrhundert Rechenstäbe. Mithilfe dieser Rechenstäbe konnte er schnell mehrstellige Zahlen mit einem einstelligen Faktor multiplizieren. Auf jedem Stab stehen die Vielfachen der Zahl. Einer und Zehner sind durch eine schräge Linie getrennt.

a) Stellt mit Papierstreifen alle zehn Napier-Stäbe her (am besten zweimal).

b) Beispiel: Berechne $958 \cdot 5$ so:

Die Zahlen in den diagonalen Bereichen werden addiert ($4 + 5$).

Wie lautet das Ergebnis?

c) Löst die Aufgaben.
$958 \cdot 3$; $958 \cdot 7$

d) Löst die Aufgaben mithilfe eurer Papierstreifen.
$37 \cdot 8$; $126 \cdot 7$; $359 \cdot 6$; $4832 \cdot 5$

19 **Vedische Rechenmethode**

In der indischen Kultur gibt es ein Rechenverfahren, mit dem sich Produkte leicht berechnen lassen. Die Faktoren des Produkts sollten nah unter einer Stufenzahl liegen.

Beispiel: $9 \cdot 7$

(1) Schreibe die beiden Faktoren untereinander und rechts daneben, wie viel jeweils zur 10 fehlt.
(2) Jetzt rechne: Die **Einer** des Ergebnisses erhältst du aus $3 \cdot 1$, die **Zehner** aus $7 - 1$ (oder $9 - 3$).

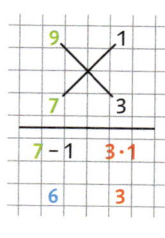

a) Berechne nach der Vedischen Methode.

$9 \cdot 8$ $8 \cdot 7$ $8 \cdot 8$

b) Für Zahlen, die nah unter 100 liegen, ist das Verfahren ähnlich.

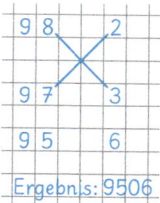

Ergebnis: 9506

Berechne mit diesem Verfahren.

$95 \cdot 97$ $96 \cdot 97$ $99 \cdot 93$

Gemeinsam sichern:

20 Erstellt euch ein Buddy-Book zu den Rechenverfahren. Notiert im Buddy-Book
- gerechnete Aufgaben mit Kommentaren,
- Tipps, an die ihr euch erinnern möchtet,
- interessante Aufgaben aus den Übungseinheiten.

Tauscht eure Ideen in der Gruppe aus.

Ein Buddybook basteln

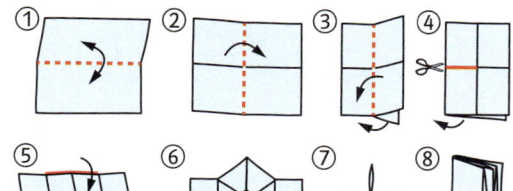

3

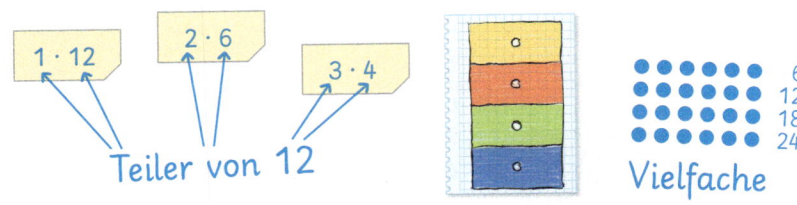

Teiler von 12   Vielfache

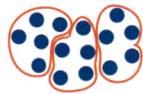

Ich kann Zahlen auf Teilbarkeit prüfen und ihre Teiler ermitteln.

4 3 7 **6**
durch 2 teilbar
nicht durch 5 teilbar

4 + 3 + 2 + 3 = 12
durch 3 teilbar

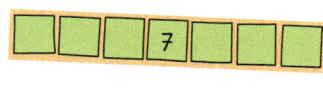

Ich kann Primzahlen und Quadratzahlen erkennen.

1	2	3	4	5	6	7	8	9	10
11	12	13	14	15	16	17	18	19	20
21	22	23	24	25	26	27	28	29	30

Aufteilen und Vervielfachen

Ich kann Zahlenfolgen und Musterfolgen beschreiben und weiterführen.

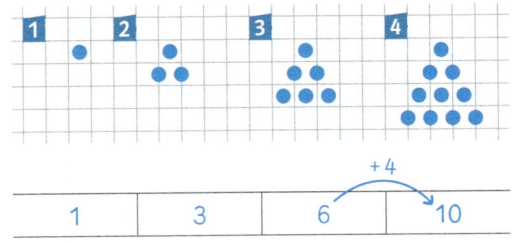

... beim zweiten Folgenglied kommen 2 dazu, beim dritten Folgenglied 3 und so weiter.

Auf einen Blick 3

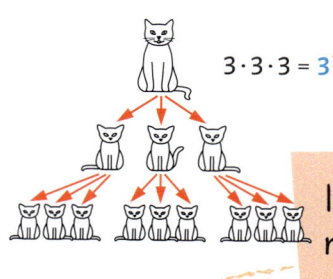 $3 \cdot 3 \cdot 3 = 3^3$

$5 \cdot 5 \cdot 5 = 5^3$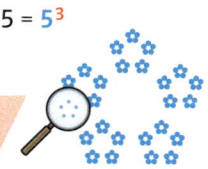

Basis ^{Hochzahl}

Ich kann die Potenzschreibweise nutzen.

Ich kann Zahlen in verschiedenen Darstellungsformen lesen und angeben.

dezimales Stellenwertsystem

6 1 3   7 8 1   2 0 5

sechshundertdreizehn Millionen   siebenhunderteinundachtzigtausend-   zweihundertfünf

Ich kann Rechenverfahren anwenden.

Malkreuz

·	20	7	
40	800	280	1080
3	60	21	81
			1161

stellengerecht untereinanderschreiben

↑
der Rechenstrich

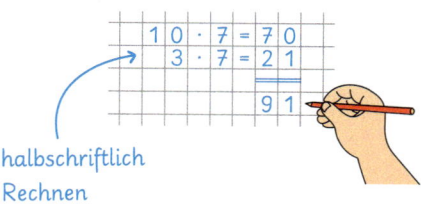
halbschriftlich Rechnen

---

1 SP Zu welchen Kompetenzen passt das Kärtchen? Ordne zu und erkläre deine Zuordnung.

Rechteckanordnung   dividieren   Ziffern   multiplizieren

Bildungsregel   Stellenwert   Produkt   Teiler

2 Teilt euch die Kompetenzen auf.
a) Denkt euch Aufgaben zu euren Kompetenzen aus. Erstellt Lösungen dazu.
b) Löst gegenseitig eure Aufgaben und kontrolliert sie.

3 Kapiteltraining

Ich kann die Teiler einer Zahl ermitteln.

Nachschauen kannst du auf den Seiten 75–81.

1 Gib alle Teiler an.
a) 8   b) 9   c) 18   d) 19

2 Gib den fehlenden Teiler an.
a) 12 hat die Teiler 1; 2; 3; 6; 12
b) 28 hat die Teiler 1; 2; 4; 7; 28
c) 49 hat die Teiler 1 und 7

3 Überprüfe, welche Sätze wahr sind.
a) 4 ist Teiler von 12.
b) 5 ist Teiler von 60.
c) 3 ist Teiler von 11.
d) 12 ist Teiler von 84.
e) 8 ist Teiler von 8.

4 Sortiere die Zahlen nach der Anzahl der Teiler. Beginne mit der Zahl mit den wenigsten Teilern.
a) 16; 26; 36   b) 20; 25; 30
c) 24; 34; 44   d) 15; 17; 30

5 Gib die gemeinsamen Teiler an.
a) 16 und 28   b) 21 und 30
c) 15 und 25   d) 10 und 21

Ich kann Zahlen auf Teilbarkeit prüfen.

Nachschauen kannst du auf den Seiten 82–85.

6
a) Gib an, welche Zahlen durch 2 teilbar sind.
234; 223; 330; 101; 500
b) Gib an, welche Zahlen durch 3 teilbar sind.
33; 67; 81; 111; 115; 222
c) Gib an, welche Zahlen durch 2 und durch 3 teilbar sind.
24; 42; 39; 93; 36; 63
d) Gib an, welche Zahlen durch 5 teilbar sind.
555; 755; 550; 505; 100; 557; 501; 4445; 54 544

7
a) Ergänze die letzte Ziffer der Zahl so, dass die Zahl durch 2 und durch 3 teilbar ist.

| 4 | 7 | 5 | ? |

b) Ergänze die letzten beiden Ziffern der Zahl so, dass die Zahl durch 9 und durch 5 teilbar ist.

| 3 | 0 | ? | ? |

c) Kannst du die letzte Ziffer so ergänzen, dass die Zahlen durch 2; 3 und durch 5 teilbar sind? Begründe.

| 9 | 3 | 7 | ? |

| 7 | 4 | 1 | ? |

| 1 | 8 | 0 | ? |

8 Lege eine beliebige 5-stellige Zahl aus den Ziffern.

| 9 | 3 | 7 | 0 | 8 |

a) Wende die dir bekannten Teilbarkeitsregeln auf die Zahl an.
b) Verändere die Zahl durch Umlegen einzelner Kärtchen so, dass sie mehr Teiler hat.
c) Verändere die Zahl durch Umlegen einzelner Kärtchen so, dass sie weniger Teiler hat.

9 Überprüfe, ob die Aussagen wahr sind.
a) Jede Zahl, die durch 4 teilbar ist, ist durch 2 teilbar.
b) Jede Zahl, die durch 3 teilbar ist, ist durch 9 teilbar.
c) Jede Zahl, die durch 10 teilbar ist, ist durch 2 teilbar.
d) Es gibt eine Zahl, die durch 2; 3; 4; 5 und 6 teilbar ist.

Kapiteltraining

Ich kann Primzahlen und Quadratzahlen erkennen.

Nachschauen kannst du auf den Seiten 86–88.

○ **10** Welche Zahlen sind Primzahlen?
2; 4; 23; 27; 31; 33

○ **11** Zeichne jeweils ein Quadrat mit den Seitenlängen. Berechne die Anzahl der Kästchen in den Quadraten.
a) 5 Kästchen
b) 7 Kästchen
c) 8 Kästchen
d) 11 Kästchen

◐ **12** [SP] Theo behauptet: „Ich kenne eine Quadratzahl, die auch eine Primzahl ist." Hat Theo recht? Begründe deine Antwort.

● **13**
a) [SP] Ab der Zahl 3 ist der Abstand zwischen zwei Primzahlen mindestens 2. Begründe.
b) Primzahlen mit dem Abstand 2 nennt man Primzahlzwillinge. Gib vier Primzahlzwillinge an.

Ich kann die Potenzschreibweise nutzen.

Nachschauen kannst du auf den Seiten 89–91.

○ **14**
a) Schreibe die Summen als Produkte. Berechne.

$3 + 3 + 3 + 3$ $5 + 5 + 5$
$9 + 9 + 9 + 9 + 9$

b) Schreibe die Produkte als Potenzen. Berechne.

$6 \cdot 6$ $3 \cdot 3 \cdot 3 \cdot 3$
$10 \cdot 10 \cdot 10 \cdot 10$ $1 \cdot 1 \cdot 1 \cdot 1$

◐ **15** Ergänze.
a) $3^3 = \square$
b) $2^\square = 32$
c) $\square^4 = 10\,000$
d) $3^\square = 243$
e) $\square^5 = 1$
f) $1^\square = 1$

● **16**
a) Zeichne ein Baumdiagramm zur Potenz 2^4.
b) Zeichne ein Baumdiagramm zur Potenz 4^2.
c) [SP] Vergleiche die beiden Baumdiagramme. Was fällt dir auf? Beschreibe.

Ich kann Zahlenfolgen und Musterfolgen beschreiben und weiterführen.

Nachschauen kannst du auf den Seiten 92–94.

○ **17** Zeichne die Musterfolgen in dein Heft. Ergänze die nächsten beiden Figuren. Notiere die Zahlenfolgen.

a)
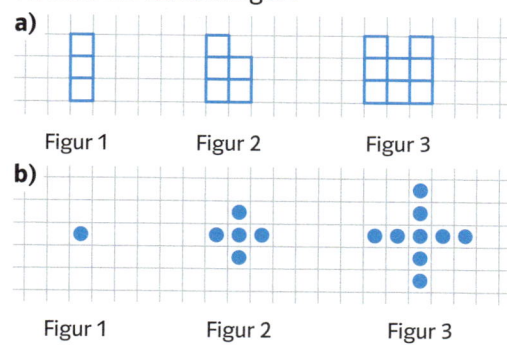
Figur 1   Figur 2   Figur 3

b)

Figur 1   Figur 2   Figur 3

◐ **18**

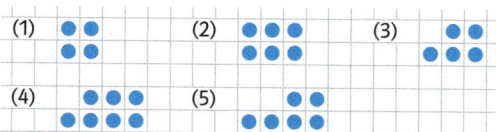

a) Zeichne die Musterfolge in dein Heft.
b) Ergänze die nächsten beiden Figuren.
c) Notiere die Zahlenfolge.
d) Gib die Bildungsregel an.

● **19**

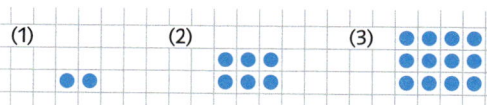

a) Zeichne die Musterfolge in dein Heft.
b) Ergänze die nächsten beiden Figuren.
c) Notiere die Zahlenfolge.
d) Gib die Bildungsregel an.

Kapiteltraining

Ich kann Zahlen in verschiedenen Darstellungsformen lesen und angeben.

Nachschauen kannst du auf den Seiten 95–100.

20 Schreibe die Zahl im dezimalen Stellenwertsystem und als römische Zahl.
a) dreitausendzweihundertfünf
b) eintausendsiebenhundertvierundzwanzig

21
a) Wie viele Millionen ergeben eine Milliarde?
b) Aus wie vielen Billionen besteht eine Billiarde?
c) Wie viele Nullen hat eine Billion mehr als eine Million?
d) Wie viele Nullen hat eine Trillion?

22 In den 1990er-Jahren erfand eine Schulklasse in Alaska das Kaktovik-Zahlensystem. In der Tradition der Inuit basiert es auf 20 Ziffern und nicht auf 10 Ziffern.
a) Erkläre, wie die ersten 20 Zahlen geschrieben werden.
b) Im Kaktovik-System gibt es auch Stellenwerte. Es werden 20er-Bündel gebildet.

Vierhunderter-Bündel (20 mal 20)	Zwanziger-Bündel	Einer
V	⟨	W

Welche Dezimalzahl ist in der Stellenwerttafel dargestellt?
c) Gib an, wie die Kaktovik-Zahlen im dezimalen Stellenwertsystem lauten.

A 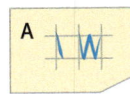   B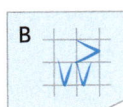

D 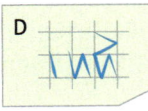   C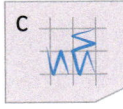

Ich kann Rechenverfahren anwenden.

Nachschauen kannst du auf den Seiten 101–105.

23 Berechne schriftlich oder im Kopf.
a) 630 + 250   b) 297 + 38
c) 372 + 236   d) 1420 + 693
e) 5006 + 478   f) 539 + 486

24 Berechne schriftlich oder im Kopf.
a) 790 − 70   b) 502 − 492
c) 673 − 385   d) 3045 − 773
e) 811 − 14   f) 587 − 259

25 Berechne halbschriftlich oder schriftlich.
a) 804 · 3   b) 507 · 40
c) 34 · 61   d) 700 · 20
e) 936 · 7   f) 1041 · 8
g) 329 · 14   h) 13 006 · 5

26 Berechne schriftlich oder im Kopf.
a) 300 : 15   b) 388 : 4
c) 721 : 7   d) 870 : 6
e) 8016 : 8   f) 2961 : 7

27 [SP] Erkläre die Fehler. Rechne richtig.
a) 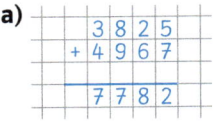   b)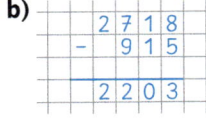
c)    d)

28 [SP] Eine TOP-Zahl ist eine Zahl in der Form 704. Sie besteht aus drei Ziffern, hat eine Null in der Mitte und die Hunderterziffer ist größer als die Einerziffer. Zu TOP-Zahlen kannst du POT-Zahlen bilden. Die POT-Zahl zu 704 ist 407.
Bilde eine TOP-Zahl. Subtrahiere die zugehörige POT-Zahl. Wiederhole das für verschiedene TOP-Zahlen. Beschreibe, was dir auffällt.

Alles im Blick

Nachschauen kannst du auf den Seiten 106, 107, 112.

29

Kann ich LXXVI Brötchen auf V Legionäre verteilen?

Die Römer hatten beim Darstellen von Zahlen keine Null zur Verfügung.
a) Formuliere für die römischen Zahlen eine Regel für die Teilbarkeit durch 10.
b) Formuliere für die römischen Zahlen eine Regel für die Teilbarkeit durch 5.
c) Formuliere für die römischen Zahlen eine Regel für die Teilbarkeit durch 2.

30

Ein Querprodukt wird berechnet, indem alle Ziffern einer Zahl miteinander multipliziert werden.
Das Querprodukt von 57 ist 35.
Wenn du vom Ergebnis wieder das Querprodukt bildest, entsteht eine Zahlenfolge.

| 57 | 35 | 15 | 5 |

Bei einer einstelligen Zahl endet die Folge.
a) Bilde solche Zahlenfolgen für die Zahlen 88; 77; 66; 55 und 33.
b) Bei welchen zweistelligen Startzahlen entstehen besonders kurze Folgen?
c) Gibt es Zahlenfolgen, die mit einer zweistelligen Startzahl starten und mehr als 5 Folgenglieder haben?

31

Mit ägyptischen Hieroglyphen ist es schwer, schriftlich zu multiplizieren. Die Multiplikation mit 2 geht einfach, da jedes Symbol verdoppelt wird.
Beispiel: Die Aufgabe 11-mal ꩜ ∩∩ ||| wurde mit Hieroglyphen so gelöst:

1-mal	꩜ ∩∩ |||
2-mal	꩜ ∩∩ ||| ꩜ ∩∩ |||
4-mal	꩜꩜ ∩∩∩∩ |||||| ꩜꩜ ∩∩∩∩ |||||| Zusammengefasst: ꩜꩜ ∩∩∩ ∩∩∩ || ∩∩∩
8-mal	꩜꩜꩜꩜ ∩∩∩∩∩∩ ꩜꩜꩜꩜ ∩∩∩∩∩∩ |||| ∩∩∩∩∩∩ Zusammengefasst: ꩜꩜꩜ ∩∩ ꩜꩜꩜ ∩∩∩ |||| ꩜꩜꩜ ∩∩∩

a) Schreibe die Einträge für 1-mal, 2-mal und 8-mal zusammen. Das ergibt insgesamt 11-mal.
b) Löse die Aufgabe 7-mal ꩜꩜ ∩ || mit Hieroglyphen nach der ägyptischen Methode.
c) Du kannst die Methode auch bei Zahlen im dezimalen Stellenwertsystem anwenden.
13-mal 23

1-mal	23
2-mal	46
4-mal	92
8-mal	184

Die Ergebnisse von 8-mal, 4-mal und 1-mal werden addiert.
184 + 92 + 23 = 299
Berechne auf diese Weise:
9-mal 51; 11-mal 38; 15-mal 26

3 Kompakt

Teiler und Vielfache

12 Plättchen können in unterschiedlichen Rechteck-anordnungen gelegt werden.

Beispiel:
Die Zahl 12 hat die Teiler 1; 2; 3; 4; 6 und 12.
Die Zahl 12 ist ein Vielfaches von 3 (auch von 1; 2; 4; 6 und 12).

Quadratzahl

Anzahlen von Plättchen, mit denen Quadrate gelegt werden können, heißen Quadratzahlen. Sie können geschrieben werden als Produkt mit zwei gleichen Faktoren.

Beispiel: $16 = 4 \cdot 4$

Potenz

Produkte, deren Faktoren alle gleich sind, können als Potenz geschrieben werden.

$6 \cdot 6 \cdot 6 = 6^3 = 216$

gleiche Faktoren — Basis — Hochzahl — Wert der Potenz

Stellenwertsytem

Im dezimalen Stellenwertsystem werden die Ziffern 0; 1; … 9 verwendet. Jede Ziffer kann an allen Stellen einer Zahl stehen.

Zehner
6837
Einer

Der Wert der Zahl hängt von den Stellen der Ziffern ab. Die Stellenwerte sind Einer, Zehner, Hunderter, Tausender, Zehntausender, Millionen, Milliarden, Billionen, Billiarden, …

In anderen Zahlensystemen werden andere Symbole für die Ziffern oder andere Stellenwerte verwendet.

    10010110   𒐖 𒎙 𒐗

Teilbarkeit

Eine Zahl ist teilbar durch …

Endstellenregel	
10	wenn ihre letzte Ziffer eine 0 ist.
5	wenn ihre letzte Ziffer eine 0 oder eine 5 ist.
2	wenn ihre letzte Ziffer eine 0; 2; 4; 6 oder 8 ist.
4	wenn ihre letzten beiden Ziffern eine Zahl ergeben, die durch 4 teilbar ist.

Quersummenregeln	
3	wenn ihre Quersumme durch 3 teilbar ist.
9	wenn ihre Quersumme durch 9 teilbar ist.

Primzahl

Eine Primzahl ist nur durch 1 und sich selbst teilbar.
Die Zahl 1 ist keine Primzahl.

Beispiele: 2; 3; 5; 7; 11; 13; 17; …

Rechenverfahren

Rechenverfahren nutzen aus, dass Zahlen nach ihren Stellenwerten zerlegt werden können.

Beispiel: $3403 = 3000 + 400 + 3$

Die einzelnen Teile werden stellengerecht miteinander verrechnet.

Beim halbschriftlichen Rechnen werden die Zahlen zerlegt und die Zwischenergebnisse notiert.

Beispiel:
$3403 \cdot 7$

```
3000 · 7 = 21000
 400 · 7 =  2800
   3 · 7 =     21
           ───────
             23821
```

Beim schriftlichen Rechnen gibt es einen festgelegten Ablauf für das Rechnen und die Rechnung wird nach einem festgelegten Schema notiert.

```
3403 · 7
────────
  23821
```

112

Test 3

Test A:

1
a) Gib alle Teiler der Zahl 18 an.
b) Gib die beiden fehlenden Teiler in der Liste der Teiler von 36 an.
Teiler von 36: 1; 2; 3; 4; 9; 18; 36

2
a) Entscheide, welche der Zahlen nicht durch 5 teilbar ist.
100; 55; 58; 551; 5
b) Entscheide, welche der Zahlen nicht durch 3 teilbar ist.
61; 123; 333; 92; 105
c) Ergänze die Zahl so, dass sie durch 9 teilbar ist.

| 2 | 3 | 1 | ? |

3
a) Berechne, aus wie vielen einzelnen Kugeln der Würfel besteht.
b) Berechne den Wert der Potenzen.
4^2; 5^3; 2^4; 3^4

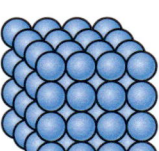

4

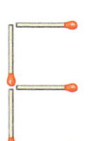  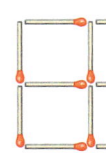

Figur 1   Figur 2   Figur 3   Figur 4

a) Lege oder zeichne die zwei nächsten Figuren der Folge.
b) Gib die Zahlenfolge zur Figurenfolge an.
c) Gib die Bildungsregel der Figurenfolge an.

5 Sortiere die Zahlen der Größe nach.
a) 3 Milliarden; 47 Millionen; 453 000
b) CCXV; CXXVIII; CLX; CCL

6 Berechne die Aufgaben schriftlich oder halbschriftlich.
a) 3468 + 316
b) 8637 − 425
c) 7305 − 3682
d) 8325 · 7
e) 48 · 37
f) 552 : 8

Kontrolliere deine Ergebnisse S. 284.

Test B:

1 Welche der beiden Zahlen hat mehr Teiler? Begründe deine Antwort.
a) 12 oder 13
b) 16 oder 32
c) 48 oder 58

2
a) Ergänze die Zahlen so, dass sie durch 5 und durch 9 teilbar sind.

| 3 | 6 | 4 | ? | | 3 | 0 | 6 | ? |

| 9 | 4 | 9 | ? | | 5 | 3 | ? | ? |

b) Gib eine vierstellige Zahl an, die durch 2; 3 und 5 teilbar ist.

3
a) Berechne, aus wie vielen Kugeln die Würfel insgesamt bestehen.

b) Bestimme die Zahlen.
$3^\square = 27$ $5^\square = 625$ $\square^3 = 216$

113

4

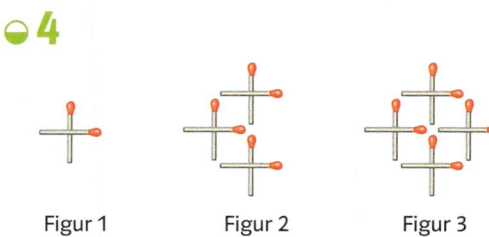

Figur 1   Figur 2   Figur 3

a) Lege oder zeichne die beiden nächsten Figuren der Folge.
b) Gib die Zahlenfolge zur Figurenfolge an.
c) Gib die Bildungsregel der Figurenfolge an.

5

a) Sortiere die Zahlen der Größe nach.
550 Millionen; 25 Milliarden; 1500 Millionen; 2 Milliarden
b) Korrigiere die Fehler.
XVII = 152   CL = 105
IX = 11   MXV = 1105

6
Korrigiere die Fehler in den Rechnungen.

a)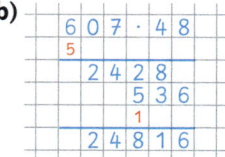

b)

Kontrolliere deine Ergebnisse S. 285.

Test C:

1
a) Bestimme alle Teiler, die 18 und 30 gemeinsam haben.
b) Jede Zahl hat den Teiler 1.
Gib 3 Paare von Zahlen an, die außer der 1 keinen gemeinsamen Teiler haben.

2
a) Kann die Zahl so ergänzt werden, dass sie durch 2 und durch 9 teilbar ist? Begründe.

b) Eine Zahl, die durch 2; 3 und 5 teilbar sein soll, muss mit einer Null enden. Begründe.

3
a) Bestimme, aus wie vielen einzelnen Kugeln das Gebilde besteht.

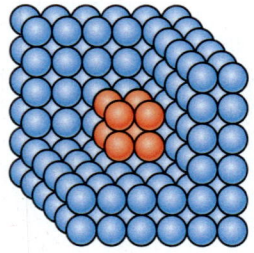

b) Schreibe die Zahlen als Potenzen.
49; 125; 1000; 343

4

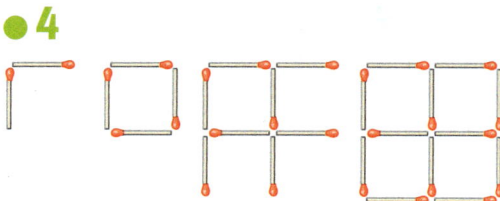

Figur 1   Figur 2   Figur 3   Figur 4

a) Lege oder zeichne die zwei nächsten Figuren der Folge.
b) Gib die Zahlenfolge zur Figurenfolge an.
c) Gib die Bildungsregel der Figurenfolge an.

5
Entscheide, welche Zahl größer ist.
a) 400 Millionen oder eine halbe Milliarde
b) 1500 Billionen oder 2 Billiarden
c) eine Milliarde oder eine Million Millionen
d) MCM oder MMC
e) ML oder MXXVIII
f) MDCCCLXXX oder MCMXCIX

6
Ermittle die fehlenden Ziffern.

a) 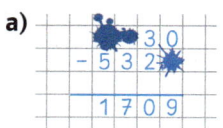   b)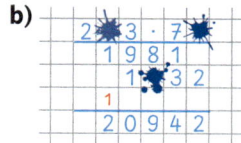

c)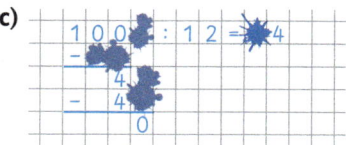

Kontrolliere deine Ergebnisse S. 286.

Längen | Unterwegs zueinander

4

In diesem Kapitel lernt ihr,
- wie ihr euch auf einem Stadtplan orientiert,
- wie ihr mit einem Koordinatensystem umgeht,
- wie ihr Entfernungen ermittelt,
- wie ihr Längen umwandelt,
- wie ihr mit Längen rechnet.

4 Check-in

1 ⊞ **Ich kann Zahlen am Zahlenstrahl ablesen.**
Notiere, auf welche Zahl der Pfeil zeigt.

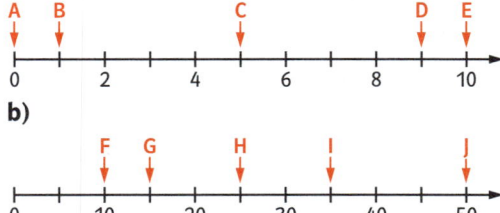

2 ⊞ **Ich kann einen Zahlenstrahl zeichnen und Zahlen eintragen.**
Zeichne einen Zahlenstrahl ins Heft. Trage die Zahlen ein.

a) A: 5   B: 7   C: 3   D: 10   E: 4

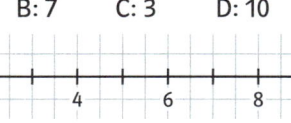

b) G: 10   H: 5   I: 45   J: 30   K: 25

c) L: 50   M: 60   N: 30   O: 95   P: 10
d) Q: 250   R: 150   S: 100   T: 25   U: 200

3 ⊞ **Ich kann mit der Stellenwerttafel umgehen.**

a) Übertrage die Stellenwerttafel in dein Heft. Trage die Zahlen richtig ein.

	HT	ZT	T	H	Z	E
2473			2	4	7	3
6402						
75						
15 009						
538 038						
170						

b) Wie heißen die Zahlen?

A: 3 Z 4 E   B: 8 H 1 Z 2 E
C: 7 T 0 H 8 Z 4 E   D: 6 H 9 E

Kontrolliere deine Ergebnisse S. 287.

💡 **1 Tipp**
Ein **Zahlenstrahl** ist eine gerade Linie, auf der Zahlen der Größe nach angeordnet werden. Der Abstand zwischen benachbarten Zahlen ist gleich groß.

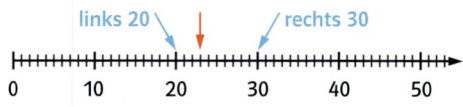

Der Abstand zwischen 20 und 30 ist 10.
Bei jedem Strich wird um 1 weitergezählt.

💡 **2 Tipp**
- Der Abstand zwischen den Strichen ist immer gleich groß.
- Zwischen welche der eingetragenen Zahlen gehört die Zahl?
- Wie groß ist der Abstand zu diesen beiden Zahlen?

💡 **3 Tipp**
Die Zahl 2473 besteht aus
2 Tausendern, **4 Hundertern**, **7 Zehnern** und **3 Einern**.
2437 = **2 T** + **4 H** + **7 Z** + **3 E**

4 Check-in

4 ➕ **Ich kann schriftlich addieren und subtrahieren.**

a) Berechne im Heft.

```
  4 7 5          6 5 2
+ 2 1 4        + 1 8 7
_____        _____

  3 8 6          5 6 4
- 1 2 5        - 2 8 3
_____        _____
```

b) Berechne im Heft.

A: 772 + 420 + 5   B: 543 + 81 + 2

C: 770 − 707   D: 845 − 73 − 8

c) Korrigiere die Fehler.

```
    A              B              C
  7 6 3          8 7 2          6 4 5
+   5 4        − 5 3 6        − 2 1 6
    1                             1
_____        _____        _____
  1 3 0 3        3 4 4          4 3 9
```

Kontrolliere deine Ergebnisse S. 287.

5 ➕ **Ich kann im Kopf multiplizieren.**

a) Rechne im Kopf.

2 · 6	6 · 5	8 · 7
3 · 5	7 · 4	9 · 8
4 · 4	8 · 3	6 · 9

b) Multipliziere im Kopf
mit 10:   6; 8; 11; 27; 123
mit 100: 3; 7; 18; 39; 274
mit 1000: 5; 9; 14; 62; 351

6 ➕ **Ich kann im Kopf dividieren.**

a) Rechne im Kopf.

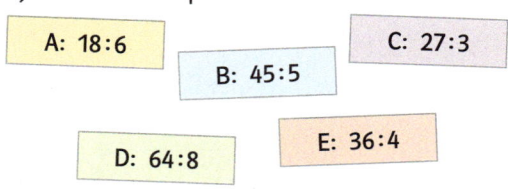

A: 18 : 6   B: 45 : 5   C: 27 : 3   D: 64 : 8   E: 36 : 4

b) Dividiere im Kopf
durch 10:   70; 110; 3700; 321 000
durch 100: 500; 8400; 53 000; 27 400
durch 1000: 6000; 54 000; 6 205 000

➕

💡 **4 Tipp**

1. Schreibe Einer unter Einer, Zehner unter Zehner, …
2. Rechne Stelle für Stelle. Beginne rechts.

Addieren

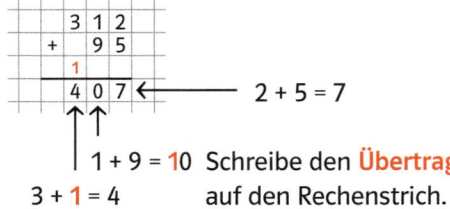

2 + 5 = 7

1 + 9 = 10 Schreibe den **Übertrag** auf den Rechenstrich.

3 + 1 = 4

Subtrahieren

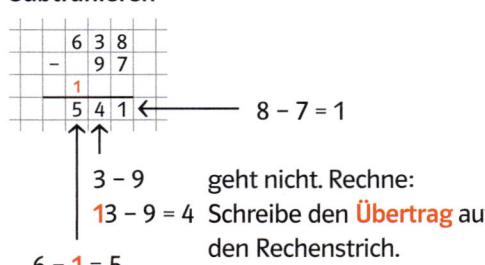

8 − 7 = 1

3 − 9 geht nicht. Rechne:
13 − 9 = 4 Schreibe den **Übertrag** auf den Rechenstrich.
6 − 1 = 5

💡 **5 Tipp**

a) Wiederhole das kleine Einmaleins.
b) Ergänze beim Multiplizieren mit einer Zehnerzahl so viele Nullen, wie die Zehnerzahl Nullen hat.

💡 **6 Tipp**

a) Wiederhole das kleine Einmaleins.
b) Entferne beim Teilen durch eine Zehnerzahl so viele Nullen, wie die Zehnerzahl Nullen hat.

4 Stadtplan

Entdecke:

A 👥 [SP] Eike geht in Wuppertal zur Schule.
a) Woher kommen die Kinder aus Eikes neuer Klasse?
Sucht alle Wohnorte auf dem Stadtplan. Beschreibt die Lage.

Eike
Unterstraße 10

Jascha
Reitbahnstraße 11

Melek
Wirmhof 1

Kay
Friedrich-Ebert-Str. 87a

Karte 1: Stadtplan Wuppertal

**Straßenverzeichnis:
Innenstadt Wuppertal-Elberfeld**

Albrechtstraße → B2
Bergstraße → B1, B2
Bundesallee → A1, B1, C1, D1
Friedrich-Ebert-Straße → A1, B1
Herzogstraße → B1
Hombüchel → A1, A2, B2
Kipdorf → C1
Klotzbahn → B2
Luisenstraße → A1, B1, B2
Neumarktstraße → B1, B2
Reitbahnstraße → B2
Unterstraße → C2
Wall → B1
Wirmhof → B1

b) Eike möchte Jascha besuchen. Erstellt eine Wegbeschreibung.
c) Sucht einige Straßen des Straßenverzeichnisses auf dem Stadtplan.
d) Erklärt, was A1, A2, B2 hinter den Straßennamen im Straßenverzeichnis bedeutet.

B 👥 Woher kommen die Kinder eurer neuen Klasse?
a) Besorgt euch einen Stadtplan eurer Stadt oder eine Karte eurer Umgebung. Findet eure Wohnorte und markiert sie.
b) Kennzeichnet eure Schule und eure Sporthalle.
c) Zeichnet eure Schulwege ein.
d) Stellt euch gegenseitig Aufgaben, wie „Finde den Bahnhof in D5." oder „Beschreibe, wo sich das Freibad befindet."

So heißt es:

Ein Stadtplan besteht aus einem Kartenteil und einem Straßen- bzw. Gebäudeverzeichnis. Als Orientierungshilfe ist über den Stadtplan ein Gitternetz gelegt, das die Stadt in rechteckige Gitterfelder einteilt. Die Lage der Gitterfelder kannst du mit den Buchstaben und Zahlen am Rand des Stadtplans eindeutig beschreiben.

Stadtplan 4

So geht es:

Beispiel: Suche die Stadthalle in Karte 2.

Straßenverzeichnis
Speckstraße → M13
Teichweg → N12, N13, O13
Turmstraße → M12

Gebäudeverzeichnis
Deutsches Theater, N14
Stadthalle, N13
Kunsthaus, M12

Karte 2: Stadtplan Göttingen

Schreibe es auf:

1 Schreibe auf, wie und wofür du einen Stadtplan nutzen kannst.

Übe jetzt:

2 Suche die Wohnorte der Familien in Karte 2.

Name	Adresse	Gitterfeld
Dylla	Goetheallee	L13
Neukirch	Angerstraße	L12
Lauterbach	Turmstraße	M12
Rütten	Am Goldgraben	N14, O14
Terfloth	Stumpfebiel	M13, M14

3 Durch die Gitterfelder L12, M12, L13, M13, L14 und M14 in Karte 2 verläuft ein Kanal. Gib den Namen an.

4 Öffentliche Gebäude sind in Karte 2 rot eingezeichnet.
a) Nenne öffentliche Gebäude in den Gitterfeldern L13 und M13.
b) Finde weitere öffentliche Gebäude. In welchen Gitterfeldern befinden sie sich?

4 Stadtplan

◐ 5 ⊞
a) Gib an, in welchen Gitterfeldern sich Gebäude für Theateraufführungen in Karte 2 befinden.
b) Stellt euch gegenseitig ähnliche Fragen zu eurem eigenen Stadtplan.

◐ 6 ⊞ Gib an, in welchen Gitterfeldern die Straßen in Karte 2 liegen.

(1) Barfüßerstraße
(2) Weender Straße
(3) Theaterstraße

💡 **5 Tipp**
Gebäude für Theateraufführungen erkennst du im Stadtplan mithilfe des Symbols.

○ **5 leichter**
Gib an, in welchem Gitterfeld sich der Park im Schwänchenteich auf Karte 2 befindet.

◐ **5 mehr**
Gib an, in welchen Gitterfeldern sich Universitätsgebäude in Karte 2 befinden.

💡 **6 Tipp**
Verläuft eine Straße über mehrere Felder, werden sie alphabetisch sortiert.

Berliner Straße → L13, L14, M14

○ **6 leichter**
Gib an, in welchem Gitterfeld sich die Prinzenstraße in Karte 2 befindet.

◐ **6 mehr**
In welchen Gitterfeldern in Karte 2 befinden sich die Geiststraße, die Gartenstraße und die Untere Klarspüle?

Wähle aus:

◐ 7 Wege beschreiben
a) Beschreibe die Wege auf Karte 2.

(1) von der *Universitätsbibliothek* bis zum *Deutschen Theater*

(2) von der Aula der *Universität* bis zum *Alten Botanischen Garten*

b) 👥 Stellt euch Aufgaben zur Wegbeschreibung. Kontrolliert euch gegenseitig.

● 8 Die Karte deines Wohnortes erkunden
a) Finde drei besondere Gebäude auf der Karte deines Wohnortes. Gib an, in welchen Gitterfeldern sie liegen.
b) Beschreibe deinen Schulweg mithilfe der Karte.
c) 👥 Plant, wie ihr euch gegenseitig besuchen könnt. Schreibt die Wege dazu auf.

● 9 👥 **Einen Stadtplan erfinden**
Erfindet einen Fantasie-Stadtplan mit Gitternetz und Straßenverzeichnis.

Gemeinsam sichern:

10 👥 SP Besorgt euch einen Stadtplan eurer Stadt. Nennt euch gegenseitig Straßen oder Gebäude auf dem Stadtplan.
Findet diese und erklärt euch, wie ihr sie mithilfe des Stadtplans findet.

Koordinatensystem

Entdecke:

A Beschreibe die Lage der Gebäude.

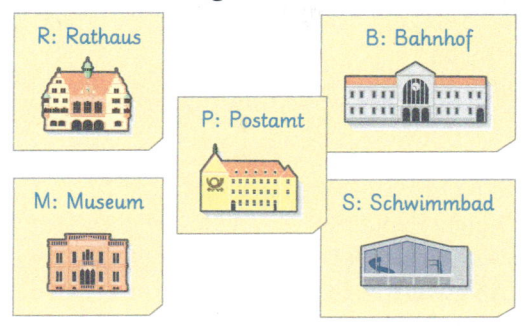
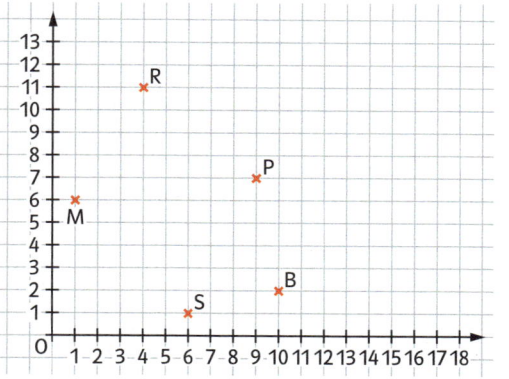

B 👥👥 Spielt zu zweit. Setzt euch Rücken an Rücken.

a) Beschreibt abwechselnd den Weg zu einem Ort. Wer zuerst richtig rät, welcher Ort gemeint ist, bekommt einen Punkt. Spielt bis ihr an jedem Ort gewesen seid. Wer hat die meisten Punkte?

Ich bin am Hauptbahnhof und gehe 4 Kästchen nach rechts und 5 nach oben.

Dann bist du an der Kirche.

b) Zeichnet selbst ein Achsenkreuz mit 5 Orten in euer Heft. Beschreibt einen Weg, der an allen Orten vorbeiführt.

So heißt es:

Das Koordinatensystem

Mit einem **Koordinatensystem** kannst du die Lage eines Punktes genau beschreiben. Es besteht aus zwei Zahlenstrahlen, den **Achsen**.
Jeder Punkt im Koordinatensystem wird durch ein Zahlenpaar, die **Koordinaten**, beschrieben.

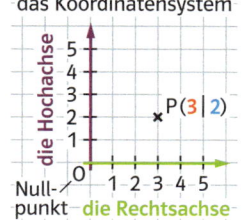

Der erste Wert ist der **Rechtswert**.

Der zweite Wert ist der **Hochwert**.

4 Koordinatensystem

So geht es:

Koordinatensystem zeichnen
Beispiel 1: Zeichne ein Koordinatensystem, um die Punkte A(1|2), B(9|3) und C(5|7) einzutragen.
1. Die Achsen stehen senkrecht aufeinander und enden mit einem Pfeil.
2. Der größte **Hochwert** ist eine 7 beim Punkt C(5|7). Plane deshalb für die Hochachse etwas mehr als 7 Einheiten ein.
3. Der größte **Rechtswert** ist eine 9 beim Punkt B(9|3). Plane deshalb für die Rechtsachse etwas mehr als 9 Einheiten ein.
4. Unterteile die Achsen in regelmäßige Abstände. Beschrifte sie.

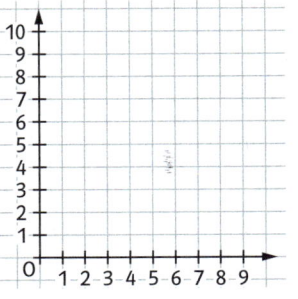

Punkt ablesen
Beispiel 2: Lies den Punkt P ab.
Der Punkt liegt von der Hochachse aus 3 nach rechts und von der Rechtsachse aus 2 nach oben.
Es ist P(3|2).

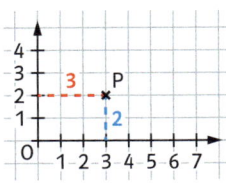

Punkt einzeichnen
Beispiel 3: Zeichne den Punkt P(3|2) ein.
Beginne beim Nullpunkt.
Gehe ⟶ 3 nach rechts und von dort aus ↑ 2 nach oben.

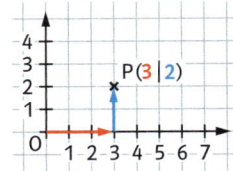

Schreibe es auf:

1 [SP]

a) Zeichne ein Koordinatensystem in dein Heft. Überlege dir einen Punkt. Beschreibe, wie du diesen Punkt in das Koordinatensystem einzeichnest.

b) 👥 Tauscht eure Beschreibungen aus. Zeichnet gegenseitig eure Punkte anhand der Beschreibungen ein. Ist alles gut verständlich und richtig? Korrigiert, wenn nötig.

Übe jetzt:

○ **2** Gib die Koordinaten der Punkte an.

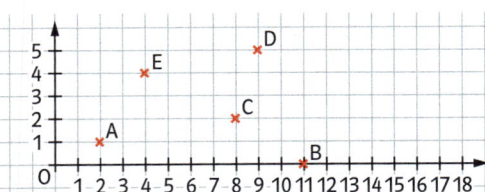

○ **3**

a) Bestimme die Koordinaten der Punkte.

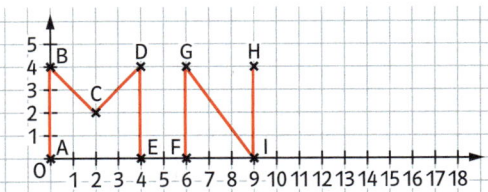

b) Zeichne eigene Buchstaben. Bestimme die Koordinaten.

4
a) Gib die Koordinaten der Punkte an.

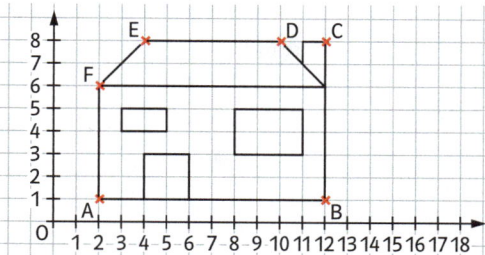

b) 👥 SP Punkt P(11|5) ist die rechte obere Ecke des großen Fensters.
Nennt euch die Koordinaten eines weiteren Punktes. Beschreibt die Lage des Punktes mit eigenen Worten.

5

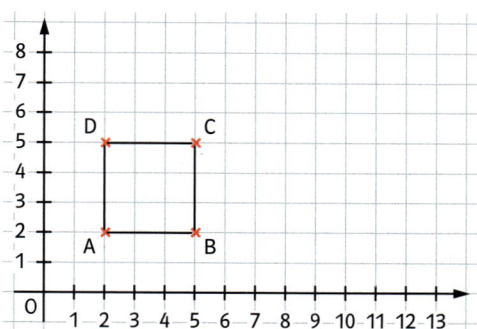

a) Zeichne das Koordinatensystem und die Figur in dein Heft.
b) Gib die Koordinaten der Punkte A, B, C und D an.
c) Zeichne die Punkte E(8|2), F(8|8) und G(2|8) in das Koordinatensystem ein. Verbinde A, E, F und G zu einem weiteren Viereck.

6

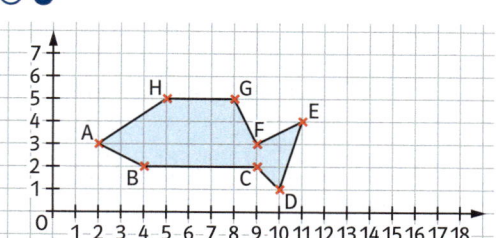

a) Gib die Koordinaten der Punkte an.
b) Zeichne das Koordinatensystem in dein Heft. Zeichne die Punkte und verbinde sie.

7

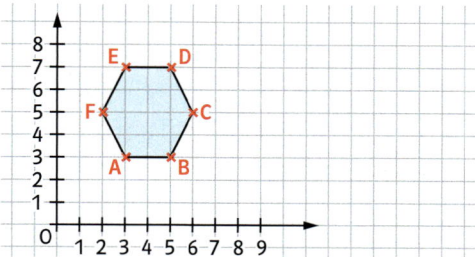

a) Zeichne die Figur ins Heft.
b) Zeichne und verbinde die Punkte G(2|8), H(3|8) mit E und I(6|8), K(5|8) mit D. Ergänze L(4|4); M(3|5) und N(5|5).
c) 👥 Erfindet ähnliche Aufgaben. Stellt sie euch gegenseitig.

8
Zeichne die Punkte A(1|0); B(5|3); C(9|0); D(7|5); E(9|10); F(5|7); G(1|10) und H(3|5) in ein Koordinatensystem. Verbinde sie in alphabetischer Reihenfolge. Verbinde am Ende H mit A.

8 Tipp
Plane die Längen der Achsen. Bei welchem Punkt ist der Rechtswert am größten, bei welchem der Hochwert?

8 leichter
Zeichne die Punkte A(1|2); B(12|3); C(10|8); D(6|4) und E(3|5) in ein Koordinatensystem.

8 mehr
Zeichne die Punkte A(4|2); B(20|2); C(20|4); D(12|4); E(12|6); F(10|6); G(10|4) und H(4|4) in ein Koordinatensystem.
Verbinde sie in alphabetischer Reihenfolge. Verbinde am Ende H mit A.

4 Koordinatensystem

9 Zeichne die Punkte P(3|2); Q(7|1); R(8|5) und S(4|6) in ein Koordinatensystem.
Verbinde jeden Punkt mit jedem anderen.

10 Eine Schule liegt in S(9|6), eine andere Schule in R(1|6).
a) Luca wohnt in T(5|4). Welche Schule liegt näher?
b) Gib Punkte an, die von den beiden Schulen gleich weit entfernt sind. Wie viele Punkte findest du? Wo liegen sie?

9 Tipp
Überlege mithilfe der Koordinaten, wie lang die Rechtsachse und die Hochachse des Koordinatensystems sein müssen.

9 mehr
Zeichne die Punkte A(5|1); B(6|4); C(9|5); D(6|6); E(5|9); F(4|6); G(1|5) und H(4|4) in ein Koordinatensystem. Verbinde sie in alphabetischer Reihenfolge. Verbinde am Ende H mit A.

10 Tipp
b) Die Punkte liegen alle auf einer Geraden.

10 mehr
Der Schulbezirk der Schule S(6|4) ist durch die Eckpunkte A(3|1); B(9|2); C(8|4); D(6|7); E(4|6) und F(3|4) eingegrenzt. Gib die Koordinaten der Punkte an, die innerhalb des Bezirks liegen.

Wähle aus:

11 Schatzsuche
Wo liegt der Schatz? Ergänze die Beschreibung im Heft.

Starte die Suche neben dem Schulgebäude am Punkt (16|3). Gehe dann bis zum Wegpunkt (16|7). Drehe dich nach links und laufe bis zum Punkt (11|11) weiter. Rechts von dir siehst du auf das (1)___. Gehe weiter zum Punkt (2|9). Hier siehst du den (2)___. Wandere zum Punkt (16|19). Du gehst genau auf den (3)___ zu. Auf der anderen Seite des Weges liegt der (4)___. Gehe weiter über die (5)___ zum Punkt (11|22). Von dort aus siehst du auf den (6)___.

Die ersten Buchstaben der gesuchten Wörter geben den Lageort des Schatzes an.

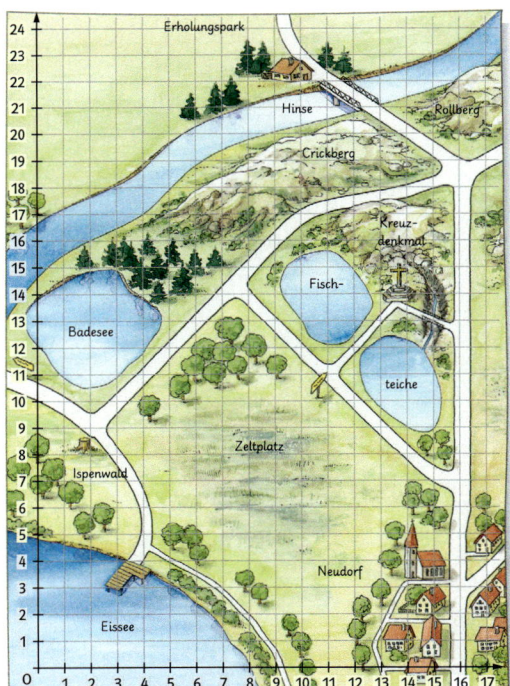

4 Koordinatensystem

● 12 Figuren erraten
a) [SP] Bestimme ohne zu zeichnen, zu welcher geometrischen Figur die Eckpunkte A(1|2); B(6|2); C(6|7) und D(1|7) gehören. Erkläre, wie du vorgehst.
b) Überprüfe deine Vermutung durch eine Zeichnung im Koordinatensystem.

● 13 Wo liegt der letzte Punkt?
Zeichne die Punkte in ein Koordinatensystem ein und verbinde sie in alphabetischer Reihenfolge. Setze einen weiteren Punkt, sodass der genannte Buchstabe entsteht. Schreibe die Koordinaten auf.
a) Buchstabe C: A(6|6); B(4|6); C(4|2); D(☐|☐)
b) Buchstabe V: E(2|9); F(3|6); G(☐|☐)
c) Buchstabe S: H(9|9); I(7|9); J(7|7); K(9|7); L(9|5); M(☐|☐)
d) Buchstabe N: O(7|0); P(7|4); Q(10|0); R(☐|☐)
e) [SP] Stellt euch gegenseitig Buchstaben-Aufgaben.

● 14 Koordinaten herausfinden
Gib die fehlenden Koordinaten aller Punkte an. Beschreibe, wie du vorgehst.

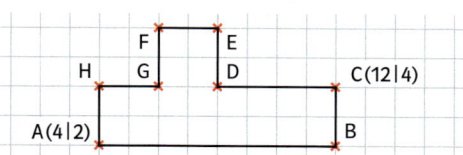

● 15 Denktraining
Beschreibe, wo die Punkte im Koordinatensystem liegen.
a) Alle Punkte haben als erste Koordinate eine 2.
b) Alle Punkte haben als zweite Koordinate eine 3.
c) Die erste Koordinate und die zweite Koordinate der Punkte sind gleich.

Gemeinsam sichern:

16 [SP] Erklärt euch gegenseitig den Unterschied des Koordinatensystems und des Gitternetzes eines Stadtplans. Wie genau könnt ihr Punkte angeben?

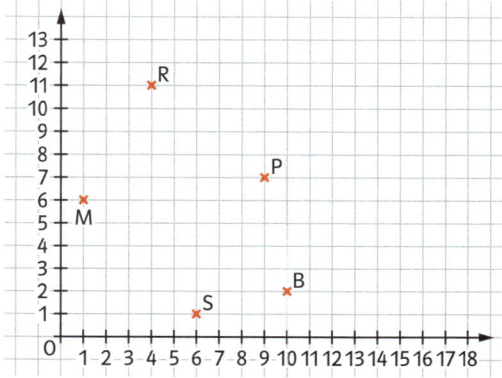

Karte: Stadtplan Göttingen

17 Die Punkte A(5|2); B(10|1); C(7|4) und D(2|5) sollen in ein Koordinatensystem eingetragen und dann in alphabetischer Reihenfolge zu einem Viereck verbunden werden.
a) [SP] Erklärt euch gegenseitig,
• was ihr vor dem Zeichnen des Koordinatensystems überlegen müsst,
• wie ihr die Punkte richtig in das Koordinatensystem einzeichnet.
b) Schreibt eine Anleitung für das richtige Zeichnen. Löst die Aufgabe mithilfe eurer Anleitung. Korrigiert, falls nötig.

4 Längen

Entdecke:

A 👥 SP Wisst ihr, wie weit eure Schulwege sind? Überlegt euch, wie ihr die Entfernungen ermitteln könnt. Beschreibt eure Ideen. Erklärt die Vorteile und Nachteile.

B 👥 Toni wohnt in der Wiesenstraße. Diese ist von der Schule per Luftlinie 1 km entfernt.
a) Schätzt die Entfernung der Kinder zur Schule.
- Luan, Zimmerstraße
- Joy, Hombüchel
- Nicki, Viktoriaplatz
- Senel, Bayreuther Straße
- Ying, Kipdorf

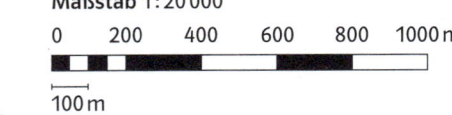

Maßstab 1 : 20 000

Die Entfernung per Luftlinie entspricht der Länge einer gespannten Schnur auf der Karte.

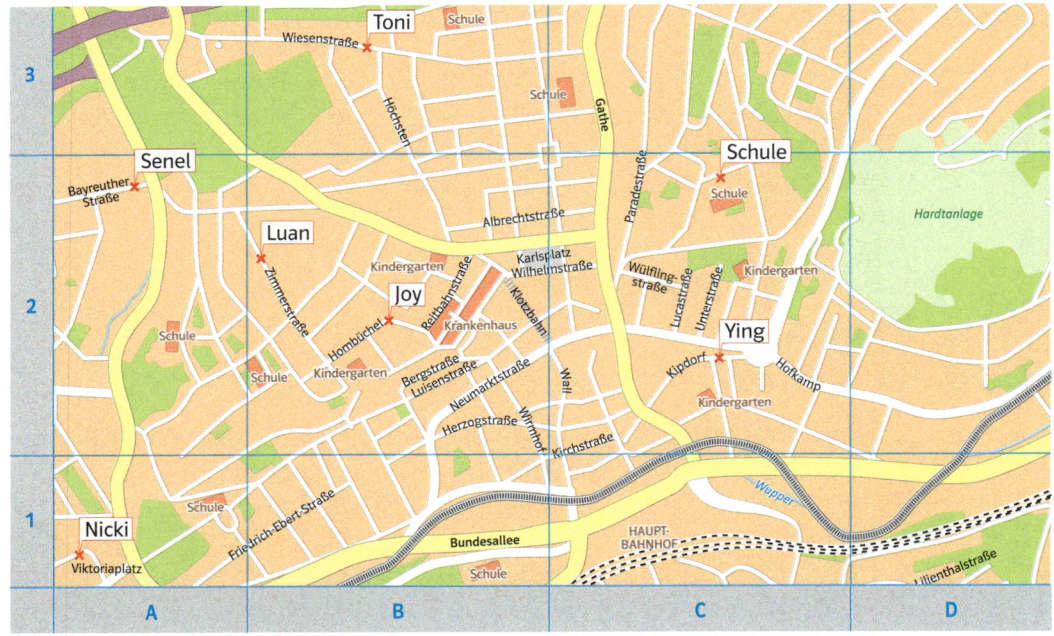

Karte 3: Stadtplan Wuppertal

b) Wo können Kinder wohnen, die genauso weit von der Schule entfernt wohnen wie Toni? Erklärt, wie ihr das mithilfe der Karte herausfinden könnt.
c) Findet mithilfe eures Stadtplans heraus, wie weit ihr per Luftlinie von eurer Schule entfernt wohnt. Ermittelt die exakte Entfernung eures Schulwegs. Wie könnt ihr euch den Unterschied erklären?

C a) Früher wurden Längen mit Körperteilen gemessen. Messt mit eurem Körper verschiedene Längen im Klassenraum (Tischbreite, Tafelbreite, Stuhlhöhe, …). Vergleicht eure Ergebnisse.
b) Im Jahr 1799 wurde der Meter als der 40-millionste Teil des Erdumfangs eingeführt. Viele Länder nutzen den Meter als Maß. Erklärt, warum das sinnvoll ist.

1 Klafter
= 4 Ellen
= 6 Fuß
= 8 Spannen
= 24 Handbreiten
= 96 Fingerbreiten

Längen 4

So heißt es:

Die Längeneinheiten

ein **Millimeter** ein **Zentimeter** ein **Dezimeter** ein **Meter** ein **Kilometer**

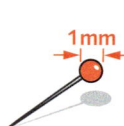  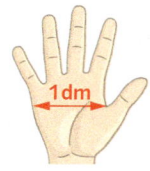  

Beachte: Bei Längenangaben mit Komma werden die Ziffern nach dem Komma einzeln gesprochen. 2,305 km sprich „zwei Komma drei null fünf Kilometer".

So geht es:

Längeneinheiten umwandeln

Längeneinheit	Kurzform	Längeneinheiten umwandeln
Kilometer	km	**1 km** = 1000 m
Meter	m	**1 m** = 10 dm
Dezimeter	dm	**1 dm** = 10 cm
Zentimeter	cm	**1 cm** = 10 mm
Millimeter	mm	**1 mm**

1 km = 1000 m   1000 m = 1 km   1 m = 10 dm   10 mm = 1 cm
5 km = 5000 m   7000 m = 7 km   12 m = 120 dm   60 mm = 6 cm

Gemischte Schreibweise
1 m 30 cm = 100 cm + 30 cm = 130 cm
570 mm = 500 mm + 70 mm = 50 cm 70 mm

Kommaschreibweise
100 cm + 30 cm = 1 m + 0,3 m = 1,3 m
6,8 km = 6 km + 0,8 km = 6000 m + 800 m

Schreibe es auf:

1 Erkläre die einzelnen Längeneinheiten. Du kannst auch Bilder zeichnen.

> 1 cm ist so lang wie …

Übe jetzt:

○ **2** Gib an, welche Längeneinheit zum Messen der Länge geeignet ist.

> A: Weltrekord im Weitsprung
> B: Entfernung zwischen zwei Städten
> C: Dicke eines Buches
> D: Beinlänge einer Biene
> E: Höhe eines Kirchturms

○ **3**

a) Ergänze die Längeneinheiten in den Sätzen.

> Von der Schule bis zur Bäckerei ist es 1 ☐. Die Klassenräume der 5a und 5b sind 12 ☐ voneinander entfernt. Jun ist 3 ☐ größer als Jamie. Maxis Druckbleistift hat eine 0,5 ☐ breite Mine.

b) Formuliere eigene Sätze mit Längeneinheiten.

4 Längen

○ **4**

> Höhe deines Schultischs   Füllerlänge
> Heftbreite
> Breite deines Schultischs   Buchdicke

a) Ordne die fünf Gegenstände aus deinem Klassenzimmer der Länge nach. Beginne mit der kleinsten Länge.
b) Notiere die geschätzte Länge der Gegenstände. Kontrolliere durch Messen.

○ **5** Nenne Gegenstände, die ungefähr die angegebenen Längen haben. Kontrolliere, soweit möglich, durch Messen.
a) 2 mm; 8 mm; 25 mm
b) 4 cm; 21 cm; 30 cm
c) 2 m; 3 m; 5 m

○ **6** Schätze die Länge der Nägel und miss dann nach.

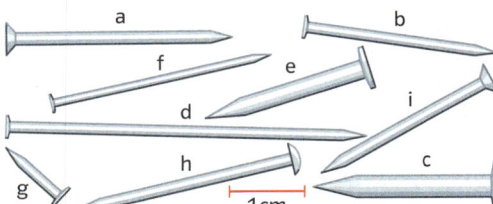

○ **7** [SP] Maxi erzählt: „Unser Auto ist 400 cm lang."
Toni antwortet: „Wow, unser Auto ist nur 5 m lang." Was sagst du dazu?

○ **8** Ergänze.
a) 2 km = ☐ m   b) 6000 m = ☐ km
   3 m = ☐ dm   70 dm = ☐ m
   4 dm = ☐ cm   80 cm = ☐ dm
   5 cm = ☐ mm   90 mm = ☐ cm

○ **9** [SP] Entfernungsangaben auf Wegweisern und Verkehrsschildern findest du häufig in Kommaschreibweise. Erkläre, was die Angaben bedeuten.

○ **10** 👥 Begründet, wer recht hat.

> Wir sind Vierzig Komma Siebenunddreißig Kilometer gefahren.

> Nein, wir sind Vierzig Komma drei Sieben Kilometer gefahren.

⊖ **11** ⊕ Wandle um.
a) in **mm**: 6 cm; 6 dm; 6 m; 6 km
b) in **cm**: 7 dm; 77 dm; 7 m; 70 mm
c) in **dm**: 80 cm; 8 m; 80 m; 8 km
d) in **m**: 9 km; 900 cm; 990 dm; 9000 mm

⊕ **11 Tipp**

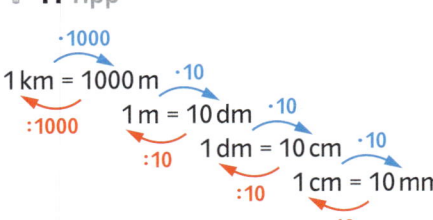

○ **11 leichter**
Wandle um.
a) in **mm**: 2 cm; 2 dm; 2 m; 2 km
b) in **cm**: 30 mm; 3 dm; 30 dm; 3 m
c) in **dm**: 40 cm; 4 m; 40 m; 4 km
d) in **m**: 5 km; 50 dm; 500 cm; 5000 mm

⊖ **11 mehr**
Wandle um.
a) in **mm**: 7 cm; 4 m; 9 dm; 2 km
b) in **cm**: 40 mm; 5 dm; 3 m; 82 dm
c) in **dm**: 9 m; 60 cm; 65 m; 7 km
d) in **m**: 5 km; 7000 mm; 600 cm; 450 dm

Längen 4

◐ 12 ＋ Wandle um.
a) in **mm**: 2 cm 5 mm; 2 dm 5 cm; 2 m 5 dm
b) in **cm**: 4 dm 3 cm; 4 m 3 cm; 4 m 30 mm
c) in **m**: 60 km 100 m; 6 km 100 m; 6 km 1 m
d) in die **kleinere Längeneinheit**: 5 m 6 cm; 4 dm 8 cm; 8 km 985 m; 13 cm 4 mm

◐ 13 ＋
a) Schreibe in Kommaschreibweise.
5 km 555 m	5 km 55 m	5 km 5 m
4 m 4 cm	4 m 44 cm	4 m 4 mm
7 m 7 dm	7 m 7 cm	7 m 7 mm

b) Schreibe in gemischter Schreibweise.
23,45 m	2,345 km	2,03 m
9,08 m	9,080 km	98,007 km
56,007 m	5,6 cm	56,07 dm

◐ 14 ＋

a) Luca erzählt: „Wir sind am Wochenende 200 km gefahren."
Erkläre, warum Luca nicht die exakt gemessene Kilometerzahl nennt.
b) Schreibe auf, was die Kinder erzählen könnten.

> (1) Chris ist mit den Eltern von Paderborn bis zum Gardasee 1016 km gefahren.

> (2) Kay ist am Wochenende 21 749 m gewandert.

＋

💡 12 Tipp
Wandle alle Längen in die angegebene Einheit um: 2 m 50 cm = 200 cm + 50 cm
Addiere: = 250 cm

◐ 12 mehr
Wandle um.
a) in **mm**: 6 cm 3 mm; 8 m 54 cm
b) in **cm**: 6 m 9 cm; 5 dm 1 cm; 4 m 70 mm
c) in **m**: 4 km 500 m; 20 km 9000 m
d) in die **kleinere Längeneinheit**:
57 m 7 cm; 6 km 34 m; 5 dm 5 mm

💡 13 Tipp
Nutze eine Stellenwerttafel.

	km			m			dm	cm	mm	
	H	Z	E	H	Z	E				
3 m 40 cm					3	4	0			3,40 m
3 m 4 mm						3	0	0	4	3,004 m
200 km 3 m	2	0	0	0	0	3				200,003 km

○ 13 leichter
a) Schreibe in Kommaschreibweise.
2 m 60 cm	2 m 66 cm	2 m 6 cm
4 km 500 m	4 km 50 m	4 km 5 m

b) Schreibe in gemischter Schreibweise.
1,50 m	1,55 m	1,05 m
1,500 km	1,050 km	1,005 km

💡 14 Tipp
Auf Hunderter runden.
628 m ≈ 600 m   **3**84 m ≈ 400 m
Auf Tausender runden.
3731 m ≈ 4000 m = 4 km

◐ 14 mehr
Schreibe auf, was die Kinder erzählen könnten.

> (1) Der Kilometerzähler von Alex' Fahrrad zeigt 431,5 km.

> (2) Hope ist mit den Eltern 1852 km mit dem Auto gefahren.

4 Längen

15 Ergänze die Tabelle im Heft.

	m	dm	cm	mm
a)	3,5	☐	☐	☐
b)	☐	600	☐	☐
c)	☐	☐	270	☐
d)	☐	☐	☐	4800

16 Korrigiere die Fehler.
a) 50 m 5 dm = 55 m
b) 600 cm 6 mm = 6,6 m
c) 8,88 m = 8 km 88 m
d) 90,909 m = 90 m 90 dm 90 mm

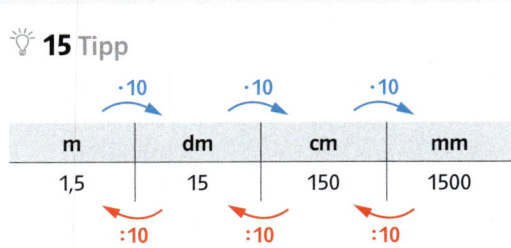

15 Tipp

16 Tipp
Nutze eine Stellenwerttafel.

16 leichter
Korrigiere die Fehler.
a) 5 m 5 cm = 5,5 m   b) 3,3 km = 3 km 30 m

Wähle aus:

17 Längen runden
Welche Zahlen können ein Rundungsergebnis der genannten Länge sein? Erklärt euch gegenseitig, wie ihr gerundet habt.
a) 689 km

700 km   600 km   1000 km   690 km

b) 315 km

350 m   320 m   300 m   310 m

c) 99 m

0 m   100 m   90 m   110 m

18 Angaben ergänzen
Ergänze in deinem Heft.
a) 3,62 m = 362 ☐   b) 12 m 8 cm = ☐ cm
c) 44 ☐ 8 ☐ = 44,8 dm   d) 78,3 ☐ = 78 m 3 ☐
e) ☐ cm = 8 cm 7 mm   f) 0,48 km = ☐ m
g) 3000 ☐ = 3 ☐   h) 0,5 ☐ = 50 ☐

19 Längen als Brüche
Im Alltag werden Längen oft mithilfe von Brüchen angegeben.

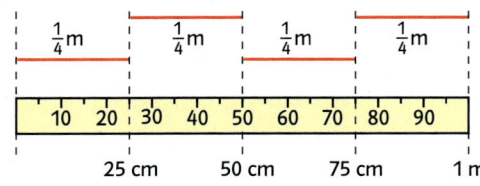

a) Gib in cm an: $\frac{1}{2}$ m; $\frac{1}{2}$ dm; $\frac{3}{4}$ m
b) Gib in mm an: $\frac{1}{2}$ cm; $\frac{1}{4}$ dm; $\frac{3}{4}$ m

20 Bruchangaben umwandeln
Wandle die Längen wie im Beispiel um.
Beispiel:
$1\frac{1}{4}$ m = 1 m + $\frac{1}{4}$ m = 100 cm + 25 cm = 125 cm
a) Gib in m an: $2\frac{1}{2}$ km; $3\frac{1}{4}$ km; $4\frac{3}{4}$ km
b) Gib in mm an: $2\frac{1}{2}$ cm; $3\frac{1}{4}$ dm; $7\frac{3}{4}$ mm

Gemeinsam sichern:

21 Wählt abwechselnd Kärtchen. Erklärt euch gegenseitig das Wichtigste dazu.

Längeneinheiten   Umwandeln von Längen   Runden von Längen   Schreibweisen von Längen

Längen addieren und subtrahieren

Entdecke:

a) Billie liest zu Hause den Kilometerstand auf dem Fahrradtacho ab, 40,37 km. Der Weg zur Schule beträgt 2,57 km. Bestimme den neuen Kilometerstand.
b) Als Kim zu Hause losfuhr, zeigte der Fahrradtacho 256,25 km. In der Schule stand auf dem Tacho 261,18 km. Wie viel km beträgt Kims Schulweg?
c) Formuliert ähnliche Fragen zu euren Schulwegen und beantwortet sie.

So geht es:

Längen addieren und subtrahieren
Bei gleicher Längeneinheit: Schreibe Komma unter Komma.
Beachte: Wandle Längen in unterschiedlichen Einheiten vor dem Rechnen in dieselbe Einheit um.

Beispiel 1: Addiere 3,567 km und 1,8 km.

```
  3, 5 6 7
+ 1, 8 0 0
      1
  5, 3 6 7
```

Vermeide Fehler, indem du beim Rechnen Endnullen ergänzt.

3,567 km + 1,8 km = 5,367 km

Beispiel 2: Subtrahiere 245 m von 3,542 km.

3,542 km − 245 m = 3542 m − 245 m

```
  3 5 4 2
−   2 4 5
    1 1
  3 2 9 7
```

3,542 km − 245 m = 3297 m = 3,297 km

Schreibe es auf:

1

A: Alex und Mika machen eine Radtour. Vor der Abfahrt zeigt Alex' Fahrradtacho 372,46 km. Mika hat ausgerechnet, dass die Tour insgesamt 24 500 m lang ist. Berechne den neuen Tachostand.

B: Lee und Keke machen eine Radtour. Vor der Abfahrt zeigt Lees Fahrradtacho 471,62 km. Bei der Ankunft zeigt er 498,3 km. Berechne die Fahrstrecke.

a) Löst eine der Aufgaben. Notiert eine Anleitung zur Lösung. Gebt Hinweise, worauf ihr achten müsst.
b) Tauscht eure Aufgaben. Löst mithilfe der Anleitung die andere Aufgabe. Gebt euch gegenseitig Rückmeldungen und bei Bedarf Änderungsvorschläge für eure Anleitungen.

Übe jetzt:

○ 2 Joy hat eine Fahrradtour gemacht. An den einzelnen Tagen ist Joy 25,45 km und 37,24 km gefahren. Berechne die Länge der Fahrradtour.

○ 3 Wandle erst um. Dann rechne.
a) 15 cm + 5 mm
35 cm + 350 mm
b) 3 m + 50 cm
13 m + 460 cm
c) 23 m − 95 cm
766 m − 4500 cm
d) 5 km − 1250 m
37 km − 95 m

4 Längen addieren und subtrahieren

4 Berechne. Überprüfe dein Ergebnis mit der Probe.

a) 12,5 cm − 7,4 cm   b) 6,12 m + 3,27 m
c) 8,45 m − 7,02 m   d) 7,34 km + 2,18 km
e) 18,26 km + 39,58 km f) 12,86 m + 9,77 m
g) 143,7 cm − 56,6 cm h) 553,2 km + 0,09 km

5 Die Schulwege der Kinder betragen:

Alex 5,5 km   Bente 3500 m   Chen 3 km
Elia 3 km 50 m
Dany 4 km 700 m   Florin 2700 m

a) Wer hat den weitesten Weg?
b) Um wie viele Meter unterscheidet sich der längste vom kürzesten Schulweg?
c) 👥 Stellt euch gegenseitig weitere Fragen und beantwortet sie.

6 Wandle zuerst um. Dann rechne.
a) 3 m + 30 cm + 5 m + 85 cm
b) 40 cm + 13 mm + 2 dm
c) 5 km − 800 m − 1250 m
d) 2 m 8 dm − 19 dm − 85 cm

7 Jaschas Eltern haben einen Wohnwagen. Das Auto ist 4,28 m, der Wohnwagen 5,78 m lang.
a) Wie lang sollte die Garage mindestens sein?
b) Erkläre, warum es sinnvoll ist, zu runden.

8 ➕ Wie viel fehlt noch bis 1 m?
a) 98 cm; 9 dm 4 cm; 95 mm
b) 0,9 m; 9 dm 9 cm 9 mm
c) 89 cm; 8,99 dm; 895 mm
d) 0,49 m; 4,95 dm; 49,8 cm

9 ➕ Die Klasse 5 a hat eine 5-tägige Radtour von ungefähr 160 km geplant. Am Ende jedes Tages notiert Yannie die Tageskilometer, die der Fahrradtacho angibt.

Tag	Mo.	Di.	Mi.	Do.	Fr.
km	23	29	38	41	31

Stimmt die geplante Kilometerzahl?

💡 **8 Tipp**
Wandle 1 m vor dem Rechnen in die angegebene Einheit um.

8 leichter
Wie viel fehlt noch bis 1 m?
a) 99 cm; 90 cm; 50 cm; 10 cm; 9 cm
b) 9 dm; 1 dm; 2 dm; 4 dm; 8 dm

8 mehr
Wie viel fehlt noch bis 1 km?
a) 999 m; 90 m 90 cm; 95 m
b) 4,9 m; 4,95 m; 49,5 dm

💡 **9 Tipp**
Addiere alle Tageskilometer. Stimmt das Ergebnis ungefähr mit der geplanten Kilometerzahl überein?

9 leichter
Die Klasse 5 b hat eine 3-tägige Radtour gemacht. Berechne, wie viel die Kinder insgesamt gefahren sind.

Tag	Mittwoch	Donnerstag	Freitag
km	25	32	28

9 mehr
Die Klasse 5 c führt eine 5-tägige Radtour durch. Joan notiert jeden Abend die gefahrenen Tageskilometer.

Tag	Mo.	Di.	Mi.	Do.	Fr.
km	26,4	31,7	35,2	43,6	33,8

Stimmt die vor der Fahrt geplante Kilometerzahl von 160 km?

4 Längen addieren und subtrahieren

● **10** Vier Wochen lang schreibt Marian montags und freitags den Kilometerstand des Fahrrads auf.

	Montag	Freitag
1. Woche	76,45	86,97
2. Woche	86,99	100,56
3. Woche	112,86	275,18
4. Woche	275,18	286,46

a) Berechne, wie viele km Marian gefahren ist.
  (1) in den einzelnen Wochen
  (2) an den drei Wochenenden
  (3) insgesamt
b) Überschlage, ob deine Ergebnisse stimmen können.

💡 **10 Tipp**
b) Bei einem Überschlag rechnest du mit ungefähren Werten.

Beispiel: 384 km + 632 km = ?
Überschlag: 400 km + 600 km = 1000 km

⊖ **10 leichter**
Uli erzählt: „Am Wochenende bin ich mit dem Fahrrad rund 70 km gefahren."
Ulis Tacho zeigte 28,4 km und 31,5 km.
a) Überschlage, ob Uli recht hat.
b) Überprüfe durch genaue Berechnung.

Wähle aus:

● **11 Schulausflug**

a) Auf dem Rundweg sollen die Mühle, die Grotte und das Hünengrab besucht werden. Mache einen Vorschlag für eine möglichst lange und eine möglichst kurze Wanderung. Kein Weg soll zweimal gegangen werden.
b) Pro Stunde schafft die Klasse 4 km. Plane eine 4-stündige Wanderung einschließlich einer 1-stündigen Pause am Radioteleskop.

● **12 Schulwege schätzen**
Niki schätzt: „Die Schulwege aller Kinder unserer Klasse ergeben in einer Woche eine Strecke, die länger ist als Deutschland von Nord nach Süd." Was schätzt du?

Gemeinsam sichern:

13 Wenn eine Banane erzählen könnte:

„Ich bin weit gereist: Von der Plantage in Südamerika bis zum Hafen 1234 567 m. Mit dem Schiff nach Hamburg 12 968 km. Bis zum Großhändler nach Stuttgart 668,5 km. Bis zum Supermarkt ca. 350 km. Vom Supermarkt bis zu dir nach Hause 800 m. Und nun isst du mich auf …"

a) Berechnet, wie weit die Banane gereist ist.
b) Erklärt euch gegenseitig eure Lösungen.
c) Ist es sinnvoll, das Ergebnis so genau zu berechnen? Begründet.

4 Längen vervielfachen

Entdecke:

a) Kim und Noa zählen ihre Schritte. Kim geht 69 Schritte vom Schultor bis zur Turnhalle. Noa braucht nur 54 Schritte.

Kim 60 cm

Noa 75 cm

Berechne die Entfernung bis zur Turnhalle. Erkläre die Abweichungen.

b) Messt eure Schrittlängen. Schreitet verschiedene Entfernungen in eurer Schule ab. Zählt eure Schritte und berechnet die Entfernungen.

So heißt es:

Wenn eine Länge mehrfach addiert wird, spricht man auch vom **Vervielfachen der Länge**. Dabei wird die Länge mit der Zahl multipliziert, die angibt, wie oft die Länge addiert wird.

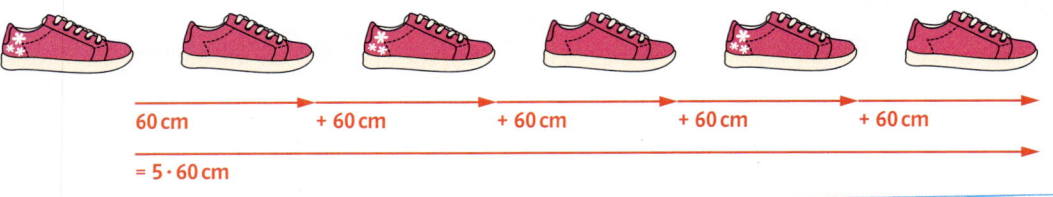

60 cm + 60 cm + 60 cm + 60 cm + 60 cm

= 5 · 60 cm

So geht es:

Wandle Längen mit Komma vor dem Rechnen in eine kleinere Einheit ohne Komma um.
Beispiel: Laurin hat eine Schrittlänge von 0,65 m und geht 97 Schritte. Berechne die Entfernung.
0,65 m = 65 cm, also 97 · 65

halbschriftliches Multiplizieren:

```
97 · 65
90 · 60 = 5400
90 ·  5 =  450
 7 · 60 =  420
 7 ·  5 =   35
          1 1
         6305
```
Entfernung 6305 cm = 63,05 m

Malkreuz:

	60	5
90	5400	450	5850
7	420	35	455
		1 1
		6305

Entfernung 6305 cm = 63,05 m

schriftliches Multiplizieren:

```
97 · 65
   582
+  485
   1 1
  6305
```
Überschlag: 100 · 70 = 7000
Entfernung 6305 cm = 63,05 m

Schreibe es auf:

1

a) 👥 Erklärt euch die unterschiedlichen Rechenwege. Wie rechnet ihr am liebsten? Begründet.
b) Berechne 68 · 0,72 m. Erkläre, worauf du beim Rechnen achtest.

Längen vervielfachen 4

Übe jetzt:

○ 2
a) Olli hat eine Schrittlänge von 45 cm. Berechne, wie weit Olli mit 8 (10; 25) Schritten geht.
b) Wie weit kommst du selbst mit 8 (10; 25) Schritten?

○ 3 Mika fährt mit dem Fahrrad zur Schule. Hin- und Rückweg sind zusammen 4,6 km lang. Berechne, wie viele Kilometer Mika in einer Woche auf dem Schulweg zurücklegt.

○ 4 Rechne im Kopf.
a) 50 cm · 4   b) 15 cm · 6   c) 70 dm · 9
d) 12 dm · 4   e) 80 m · 7   f) 19 m · 5

○ 5 Rechne geschickt. Überlege, ob du alle Aufgaben ausführlich rechnen musst.
a) 23 456 m · 3   b) 5 · 87 654 km
  2345,6 m · 3   5 · 8765,4 km
  234,56 m · 3   5 · 876,54 km
  23,456 m · 3   5 · 87,654 km

○ 6 Wandle um. Berechne. Prüfe dein Ergebnis durch Überschlagen.
a) 5,80 m · 4   b) 1,27 m · 4   c) 9,20 m · 8
d) 2,19 m · 7   e) 3,90 m · 15   f) 7,77 m · 22

◐ 7 ➕ Die Kinder haben beim Rechnen Fehler gemacht.

```
Finn                  Vanja
  3 2 · 5 8             4 5 · 4 9
      1 6 0                 1 8 0
  + 2 5 6               +   4 5 5
      1                     1
    4 1 6               2 2 5 5
```

a) [SP] Erkläre, was die Kinder falsch gemacht haben.
b) Rechne richtig.

◐ 8 ➕ Karis Schule ist 930 m von der Wohnung entfernt. Berechne, wie viele Kilometer Schulweg Kari in einem Schuljahr geht. Rechne mit 210 Schultagen für ein Jahr.

💡 **7 Tipp**

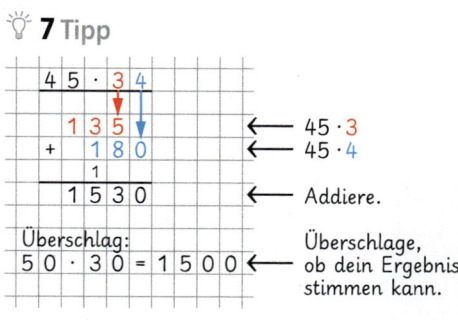

← 45 · 3
← 45 · 4
← Addiere.

Überschlage, ob dein Ergebnis stimmen kann.

○ 7 leichter
Die Kinder haben beim Rechnen Fehler gemacht.

```
Malu                  Deniz
  3 2 · 5 5             1 6 · 4 6
      1 7 5                 6 4
  + 1 7 5             +     9 6
    1 1
    3 5 0                 6 3 6
```

a) [SP] Erkläre, was die Kinder falsch gemacht haben.
b) Rechne richtig.

◐ 7 mehr
Die Kinder haben Fehler gemacht.

```
Erin                  Kelly
  3 5 · 6 5             2 7 · 6 3
      2 1 0                 1 6 2
  + 1 7 5             +       8 1
    1 9 6 0               1 6 0 1
```

a) [SP] Erkläre, was die Kinder falsch gemacht haben.
b) Rechne richtig.

💡 **8 Tipp**
• Berechne zuerst, wie lang Karis täglicher Schulweg hin und zurück ist.
• 1000 m = 1 km

◐ 8 mehr
Jirka macht zweimal wöchentlich einen Waldlauf von 2600 m. Berechne, wie viele km Jirka in einem Jahr zurücklegt. Ein Jahr hat 52 Wochen.

4 Längen vervielfachen

9 Die Kinder der Klasse 5 legen auf dem Schulhof ein Fußballfeld durch Abschreiten fest.
a) Berechne die Maße des Fußballfelds.
b) Du läufst einmal am Rand entlang. Wie viele m legst du zurück?

	Name	Schritte	Schrittlänge
1. Seite	Maxi	42	0,55 m
2. Seite	Niki	36	0,60 m
3. Seite	Luan	27	0,45 m
4. Seite	Melek	28	0,40 m
Torlänge	Jascha	14	0,39 m

9 Tipp
Zeichne eine Skizze des Spielfelds in dein Heft. Berechne die einzelnen Maße und beschrifte die Skizze.

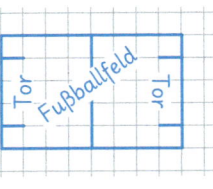

○ **9 leichter**
Die Kinder spielen in der Pause „Abtreffen". Die Maße des Spielfelds hat Folke durch Abschreiten festgelegt.

	Schritte
Länge des Spielfelds	12
Breite des Spielfelds	22

Folkes Schrittlänge beträgt 0,70 m. Berechne die Länge und die Breite des Spielfelds.

Wähle aus:

10 Autoschlange
Im Jahr 2021 waren in Deutschland rund 48,2 Mio. Pkws zugelassen. Wie lang wäre die Autoschlange, wenn alle Pkws hintereinander ständen?
Wie oft würde diese Schlange in Nord-Süd-Richtung durch Deutschland reichen?

11 Streckenlängen herausfinden
Arden hat die eingezeichneten Strecken abgeschritten. Ardens Schrittlänge beträgt 60 cm. Berechne die Längen der eingezeichneten Strecken.

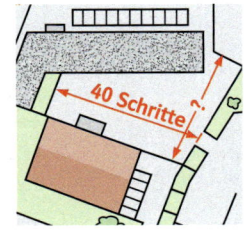

12 Schrittzähler
Miss deine Schrittlänge. Verwende einen Tag lang einen Schrittzähler (z. B. auf einem Smartphone). Berechne am Ende des Tages, wie viele Kilometer du gegangen bist. Stimmt dein Ergebnis mit dem deines Schrittzählers überein?

Gemeinsam sichern:

13
a) Denkt euch eine Aufgabe zum Vervielfachen von Längen aus. Schreibt die Lösung auf.
b) Tauscht eure Aufgaben mit der Nachbargruppe aus. Löst sie und beschreibt euch gegenseitig, wie ihr bei der Lösung vorgeht und worauf ihr achtet.

Längen teilen

Entdecke:

A Die Kinder schreiten im Klassenzimmer Längen ab.
a) Gerit hat eine Schrittlänge von 50 cm. Berechne, wie viele Schritte Gerit zum Abschreiten der 4 m langen Tafel benötigt. Wie viele Schritte braucht Gerit für die 7,50 m lange Seitenwand?
b) Terry benötigt 20 Schritte für die 12 m lange Wand. Berechne die Länge eines Schrittes.
c) [SP] Erkläre, wie du rechnest.
d) Schreitet in eurem Klassenzimmer Längen ab und führt ähnliche Berechnungen durch.

So geht es:

Längen verteilen
Teilst du eine Länge durch eine Anzahl, so erhältst du eine Länge.

Beispiel 1: Berechne, wie lang ein Schritt ist.

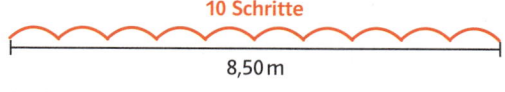
10 Schritte
8,50 m

8,50 m = 850 cm
850 cm : 10 = 85 cm
Ein Schritt ist 85 cm bzw. 0,85 m lang.

Längen aufteilen
Teilst du eine Länge durch eine Länge, so erhältst du eine Anzahl.

Beispiel 2: Berechne, wie viele Schritte es sind.

Schrittlänge 0,50 m
6 m

0,50 m = 50 cm und 6 m = 600 cm
600 cm : 50 cm = 12
Es sind 12 Schritte.

Schreibe es auf:

1 [SP] Erklärt euch gegenseitig Beispiel 1 und Beispiel 2. Schreibt auf, was ihr beim Teilen beachten müsst.

Übe jetzt:

2 Berechne die Länge eines Schrittes.

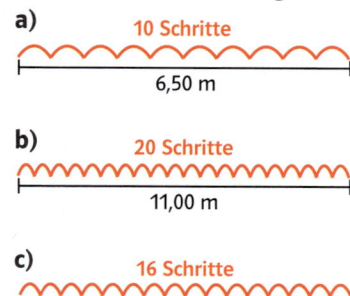
a) 10 Schritte — 6,50 m
b) 20 Schritte — 11,00 m
c) 16 Schritte — 9,60 m

3 Berechne, wie viele Schritte es sind.

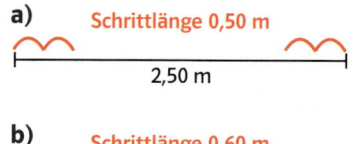
a) Schrittlänge 0,50 m — 2,50 m
b) Schrittlänge 0,60 m — 12,00 m

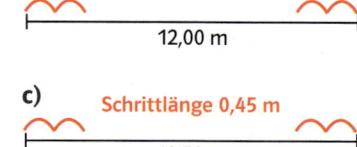
c) Schrittlänge 0,45 m — 13,50 m

4 Längen teilen

○ **4** Ronny legt auf dem Schulweg in einer Woche 35 km zurück.

a) Berechne, wie viele km Ronny an einem Tag zurücklegt.
b) Berechne, wie lang Ronnys Schulweg ist.

○ **5** Rechne im Kopf.
a) 81 km : 9   b) 240 m : 6
63 mm : 7   160 km : 4
54 m : 6   350 cm : 7
c) 330 mm : 30   d) 144 mm : 12
480 km : 40   121 cm : 11
320 cm : 80   390 km : 13

○ **6** Arin soll eine Schnur von 120 cm Länge in 8 gleich lange Stücke schneiden.
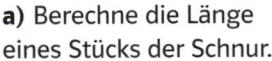
a) Berechne die Länge eines Stücks der Schnur.
b) Erkläre, wie Arin 8 gleich lange Teilstücke erhält, ohne zu messen.

◐ **7** ➕ Bei einem Schwimmwettbewerb beträgt die Bahnlänge 50 m.

a) Berechne, wie viele Bahnen bei 400 m Rückenschwimmen geschwommen werden.
b) Berechne, wie viele Bahnen bei 1500 m Freistilschwimmen geschwommen werden.

● **8** ➕ Ein Staffellauf ist 1500 m lang. Alle Personen laufen zusammen insgesamt 24 km. Wie viele Personen sind am Start?

💡 **7** Tipp
Vereinfache, indem du beide Zahlen mit derselben Zahl multiplizierst oder dividierst.

○ **7** leichter
Bei einem Schwimmwettbewerb beträgt die Bahnlänge 50 m.
Berechne, wie viele Bahnen geschwommen werden bei 200 m Brustschwimmen.

◐ **7** mehr
Bei einem Schwimmwettbewerb beträgt die Bahnlänge 25 m.
a) Berechne, wie viele Bahnen bei 100 m Rückenschwimmen geschwommen werden.
b) Berechne, wie viele Bahnen bei 800 m Freistilschwimmen geschwommen werden.

💡 **8** Tipp
- Wandle 24 km in m um.
- Vereinfache, indem du beide Zahlen durch dieselbe Zahl dividierst.
- Zerlege in leichtere Aufgaben, die du schrittweise lösen kannst.

```
315 : 15 = 10 + 10 + 1 = 21
150 : 15 = 10
150 : 15 = 10
 15 : 15 =  1
```

◐ **8** leichter
Carols Klasse liegt 24 m vom Kunstraum entfernt. Carols Schrittlänge beträgt 60 cm. Wie viele Schritte zählt Carol bis zum Kunstraum?

● **8** mehr
Ein Staffellauf ist 2500 m lang. Alle Personen laufen zusammen insgesamt 62,5 km. Wie viele Personen sind am Start?

Wähle aus:

9 Briefträger

Ein Briefträger hat in seiner Dienstzeit eine Strecke von 44 000 km zurückgelegt. Er ist seit 20 Jahren im Dienst. Insgesamt hat er an 5500 Tagen Post ausgetragen.

Stellt euch gegenseitig Aufgaben zu dem Text und löst sie.

10 Richtig oder falsch?
Prüfe nach. Korrigiere falsche Aussagen.

A: Freddy hat eine Schrittlänge von 75 cm. Zum Abschreiten der 9 m langen Wand benötigt Freddy 14 Schritte.

B: Momo benötigt 20 Schritte für die 11 m lange Wand. Momos Schrittlänge beträgt 0,55 m.

C: Dylan legt auf dem Schulweg in einer Woche 65 km für Hin- und Rückweg zurück. Eine Strecke beträgt 5,2 km.

Gemeinsam sichern:

11 Teilt euch die Aufgaben auf. Erklärt gegenseitig, wie ihr rechnet. Überprüft eure Lösungen.

A: Till geht eine Strecke von 21,6 m mit 30 Schritten. Wie lang ist ein Schritt?

B: Imres Schrittlänge beträgt 85 cm. Berechne, wie viele Schritte Imre gehen muss, um 34 m zurückzulegen.

4

Ich kann mich auf dem Stadtplan orientieren.

Karte: Stadtplan Göttingen

Straßenverzeichnis
Speckstraße → M13
Teichweg → N12
Turmstraße → M12

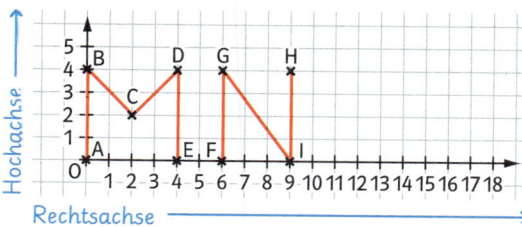

Ich kann mit einem Koordinatensystem umgehen.

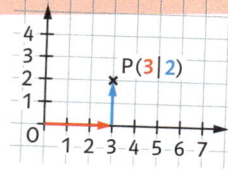

Längen

Ich kann mit Längeneinheiten umgehen.

1 km = 1000 m ·1000 / :1000
1 m = 10 dm ·10 / :10
1 dm = 10 cm ·10 / :10
1 cm = 10 mm ·10 / :10

1 mm

1 dm

1 cm

1 m

Auf einen Blick 4

Komma unter Komma

3,567 km + 1,8 km

```
   3, 5 6 7
+  1, 8 0 0
      1
   5, 3 6 7
```

3,567 km + 1,8 km = 5,367 km

Umwandeln in die gleiche Einheit

3,542 km − 245 m = 3542 m − 245 m

```
   3 5 4 2
−    2 4 5
     1 1
   3 2 9 7
```

3,542 km − 245 m = 3542 m − 245 m
= 3297 m = 3,297 km

Ich kann Längen addieren und subtrahieren.

Schrittlänge 0,50 m

6 m

Ich kann Längen vervielfachen und teilen.

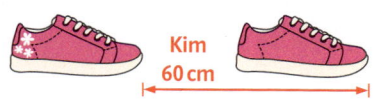
Kim 60 cm

Noa 75 cm

---

1 ｜SP｜ Zu welchen Kompetenzen passt das Kärtchen? Ordne zu und erkläre deine Zuordnung.

| überschlagen | Rechtswert | Straßenverzeichnis | Gitternetz |

| umwandeln | Nullpunkt | in gleiche Einheit umwandeln |

2 Teilt euch die Kompetenzen auf.
a) Denkt euch Aufgaben zu euren Kompetenzen aus. Erstellt Lösungen dazu.
b) Löst gegenseitig eure Aufgaben und kontrolliert sie.

4 Kapiteltraining

Ich kann mich auf dem Stadtplan orientieren.

Nachschauen kannst du auf den Seiten 118–120.

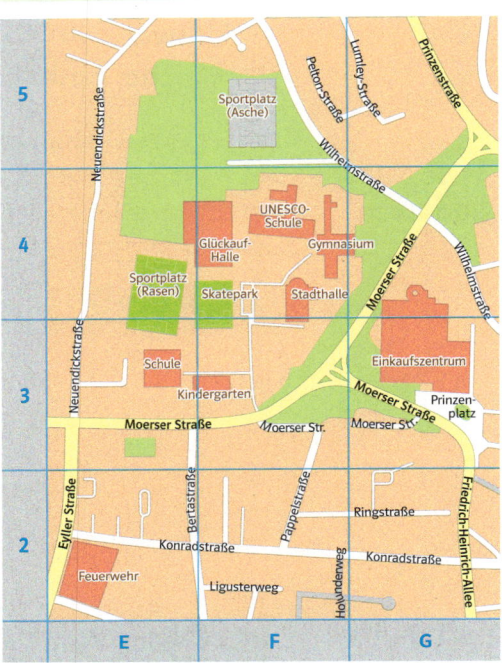

Karte 4: Stadtplanausschnitt Kamp-Lintfort

1 Gib an, in welchen Gitterfeldern sich die Gebäude in Karte 4 befinden.
a) die UNESCO-Schule
b) die Schule
c) die Feuerwehr

2
a) In welchen Gitterfeldern von Karte 4 liegen:

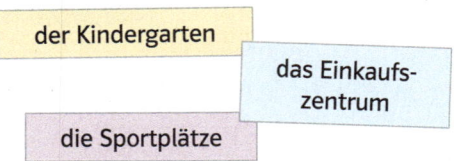

b) Gib die Lage der Straßen für das Straßenverzeichnis von Karte 4 an.

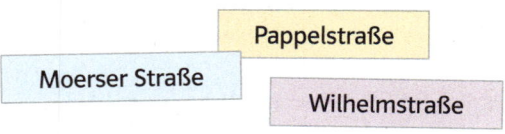

3 Die Feuerwehr muss schnell zum Prinzenplatz fahren. Gib zwei mögliche Wegbeschreibungen an.

Ich kann mit einem Koordinatensystem umgehen.

Nachschauen kannst du auf den Seiten 121–125.

4 Maris hat die Koordinaten der Punkte abgelesen.

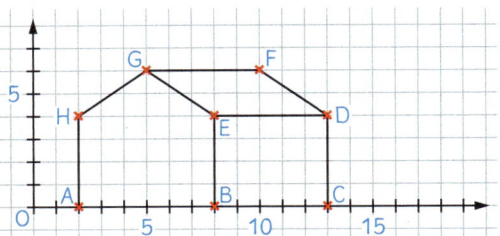

A(3|0); B(9|0); C(13|0); D(13|4);
E(9|4); F(11|7); G(6|5); H(2|4)
Überprüfe. Korrigiere wenn nötig.

5 Zeichne die Punkte in ein Koordinatensystem. Verbinde sie in alphabetischer Reihenfolge.
A(4|0); B(9|1); C(13|0); D(14|4); E(0|6)

6 Gib die Koordinaten aller Punkte an. Geht es auch ohne Zeichnung?

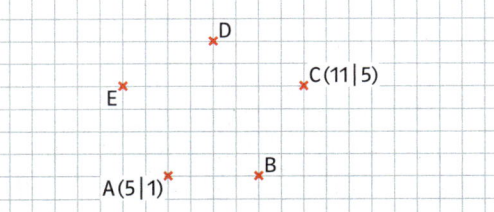

Ich kann mit Längeneinheiten umgehen.

Nachschauen kannst du auf den Seiten 126–130.

7 Ergänze die Längeneinheiten.

Jills Schulweg ist 2 ☐ lang. Jill wohnt 250 ☐ von Lou entfernt. Lou ist 10 ☐ größer als Jill. Lous Mathematikheft ist 5 ☐ dick.

8

a) Ergänze im Heft.

78 mm = ☐ cm $4\frac{1}{2}$ m = 450 ☐
6,054 km = ☐ m   3,80 dm = 380 ☐
☐ dm = 2,3 m   0,19 km = ☐ m

b) Finde die Fehler. Korrigiere.

> 8 dm = 80 mm
> 8888 mm = 88,88 cm
> 8,88 km = 888 m

9 Wandle die Längen um.

a) in m: $\frac{1}{4}$ km; $3\frac{1}{2}$ km

b) in dm: $6\frac{3}{4}$ m; $2\frac{1}{2}$ dm

c) in cm: $5\frac{1}{2}$ dm; $\frac{3}{4}$ m

d) in mm: $4\frac{1}{2}$ cm; $7\frac{1}{4}$ dm

Ich kann Längen addieren und subtrahieren.

Nachschauen kannst du auf den Seiten 131–133.

10 Wandle erst um. Dann rechne.

a) 25 cm + 5 mm   **b)** 6 m + 50 cm
c) 75 cm + 25 mm   **d)** 2 m + 55 cm
e) 25 m − 25 cm   **f)** 6 km − 1250 m
g) 205 m − 205 cm   **h)** 16 km − 250 m

11 Hauke notiert jeden Abend die Tageskilometer auf dem Fahrradtacho.

Tag	Mo.	Di.	Mi.	Do.	Fr.
km	17,8	20,3	22,5	16,4	18,8

a) Berechne, wie viele Kilometer Hauke insgesamt gefahren ist.
b) Wie viel fehlt Hauke noch bis 100 km?

12 Berechne.

a) 6,250 km + 3,700 km   **b)** 7,800 km − 3650 m
c) 4,80 m + 5,70 m   **d)** 6,2 cm − 4,7 cm
e) 132 mm + 28 cm   **f)** 5,4 km − 540 m

Ich kann Längen vervielfachen.

Nachschauen kannst du auf den Seiten 134–136.

13

a) Janne hat eine Schrittlänge von 85 cm. Berechne, wie weit Janne mit 5 (10; 25) Schritten geht.
b) Janne fährt mit dem Fahrrad zur Schule. Hin- und Rückweg sind zusammen 2,8 km lang. Berechne, wie viele Kilometer Janne in einer Woche fährt.

14 Imre läuft zweimal wöchentlich 6500 m.

a) Berechne, wie viele Kilometer Imre in vier Wochen zurücklegt.
b) SP Imre möchte berechnen, wie viele Kilometer es in einem Jahr sind. Bei der Rechnung macht Imre Fehler.

```
  5 2 · 2 = 1 0 4
  1 0 4 · 6 5
      5 2 0
  +   6 2 4
    5 8 2 4
```

Erkläre Imres Fehler und rechne richtig.

Ich kann Längen teilen.

Nachschauen kannst du auf den Seiten 137–139.

○ **15** Sasha legt auf dem Schulweg in fünf Tagen 25 km zurück.

a) Berechne, wie viele Kilometer Sasha an einem Tag zurücklegt.
b) Berechne die Länge von Sashas Schulweg.

◐ **16** Prüfe, ob die Aussagen richtig sind. Korrigiere falsche Aussagen.

A: Helge benötigt 20 Schritte zum Abschreiten der 13 m langen Wand. Helges Schrittlänge beträgt 0,75 m.

B: Tam hat eine Schrittlänge von 60 cm. Zum Abschreiten der 15 m langen Wand benötigt Tam 25 Schritte.

C: Allea legt auf dem Schulweg in einer Woche 38 km für Hin- und Rückweg zurück. Eine Strecke beträgt 2,4 km.

Alles im Blick

Nachschauen kannst du auf den Seiten 140, 141, 145.

◐ **17** Benja, Folke und Toni gehen in die gleiche Klasse. Benjas Schulweg ist 350 m lang, Toni muss nur die Hälfte gehen und Folkes Weg ist 4-mal so lang wie der von Toni.
a) Berechne, wie lang die Wege sind.
b) Wie oft muss Benja gehen, um die gleiche Schulwegstrecke wie Folke zurückzulegen?

◐ **18** Marin wohnt in Krefeld auf der Deußstraße. Marin geht in die Maria-Montessori-Schule.

Karte: Stadtplan Krefeld

a) Gib an, in welchen Gitterfeldern sich Marins Schule und die Deußstraße befinden.
b) Schreibe eine Wegbeschreibung für Marins Schulweg.
c) Marins Weg bis zur Schule beträgt 1160 m. Berechne, wie viele km Marin in einer Woche für den Hin- und Rückweg insgesamt benötigt.

◐ **19** Conny arbeitet seit drei Jahren bei einem Pizzadienst.

a) Heute hat Conny 5 verschiedene Touren mit Hin- und Rückweg zu 3,2 km; 5,4 km; 1,9 km; 2,3 km und 1,8 km.
Berechne, wie viele km Conny fahren muss.
b) Conny legt täglich eine Strecke von rund 15 km zurück. Im Jahr hat Conny 275 Arbeitstage.
Berechne, wie viele km Conny in der gesamten Arbeitszeit bereits zurückgelegt hat.

Kompakt 4

Stadtplan
Ein Stadtplan wird über ein Gitternetz in rechteckige Felder eingeteilt. Mithilfe von Buchstaben und Zahlen kann die Lage von Straßen und Gebäuden genau beschrieben werden.

Karte 4: Stadtplan Kamp-Lintfort

Koordinatensystem
Mit einem Koordinatensystem kannst du die Lage eines Punktes genau bestimmen. Jeder Punkt wird durch ein Zahlenpaar, die Koordinaten, beschrieben.

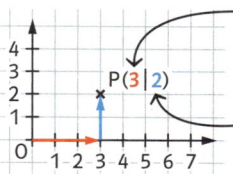

Der Rechtswert gibt an, wie weit du vom Nullpunkt auf der Rechtsachse gehen musst.

Der Hochwert gibt an, wie weit du auf der Hochachse nach oben gehen musst.

Längen

Millimeter	Zentimeter	Dezimeter
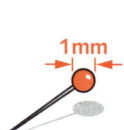		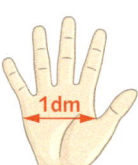
1 mm	1 cm	1 dm

Meter	Kilometer

1 m	1 km

1 km = 1000 m
1 dm = 10 cm
1 m = 10 dm
1 cm = 10 mm

Längen addieren und subtrahieren
Wandle unterschiedliche Längeneinheiten vor dem Rechnen in dieselbe Einheit um.
Beispiel: 2,5 km + 30 m + 100 cm
= 2500 m + 30 m + 1 m = 2531 m

Bei gleicher Längeneinheit: Schreibe Komma unter Komma.

```
  3,5 6 7 km          5,6 4 1 km
+ 1,8 0 0 km        − 2,1 3 9 km
    1                     1
  5,3 6 7 km          3,5 0 2 km
```

Längen vervielfachen
Wenn du eine Länge vervielfachst, multipliziere sie mit der Zahl, die angibt, wie oft die Länge addiert wird.

55 cm   55 cm   55 cm   55 cm

= 4 · 55 cm

Beachte: Wandle Längen mit Komma vor dem Rechnen in eine kleinere Einheit ohne Komma um.

```
Beispiel: 97 · 0,65 m
        = 97 · 65 cm
  9 7 · 6 5
    5 8 2
  + 4 8 5
    1 1
  6 3 0 5
```

Längen teilen

Längen verteilen
Beispiel: Wie lang ist ein Schritt?

10 Schritte
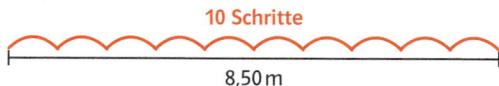
8,50 m

8,50 m = 850 cm
850 cm : 10 = 85 cm
Die Schrittlänge beträgt 85 cm bzw. 0,85 m.

Längen aufteilen
Beispiel: Wie viele Schritte sind es?

Schrittlänge 0,50 m
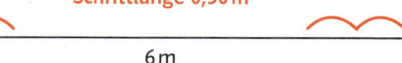
6 m

0,50 m = 50 cm und 6 m = 600 cm
600 cm : 50 cm = 12
Es sind 12 Schritte.

4 Test

Test A:

1

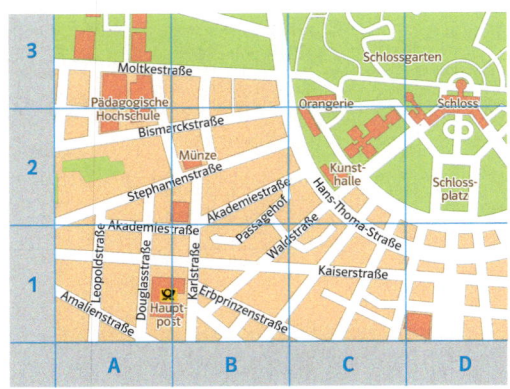

Karte: Stadtplan Karlsruhe

a) Malu wohnt in der Amalienstraße. Gib an, in welchem Gitterfeld sich die Amalienstraße befindet.
b) Gemeinsam mit ihrer Freundin Conny besucht Malu eine Ausstellung in der Kunsthalle. Gib an, in welchem Gitterfeld die Kunsthalle liegt.
c) Malu wundert sich über ein Gebäude mit einem merkwürdigen Namen im Gitterfeld B2. Wie heißt das Gebäude?

2 Malu hat auf dem Dachboden eine alte Schatzkarte gefunden.

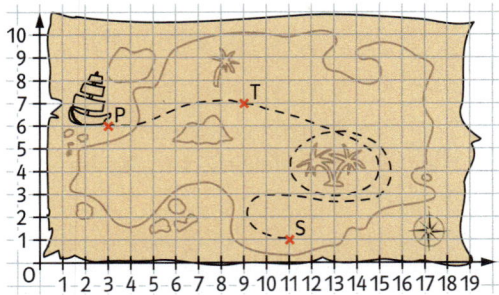

a) Ein Piratenschiff (P), eine Schatztruhe (S) und ein Totenkopf (T) sind markiert. Lies die Koordinaten der Punkte ab.
b) Zeichne das Koordinatensystem in dein Heft. Trage die Punkte P; S und T ein.
c) Ergänze die Punkte B(5|4) und W(9|5).

3 Ordne die Längen der Größe nach. Beginne mit der kleinsten Länge.

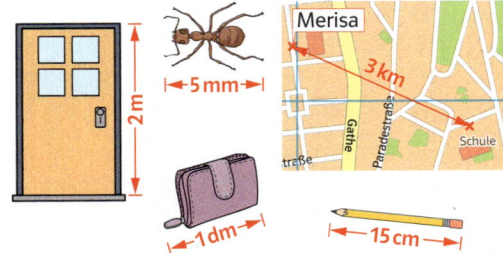

4 Wandle um.
a) 5 km = ☐ m   b) 10 dm = ☐ m
c) 2 dm = ☐ cm   d) 30 mm = ☐ cm
e) 4 cm = ☐ mm   f) 7000 m = ☐ km

5 Conny fährt nach dem Besuch bei Malu zu den Großeltern. Der Weg bis zu den Großeltern beträgt 13,7 km. Von dort aus sind es noch 6,2 km nach Hause.
a) Berechne, wie viele Kilometer Connys Rückweg insgesamt beträgt.
b) Connys direkter Weg nach Hause ist 4,5 km lang. Berechne die Länge des Umwegs, wenn Conny vorher zu den Großeltern fährt.

6 Malu fährt mit dem Fahrrad zur Schule. Hin- und Rückweg sind zusammen 5,8 km lang.
Berechne, wie viele Kilometer Malu in einer Woche auf dem Schulweg zurücklegt.

7 Conny legt auf dem Schulweg in einer Woche 25 km zurück.
a) Berechne, wie viele km Conny an einem Tag zurücklegt.
b) Berechne, wie lang Connys Schulweg ist.

Kontrolliere deine Ergebnisse S. 288.

Test B:

1

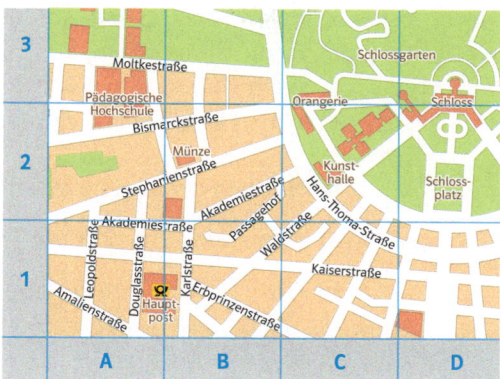

Karte: Stadtplan Karlsruhe

a) Malu wohnt in der Nähe eines großen Gebäudes, das sich in A1/B1 befindet. Welches Gebäude ist gemeint?
b) Malu und Kaya machen einen Spaziergang im Schlossgarten. Gib an, in welchen Gitterfeldern der Schlossgarten liegt.
c) Malu und Kaya gehen die Moltkestraße entlang. Gib an, in welchen Gitterfeldern sich die Moltkestraße befindet.

2
Kaya hat eine geheimnisvolle Schatzkarte geschenkt bekommen.

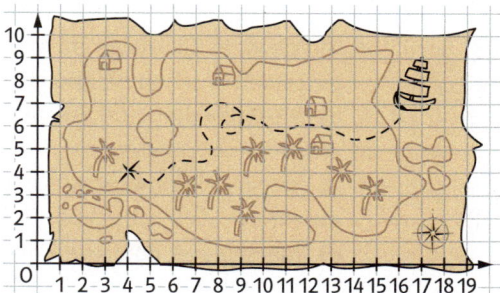

Auf der Rückseite der Karte entdeckt Kaya eine Anleitung für die Schatzsuche.
a) Zeichne das Koordinatensystem in dein Heft und trage die Punkte B(7|8); S(4|5); P(7|2) und H(10|5) ein.
b) Verbinde sie in der genannten Reihenfolge zu einem Viereck. Welche Figur entsteht?
c) Genau in der Mitte der Figur liegt der Schatz vergraben. Gib die Koordinaten des Punktes an.

3
Ergänze die Längeneinheiten in den Sätzen.

Kaya besucht Malu. Kaya geht 250 ☐ bis zur Bushaltestelle. Bis zu Malus Wohnung sind es 3 ☐. Malu hat für Kaya eine Schokotorte gebacken mit einer 1 ☐ dicken Kerze in der Mitte. Am Ende des Nachmittags haben die beiden alles gegessen bis auf einen 3 ☐ dicken Krümel.

4
Wandle um.
a) in **mm**: 4 cm 3 mm; 4 dm 3 cm; 4 m 3 dm 5 mm
b) in **cm**: 5 dm 6 cm; 5 m 6 cm; 5 m 60 mm
c) in **m**: 70 km 8000 m; 7 km 800 m; 7 km 8 m
d) in die **kleinere Längeneinheit**: 1 m 2 cm; 3 dm 4 cm; 5 km 678 m; 9 cm 10 mm

5
Kaya und Malu machen eine Radtour zu einem Erlebnispark.
a) Vor der Abfahrt zeigt Kayas Fahrradtacho 369,71 km. Die Strecke ist 23 500 m lang. Berechne den Tachostand bei der Ankunft.
b) Vor der Rückfahrt zeigt Malus Fahrradtacho 648,31 km. Die beiden machen noch einen Umweg an einer Eisdiele vorbei. Bei der Ankunft zeigt Malus Tacho 675,11 km. Berechne die Fahrstrecke.

6
Kaya fährt täglich 3,7 km mit dem Fahrrad zur Schule.
Berechne, wie viele Kilometer Schulweg Kaya in einem Schuljahr fährt. Rechne mit 210 Schultagen für ein Jahr.

7
Malu legt in einem Monat 116 km auf dem Schulweg zurück.
Rechne mit 20 Schultagen für einen Monat.
a) Berechne, wie viele Kilometer Malu an einem Schultag zurücklegt.
b) Berechne, wie lang Malus Schulweg ist.

Kontrolliere deine Ergebnisse S. 289.

Test C:

1

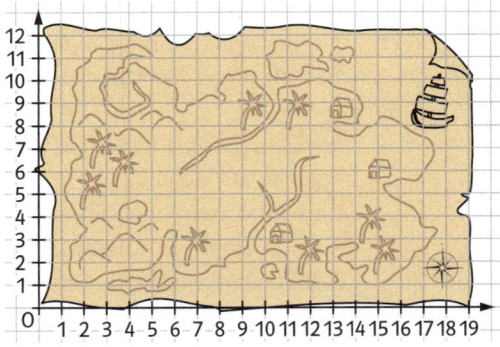

Karte: Stadtplan Karlsruhe

a) Malu wohnt in der Amalienstraße. Von dort aus gehen Malu und Jule zum Schlossgarten. Beschreibe einen Weg, den die beiden nehmen könnten.
b) Auf dem Rückweg kommen Malu und Jule an der Bismarckstraße, der Pädagogischen Hochschule und der Karlstraße vorbei. Gib an, in welchen Gitterfeldern die Straßen und das Gebäude liegen.

2
Jule zeigt Malu eine rätselhafte Schatzkarte. Finde den Schatz.

a) Zeichne die Punkte A(3|2); B(9|2); C(9|6); D(3|6); E(3|10) und verbinde sie nacheinander.
b) Setze einen weiteren Punkt F, sodass der Buchstabe S entsteht, wenn du die Linie bis zu diesem Punkt weiter zeichnest.
c) Der Schatz liegt auf dem S. Er hat den Rechtswert 6 und ist gleich weit von B und F entfernt. Notiere die Koordinaten des Schatzes.

3 Wandle um.
a) in **mm**: 3 cm; 3 dm; 3 m; 3 km
b) in **cm**: 6 dm; 66 dm; 6 m; 66 mm
c) in **dm**: 40 cm; 4 m; 44 m; 4 km
d) in **m**: 7 km; 770 cm; 770 dm; 7000 mm

4 Gib in der angegebenen Einheit an.
a) in **cm**: $\frac{1}{2}$ m; $\frac{1}{4}$ m; $2\frac{1}{2}$ dm
b) in **m**: $\frac{3}{4}$ km; $1\frac{1}{2}$ km; $5\frac{1}{4}$ km
c) in **mm**: $3\frac{1}{2}$ cm; $1\frac{1}{2}$ dm; $\frac{1}{4}$ m

5
Jule fährt in den Ferien viel mit dem Fahrrad. Vier Wochen lang schreibt Jule jeweils am Montag und Freitag den Kilometerstand des Tachos auf.

	Montag	Freitag
1. Woche	125,7	173,6
2. Woche	185,9	212,4
3. Woche	236,8	281,1
4. Woche	281,1	333,5

a) Wie viele Kilometer ist Jule in den einzelnen Wochen gefahren?
b) Wie viele Kilometer ist sie an den Wochenenden gefahren?
c) Wie viele Kilometer ist sie insgesamt gefahren?
d) Überschlage, ob deine Ergebnisse stimmen können.

6
Malu und Jule wohnen in 3,45 km Entfernung. Malu behauptet: „Wenn ich Jule dreimal wöchentlich besuche, bin ich im Jahr insgesamt 1000 km unterwegs." Hat Malu recht? Rechne mit 52 Wochen im Jahr.

7
Malu fährt im Februar 357 km mit dem Bus auf dem Schulweg. Rechne mit 21 Schultagen für den Februar.
Berechne, wie lang Malus Schulweg ist.

Kontrolliere deine Ergebnisse S. 290.

Zeiten | Reiselustig

5

In diesem Kapitel lernt ihr,
- wie ihr kleine Zeiteinheiten umwandelt und mit ihnen rechnet,
- wie ihr Zeitspannen und Zeitpunkte erkennt und bestimmt,
- wie ihr mit großen Zeiteinheiten rechnet,
- wie ihr mit Weg-Zeit-Diagrammen umgeht.

5 Check-in

1 ➕ **Ich kann die Uhrzeit ablesen.**

a) Gib die Uhrzeit an.
Nenne zwei Möglichkeiten.

(1)  (2)  (3)

b) Skizziere fünf Zifferblätter und trage die Uhrzeit ein.

(1) 14:50 Uhr
(2) Viertel vor 8
(3) fünf nach halb 3
(4)
(5)

Kontrolliere deine Ergebnisse S. 291.

2 ➕ **Ich kann Zeitangaben auf volle Stunden ergänzen.**

Wie lange dauert es noch bis zur vollen Stunde? Gib die Minuten an.

a)    b)

c)    d)

e)

➕ 💡 **1 Tipp**

Der kürzere Zeiger gibt die **Stunden** an, der längere die **Minuten**.
Diese Uhr zeigt **08:05** Uhr. Die Uhrzeit kann am Morgen oder am Abend sein.
Abends sagt man auch **20:05** Uhr.

💡 **2 Tipp**
Volle Stunde:

Minutenzeiger auf der 12 (60)   Minutenanzeige: 00

Minuten bis zur vollen Stunde:

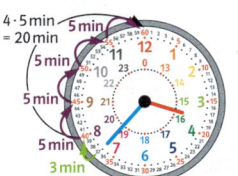   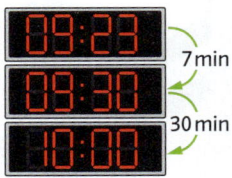

3 min + 4 · 5 min   7 min + 30 min
= 3 min + 20 min   = 37 min
= 23 min

150

3 Ich kann im Kopf multiplizieren und dividieren.

a) Rechne im Kopf.

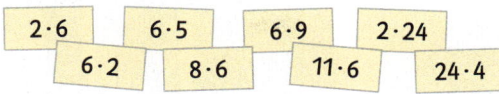

b) Multipliziere im Kopf mit 10.

c) Rechne im Kopf.

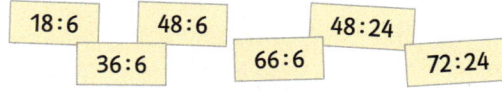

d) Dividiere im Kopf durch 10.

Kontrolliere deine Ergebnisse S. 291.

4 Ich kann mit Koordinaten umgehen.

a) Gib die Koordinaten der Punkte an.

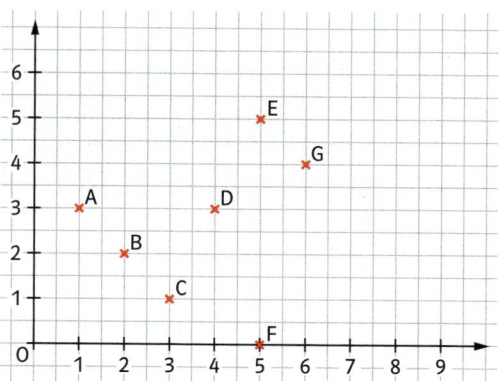

b) Zeichne die Punkte A(5|3), B(6|2), C(4|4), D(0|2) und E(1|0) in ein Koordinatensystem.

💡 3 Tipp

a) Schreibe die ersten 10 Vielfachen von 6 und 24 auf.

b) Wenn du mit 10 multiplizierst, ergänze eine 0 bei der Ausgangszahl.

c) 18 : 6

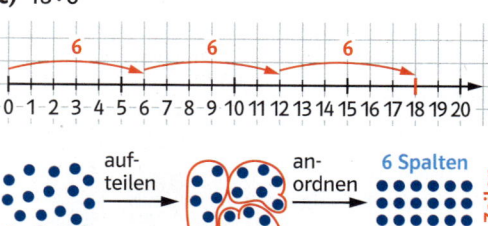

d) Entferne beim Teilen durch 10 die letzte 0 von der Ausgangszahl.

💡 4 Tipp

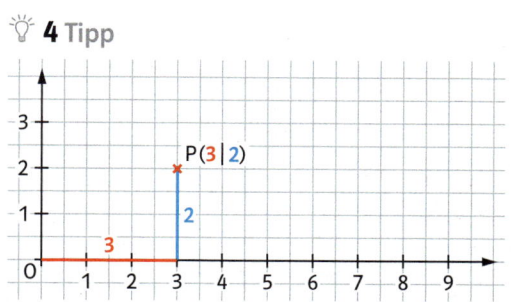

Die erste Koordinate ist der **Rechtswert**.
Die zweite Koordinate der **Hochwert**.

5 Kleine Zeiteinheiten

Entdecke:

A

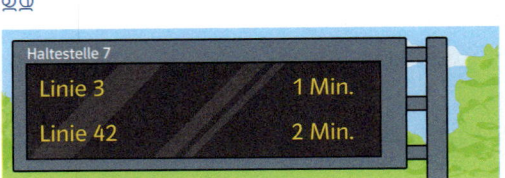

a) Beim Warten auf den Bus kann euch die Zeit sehr lange vorkommen. Jedoch ist eine Minute immer gleich lang. Schätzt die Dauer einer Minute so genau wie möglich, ohne auf die Uhr zu sehen. Ein Kind kontrolliert mit der Stoppuhr. Notiert eure Schätzwerte.
b) Stellt euch auf ein Bein und schätzt erneut eine Minute ab. Notiert eure Schätzwerte. Vergleicht die Werte mit eurer ersten Schätzung.
c) [SP] Wer von euch hat am besten geschätzt? Erklärt, wie ihr das herausfindet.

B

Stundenplan von ___Carla___

	Montag	Dienstag	Mittwoch	Donnerstag	Freitag
07:45 – 08:30	Englisch	Kunst	Gesellschaftslehre	Klassenstunde	Naturwissenschaften
08:35 – 09:20	Mathe	Kunst	Gesellschaftslehre	Deutsch	Naturwissenschaften
09:40 – 10:25	Gesellschaftslehre	Deutsch	Englisch	Mathe	Englisch
10:30 – 11:15	Gesellschaftslehre	Deutsch	Englisch	Mathe	Deutsch
11:30 – 12:15	Werte und Normen	Mathe	Technik	Musik	Arbeitsstunde
12:20 – 13:05	Werte und Normen	Arbeitsstunde	Technik	Musik	
13:45 – 14:30	Naturwissenschaften	AG		Sport	
14:30 – 15:15	Naturwissenschaften	AG		Sport	

a) Erklärt, wieso Carla und Frida beide recht haben.
b) Gebt an, wie viele Minuten Pause Carla in der Woche hat. Berechnet, wie viele Stunden das sind.
c) Schaut euch euren eigenen Stundenplan an. Berechnet die Zeit, die ihr jede Woche in der Schule seid. Gebt euer Ergebnis in Tagen, Stunden, Minuten und Sekunden an.

Carla: „Ich habe jede Woche vier Stunden Matheunterricht."

Frida: „Das sind doch nur drei Stunden."

Kleine Zeiteinheiten 5

So geht es:

Zeiteinheiten umwandeln

Zeiteinheit	Kurzform	Zeiteinheiten umwandeln
Tag	d	1 d = 24 h
Stunde	h	1 h = 60 min
Minute	min	1 min = 60 s
Sekunde	s	1 s

Die Abkürzung h kommt vom lateinischen Wort hora (englisch: hour), die Abkürzung d kommt vom lateinischen Wort dies (englisch: day).

Beispiel 1: Wandle in die kleinere Zeiteinheit um.
Von Stunden in Minuten: 4 h = 4 · 60 min = 240 min
Von Tagen in Stunden: 3 d = 3 · 24 h = 72 h

Beispiel 2: Wandle in die größere Zeiteinheit um.

	Rechenweg 1:	Rechenweg 2:
Von Sekunden in Minuten:	300 s = ☐ min	300 s = 60 s + 60 s + 60 s + 60 s + 60 s
	300 : 60 = 5	= 1 min + 1 min + 1 min + 1 min + 1 min
	300 s = 5 min	= 5 · 1 min = 5 min
Von Minuten in Stunden:	160 min = ☐ h	160 min = 60 min + 60 min + 40 min
	160 : 60 = 2 h Rest 40	= 1 h + 1 h + 40 min
	160 min = 2 h 40 min	= 2 · 1 h + 40 min = 2 h 40 min

Schreibe es auf:

1 SP

In den Sommerferien waren wir in Australien und saßen insgesamt 2 Tage und 3 Stunden im Flugzeug.

Ich habe ausgerechnet, dass wir 541 Minuten mit dem Zug nach Norwegen gefahren sind.

Vergleiche Christinas und Rifats Reisezeiten, indem du beide Zeiten in Stunden umwandelst. Erkläre, worauf du achten musst. Schreibe deine Überlegungen ins Heft.

Übe jetzt:

○ 2
a) Schreibe die ersten acht Vielfachen von 24 und 60 auf.
b) Wandle um.
   in s: 3 min; 6 min; 9 min
   in min: 2 h; 5 h; 10 h
   in h: 3 d; 4 d; 7 d

○ 3 Wandle um.
a) in min: 180 s; 360 s; 540 s; 610 s
b) in h: 120 min; 480 min; 483 min; 600 min
c) in d: 48 h; 96 h; 120 h; 246 h

153

5 Kleine Zeiteinheiten

○ **4** Nennt die Zeiteinheit, in der ihr die Dauer angebt.
a) ein Schultag
b) eine Schulstunde
c) ein 50-m-Sprint
d) eine Flugreise
e) ein Fußballspiel
f) ein Wochenende
g) ein Schulweg
h) ein Foto machen

○ **5** Lara ist 2 h mit dem Zug unterwegs. Sie möchte dabei einen Film anschauen. Sie hat zwei Filme zur Auswahl. Der erste Film dauert 113 min, der zweite Film dauert 131 min. Gib an, welchen Film Lara komplett sehen kann.

○ **6** Schreibe ins Heft.
Wandle in die gleiche Einheit um.
Setze <; = oder > ein.
a) 5 min ☐ 360 s
b) 4 h ☐ 260 min
c) 5 h ☐ 300 min
d) 11 min ☐ 690 s
e) 20 min ☐ 1240 s
f) 50 h ☐ 2 d

◐ **7** Jede Folge von Sandros Lieblingsserie dauert 20 min. Jede Staffel der Serie hat 8 Folgen.
a) Gib an, wie viele Folgen Sandro in einer Stunde sehen kann.
b) Berechne, wie viele Stunden und Minuten eine Staffel insgesamt dauert.

◐ **8**
a) Manche Zeitangaben werden im Alltag in Bruchteilen einer Stunde angegeben. Gib in Minuten an.

 $\frac{1}{2}$ h $\frac{1}{4}$ h $\frac{3}{4}$ h

b) Entscheide, ob die Aussagen richtig sind. Korrigiere falsche Aussagen.

(1) „50 s sind $\frac{1}{2}$ min."
(2) „90 min sind $1\frac{1}{2}$ h."
(3) „15 s sind $\frac{1}{4}$ min."
(4) „72 h sind $3\frac{1}{2}$ d."
(5) „45 min sind $\frac{3}{4}$ h."

◐ **9** Die Klasse 5 c macht einen Wandertag. Die Wanderung dauert $2\frac{1}{4}$ h, die zwei Pausen $\frac{1}{4}$ h und $\frac{1}{2}$ h. Berechne, wie lange die Klasse insgesamt unterwegs ist.

- Externsteine   2 ¾ h
- Hermannsdenkmal   3 ¾ h
- Detmold   5 ¼ h

💡 **7 Tipp**
Eine Folge: 20 min
Zwei Folgen: 2 · 20 min

◐ **7 mehr**
Jede Folge von Sandros Lieblingsserie dauert 20 min. Jede Staffel der Serie hat 8 Folgen. Es gibt 9 Staffeln. Berechne, ob Sandro alle Folgen an einem Wochenende sehen kann.

💡 **8 Tipp**

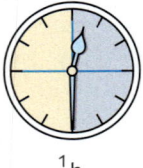   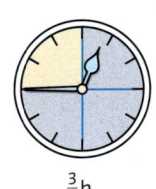

$\frac{1}{2}$ h $\frac{1}{4}$ h $\frac{3}{4}$ h

💡 **9 Tipp**
$\frac{1}{4}$ h + $\frac{1}{4}$ h = 15 min + 15 min = 30 min

○ **9 leichter**
Die Klasse 5 b macht einen Ausflug. Sie wandert 1 h und macht dann $\frac{1}{4}$ h Pause. Danach ist sie noch einmal 30 min unterwegs. Berechne, wie lange die Klasse insgesamt unterwegs ist.

◐ **9 mehr**
Die Klasse 5 a macht einen Ausflug. Sie ist $1\frac{1}{4}$ h unterwegs und macht 20 min Pause. Danach wandert sie noch $2\frac{1}{2}$ h und bleibt 2 h 17 min auf einem Grillplatz. Berechne, wie lange die Klasse insgesamt unterwegs ist.

Kleine Zeiteinheiten

Wähle aus:

10 Eine besondere Uhr

Die Anzeige der Zeit der Berliner Uhr erfolgt durch farbige Felder in Fünfer- und Einerschritten für Stunden und Minuten. Die Zeit kann durch Addition der Werte abgelesen werden.

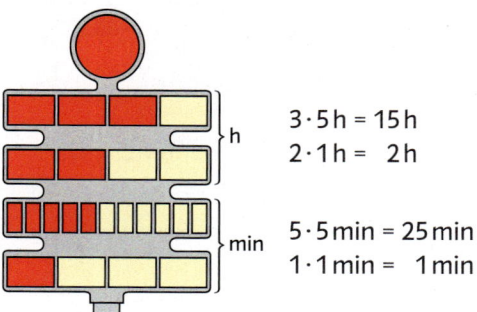

h: 3 · 5 h = 15 h
2 · 1 h = 2 h

min: 5 · 5 min = 25 min
1 · 1 min = 1 min

also: 15 h + 2 h + 25 min + 1 min = 17 h 26 min
= **17:26 Uhr**

a) Erklärt, wie die Uhr funktioniert.
b) Was passiert, wenn die unterste Reihe „voll" ist?
c) Zeichne die Uhrzeiten als Berlin-Uhr in dein Heft.

> 04:32 Uhr   19:03 Uhr   23:23 Uhr

11 Wieso immer 60?

Im antiken Babylonien wurde anders mit den Fingern gezählt, als wir es kennen. Schaut euch das Bild an. Erklärt, wie die Babylonier mit ihren Fingern gezählt haben.
Könnt ihr erklären, wie sie dabei auf „60" gekommen sind?

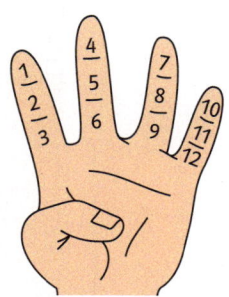

12 Zeit mal anders

In Frankreich gab es früher eine andere Zeiteinteilung. Der Tag von Mitternacht bis Mitternacht wurde in 10 Dezimalstunden geteilt.

Jede Dezimalstunde hatte 100 Minuten, jede Dezimalminute hatte 100 Dezimalsekunden.
a) Berechne, wie viele Dezimalsekunden ein Tag hatte.
b) War die Dezimalsekunde damals länger oder kürzer als die heutige Sekunde? Erkläre.

Gemeinsam sichern:

13

A „Die Zeit rennt."
B „Die Stunde zieht sich wie Kaugummi."
C „Warte mal eine Sekunde."
D „Ich lege mich noch ein Stündchen hin."
E „Ich komme um kurz vor sieben."
F „Die Busfahrt dauert ungefähr eine Stunde."
G „Heute habe ich sechs Stunden Unterricht."

a) Diskutiert, wie die Zeiteinheiten verwendet werden.
b) Kommt es euch manchmal so vor, als ob die Zeit langsamer oder schneller vergeht? Sammelt Beispiele.

14

Sammelt Tipps, um Kian zu helfen.

Oh man, ich verstehe das mit dem Umrechnen von Zeiteinheiten irgendwie noch nicht.

5 Zeitspannen und Zeitpunkte

Entdecke:

A Eileen, Flutra und Kim wollen von Hannover Hbf nach Minden (Westf.) fahren.

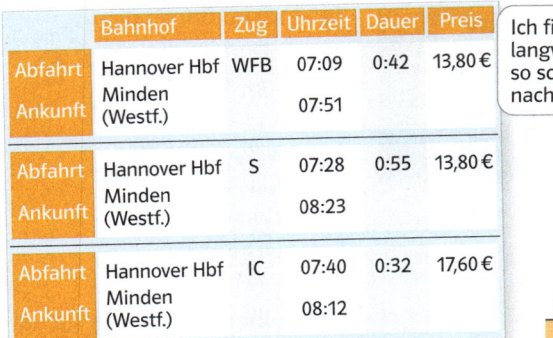

"Ich finde es im Zug langweilig. Ich will so schnell es geht nach Minden."

"Ich will nur nicht früh aufstehen müssen."

"Ich möchte nicht so viel Geld ausgeben."

	Bahnhof	Zug	Uhrzeit	Dauer	Preis
Abfahrt	Hannover Hbf	WFB	07:09	0:42	13,80 €
Ankunft	Minden (Westf.)		07:51		
Abfahrt	Hannover Hbf	S	07:28	0:55	13,80 €
Ankunft	Minden (Westf.)		08:23		
Abfahrt	Hannover Hbf	IC	07:40	0:32	17,60 €
Ankunft	Minden (Westf.)		08:12		

Vergleicht die Westfalenbahn (WFB), die S-Bahn (S) und den Inter-City (IC).
Gebt Eileen, Flutra und Kim eine Empfehlung, welchen Zug sie nehmen sollen. Begründet.

B

	WFB	S1	IC	WFB	S1	IC	WFB
Hannover Hbf		07:09	07:28	07:40	08:09	08:28	08:40	09:09
Hannover-Nordstadt			07:31			08:31		
Hannover-Leinhausen			07:34			08:34		
Letter			07:35			08:37		
Seelze an			07:39			08:39		
Seelze ab			07:40			08:40		
Dedensen-Gümmer			07:44			08:44		
Wunstorf		07:22	07:48		08:22	08:48		09:22
Haste		07:28	07:58		08:28	08:58		09:28
Lindhorst (Schaumb-Lippe)			08:03			09:03		
Stadthagen an		07:36	08:06		08:36	09:06		09:36
Stadthagen ab		07:37	08:07		08:37	09:07		09:37
Kirchhorsten			08:11			09:11		
Bückeburg		07:45	08:16		08:45	09:16		09:45
Minden (Westf) an		07:51	08:23	08:12	08:51	09:23	09:10	09:51

Kevin fährt von Hannover nach Minden. Seine Freundin Melli möchte in Stadthagen zusteigen. Kevin schaut sich die Haltestellen der Züge im Linienfahrplan an.
a) Erklärt, weshalb die beiden nicht IC fahren können.
b) Berechnet, wie lange Melli Zug fährt.

c) Sie entscheiden, die WFB um 07:09 Uhr zu nehmen und kommen um 16:50 Uhr mit der WFB wieder in Hannover am Hauptbahnhof an. Berechnet, wie lange Kevin insgesamt unterwegs ist.

C Welche öffentlichen Verkehrsmittel (= Bus, Bahn, Zug) gibt es bei euch zu Hause? Besorgt euch aktuelle Fahrpläne. Plant gemeinsam Reisewege in eurer Region. Wohin könnte ein Tagesausflug mit eurer Klasse gehen?

5 Zeitspannen und Zeitpunkte

So heißt es:

Zeitspannen und Zeitpunkte
Eine **Zeitspanne** ist ein Zeitabstand, der durch zwei **Zeitpunkte** festgelegt wird.

Zeitpunkt 1: 9:35 Uhr
Zeitpunkt 2: 10:45 Uhr
Zeitspanne: 1h 10min

Nach einem **Zeitpunkt** fragst du mit „wann".

Nach einer **Zeitspanne** fragst du mit „wie lange".

So geht es:

Zeitspanne berechnen

Beispiel: Hilal fährt mit dem Bus um 07:02 Uhr los. Um 08:09 Uhr erreicht Hilal die Haltestelle am Zielort. Wie lange ist Hilal unterwegs?

Rechenweg 1:
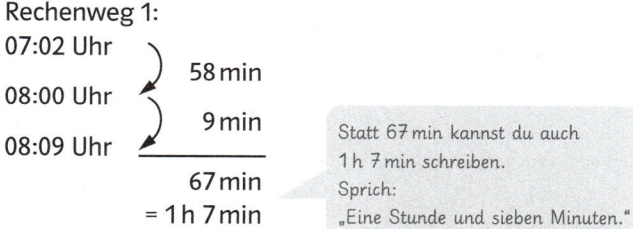

07:02 Uhr
08:00 Uhr   58 min
08:09 Uhr   9 min
―――――――
67 min
= 1 h 7 min

Statt 67 min kannst du auch 1 h 7 min schreiben.
Sprich: „Eine Stunde und sieben Minuten."

Rechenweg 2:
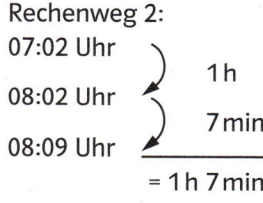

07:02 Uhr
08:02 Uhr   1 h
08:09 Uhr   7 min
―――――――
= 1 h 7 min

Schreibe es auf:

1 SP
a) Erkläre die beiden unterschiedlichen Rechenwege. Welchen würdest du wählen? Begründe.
b) Was ist in diesem Beispiel die Zeitspanne, was sind die Zeitpunkte?

Übe jetzt:

○ **2** Berechne die Zeitspannen.
a) 07:50 Uhr bis 08:20 Uhr

b) 11:05 Uhr bis 11:50 Uhr

c) 05:30 Uhr bis 08:50 Uhr

○ **3** Berechne die Zeitspannen.
a) 09:22 Uhr bis 10:00 Uhr
b) 10:00 Uhr bis 10:43 Uhr
c) 09:22 Uhr bis 10:43 Uhr
d) 14:10 Uhr und 14:55 Uhr
e) 13:45 Uhr und 15:15 Uhr

○ **4** Berechne die Zeitspannen auf zwei verschiedenen Rechenwegen.
a) 09:20 Uhr bis 10:25 Uhr
b) 15:48 Uhr bis 16:49 Uhr
c) 21:05 Uhr bis 23:50 Uhr
d) 23:12 Uhr bis 00:40 Uhr

5 Zeitspannen und Zeitpunkte

○ **5** Die Klasse 5c geht wandern. Um 09:15 Uhr ist sie an diesem Wegweiser. Berechne die Ankunftszeit für die verschiedenen Orte.

○ **6** Berechne die Ankunftszeit.

	Abfahrt	Fahrtdauer
a)	09:35 Uhr	2h 10min
b)	10:50 Uhr	3h 10min
c)	19:40 Uhr	1h 50min

◐ **7** ➕ Emilias Unterricht beginnt um 07:45 Uhr. Sie hat einen 20min langen Schulweg und will 5min vor Unterrichtsbeginn in der Klasse sein. Berechne, wann sie spätestens losgehen muss.

◐ **8** ➕
a) Wie lange dauert die Fahrt mit der S8 von Hagen Hbf bis Düsseldorf Hbf?
b) Du fährst ab Gevelsberg West 17min mit der Bahn. An welcher Haltestelle befindest du dich?
c) 👥 Stellt euch gegenseitig weitere Aufgaben mithilfe des Fahrplans.

Haltestellen S8		Abfahrts-zeiten
Hagen Hbf	ab	08:48
Gevelsberg Hbf		09:01
Gevelsberg West		09:04
Schwelm		09:09
W-Oberbarmen	an	09:15
W-Oberbarmen	ab	09:16
W-Barmen		09:19
W-Unterbarmen		09:21
Wuppertal Hbf	an	09:23
Wuppertal Hbf	ab	09:24
D-Gerresheim		09:50
Düsseldorf Hbf	an	09:56
Düsseldorf Hbf	ab	09:58

◐ **9** ➕ Berechne die Abfahrtszeit.

	Abfahrtszeit	Fahrtdauer	Ankunftszeit
a)	☐	45min	
b)	☐	39min	
c)	☐	1h 25min	
d)	☐	2h 35min	

💡 **7 Tipp**
Überlege zunächst, zu welcher Uhrzeit Emilia in der Klasse sein muss. Rechne dann 20min zurück.

◐ **7 mehr**
Jans Unterricht beginnt um 08:05 Uhr. Er hat einen 15min langen Schulweg. Manchmal holt er sich auf dem Weg noch ein Brötchen bei der Bäckerei. Dann braucht er 10min länger bis zur Schule. Berechne, wann Jan spätestens das Haus verlassen muss.

💡 **8 Tipp**
Schreibe die benötigten Abfahrtszeiten aus dem Fahrplan ab.

○ **8 leichter**
Die S8 fährt um 08:48 Uhr von Hagen Hbf ab und kommt um 09:23 Uhr in Wuppertal Hbf an. Berechne die Fahrtdauer.

💡 **9 Tipp**
Ziehe die Fahrtdauer von der Ankunftszeit ab.

◐ **9 mehr**
Berechne die Abfahrtszeit.

Abfahrtszeit	Fahrtdauer	Ankunftszeit
☐	35min	20:10 Uhr
☐	2:47h	00:03 Uhr

158

5 Zeitspannen und Zeitpunkte

● 10 Eine Wuppertaler Klasse macht einen Ausflug zum Düsseldorfer Aquazoo.
a) Wie lange dauert die Fahrt mit der S8 vom Wuppertaler Hbf bis zum Düsseldorfer Hbf?
b) Die Fahrt vom Düsseldorfer Hbf bis zum Aquazoo dauert 13 min. Die Klasse benötigt bis Wuppertal Hbf 15 min. Dort wartet sie 3 min auf die S8. Am Düsseldorfer Hbf hat sie eine Umsteigezeit von 5 min. Berechne, wie lange die Klasse unterwegs ist.

Haltestellen S8		Abfahrts-zeiten
Wuppertal Hbf	an	09:23
Wuppertal Hbf	ab	09:24
W-Steinbeck		09:26
W-Zool. Garten		09:29
W-Sonnborn		09:30
W-Vohwinkel		09:33
Gruiten		09:37
Erkrath Millrath S		09:40
Hochdahl		09:42
Erkrath		09:46
D-Gerresheim		09:50
Düsseldorf Hbf	an	09:56
Düsseldorf Hbf	ab	09:58

● 11 Gib den Zeitpunkt an.
a) Eine Viertelstunde nach 13:20 Uhr.
b) Eine halbe Stunde vor 18:05 Uhr.
c) Eine Dreiviertelstunde vor 22:12 Uhr.
d) Zweieinhalb Stunden nach 16:00 Uhr.

● 12 SP Daniel wohnt in Hamburg und möchte seine Oma in Bremen besuchen. Sein Zug fährt um 09:48 Uhr vom Hauptbahnhof ab. Daniel ist um 09:17 Uhr an der Bahnhaltestelle. Von dort fahren die U4 und die S1 zum Hauptbahnhof. Die U4 benötigt 25 min, die S1 16 min.

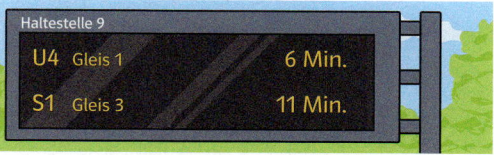

Begründe, mit welcher Bahn Daniel fahren muss, damit er den Zug nach Bremen bekommt.

💡 10 Tipp
Schreibe die benötigten Abfahrtszeiten aus dem Fahrplan ab.

◔ 10 leichter
Eine Wuppertaler Klasse macht einen Ausflug zum Aquazoo.

Weg	Dauer
Schule – Wuppertal Hbf	15 min
Wartezeit am Hbf	5 min
Wuppertal Hbf – Düsseldorf Hbf	32 min
Umsteigezeit	5 min
Düsseldorf Hbf – Aquazoo	13 min

Berechne, wie lange die Klasse insgesamt unterwegs ist.

💡 11 Tipp
- Viertelstunde = 15 min
- Halbe Stunde = 30 min
- Dreiviertelstunde = 45 min

◔ 11 mehr
Gib den Zeitpunkt an.
a) Viereinhalb Stunden vor 13:15 Uhr.
b) Eineinhalb Stunden vor 00:20 Uhr.
c) Eine Dreiviertelstunde nach 11:57 Uhr.

💡 12 Tipp
Daniel muss vor 09:48 am Hauptbahnhof sein. Wann kommt Daniel mit der U4, wann mit der S1 am Hauptbahnhof an?

◔ 12 leichter
Daniel muss um 10:28 Uhr am Bahnhof sein. Er ist um 10:00 Uhr an der Bahnhaltestelle und hat zwei Möglichkeiten.

	U4	S1
Wartezeit	4 min	8 min
Fahrtdauer	25 min	16 min

Entscheide, mit welcher Bahn Daniel fahren muss.

5 Zeitspannen und Zeitpunkte

Wähle aus:

13 Zeitpunkt oder Zeitspanne?

(1) Eine Mathestunde
(2) Das Pausenklingeln
(3) Ein Schuljahr
(4) Der Anpfiff beim Fußball
(5) Eine Busfahrt
(6) Ein Fußballspiel
(7) Die Einschulung
(8) Ein Stopp an einer Haltestelle

a) Entscheide, ob es sich bei den Begriffen um Zeitpunkte oder Zeitspannen handelt.
b) [SP] Welche Begriffe kannst du nur schwer einordnen? Begründe.

14 Reise nach Australien

Ole reist nach Australien. Der Flug nach Sydney dauert 22 h 30 min. Australien liegt in einer anderen Zeitzone. Um 12:00 Uhr in Deutschland ist es in Sydney 22:00 Uhr.
a) Oles Flug startet um 06:15 Uhr. Berechne, um wie viel Uhr Ortszeit (= Uhrzeit in Sydney) Ole landet.
b) [SP] Ole ist um 15:00 Uhr im Hotel. Er ruft seine Eltern an, doch niemand geht ans Telefon. Erkläre, woran Ole nicht gedacht hat.

15 Zeitzonen

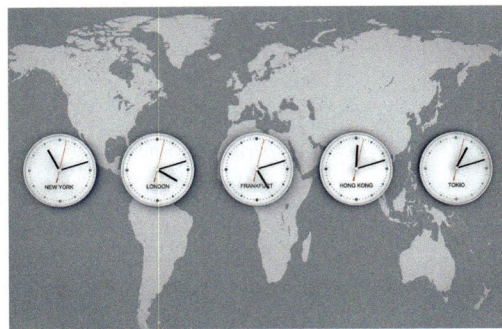

Auf der Welt gibt es verschiedene Zeitzonen. Die Uhrzeit ist zum selben Zeitpunkt in verschiedenen Ländern unterschiedlich. Finde heraus, wie spät es in den Städten ist, wenn es in Deutschland 10:00 Uhr morgens ist.

(1) London
(2) Tokio
(3) Paris
(4) Moskau
(5) Sydney
(6) Kapstadt

Gemeinsam sichern:

16
Frau Lemke erzählt von ihrem Tag: „Morgens muss ich um 05:15 Uhr am Hauptbahnhof in Frankfurt sein. Für den Weg zur Arbeit brauche ich 25 min. Dann habe ich noch etwas Zeit, einen Kaffee zu trinken und den Zug zu überprüfen. Wenn alles okay ist, fahre ich um 05:37 Uhr los. Ich fahre den ICE nach Berlin. Dort komme ich um 09:54 Uhr an. In Berlin habe ich einen Aufenthalt von 1 h 35 min. Danach fahre ich wieder zurück nach Frankfurt und von dort aus direkt nach Hause."

a) Erstellt eine Tabelle mit allen Zeitpunkten und Zeitspannen aus dem Text.

	Startzeitpunkt	Zeitspanne	Endzeitpunkt
Weg zum Frankfurter Hauptbahnhof	☐	25 min	05:15 Uhr
Aufenthalt am Hauptbahnhof	☐	☐	☐

b) Berechnet die fehlenden Angaben.
c) [SP] Wie habt ihr fehlende Startzeitpunkte, Zeitspannen und Endzeitpunkte berechnet? Erklärt euch gegenseitig die verschiedenen Rechnungen.

Große Zeiteinheiten

Entdecke:

A 👀 Laura Dekker ist die jüngste Weltumseglerin aller Zeiten. Sie ist 2010 mit 15 Jahren allein auf ihrem Segelboot „Guppy" einmal um die ganze Welt gesegelt. Auf der Karte sind Lauras Stationen eingezeichnet.

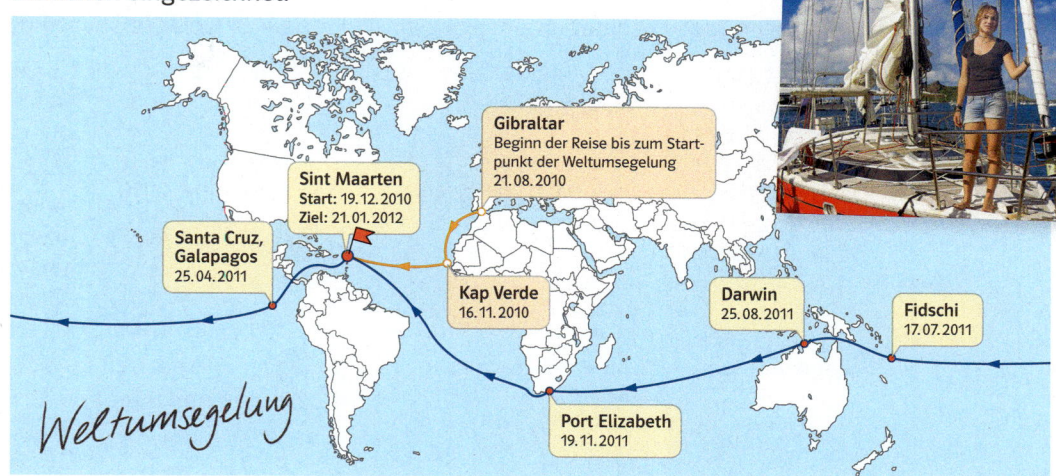

a) Beschreibt, welche Strecke Laura für die Weltumsegelung gewählt hat.
b) Laura startete in Gibraltar. Ihre erste Station war Kap Verde. Bestimmt, wie lange Laura von Gibraltar nach Kap Verde unterwegs war.
c) [SP] Zwischen welchen Stationen war Laura am längsten unterwegs? Erklärt euer Vorgehen.
d) Laura startete und beendete ihre Weltumsegelung in Sint Maarten.
Bestimmt, wie lange sie unterwegs war.
e) Laura hat am 20.09. Geburtstag. Gib an, wo sie ihren Geburtstag 2010 gefeiert hat.

So heißt es:

Große Zeiteinheiten
Eine **Woche** hat 7 Tage.
Ein **Monat** hat 28, 30 oder 31 Tage.
Ein **Jahr** hat 365 Tage.

Jedes vierte Jahr ist ein Schaltjahr.
Ein Schaltjahr hat 366 Tage, weil der Februar 29 statt 28 Tage hat.

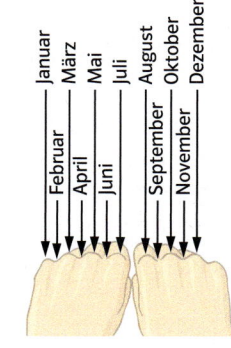

Die Länge der Monate kannst du mithilfe der zu Fäusten geballten Hände ableiten.
Knöchel: 31 Tage,
dazwischen: 30 oder weniger Tage.

5 Große Zeiteinheiten

So geht es:

Anzahl von Tagen bestimmen

Beispiel 1: Achmet war in den Sommerferien vom 18.07. bis zum 07.08. im Urlaub. Berechne, **an wie vielen Tagen** Achmet unterwegs war.

14 Tage + 7 Tage = 21 Tage = 3 Wochen

Es werden alle Urlaubstage gezählt.

Zeitspanne bestimmen

Beispiel 2: Es ist der 18.07. Christian fährt am 07.08. in den Urlaub. Berechne, **wie lange es noch dauert**, bis Christian in den Urlaub fährt.

14 Tage + 6 Tage = 20 Tage
= 2 Wochen und 6 Tage

Du kannst auch fragen, wie oft Christian noch schlafen muss, bis er in den Urlaub fährt.

Schreibe es auf:

1
a) Moritz war vom 09.07. bis zum 02.08. im Urlaub und hat die Dauer berechnet.
23 Tage + 2 Tage = 25 Tage = 3 Wochen und 4 Tage
Erkläre, wie Moritz berechnet hat, an wie vielen Tagen er unterwegs war.
b) Anika sagt am 09.07.: „Ich fahre am 02.08. in den Urlaub. Das sind noch 24 Tage."
Erkläre, wie Anika die Zeitspanne berechnet hat.

Übe jetzt:

○ 2
Mattis: 03.07. – 23.07.
Natascha: 14.07. – 13.08.
Simon: 20.07. – 04.08.

a) Berechne, an wie vielen Tagen die Kinder im Urlaub waren.
b) Gib die Urlaubstage in Wochen an.

○ 3 In welcher Zeiteinheit würdest du die Zeitspanne messen?
a) die Dauer deiner bisherigen Schulzeit
b) die Dauer einer kurzen Krankheit
c) das Alter eines Babys
d) das Alter der Erde
e) die Zeitspanne bis Weihnachten
f) die Dauer der Sommerferien

○ 4 Marie schaut am 05.04. auf ihren Kalender.

a) Gib an, wie lange es noch dauert, bis Marie ihren letzten Schultag vor den Ferien hat.
b) Die Osterferien dauern 16 Tage. Gib das Datum von Maries letztem Ferientag an.

5 Große Zeiteinheiten

5 Notiere das Datum des heutigen Tages.
a) Gib an, welches Datum in 8 Tagen ist.
b) Gib an, welches Datum in 3 Wochen ist.
c) 👥 Stellt euch gegenseitig ähnliche Fragen und berechnet das Datum.

6 Berechne, vor wie vielen Jahren das Ereignis stattgefunden hat.

	Ereignis		Jahr
a)	Einführung des Euro		2002
b)	Erstes Handy mit Kamera		1999
c)	Weltweite Nutzung des Internets		1991
d)	Erfindung der Glühlampe		1879
e)	Erfindung des Buchdrucks		1450

7 ➕ In der Tabelle sind die Schulferien von Niedersachsen (NDS) abgebildet. Berechne die freien Tage insgesamt.

	Sommer	Herbst	Weihnachten	Zeugnis	Ostern
NDS	22.07. – 01.09.	18.10. – 29.10.	23.12. – 07.01.	31.01. – 01.02.	04.04. – 19.04.

8 ➕ Sina ist am 27.09. mit ihrer Familie in Urlaub gefahren. Sie war zwei Wochen und zwei Tage unterwegs. Gib an, an welchem Datum sie wieder zu Hause war.

9 ➕ Thuan hat zu Weihnachten am 24.12. einen einwöchigen Segelkurs geschenkt bekommen. Der Kurs beginnt in der ersten Woche der Osterferien am 03.04.
a) Berechne, wie viele Tage Thuan warten muss, bis der Kurs beginnt.
b) 🆂🅿 Erkläre, wieso die Lösung nicht eindeutig ist.

10 ➕ Bist du schon 5000 Tage alt? Berechne dein heutiges Alter in Tagen.

➕ **7 Tipp**
Berechne die freien Tage der einzelnen Ferien und addiere sie zum Schluss.

9 Tipp
Notiere, wie viele Tage die Monate haben. Ist die Anzahl der Tage immer eindeutig?

7 leichter
Berechne, ob Niedersachsen (NDS) und Nordrhein-Westfalen (NRW) gleich viele freie Tage im Sommer haben.

	Sommer
NDS	22.07. – 01.09.
NRW	05.07. – 17.08.

9 leichter
Seymar hat für ihr gutes Zeugnis am 01.02. einen einwöchigen Segelkurs geschenkt bekommen. Der Kurs beginnt am 03.04. Berechne, in wie vielen Tagen der Kurs beginnt.

8 mehr
Sergey ist zwei Tage vor dem 27.09. in den Urlaub gefahren und war drei Wochen unterwegs. Gib an, an welchem Datum er wieder zu Hause war.

10 mehr
a) Gib an, an welchem Datum du genau 1000 Tage alt warst.
b) Gib an, an welchem Datum du genau 2000 Tage alt warst.

5 Große Zeiteinheiten

Wähle aus:

11 Entdeckungsreise

Christopher Kolumbus war ein Entdecker. Seine längste Reise dauerte vom 25.09.1493 bis zum 11.06.1496.
Berechne, wie lange Kolumbus unterwegs war.

12 Jahreszeiten

Ein Jahr dauert 365 Tage, 5 Stunden, 48 Minuten und 46 Sekunden. Das ist genau die Zeit, welche die Erde für eine Umkreisung der Sonne benötigt.

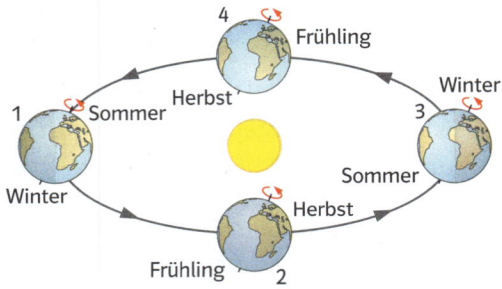

a) [SP] Erkläre mithilfe des Bildes, wodurch der Wechsel von Tag und Nacht entsteht.
b) Wie entstehen Jahreszeiten?
c) Wann sind Nächte lang, wann sind sie kurz? Wann sind Tag und Nacht gleich lang?
d) Erkläre, warum im Sommer am Polarkreis an manchen Tagen die Sonne nicht untergeht.

13 Raumsonden der NASA

Voyager 1 und 2 sind Raumsonden der NASA zur Erforschung des äußeren Planetensystems und des Weltraums.

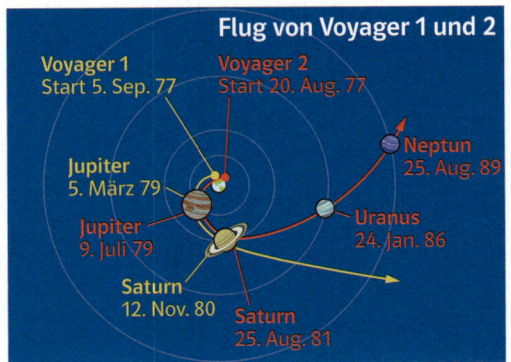

Station	Voyager 1	Voyager 2
Start	05.09.1977	20.08.1977
Vorbeiflug an Jupiter	05.03.1979	09.07.1979
Vorbeiflug an Saturn	12.11.1980	25.08.1981
Eintritt interstellarer Raum	25.08.2012	05.11.2018

a) Berechne die Zeitspannen zwischen den Stationen bei Voyager 1.
b) Wie lange nach Eintritt von Voyager 1 erreichte Voyager 2 den interstellaren Raum? Berechne.
c) [SP] Erkläre mithilfe des Bildes, wieso Voyager 2 langsamer war als Voyager 1.
d) [MK] Finde heraus, was auf den „Golden Records" an Bord von Voyager 1 und 2 gespeichert ist.

Gemeinsam sichern:

14 [SP] Schreibt das Datum des ersten Tages auf, seitdem ihr an dieser Schule seid. Berechnet, wie viele Monate, Wochen und Tage das sind. Beschreibt, wie ihr dabei vorgegangen seid.

15 [SP] Die Angabe „von … bis" wird im Alltag unterschiedlich benutzt. Diskutiert, was man beachten muss.

Rechnung — Hotel Sommer

Anzahl	Beschreibung	MwSt. (%)	Gesamtpreis
1	Doppelzimmer Buchungszeitraum 08.07.–12.07. Preis: 41,00 € pro Pers./Nacht 2 Person(en); 4 Übernachtungen	10	82,00 €
	Summe Übernachtungen		328,00 €

Weg-Zeit-Diagramm

5

Entdecke:

A Tarik, Merisa und Marcel haben ihren Schulweg beschrieben.
Zu jeder Beschreibung gehört ein Schaubild. Erklärt, welches Schaubild zu welchem Kind gehört.
Diese Überlegungen können euch helfen.
- Wie verändert sich das Schaubild, wenn das Tempo schneller oder langsamer wird?
- Wie sieht das Schaubild aus, wenn jemand stehen bleibt?
- Wie kann man darstellen, wenn jemand einen Teil des Weges zurückgeht?

Tarik sagt:
Ich hatte heute genügend Zeit. Nachdem ich ein Stück gegangen bin, sah ich Tai in einem Bücherladen. Ich habe auf ihn gewartet. Wir sind zusammen zur Schule gelaufen. So konnten wir noch Tischtennis spielen, bevor die erste Stunde begann.

Schaubild A:
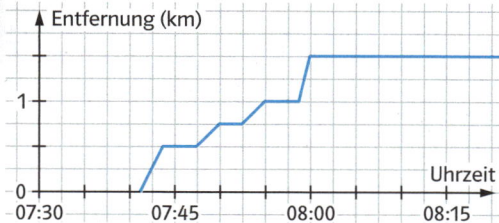

Merisa sagt:
Ich hatte heute Morgen Pech. Ich hatte mein Sportzeug zu Hause vergessen. Darum bin ich noch einmal zurückgelaufen und habe es geholt. Deshalb bin ich zu spät zur ersten Stunde gekommen.

Schaubild B:
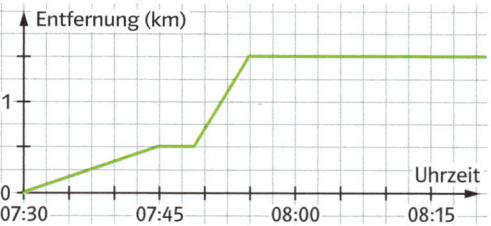

Marcel sagt:
Ich habe heute Morgen verschlafen, darum musste ich den ganzen Schulweg rennen. Ärgerlicherweise standen alle drei Fußgängerampeln auf Rot. Gerade rechtzeitig zu Schulbeginn um 8:00 Uhr war ich in der Schule.

Schaubild C:
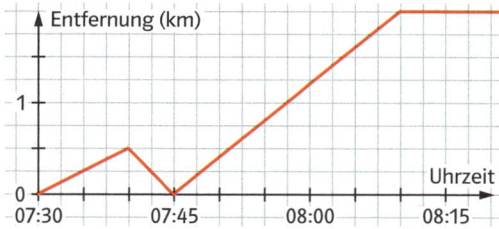

5 Weg-Zeit-Diagramm

B 👀 📱 Lara und Nuri wohnen in der Straße, in der auch ihre Schule ist. Das Schaubild zeigt ihre Schulwege. Nehmt für Lara einen Radiergummi und für Nuri einen Anspitzer.

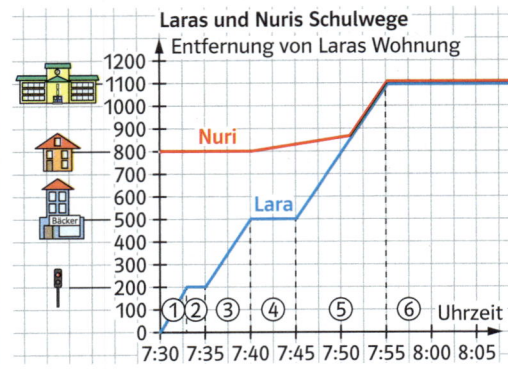

a) Spielt Laras Schulweg nach. Bewegt den Radiergummi passend zu den Zeitspannen ① bis ⑥ aus dem Schaubild. Diskutiert was „passend" bedeutet.

b) Spielt nun die Schulwege von Lara und Nuri nach. Ein Kind bewegt Laras Gegenstand, ein Kind bewegt Nuris Gegenstand. Was macht Lara und was macht Nuri in den Zeitspannen ① bis ⑥? Diskutiert.

So heißt es:

Ein **Weg-Zeit-Diagramm** zeigt, in welcher Zeit ein Weg zurückgelegt wird.

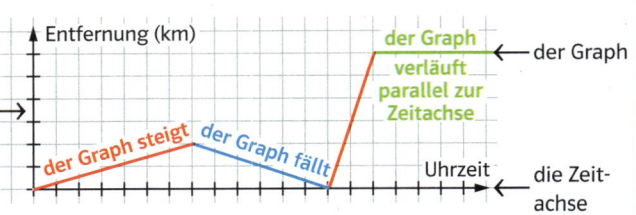

So geht es:

Zeitpunkte und Entfernungen ablesen

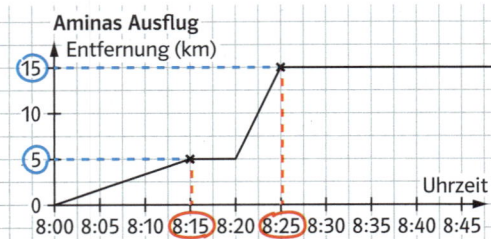

Um **8:15 Uhr** ist Amina **5 km** von ihrem Startpunkt entfernt.
Um **8:25 Uhr** ist Amina **15 km** von ihrem Startpunkt entfernt.

Zeitspannen und Wegstrecken ablesen

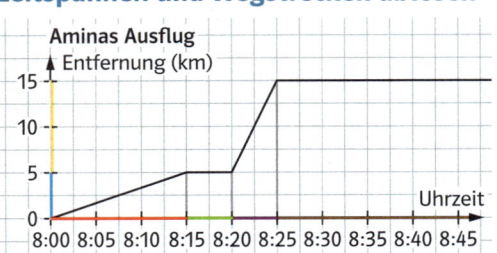

- Amina fährt in **15 min** eine Wegstrecke von **5 km**.
- Amina wartet **5 min**.
- Amina fährt in **5 min** eine Wegstrecke von **10 km**.
- Amina ist **angekommen**.

Weg-Zeit-Diagramm 5

Schreibe es auf:

1 Das Weg-Zeit-Diagramm zeigt Komans Reiseweg mit dem Zug.

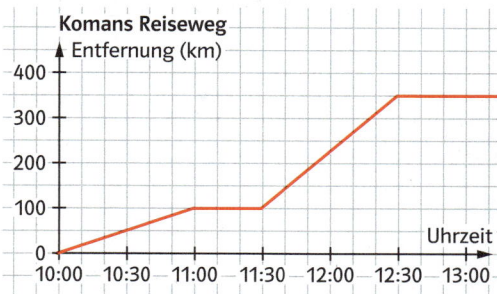

a) Wie viele Kilometer hat Koman bis 11:00 Uhr zurückgelegt?
Beschreibe, wie du das aus dem Diagramm abliest.
b) Koman ist mit zwei unterschiedlich schnellen Zügen gereist.
Erkläre, woran du das im Diagramm erkennst.
c) Was könnte Koman zwischen 11:00 Uhr und 11:30 Uhr gemacht haben?
Erkläre, wie du das erkennst.

Übe jetzt:

2 Kens Schulweg

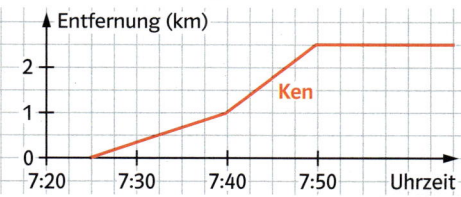

a) Wann geht Ken los?
b) Wann kommt Ken in der Schule an?
c) Wie lang ist Kens Schulweg?
d) Wie viel Zeit benötigt er bis zur Schule?
e) Wann beginnt Ken schneller zu gehen?

3 Emil hat am Wochenende einen Ausflug gemacht. Er hat seinen Reiseweg in einem Diagramm dargestellt.

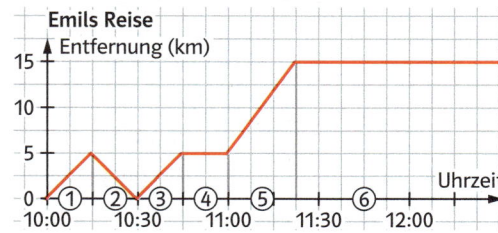

a) Gib für jeden Abschnitt an, wie viele Kilometer Emil von zu Hause entfernt ist.
b) Beschreibe, was Emil in den einzelnen Abschnitten gemacht haben könnte.

4 Ordne den Graphen die Fortbewegungsarten zu.

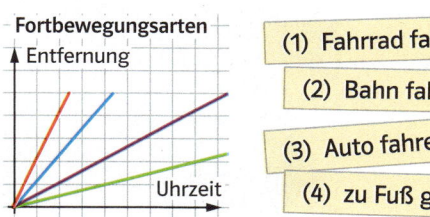

(1) Fahrrad fahren
(2) Bahn fahren
(3) Auto fahren
(4) zu Fuß gehen

5 Emma fährt mit dem Bus zum Schwimmbad.

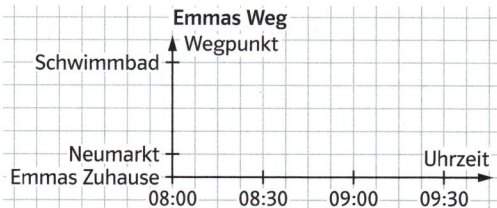

Übertrage das Koordinatensystem in dein Heft. Zeichne den Graphen ins Koordinatensystem ein.
1 Um 08:00 Uhr verlässt Emma das Haus und geht zur Haltestelle Neumarkt. Dort kommt sie um 08:15 Uhr an.
2 Am Bahnhof wartet Emma eine viertel Stunde auf ihren Bus.
3 Um 08:30 Uhr steigt Emma in den Bus und kommt um 09:15 Uhr am Schwimmbad an.

5 Weg-Zeit-Diagramm

○ 6

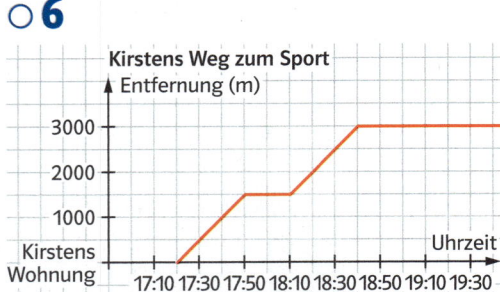

Übertrage die Tabelle in dein Heft. Ergänze die fehlenden Werte.

	Uhrzeit	Entfernung zu Kirstens Wohnung
a)	17:20 Uhr	▪
b)	▪	500 m
c)	17:50 Uhr	▪
d)	18:00 Uhr	▪
e)	▪	2000 m
f)	19:00 Uhr	▪

● 7 +

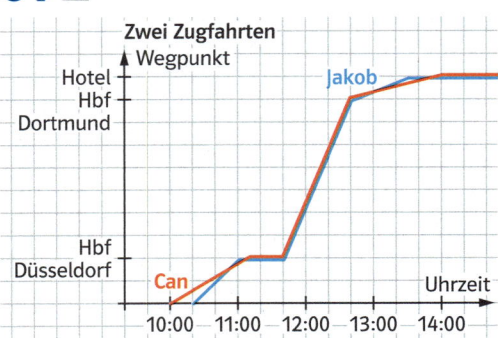

Jakob und Can sind mit dem Zug nach Dortmund gefahren. Entscheide, ob die Aussagen richtig sind. Korrigiere falsche Aussagen.

A: Can hat sich vor Jakob auf den Weg gemacht.

B: Can hat um 11:00 Uhr den Hbf Düsseldorf erreicht.

C: Jakob ist mit dem schnellen ICE nach Dortmund gefahren, Can mit der langsameren Regionalbahn.

D: Um 12:40 Uhr sind beide am Hbf in Dortmund angekommen.

E: Beide sind gleichzeitig im Hotel angekommen.

+ 7 Tipp
Der blaue Graph beschreibt Jakobs Weg, der rote Cans.

○ 7 leichter

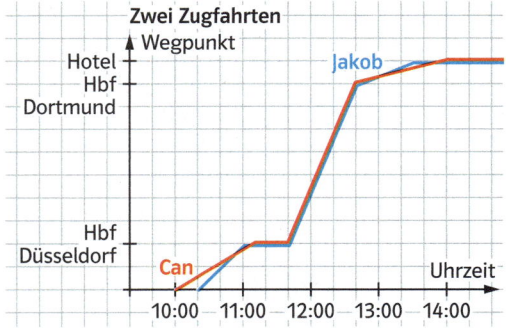

a) Wann hat sich Can auf den Weg gemacht?
b) Wann ist Jakob am Hbf Düsseldorf angekommen?
c) Wo befinden sich Can und Jakob von 11:40 bis 12:40 Uhr?

8

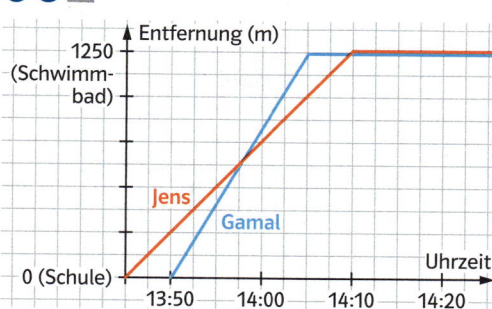

a) [SP] Erkläre, worum es in dem Diagramm gehen könnte.
b) [SP] Begründe, wer schneller gegangen ist.
c) Berechne, wie viel Zeit Jens und wie viel Zeit Gamal benötigt hat.
d) Gib an, wann Gamal Jens überholt hat.

9

Nadine verlässt um 09:30 Uhr das Haus. Sie geht 2 km ohne anzuhalten im gleichen Tempo. Um 10:00 Uhr kommt sie am Bahnhof an. Erstelle ein Weg-Zeit-Diagramm. Beantworte dafür zunächst die Fragen.
- Wie viele Kästchen sollen 10 Minuten auf der Zeitachse entsprechen?
- Wie viele Kästchen sollen einem Kilometer auf der Wegachse entsprechen?
- Welche Uhrzeit steht am Nullpunkt?

8 mehr

Fatima ist mit ihrer Familie auf der Autobahn gefahren. Sie haben mehrfach einen Lkw überholt.

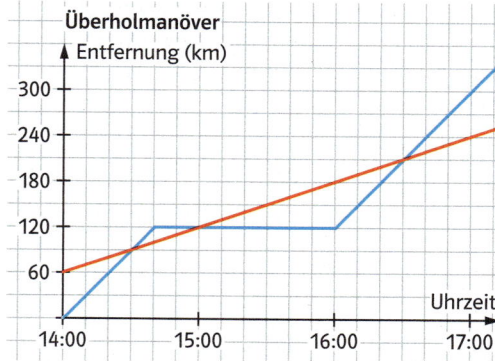

a) [SP] Gib an, welcher Graph zu dem Lkw gehört. Begründe.
b) Notiere alle Zeitpunkte, an denen Fatimas Familie den Lkw überholt hat.

9 Tipp

Wähle auf der Zeitachse zwei Kästchen für 5 Minuten und auf der Wegachse zwei Kästchen für einen km.

9 mehr

Björn geht um 07:30 Uhr los zur Schule. Er muss um 08:00 Uhr da sein. Er geht die 2 km normalerweise in 30 min.
Heute trifft er nach der Hälfte des Weges eine Freundin und bleibt 5 Minuten stehen. Danach muss er rennen. Zeichne beide Wege von Björn in ein Weg-Zeit-Diagramm.

5 Weg-Zeit-Diagramm

● 10 ➕ Sara wohnt 1,6 km vom Bahnhof entfernt. Wenn sie normal geht, braucht sie für 400 Meter 5 Minuten.

Uhrzeit	Entfernung (m)
07:20	0
	400
	800
	1200
	1600

a) Übertrage die Tabelle in dein Heft. Ergänze fehlende Werte.
b) Zeichne den Verlauf ihres Wegs in ein Weg-Zeit-Diagramm. Wähle dabei passende Abstände auf den Achsen.

● 11 SP ➕ Sascha ist diese Woche jeden Tag zu Fuß zur Schule gegangen. Im Diagramm sind die Schulwege für Montag und Dienstag abgebildet.
Schreibe zu den beiden Tagen eine Geschichte, die zu den Graphen passt.

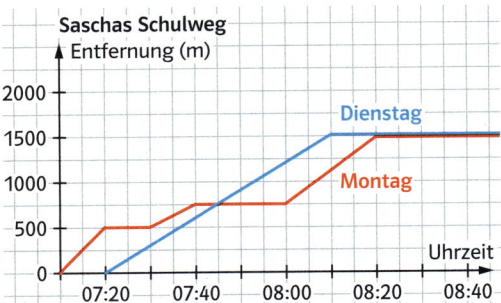

💡 **10 Tipp**
Wähle beim Zeichnen 1 cm für die Einteilung auf der Weg- und auf der Zeitachse.

● **10 mehr**
Wenn Selim spät dran ist, muss er schnell zum 1,8 km entfernten Bahnhof laufen. Er schafft 600 m in 5 min.
a) Erstelle eine Tabelle.
b) Zeichne den Weg in ein Weg-Zeit-Diagramm.

💡 **11 Tipp**
Sascha hat am Montag auf dem Weg zur Schule zwei Pausen gemacht. Was könnte er in den Pausen gemacht haben?

Wähle aus:

● 12 Deine Reise
Im Alltag sind wir oft unterwegs. Denke an deine letzte Reise, einen Ausflug oder einen Besuch.
a) Erstelle ein Weg-Zeit-Diagramm zu dieser Reise.
Überlege,
• wo du gestartet bist,
• wo du Pausen gemacht hast,
• wo du angekommen bist,
• wie lange du für welche Strecke gebraucht hast.
Wähle günstige Achseneinteilungen.
b) Schreibe eine kurze Geschichte passend zu deinem Diagramm.

● 13 Welche Sportart?
Zu jedem Diagramm lässt sich eine passende Geschichte finden.
a) Zu welcher Mannschaftssportart könnte das Diagramm passen?

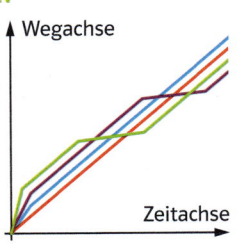

b) Erstelle Diagramme zu den Sportarten.

- Staffellauf
- Autorennen
- Hürdenlauf
- Weitsprung

c) 👥 Zeichnet Diagramme und erzählt euch gegenseitig Geschichten dazu.

5 Weg-Zeit-Diagramm

● 14 [SP] Geschwindigkeit

Diagramme müssen nicht immer Weg und Zeit darstellen.
In diesem Diagramm wird die Geschwindigkeit von Autos dargestellt.
Ordne den Graphen (1) und (2) das passende Bild A oder B zu. Begründe.

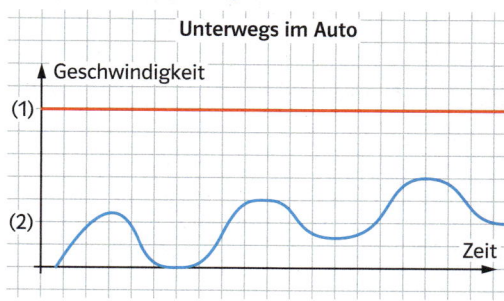

Gemeinsam sichern:

15

a) Elli ist oft spät dran.
Sie hat ein Weg-Zeit-Diagramm gezeichnet, um zu zeigen, wie schnell sie rennt.
Entscheidet, ob Ellis Diagramm so richtig ist. Begründet eure Entscheidung.

b) Erfindet zu den Weg-Zeit-Diagrammen passende Geschichten. Begründet, warum dies nicht bei allen Diagrammen möglich ist.

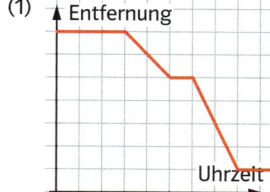
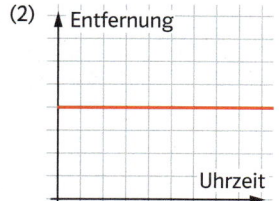
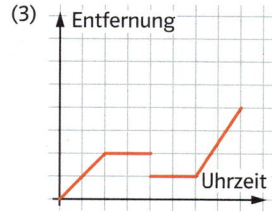

16

Das Weg-Zeit-Diagramm zeigt den Schulweg von Jana und Steffen.
Steffen: „Im Diagramm sieht man, dass der Bus fast die ganze Zeit bergauf gefahren ist."
Jana: „Ich glaube, du hast da etwas falsch verstanden, Steffen …"
Wie geht Janas Antwort weiter? Erklärt.

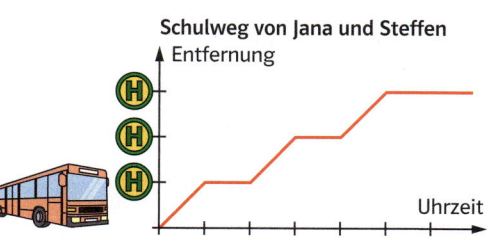

5

Zeiteinheit	Kurzform	Zeiteinheiten umwandeln
Tag	d	1 d = 24 h
Stunde	h	1 h = 60 min
Minute	min	1 min = 60 s
Sekunde	s	1 s

ein Augenblick

Ich kann kleine Zeiteinheiten umwandeln und mit ihnen rechnen.

Stopp.

Warte mal 'ne Sekunde!

Zeit

Wie lange dauert es noch?

APRIL

Montag	Dienstag	Mittwoch	Donnerstag	Freitag	Samstag	Sonntag
28	29	30	31	1	2	3
4	5	6	7	8	9	10
11	12	13	14	15	16	17
18	19	20	21	22	23	24
25	26	27	28	29	30	1

Ferien

Ich kann mit großen Zeiteinheiten umgehen.

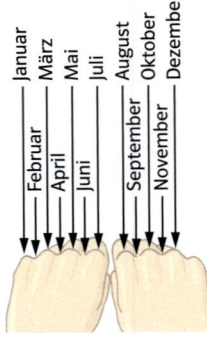

Januar, Februar, März, April, Mai, Juni, Juli, August, September, Oktober, November, Dezember

Unsere Praxis ist geschlossen
von: **19. Juni**
bis: **02. Juli**
Wir freuen uns, Sie danach wieder bei uns begrüßen zu können.

An wie vielen Tagen?

Auf einen Blick 5

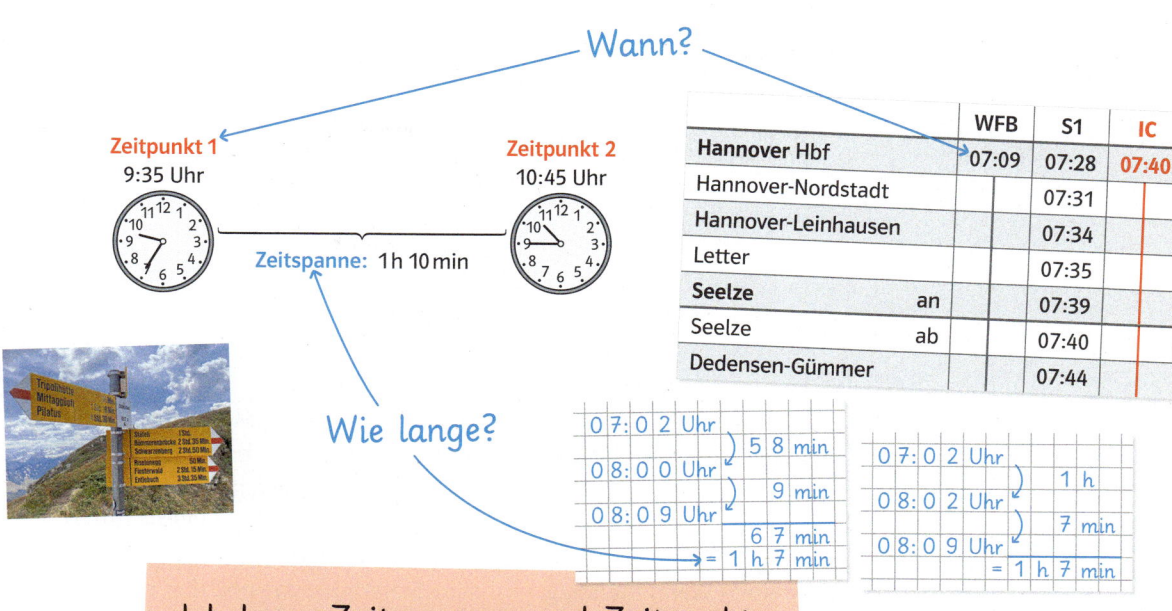

Ich kann Zeitspannen und Zeitpunkte erkennen und bestimmen.

Ich kann mit Weg-Zeit-Diagrammen umgehen.

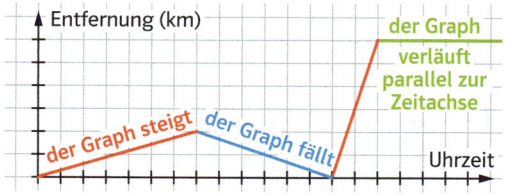

1
a) Zu welchen Kompetenzen passt das Kärtchen? Ordnet zu und erklärt eure Zuordnung.

| Wegstrecke | Zeitdauer | stundenlang | Fahrplan |
| Wegachse | Zeitachse | Schulweg | Schaltjahr |

b) Denkt euch zu jeder Kompetenz eine Skizze oder weitere passende Stichwörter aus.
c) Stellt euch gegenseitig eure Skizzen und Stichwörter vor. Findet heraus, zu welcher Kompetenz sie passen.

2
Teilt euch die Kompetenzen auf.
a) Denkt euch Aufgaben zu euren Kompetenzen aus. Erstellt Lösungen dazu.
b) Löst gegenseitig eure Aufgaben und kontrolliert sie.

5 Kapiteltraining

Ich kann kleine Zeiteinheiten umwandeln und mit ihnen rechnen.

Nachschauen kannst du auf den Seiten 152–155.

1 Wandle um.
a) 4 min = ☐ s
b) $\frac{1}{4}$ h = ☐ min
c) 120 s = ☐ min
d) 72 h = ☐ d

2 Die Klasse 5c macht einen Wanderausflug. Die erste Etappe dauert 70 min, die zweite $1\frac{1}{2}$ h und die dritte 40 min. Berechne, wie viele Stunden und Minuten die Klasse wandert.

3 Die Klasse 5d macht einen Wanderausflug. Die Wanderung soll insgesamt $4\frac{1}{2}$ h dauern. Die erste Etappe dauert 50 min, die zweite $1\frac{3}{4}$ h und die dritte 40 min. Zwischen zwei Etappen soll eine Pause gemacht werden. Erstelle zwei Möglichkeiten für die Dauer der beiden Pausen.

Ich kann Zeitspannen und Zeitpunkte erkennen und bestimmen.

Nachschauen kannst du auf den Seiten 156–160.

4 Die Zugfahrt von Hildesheim nach Oldenburg dauert 2 h 36 min. Milla fährt um 14:45 Uhr aus Hildesheim los. Berechne, wann Milla in Oldenburg ankommt.

5 Der IC fährt in beide Richtungen.
a) Bestimme die Fahrzeit von Hagen nach Bielefeld.
b) Bestimme die Fahrzeit von Bielefeld nach Wuppertal.
c) Kai fährt um 17:46 Uhr von Bielefeld nach Dortmund. Gib an, wann er ankommt.

Wuppertal Hbf	10:42 Uhr
Hagen	10:59 Uhr
Dortmund	11:27 Uhr
Hamm	11:45 Uhr
Bielefeld	12:10 Uhr

6 Jedes Jahr zur Zeit der Messe setzt die Bahn Sonderzüge nach Hannover ein.

Haltestellen Messeblitz		Abfahrtszeiten
Aachen Hbf	ab	06:30
Herzogenrath		06:43
Mönchengladbach Hbf		07:12
Neuss Hbf		07:23
Düsseldorf Hbf		07:38
Duisburg Hbf		07:59
Essen Hbf		08:16
Bochum Hbf		08:28
Dortmund Hbf		08:42
Hamm (Westfalen)		09:01
Hannover (Messebahnhof)	an	10:46

a) Wie lange ist der *Messeblitz* von *Aachen Hauptbahnhof (Hbf)* bis zum *Messebahnhof* in Hannover unterwegs?
b) In Aachen fährt der Zug erst um 07:42 Uhr ab. Claudia will um 08:45 Uhr in Düsseldorf sein. Schafft sie das noch?
c) Welche ist die kürzeste, welche die längste Fahrzeit zwischen zwei Bahnhöfen?

Ich kann mit großen Zeiteinheiten umgehen.

Nachschauen kannst du auf den Seiten 161–164.

7 Am 27.01. sagt Leandra: „Cool, in 12 Tagen habe ich schon Geburtstag." Gib an, an welchem Datum Leandra Geburtstag hat.

JANUAR								FEBRUAR						
M	D	M	D	F	S	**S**		M	D	M	D	F	S	**S**
					1	**2**			1	2	3	4	5	**6**
3	4	5	6	7	8	**9**		7	8	9	10	11	12	**13**
10	11	12	13	14	15	**16**		14	15	16	17	18	19	**20**
17	18	19	20	21	22	**23**		21	22	23	24	25	26	**27**
24	25	26	27	28	29	**30**		28						
31														

8 Johanna sagt am 27.06.: „Bei mir dauert es noch 5 Wochen und 6 Tage, bis ich 12 werde." Berechne Johannas Geburtstag mit Geburtsjahr.

9 [SP] Leandra hat am 08.02. Geburtstag. Hilal hat am 09.03. Geburtstag. Leandra fragt Hilal: „Wenn du Geburtstag hättest, wie viele Tage sind es dann, bis ich wieder Geburtstag habe?" Berechne. Erkläre, wie du vorgehst.

Ich kann mit Weg-Zeit-Diagrammen umgehen.

Nachschauen kannst du auf den Seiten 165–171.

○ 10 Das Weg-Zeit-Diaramm zeigt den Weg eines Zugs von Bielefeld nach Braunschweig.

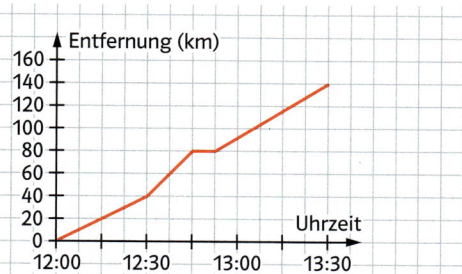

a) Wie viele Kilometer ist der Zug nach 30 min gefahren?
b) Wann hat der Zug 140 km zurückgelegt?
c) Wann wurde der Zug schneller?
d) Wie lange hat der Zug gehalten?

◐ 11 SP Das Weg-Zeit-Diagramm zeigt die Fahrt eines Zugs von Bielefeld nach Braunschweig.

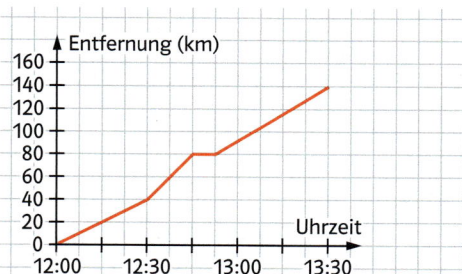

Beschreibe die Fahrt des Zugs möglichst genau.

◐ 12

Uhrzeit	Entfernung (km)
13:20	0
13:40	3
13:45	3
14:00	4

a) Erstelle mithilfe der Angaben ein Weg-Zeit-Diagramm.
b) Erfinde eine Geschichte zu dem Diagramm.

● 13 Ein Bus fährt von Bielefeld nach Braunschweig. Der Bus startet um 12:00 Uhr. Im Stadtverkehr legt er in den ersten 15 min 5 km zurück. Danach braucht er 15 min, um 10 km zu fahren. Nach 80 km hält der Bus, um weitere Fahrgäste mitzunehmen. Zeichne ein passendes Weg-Zeit-Diagramm.

● 14 Erstelle ein Weg-Zeit-Diagramm zu deinem Schulweg.

Alles im Blick

Nachschauen kannst du auf den Seiten 172, 173, 176.

● 15 Ein Zug (TGV) fährt täglich von Mannheim nach Straßburg.

Fahrplan TGV	
Mannheim Hbf	ab 17:38
Karlsruhe Hbf	an 18:03
Karlsruhe Hbf	ab 18:05
Straßburg	an 18:47

a) Bestimme mithilfe des Fahrplans, wie lange die Zugfahrt dauert.
b) Herr Kowalski ist Zugführer und fährt die Strecke Mannheim-Straßburg 20-mal im Monat hin und zurück. Berechne, wie viel Zeit er in einem Monat auf der Strecke Mannheim-Straßburg verbringt.

c) Von Mannheim nach Karlsruhe sind es 60 km, von Karlsruhe nach Straßburg 80 km. Zeichne ein Weg-Zeit-Diagramm.

5 Kompakt

Kleine Zeiteinheiten

Zeiteinheit	Kurzform	Zeiteinheiten umwandeln
Tag	d	1 d = 24 h
Stunde	h	1 h = 60 min
Minute	min	1 min = 60 s
Sekunde	s	1 s

Umwandeln von Zeiteinheiten

Beispiel 1: Wandle in die kleinere Zeiteinheit um.
5 h = 5 · 60 min = 300 min

Beispiel 2: Wandle in die größere Zeiteinheit um.
Rechenweg 1: 190 s   = ☐ min
 190 : 60 = 3 Rest 10
 190 s   = 3 min 10 s
Rechenweg 2: 190 s = 60 s + 60 s + 60 s + 10 s
 = 1 min + 1 min + 1 min + 10 s
 = 3 min 10 s

Zeitspannen und Zeitpunkte

Eine **Zeitspanne** ist ein Zeitabstand, der durch zwei **Zeitpunkte** festgelegt wird.

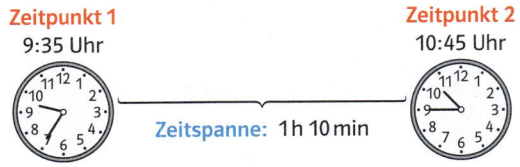

Beispiel: Berechne die Zeitspanne von 13:33 Uhr bis 14:41 Uhr.

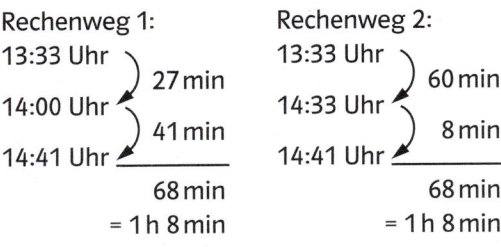

Große Zeiteinheiten

Eine Woche hat 7 Tage.
Ein Monat hat 28, 30 oder 31 Tage.
Ein Jahr hat 365 Tage.
Jedes vierte Jahr ist ein Schaltjahr.

Beispiel 1: Bestimme die Anzahl von Tagen.
Anzahl von Tagen: 6 Tage

Beispiel 2: Bestimme die Zeitspanne.
Zeitspanne: 5 Tage

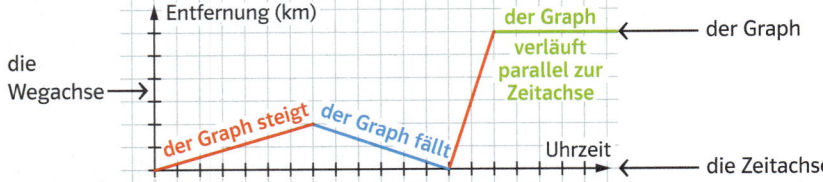

Weg-Zeit-Diagramm

Ein **Weg-Zeit-Diagramm** zeigt, in welcher Zeit ein Weg zurückgelegt wird.

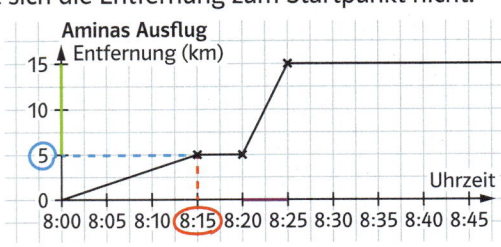

Wenn der Graph **stärker steigt**, bewegt man sich schneller vom Startpunkt weg.
Wenn der Graph **fällt**, bewegt man sich auf den Startpunkt zu.
Wenn der Graph **parallel zur Zeitachse** verläuft, ändert sich die Entfernung zum Startpunkt nicht.

Zeitpunkte und Entfernungen ablesen
Beispiel 1: Um **8:15 Uhr** ist Amina **5 km** von ihrem Startpunkt entfernt.

Zeitspannen und Wegstrecken ablesen
Beispiel 2: Von **8:20 Uhr** bis **8:25 Uhr** hat sich Amina **10 km** von ihrem Startpunkt entfernt.

Test 5

Test A:

1 Wandle um.
a) 2 h = ☐ min
b) 600 min = ☐ h
c) 500 s = ☐ min ☐ s
d) 72 h = ☐ d
e) $1\frac{1}{4}$ h = ☐ min
f) $2\frac{1}{2}$ min = ☐ s

2 Berechne die Zeitspanne oder den Zeitpunkt.

	Zeitpunkt 1	Zeitspanne	Zeitpunkt 2
a)	09:05 Uhr	☐	10:40 Uhr
b)	14:55 Uhr	☐	17:25 Uhr
c)	18:47 Uhr	23 min	☐
d)	☐	55 min	13:30 Uhr

Kontrolliere deine Ergebnisse S. 292.

3 Heute ist Steffis Geburtstag. Berechne, in wie vielen Tagen Lisa Geburtstag hat.

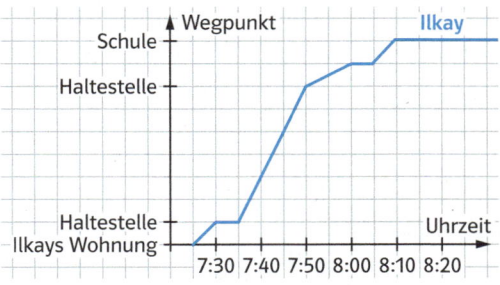

Steffi 19.07.   Lisa 28.09.

4 Ilkays Schulweg

a) Um wie viel Uhr hat Ilkay die Wohnung verlassen?
b) Um wie viel Uhr ist Ilkay in der Schule angekommen?
c) Was hat Ilkay um 7:45 Uhr gemacht?

5 Erstelle ein Weg-Zeit-Diagramm. Wähle 2 cm für 30 min auf der Zeitachse und 2 cm für einen Kilometer auf der Wegachse.

Uhrzeit	09:30	10:00	11:00
Entfernung (km)	0	1	4

Test B:

1 Finde die Fehler. Korrigiere.
a) 3 min = 300 s
b) 2 h = 48 d
c) 180 s = 3 min
d) $1\frac{1}{2}$ d = 90 h
e) 96 h = 4 d
f) 360 s = 5 min 40 s

2 Berechne die fehlenden Angaben.

	21.01.	21.03.	21.07.
Sonnenaufgang	08:35 Uhr	06:27 Uhr	☐
Sonnenstunden	☐	12 h 27 min	16 h 20 min
Sonnenuntergang	17:00 Uhr	☐	21:40 Uhr

3 Aylin sagt: „Cool, ich habe in 4 Wochen und 3 Tagen Geburtstag."
Gib an, an welchem Datum Aylin das sagt.

Aylin 19.01.

5 Test

● 4 **Ilkays Schulweg**

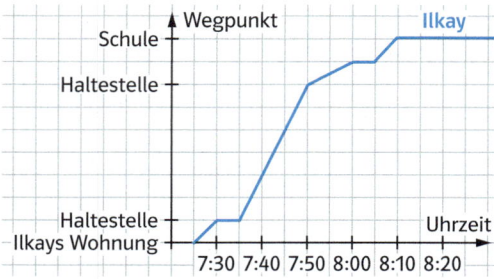

a) Wie lange war Ilkay unterwegs?
b) Wie lange hat Ilkay insgesamt gewartet?
c) Was könnte Ilkay von 7:50 Uhr bis 8:00 Uhr gemacht haben?

Kontrolliere deine Ergebnisse S. 292.

● 5 Erstelle ein Weg-Zeit-Diagramm.

Uhrzeit	Entfernung (km)
09:30	0
10:00	1
10:45	1
11:00	10

Test C:

● 1 Wandle um.
a) 2 d = ▢ min
b) 4 h = ▢ s
c) 4200 min = ▢ d ▢ h
d) 7260 s = ▢ h ▢ min
e) 1 d = ▢ s
f) 2 h 4 min = ▢ s

● 2 Berechne den Zeitpunkt oder die Zeitspanne.
a) 35 min vor 03:17 Uhr
b) eine $\frac{3}{4}$ h nach 21:48 Uhr
c) 2 h 35 min vor 18:35 Uhr
d) 5 h 12 min nach 23:50 Uhr
e) 03:23 Uhr bis 16:11 Uhr

● 3 Im Jahr 2022 wird Aiko 11 Jahre, Jojo 12 Jahre alt.
a) Berechne, in welchem Jahr Aiko und in welchem Jahr Jojo geboren wurde.
b) Gib an, wie viele Jahre, Monate und Tage Jojo alt war, als Aiko geboren wurde.

Aiko 14.09.   Jojo 13.08.

● 4 **Zwei Schulwege**

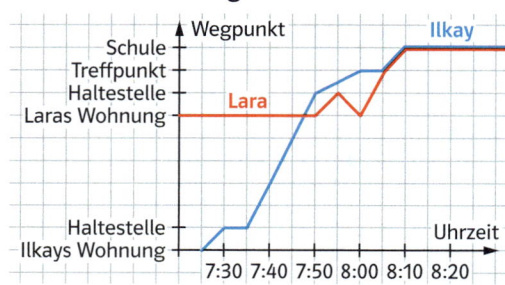

a) Wann haben Ilkay und Lara ihre Wohnungen verlassen?
b) Wie lange ist Ilkay unterwegs, bis sie Lara trifft?
c) Was könnte Lara von 7:50 Uhr bis 8:00 Uhr gemacht haben?

● 5 Erstelle ein Weg-Zeit-Diagramm passend zur Geschichte.

Johann und Malta gehen in die gleiche Klasse. Johann geht jeden Morgen um 07:30 Uhr aus dem Haus und läuft 500 m bis zur Bushaltestelle. Er benötigt dazu 10 min. An der Bushaltestelle muss er 5 min auf den Bus warten. Nach 10 min Busfahrt kommt Johann am Busbahnhof in 4 km Entfernung an und wartet dort 5 min auf Malta. Malta muss erst um 07:55 Uhr los. Malta wohnt 250 m vom Busbahnhof entfernt und benötigt für die Strecke 5 min.
Gemeinsam gehen die beiden die letzten 10 min zusammen zur Schule. Die Schule ist 500 m vom Busbahnhof entfernt.

Kontrolliere deine Ergebnisse S. 293.

Geometrische Körper | Verpackt

6

In diesem Kapitel lernt ihr,
- wie ihr geometrische Körper erkennt und benennt,
- wie geometrische Körper beschrieben werden,
- was das Netz eines Körpers ist,
- wie ihr Körpernetze erkennt und vervollständigt,
- wie ihr überprüft, ob Geraden parallel oder senkrecht zueinander liegen,
- wie ihr Eigenschaften besonderer Vierecke erkennt und benennt,
- wie ihr Schrägbilder eines Körpers zeichnet.

6 Check-in

1 ➕ **Ich kann die Lage zweier Gegenstände beschreiben.**
Beschreibe, wie der Würfel und der Steckbaustein zueinander liegen.
Nutze diese Wörter.

vor   über   neben   hinter   unter

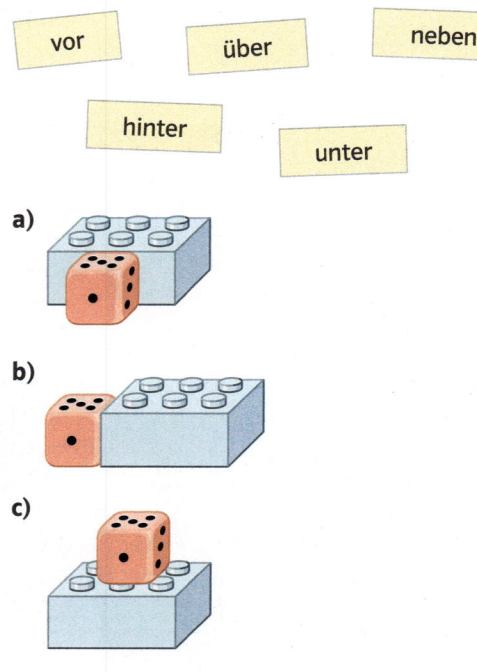

a)
b)
c)

2 ➕ **Ich kann gerade Linien zeichnen.**
a) Zeichne mit Lineal und Bleistift eine gerade Linie in dein Heft.
b) Die Kinder sollten eine gerade Linie zeichnen. Gib ihnen Tipps fürs Zeichnen.

Lotta
Henni
Luis
Joana

3 ➕ **Ich kann ein Geodreieck beschriften.**
Ordne die Beschriftungen richtig zu.

Grundseite mit Längenskala   Mittellinie   Nullpunkt   Winkelskala   parallele Hilfslinien

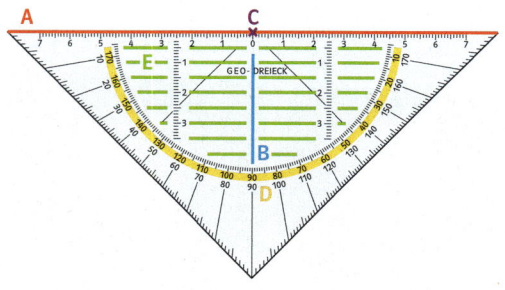

Kontrolliere deine Ergebnisse S. 294.

💡 **1 Tipp**
Beginne den Satz mit
„Der Würfel liegt ..."
oder mit
„Der Steckbaustein liegt ..."

💡 **2 Tipp**

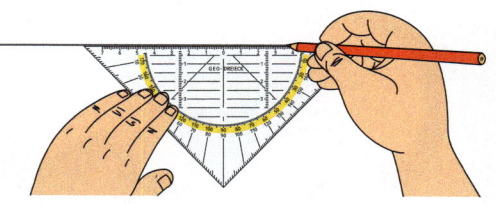

💡 **3 Tipp**
Betrachte dein Geodreieck genau.
Überlege, wofür die Linien auf deinem Geodreieck hilfreich sind.

4 ➕ Ich kann Flächen in Alltagsgegenständen erkennen.

Ordne die Bilder den geometrischen Flächen zu.

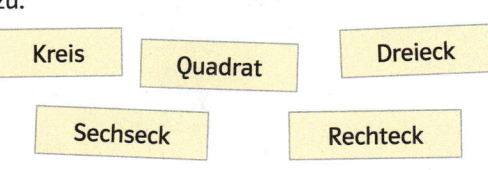

A

B

C

E

D

Kontrolliere deine Ergebnisse S. 294.

5 ➕ Ich kann Flächen im Kästchenraster in mein Heft übertragen.

Übertrage die Figuren in dein Heft.

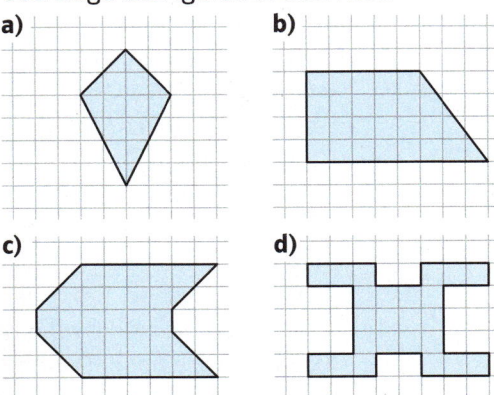

6 ➕ Ich kann Strecken und Geraden unterscheiden.

Notiere, welche Linien Geraden und welche Linien Strecken sind.

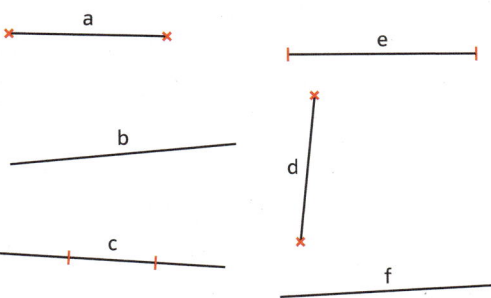

➕ 4 Tipp

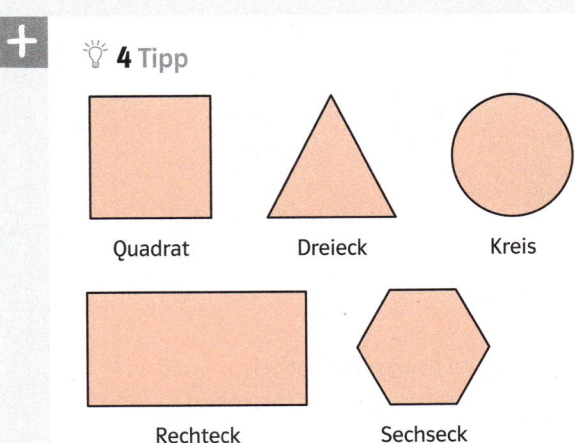

Quadrat Dreieck Kreis
Rechteck Sechseck

5 Tipp
Zeichne den ersten Eckpunkt. Zähle, wie viele Kästchen du nach rechts oder links und wie viele du nach oben oder unten zum nächsten Punkt gehen musst. Verbinde die Punkte.

6 Tipp
Strecken sind gerade Linien, die einen Anfangspunkt und einen Endpunkt haben. Geraden haben weder einen Anfangspunkt noch einen Endpunkt.

6 Körper und ihre Eigenschaften

Entdecke:

A Legt verschiedene Verpackungen auf den Tisch.
a) Findet heraus,
- welche Verpackungen sich gut stapeln lassen,
- welche Verpackungen ihr ohne Lücken zusammenstellen könnt,
- welche Verpackungen fest auf dem Tisch stehen,
- welche Verpackungen ihr rollen könnt,
- welche Verpackungen leicht umfallen.

b) Nennt Gründe, warum bestimmte Waren ganz typische Verpackungen haben. Welche Vor- und Nachteile haben diese Verpackungen?
c) Überlegt, wie ihr die Verpackungen sortieren könnt. Sortiert und schreibt euer Vorgehen auf.
d) Eine Gruppe hat die Verpackungen nach ihrer Form sortiert. Wie könnte sie das gemacht haben? Beschreibt, welche Eigenschaften die Formen haben, nach denen sortiert werden kann.

B Mit den Formen aus einem Geometriebaukasten könnt ihr einige Verpackungen als Modell nachbauen.
a) Welche Formen braucht ihr, um die Modelle wie auf dem Foto zu bauen?
b) Baut Modelle von verschiedenen Verpackungen. Für welche braucht ihr die gleichen Formen?
c) [SP] Von welchen Verpackungen könnt ihr mit dem Geometriebaukasten keine Modelle bauen? Erklärt.

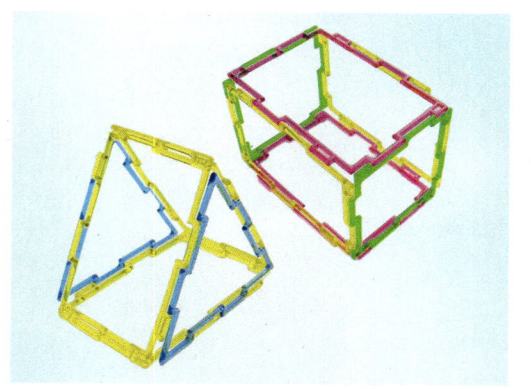

So heißt es:

Geometrische Körper

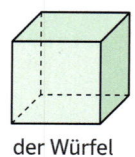 der Würfel

der Quader

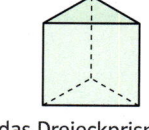 das Dreieckprisma

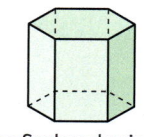 das Sechseckprisma

 die Pyramide

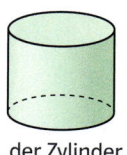 der Zylinder

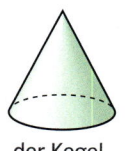 der Kegel

 die Kugel

Die **Flächen** begrenzen den Körper.
Die **Kanten** entstehen dort, wo zwei Flächen zusammenstoßen.
Eine **Ecke** entsteht, wenn mindestens drei Kanten aneinanderstoßen.

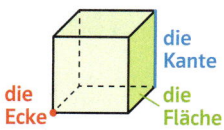
die Kante / die Ecke / die Fläche

6 Körper und ihre Eigenschaften

So geht es:

Beispiel: Bestimme den geometrischen Körper.

1 Schau dir die Verpackung an.

2 Beschreibe die Eigenschaften.
- 6 gleich große Flächen
- 12 gleich lange Kanten
- 8 Ecken

3 Bestimme den Körper.

Die Verpackung hat die Form eines Würfels.

Schreibe es auf:

1 Ordne dem Gegenstand einen geometrischen Körper zu. Schreibe für jeden Körper die Anzahl der Flächen, Kanten und Ecken auf.

a)  b)  c)  d)   e)

Übe jetzt:

○ **2** Nenne Beispiele aus deiner Umgebung für geometrische Körper.

○ **3** Ordne dem Gegenstand einen geometrischen Körper zu.

a)  b)

c)  d)

○ **4** Überprüfe die Körper.

A 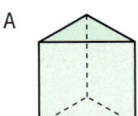 B 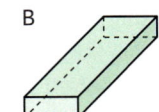 C

a) Welcher Körper hat 8 Ecken?
b) Welcher Körper hat 9 Kanten?
c) Welcher Körper hat 3 Flächen?
d) Welcher Körper hat 6 Ecken?

○ **5**
a) Ermittle den gesuchten Körper.

Steckbrief
- 8 Ecken
- 6 Flächen, von denen je 2 die gleiche Form haben
- 12 Kanten mit 3 verschiedenen Längen

b) Schreibe Steckbriefe für diese Körper.

(1) 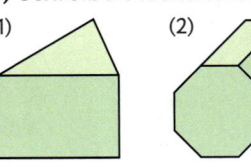 (2) 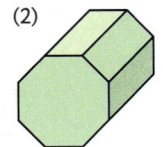 (3)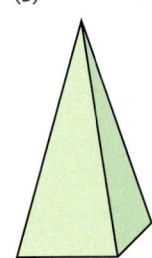

(4)

○ **6** Bei welchen Körpern findest du die Flächen?
a) runde Flächen
b) dreieckige Flächen
c) quadratische Flächen

6 Körper und ihre Eigenschaften

○ **7** SP Finde eine Verpackung, die zu keinem der geometrischen Körper passt. Beschreibe, was nicht passt.

○ **8** SP Finde Körper mit einer, zwei und drei Flächen. Beschreibe, was an diesen Körpern besonders ist.

◐ **9** + Welcher Körper wird gesucht? Überprüfe deine Antwort an einer Verpackung oder einem Modell.

a)
Steckbrief
– 4 dreieckige Flächen
– eine quadratische Fläche
– 8 Kanten, von denen je 4 gleich lang sind

b)
Steckbrief
– 3 rechteckige Flächen
– 2 dreieckige Flächen
– 6 Ecken

◐ **10** SP + Richtig oder falsch? Begründe.

Jeder Würfel ist ein Quader.

● **11** SP + Korrigiere die Sätze. Erkläre den Denkfehler.

A: Bei einem Würfel verbindet jede Kante zwei Ecken miteinander. Ein Würfel hat 12 Kanten, also hat er 24 Ecken.

B: Beim Quader stoßen an einer Ecke immer drei Kanten zusammen. Da er acht Ecken hat, hat er auch 24 Kanten.

C: Ein Würfel hat 24 Kanten: 4 oben, 4 unten, 4 vorne, 4 hinten, 4 links und 4 rechts.

● **12** SP + Marvin behauptet: „Jedes Prisma hat mindestens so viele Ecken wie ein Quader." Was meinst du dazu? Begründe.

💡 **9 Tipp**
Suche die Flächen im Geometriebaukasten. Achte auf die richtigen Kantenlängen.

○ **9 leichter**
Welche Körper kannst du bauen? Du musst nicht alle Teile für einen Körper verwenden.

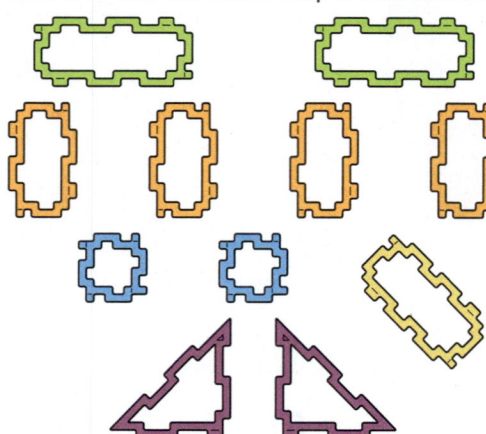

💡 **10 Tipp**
Schreibe die Eigenschaften eines Quaders und eines Würfels auf und vergleiche sie.

○ **10 leichter** SP
Jana schaut sich eine Konservendose an und sagt: „Das ist ein Zylinder, aber es sieht einem Sechseckprisma sehr ähnlich."
Erkläre, wie Jana darauf kommt.

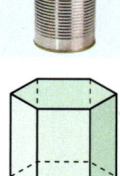

💡 **11 Tipp**
Überprüfe die Sätze an einer Verpackung oder einem Modell.

● **11 mehr** SP
Die Beschreibung des Körpers ist nicht eindeutig. Begründe.
a) Ein Körper hat 6 Vierecke als Flächen.
b) Ein Körper hat genau zwei Flächen, die verschieden sind.
c) Ein Körper hat keine Ecken.

💡 **12 Tipp**
Welche Prismen kennst du? Wovon hängt die Anzahl der Ecken eines Prismas ab?

Körper und ihre Eigenschaften

Wähle aus:

● 13 Die Eulerformel

Der Mathematiker Leonhard Euler hat herausgefunden, dass für die Anzahl der Ecken, Flächen und Kanten eines Körpers immer gilt:
Die Summe aus der Anzahl der Ecken E und der Anzahl der Flächen F ist um 2 größer als die Anzahl der Kanten K.
$E + F = K + 2$.

a) Überprüfe die Eulerformel für verschiedene Körper. Lege eine Tabelle an.

	Anzahl der ...				
	Ecken E	Flächen F	Kanten K	E + F	K + 2
Quader	☐	☐	☐	☐	☐
Dreieckprisma	☐	☐	☐	☐	☐
...	☐	☐	☐	☐	☐

b) Überprüfe die Formel für die Körper.

(1) 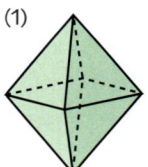 (2) 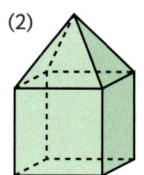 (3)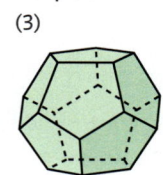

● 14 Zusammengesetzte Körper

Die Abbildungen zeigen die Klosterkirche Maria Laach. Das Gebäude ist aus mehreren geometrischen Körpern zusammengesetzt.

a) Schreibe auf, welche Körper du erkennst.
b) Untersuche, aus welchen geometrischen Körpern Gebäude in deiner Umgebung bestehen. Mache Fotos oder fertige Zeichnungen an. Beschrifte sie.

Gemeinsam sichern:

15 Bereitet in eurer Klasse eine Verpackungsausstellung vor.
a) Sammelt verschiedene Verpackungen.
b) Schreibt zu jeder Verpackung einen Steckbrief mit dem entsprechenden Namen des geometrischen Körpers.
c) Nennt die Vorteile und Nachteile der Verpackungen.
d) Überlegt euch, weshalb sie aus unterschiedlichem Material hergestellt sind.
e) [SP] Diskutiert, ob die Verpackungen umweltfreundlich sind.

6 Körpernetze

Entdecke:

A Sucht euch eine quaderförmige Verpackung aus.
a) Faltet die Verpackung auseinander. Schneidet die Verschlussklappen und die Klebeflächen ab.
b) Zeichnet die vollständig aufgefaltete Verpackung auf Karopapier. Schreibt die geometrischen Flächen auf.

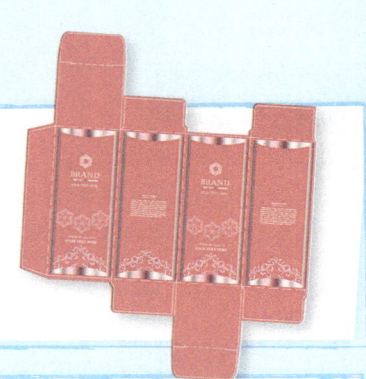

B Sucht euch Verpackungen aus und faltet sie „heimlich" auf.
a) Tauscht eure aufgefalteten Verpackungen aus und ratet, welche Körperform die zusammengefaltete Verpackung hatte.
b) Schreibt und zeichnet auf, welche geometrischen Flächen ihr bei den Verpackungen findet.

C Baut Körpermodelle mithilfe des Geometriebaukastens. Trennt sie so auf, dass die Formen zusammenhängen und breitet sie flach aus. Tauscht eure Körper. Welcher Körper war es ursprünglich?

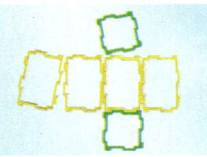

So heißt es:

Trennst du die Oberfläche eines geometrischen Körpers an den Kanten und breitest die Fläche aus, erhältst du das **Netz des Körpers**.

So geht es:

Körpernetz eines Quaders
Beispiel: Falte einen Quader zu einem Körpernetz auseinander.

1 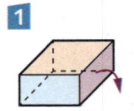 **2** 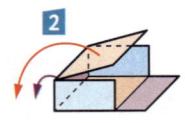 **3** 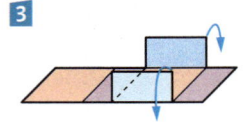 **4**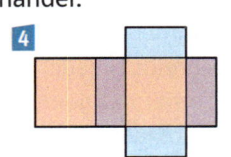

Schreibe es auf:

1 [SP] Beschreibe das Netz des geometrischen Körpers. Schreibe auf, aus welchen geometrischen Flächen das Netz besteht.
a) ein Quader
b) eine Pyramide

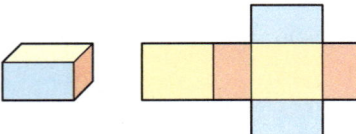

186

6 Körpernetze

Übe jetzt:

2 Entscheide, welches Netz zu welcher Seifenverpackung gehört.

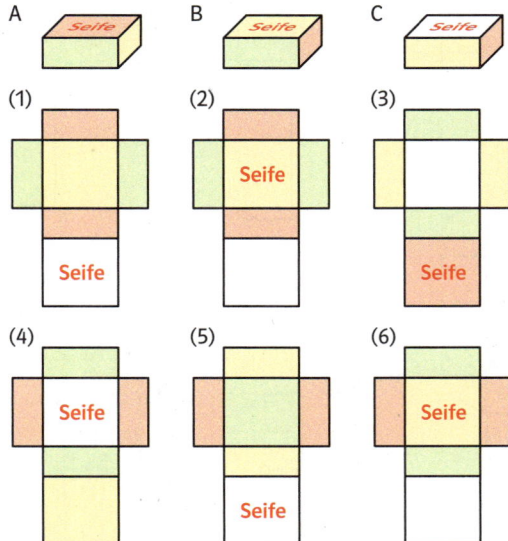

3
a) Übertrage die Figur auf ein Blatt. Ergänze die Figur zu einem Würfelnetz.
b) Schneide das Netz aus. Überprüfe durch Falten, ob du richtig gezeichnet hast.

4
a) Zeichnet das Quadernetz auf ein Blatt.
b) Zeichnet weitere Möglichkeiten für das Netz des Quaders. Vergleicht eure Netze.
c) Baut möglichst viele unterschiedliche Netze eines Quaders mit den Formen des Geometriebaukastens. Fertigt Skizzen der Netze an.

5

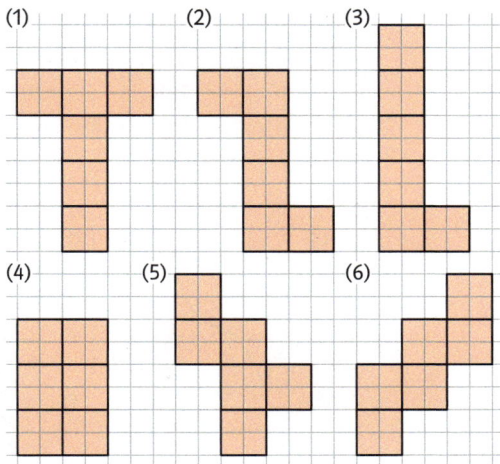

a) Zeichnet die Figuren auf ein Blatt.
b) Schneidet sie aus. Überprüft durch Falten, ob es Würfelnetze sind.

6

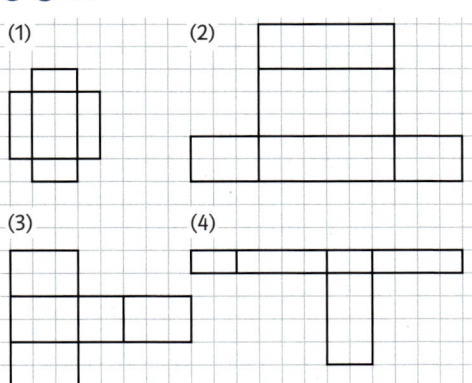

a) Zeichnet die Figuren. Ergänzt sie so, dass ein Quader gefaltet werden kann.
b) Überlegt, ob es unterschiedliche Möglichkeiten gibt, die Figuren zu Quadernetzen zu ergänzen.

7 Es gibt elf Möglichkeiten, ein Würfelnetz zu zeichnen. Zeichne möglichst viele.

8 [SP] Begründe, weshalb die Figur kein Quadernetz ist.

a) 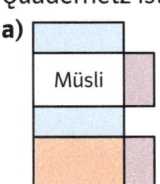   b)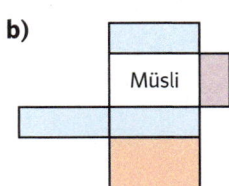

6 Körpernetze

9 ➕ Das Netz ist falsch. Skizziere im Heft eine richtige Lösung. Schreibe auf, welcher Körper zu dem Netz gehört.

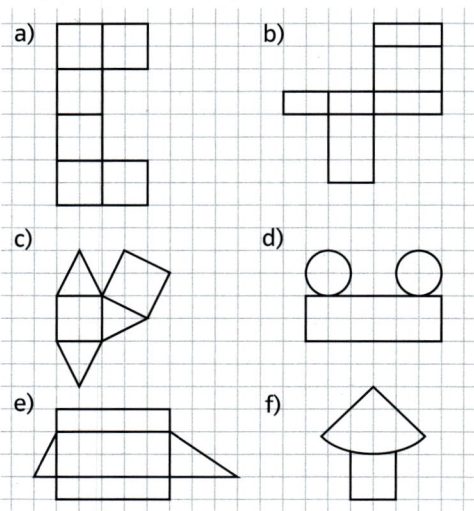

10 ➕ Zeichne das Netz in dein Heft. Schreibe die Buchstaben der Würfelecken an die Eckpunkte des Netzes. Die gelbe Fläche ist die Unterseite.

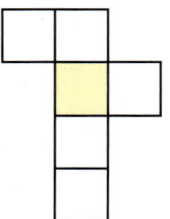 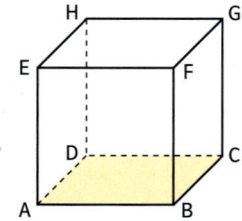

11 ➕ Zeichne das Würfelnetz in dein Heft. Trage die Würfelaugen eines Spielwürfels richtig in das Netz ein.

a) 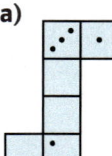 b) 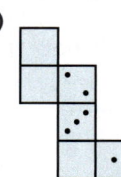 c)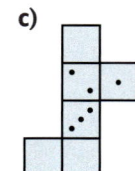

➕

💡 **9 Tipp**
Zeichne die Figur auf ein Blatt. Schneide sie aus und versuche einen Körper zu falten. Kennzeichne, welche Flächen nicht passen.

○ **9 leichter**
Eine Fläche im Netz ist falsch. Zeichne das richtige Netz in dein Heft.

a) 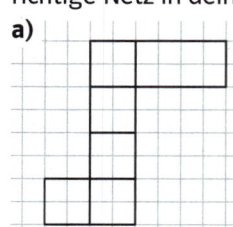 b)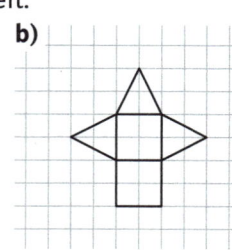

💡 **10 Tipp**
Zeichne das Netz auf ein Blatt und schneide es aus. Falte das Netz so zu einem Würfel, dass du die Buchstaben den Ecken zuordnen kannst.

○ **10 leichter**
Zeichne das Netz in dein Heft. Färbe gegenüberliegende Flächen in derselben Farbe.

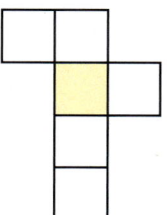

💡 **11 Tipp**
Wenn du die Würfelaugen addierst, die sich gegenüber liegen, ergibt das immer 7.

● **11 mehr**
Im rechten Würfelnetz ist die gelbe Fläche vorgegeben. Zeichne das rechte Netz ins Heft. Färbe die übrigen Flächen wie im linken Netz.

 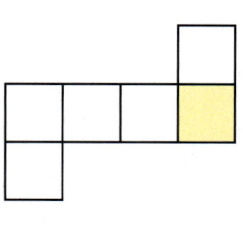

Körpernetze 6

Wähle aus:

●12 Der Buchstabenwürfel
Hier ist derselbe Würfel in drei verschiedenen Lagen dargestellt. Welcher Buchstabe liegt dem H gegenüber? Begründe deine Antwort.

●14 Dreiecke im Würfelnetz
Finde heraus, wo sich die beiden anderen orangen Dreiecke im Würfelnetz befinden. Zeichne ins Heft.

a) 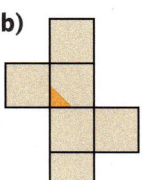 b) 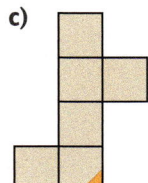 c)

●13 Der H-Würfel
Falte in Gedanken das Würfelnetz zusammen. Wie viele abgeknickte „H"s entstehen?

a) b) c)

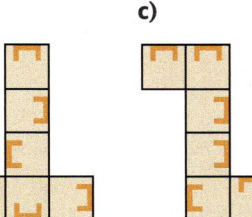

●15 Der Käferweg
Auf dem Quader ist der Weg eines Marienkäfers eingezeichnet, der von A nach B, nach C, nach D und dann nach E läuft. Zeichne ein Netz des Quaders und trage den Weg des Käfers ein.

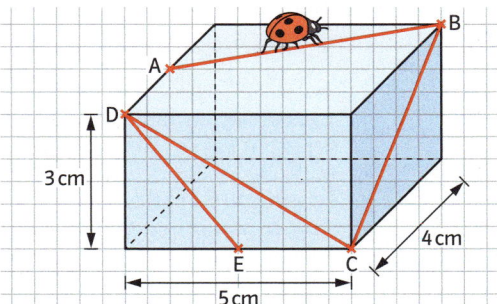

Gemeinsam sichern:

16

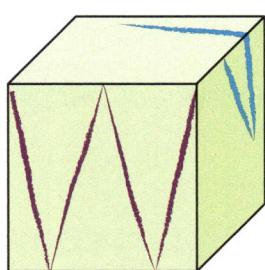 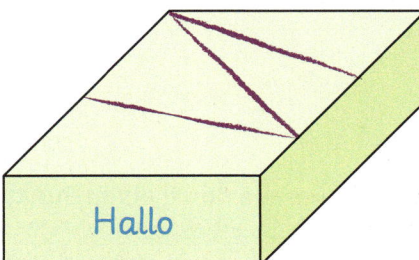

a) Bastelt einen Würfel oder Quader. Denkt an die Klebelaschen. Kennzeichnet eine oder mehrere Seitenflächen des Körpers.
b) Tauscht die Körper untereinander aus. Zeichnet ein Netz des Körpers und tragt die Kennzeichnungen richtig ein.
c) Kontrolliert euch gegenseitig.

6 Parallel und senkrecht

Entdecke:

A

a) Zeichne das Würfelnetz mit einem Geodreieck auf Karton. Probiere aus, wie dir die Hilfslinien auf dem Geodreieck helfen.

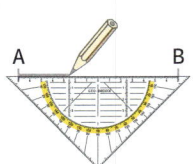
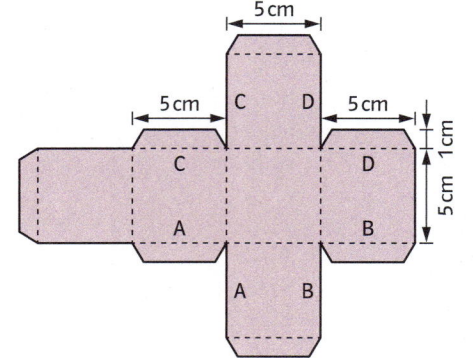

b) Bastle das Netz zu einem Würfel zusammen.

B

👥

a) Sucht einen Gegenstand, der in eine quaderförmige Geschenkbox passen soll.
b) Zeichnet ein passendes Netz auf Karton. Beschreibt, wie die Linien zueinander verlaufen.

So heißt es:

Senkrechte (orthogonale) Geraden
Schneiden sich zwei Geraden in einem rechten Winkel ⦜, stehen sie **senkrecht (orthogonal)** zueinander.
Schreibe kurz: i⊥g; i⊥h, sprich „i ist senkrecht zu g und h" oder „i ist orthogonal zu g und h"

Parallele Geraden
Zwei Geraden, die an jeder Stelle den gleichen Abstand haben, sind **parallel** zueinander.
Schreibe kurz: g∥h, sprich „g ist parallel zu h"

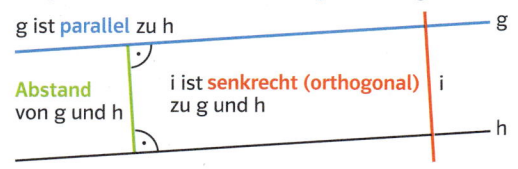

So geht es:

Parallel und senkrecht prüfen

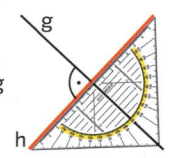

h ist senkrecht (orthogonal) zu g

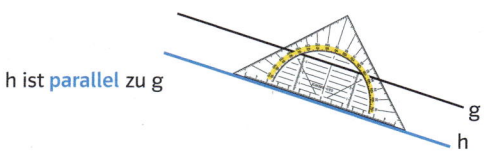

h ist parallel zu g

Parallele Gerade durch einen Punkt zeichnen

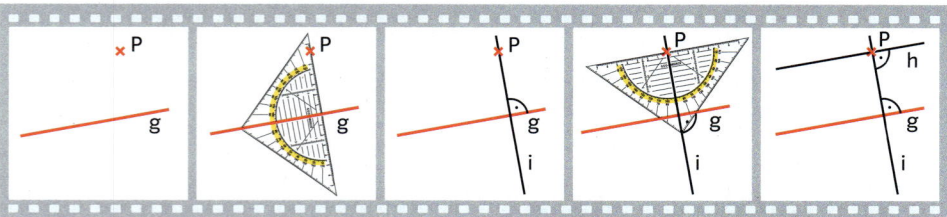

6 Parallel und senkrecht

Schreibe es auf:

1 Beschreibe, wie du eine parallele Gerade durch einen Punkt zeichnest. Verwende die Begriffe.

Gerade g — rechter Winkel — Punkt P — senkrecht (orthogonal) zu — parallel zu — Mittellinie des Geodreiecks

Übe jetzt:

2 Prüfe, welche Kanten parallel und welche senkrecht zueinander sind. Notiere mithilfe der Zeichen ∥ und ⊥.

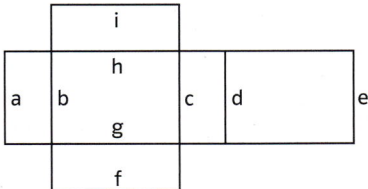

3 Untersucht euer Klassenzimmer nach parallelen und senkrechten Strecken. Überprüft mit dem Geodreick.

4 Untersuche, welche Kanten parallel und welche orthogonal zueinander sind.

5 Stelle aus Trinkhalmen und Pfeifenputzerdraht Kantenmodelle verschiedener Körper her. Überprüfe mit dem Geodreieck, ob die Kanten parallel oder orthogonal zueinander sind.

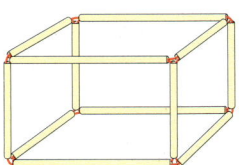 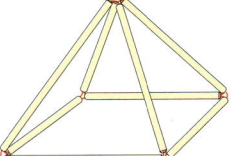

6 Zeichne fünf parallele Strecken, die 5 cm lang sind und einen Abstand von jeweils 2 cm haben.

7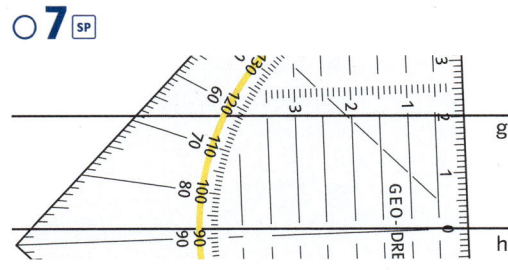

Mia hat den Abstand der Geraden gemessen. Beschreibe, was Mia falsch gemacht hat.

8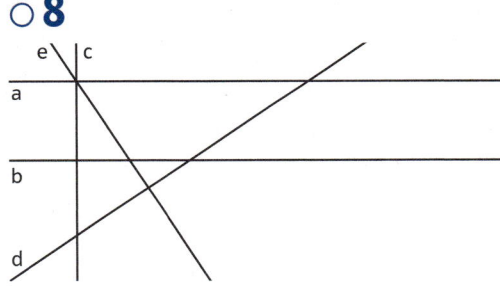

a) Übertrage die Tabelle in dein Heft.
b) Überprüfe mit dem Geodreieck, wie die Geraden in der Zeichnung zueinander verlaufen. Ergänze die Tabelle.

	a	b	c	d	e
a					
b	∥				
c	⊥				
d					
e					

9 Übertrage die Punkte und die Gerade g in dein Heft. Zeichne zu g parallele Geraden, die durch die gekennzeichneten Punkte verlaufen.

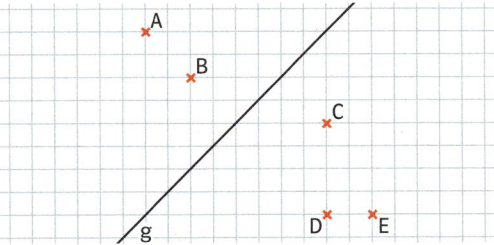

6 Parallel und senkrecht

● 10 +

a) Zeichne drei Geraden.

> mit drei Schnittpunkten

> mit zwei Schnittpunkten

> ohne einen Schnittpunkt

b) Wie viele Schnittpunkte können fünf Geraden höchstens haben?

● 11 +
Zeichne drei Strecken auf weißes Papier, mit genau vier (sechs, acht) rechten Winkeln.

● 12 +

a) Zeichne zwei Geraden g und h, die sich schneiden. Zeichne einen Punkt P, der weder auf g noch auf h liegt. Zeichne durch P eine Parallele zu g und eine Parallele zu h.

b) 👥 Vergleicht eure Zeichnungen. Findet Gemeinsamkeiten und Unterschiede.

● 13 +

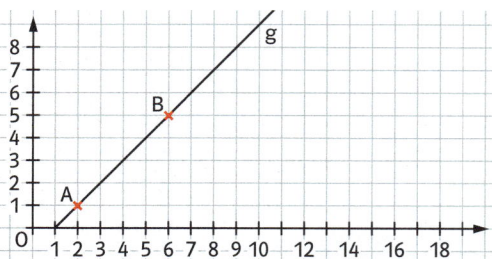

a) Übertrage das Koordinatensystem in dein Heft. Die Gerade g verläuft durch die Punkte A(2|1) und B(6|5). Zeichne eine Parallele h zu g, die durch den Punkt C(3|6) verläuft. Benenne einen weiteren Punkt auf der Parallelen h.

b) Sieh dir die Koordinaten der Punkte auf g genau an. Ergänze, ohne zu zeichnen, die fehlenden Koordinaten der Punkte X(12|■); Y(20|■); Z(■|16).

c) Ergänze die fehlende Koordinate des Punktes D(12|■) auf der Parallelen h, ohne zu zeichnen.

💡 10 Tipp
Parallele Geraden haben keinen Schnittpunkt.

○ 10 leichter

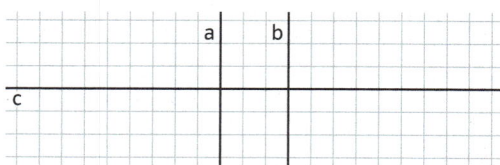

a) Zeichne die Geraden in dein Heft. Zeichne eine vierte Gerade so ein, dass nur ein weiterer Schnittpunkt entsteht.

b) Finde weitere Lösungen.

💡 11 Tipp
Strecken haben einen Anfangspunkt und einen Endpunkt. Überlege, wie du mit zwei Strecken genau einen rechten Winkel bilden kannst.

● 11 mehr
Zeichne vier Strecken auf weißes Papier, mit genau fünf (zehn, zwölf) rechten Winkeln.

💡 12 Tipp
Zeichne den Punkt P so, dass du die parallelen Hilfslinien des Geodreiecks nutzen kannst.

● 12 mehr
a) Zeichne zwei Geraden, die orthogonal zueinander verlaufen. Zeichne einen Punkt Q, der auf einer der beiden Geraden liegt. Zeichne durch Q eine Parallele zu der anderen Geraden.

b) 👥 SP Vergleicht eure Zeichnungen. Beschreibt Gemeinsamkeiten und Unterschiede.

● 13 leichter
Übertrage die Zeichnung in dein Heft. Zeichne durch B eine Senkrechte zu der Geraden. Benenne einen weiteren Punkt der Senkrechten.

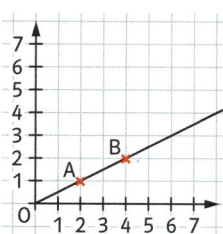

6 Parallel und senkrecht

Wähle aus:

● 14 Optische Täuschungen

a) Optische Täuschungen kannst du selbst zeichnen. Übertrage das Muster auf weißes Papier. Die blauen Geraden sind parallel zueinander. Beschreibe deinen Eindruck vom Verlauf der blauen Linien.

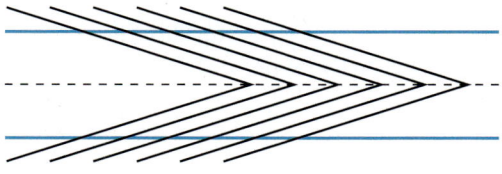

b) Entscheide, ob die roten Linien parallel zueinander sind.
Überprüfe mit dem Geodreieck.

● 15 Lotrecht und waagerecht

In der Umgangssprache werden lotrecht und waagerecht oft genauso wie senkrecht und parallel verwendet. Das ist nicht richtig.
Lotrecht bezeichnet die Richtung im Raum, wie das Lot hängt: Von oben nach unten in Richtung Erdmittelpunkt.
Senkrecht ist im 90° Winkel immer „senkrecht zu" etwas anderem, unabhängig von der Richtung im Raum.
Parallel gibt die Ausrichtung zweier Dinge zueinander an.
Waagerecht bezeichnet die Ausrichtung in Bezug auf die Erdoberfläche. Ob etwas waagerecht ist, erkennen wir mit einer Wasserwaage.

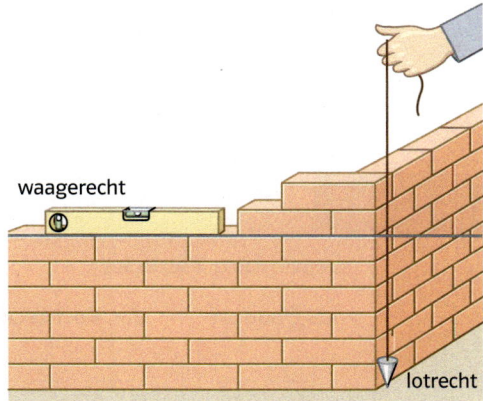

a) Überprüft mit einer Wasserwaage, ob euer Schultisch waagerecht ist. Beschreibt, wie ihr dabei vorgeht und wie die Wasserwaage funktioniert.
b) Überlegt, wie ihr mit einer Wasserwaage und einem Lot einen rechten Winkel konstruieren könnt. Beschreibt euer Vorgehen.

Gemeinsam sichern:

16

a) Zeichne mit dem Geodreieck Figuren auf weißes Papier, die von geraden Linien begrenzt sind. Zeichne die Figuren mit parallelen und senkrechten Linien.
b) Tauscht eure Zeichnungen untereinander aus. Untersucht, welche Linien parallel und welche senkrecht zueinander verlaufen.
c) Erklärt an euren Zeichnungen, woran ihr parallel und senkrecht zueinander verlaufende Linien erkennt.

6 Besondere Vierecke

Entdecke:

A

a) Sammelt Verpackungen oder andere Schachteln mit viereckigen Flächen, die nicht alle rechteckig sind. Nummeriert die Flächen.
b) Untersucht die Flächen, die ihr gefunden habt auf ihre Eigenschaften. Wo liegen längere, wo liegen kürzere Seiten? Findet rechte Winkel oder zueinander parallele Seiten.
c) Schreibt einen Steckbrief für eine Fläche. Tauscht eure Steckbriefe untereinander aus. Findet die beschriebene Fläche und schreibt die Nummer der Fläche auf.

B Spanne auf einem Geobrett oder Nagelbrett die Gummiringe zu möglichst vielen verschiedenen Vierecken.
Untersuche die Eigenschaften der Vierecke.
Schreibe Steckbriefe zu den Vierecken.

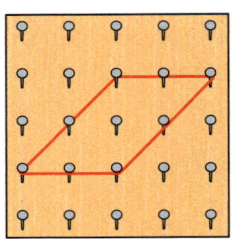 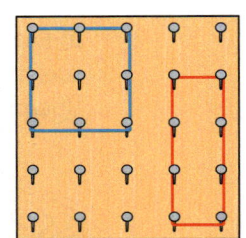

So heißt es:

Besondere Vierecke

das **Quadrat**   das **Rechteck**   die **Raute**   das **Trapez**   das **Parallelogramm**

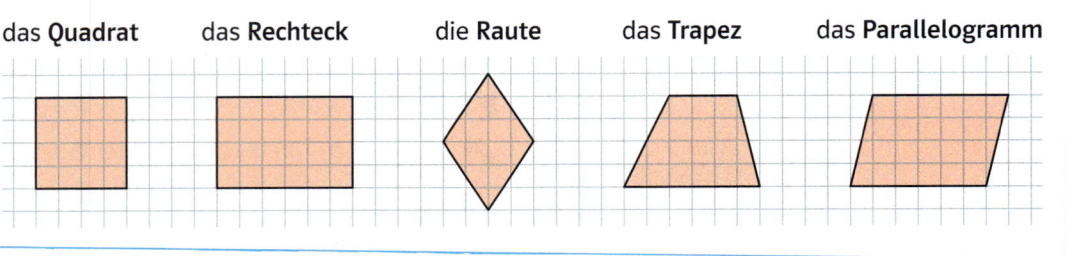

Schreibe es auf:

1 Zeichne die Vierecke nebeneinander in dein Heft. Ordne den Vierecken die richtigen Eigenschaften zu. Schreibe sie passend unter die Vierecke.

- vier gleich lange Seiten
- vier gleich lange Seiten
- vier rechte Winkel
- vier rechte Winkel
- zwei Seiten sind parallel zueinander
- gegenüberliegende Seiten sind gleich lang
- gegenüberliegende Seiten sind gleich lang
- gegenüberliegende Seiten sind parallel zueinander
- gegenüberliegende Seiten sind parallel zueinander
- gegenüberliegende Seiten sind parallel zueinander
- gegenüberliegende Seiten sind parallel zueinander

Besondere Vierecke

Übe jetzt:

○ 2 Welche besonderen Vierecke sind hier abgebildet? Ordne zu.

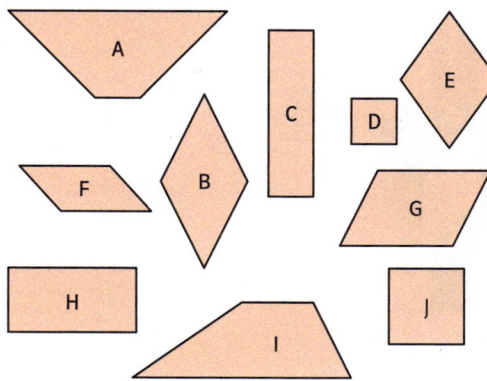

○ 3 [SP] Das Bild zeigt ein Schild für eine Vorfahrtsstraße. Beschreibe die Eigenschaften. Um welche Vierecke handelt es sich?

○ 4 [SP] Wie viele Parallelogramme verstecken sich in der Figur? Beschreibe wie du vorgehst, um alle Parallelogramme zu finden.

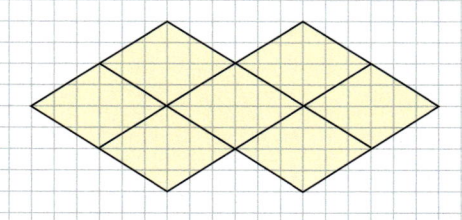

○ 5
a) Aus welchen besonderen Vierecken besteht dieses Muster?

b) 👥 Zeichnet selbst Muster aus besonderen Vierecken ins Heft. Tauscht euch aus, wie ihr dabei vorgeht.

○ 6

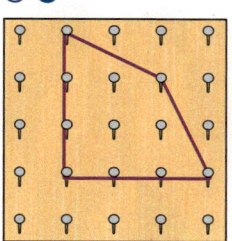 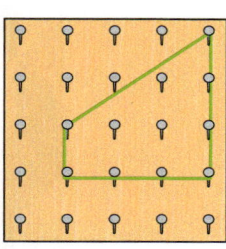

a) Spanne die Vierecke auf dem Geobrett. Wenn du einen Eckpunkt anders wählst, erhältst du ein Parallelogramm. Wie viele Möglichkeiten findest du? Zeichne.
b) 👥 Denkt euch weitere Aufgaben zu besonderen Vierecken aus. Tauscht die Aufgaben untereinander aus.

○ 7 [SP] Beschreibe die Unterschiede der Trapeze.

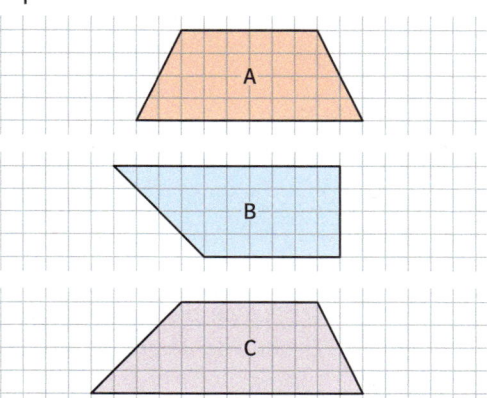

○ 8 Zeichne das Viereck mithilfe des Geodreiecks auf weißes Papier.
a) Ein Quadrat mit der Seitenlänge 3,5 cm.
b) Ein Rechteck mit den Seitenlängen 3 cm und 5 cm.
c) Ein Parallelogramm mit den Seitenlängen 4 cm und 6 cm.

○ 9 Übertrage die Teilfigur. Ergänze sie zu einem Parallelogramm.

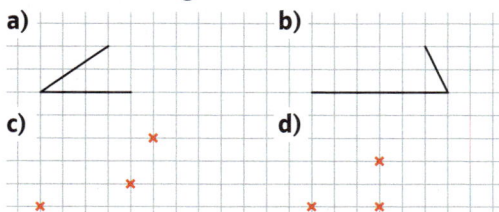

6 Besondere Vierecke

10 Aus welchen besonderen Vierecken besteht der Teppich?

11 ➕ Trage die Punkte in ein Koordinatensystem ein. Verbinde sie in alphabetischer Reihenfolge. Ergänze den fehlenden Punkt so, dass ein Parallelogramm entsteht.
a) $A(3|2)$; $B(14|2)$; $C(16|10)$; $D(\square|\square)$
b) $A(4|1)$; $B(8|3)$; $C(\square|\square)$; $D(4|5)$

12 SP ➕ Ist das Viereck ein Parallelogramm? Ist es zusätzlich auch eine Raute, ein Quadrat oder ein Rechteck? Erkläre, wie du dein Ergebnis überprüfen kannst.

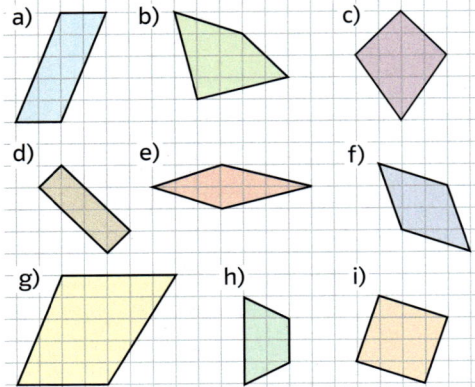

13 SP ➕ Ist die Aussage richtig oder falsch? Begründe.
a) Jede Raute ist ein Parallelogramm.
b) Ein Rechteck kann ein Quadrat sein.
c) Ein Parallelogramm hat nie rechte Winkel.

---

 11 Tipp
Schaue dir die Koordinaten der Punkte an. Zeichne die Koordinatenachsen in passender Länge.

11 leichter
Trage die Punkte in ein Koordinatensystem ein. Verbinde sie in alphabetischer Reihenfolge. Ergänze die fehlenden Koordinaten so, dass ein Rechteck entsteht.
a) $A(4|2)$; $B(10|2)$; $C(\square|5)$; $D(\square|\square)$
b) $A(1|\square)$; $B(10|3)$; $C(10|8)$; $D(\square|\square)$

12 Tipp
Welche Eigenschaften hat das Viereck?

vier gleich lange Seiten
vier rechte Winkel
gegenüberliegende Seiten sind gleich lang
gegenüberliegende Seiten sind parallel zueinander

12 leichter

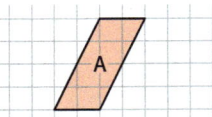 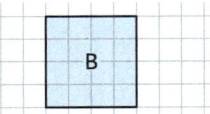

a) Beschreibe die Eigenschaften der Vierecke.
b) Um welche besonderen Vierecke handelt es sich?

13 Tipp
Zeichne die Vierecke und vergleiche ihre Eigenschaften.

13 mehr SP
Ist die Aussage richtig oder falsch? Begründe.
a) Ein Quadrat ist eine Raute.
b) Jedes Quadrat ist ein Rechteck.
c) Jedes Rechteck ist ein Parallelogramm.

Besondere Vierecke

Wähle aus:

14 Die Diagonalen
Die rot eingezeichneten Strecken im Rechteck heißen Diagonalen.

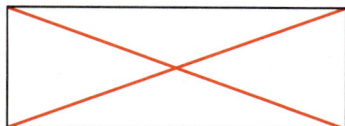

Zeichne besondere Vierecke mit ihren Diagonalen. Untersuche ihre Eigenschaften.
In welchen Vierecken sind die Diagonalen gleich lang?
In welchen Vierecken stehen die Diagonalen orthogonal zueinander?
In welchen Vierecken halbieren sich die Diagonalen?

15 Die Rechtecke
Zeichne die Figuren auf Karopapier und schneide sie aus. Teile jede Figur durch einen Schnitt so, dass du die beiden Teile zu einem Rechteck legen kannst.

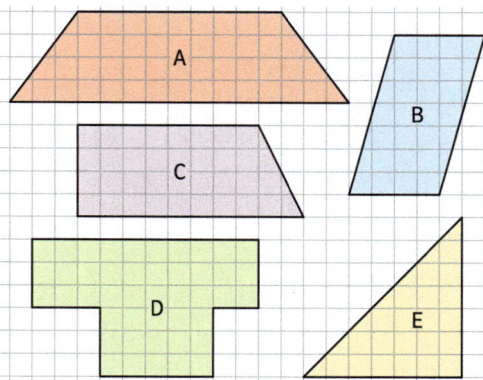

16 Die Parallelogramme

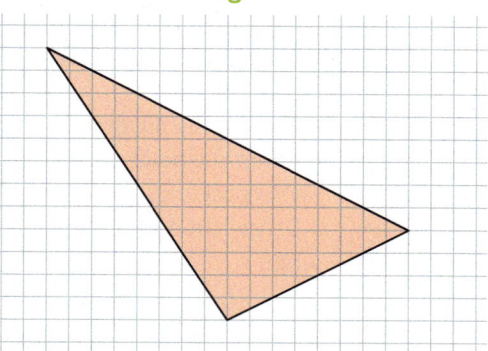

a) Zeichne das Dreieck in dein Heft. Ergänze es zu einem Parallelogramm. Wie viele Möglichkeiten gibt es?
b) Zeichne ein anderes Dreieck. Ergänze es erneut zu einem Parallelogramm. Wie viele Möglichkeiten gibt es? Was stellst du fest?

17 Das Muster
a) Wie viele Parallelogramme erkennst du in dem Muster?

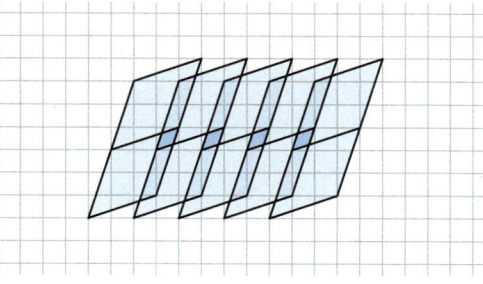

b) Zeichne Muster mit besonderen Vierecken.

Gemeinsam sichern:

18
a) Zeichne ein besonderes Viereck in ein Koordinatensystem. Notiere die Punktkoordinaten.
b) Diktiert euch gegenseitig drei der vier Punkte. Ergänzt den fehlenden Punkt.
Ordnet die Vierecke den besonderen Vierecken zu.
c) Beschreibt gemeinsam die Eigenschaften der besonderen Vierecke.

6 Schrägbilder

Entdecke:

A 👥 Stellt eine Verpackung in die Mitte eures Tisches.
a) Zeichnet sie aus eurer Sicht.
b) Tauscht die Sitzplätze. Zeichnet die neue Ansicht der Verpackung.
c) Vergleicht eure Zeichnungen.

B 👥 SP Esther hat eine Schachtel aus vier verschiedenen Blickrichtungen gezeichnet. Überlegt gemeinsam, auf welchen Bildern ihr die Form der Schachtel besonders gut erkennt. Begründet eure Entscheidung.

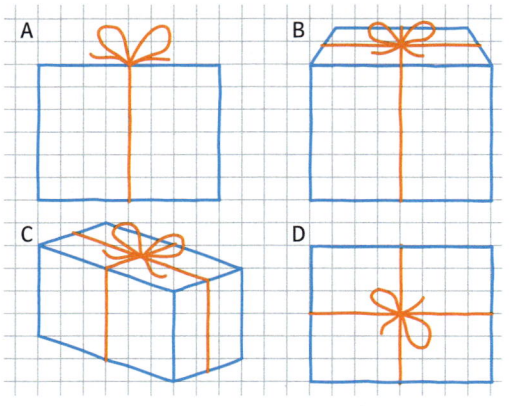

So geht es:

Im **Schrägbild** wird ein dreidimensionaler Körper auf einer zweidimensionalen Fläche dargestellt, zum Beispiel auf einem Blatt Papier.

Beispiel: Zeichne ein Schrägbild eines Quaders.

1 Zeichne die Kanten der vorderen Fläche.
2 Zeichne nach hinten verlaufende Kanten schräg und verkürzt.
3 Zeichne die Kanten der hinteren Fläche.

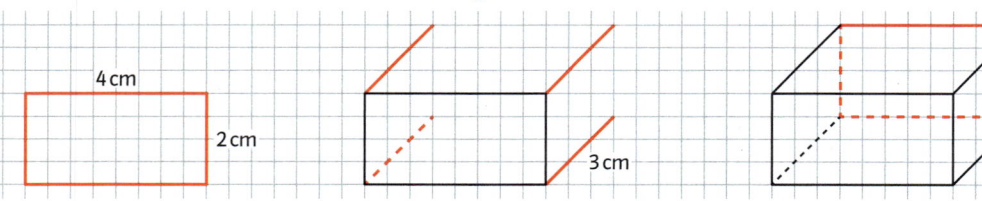

Beachte:
- Verdeckte Kanten werden gestrichelt gezeichnet.
- Parallele Kanten sind auch im Schrägbild parallel.
- Gleich lange Kanten sind auch im Schrägbild gleich lang.

Schreibe es auf:

1
a) Eske, Mira und Tammo haben das Schrägbild eines Würfels gezeichnet. Schreibe auf, was sie falsch gemacht haben.
b) Zeichne ein richtiges Schrägbild eines Würfels mit der Kantenlänge von 2 cm.

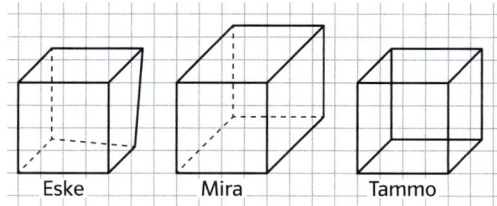

Schrägbilder 6

Übe jetzt:

2 Zeichne in dein Heft.

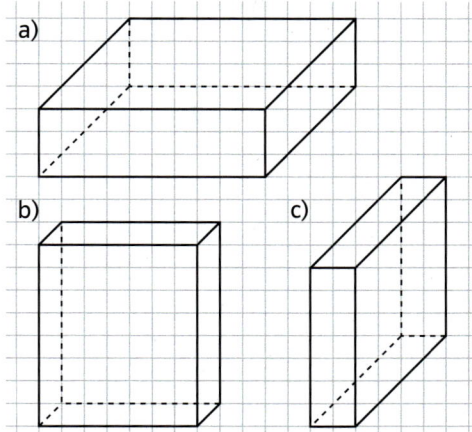

3 Zeichne das Schrägbild eines Würfels mit der Kantenlänge 3 cm.

4 Ergänze im Heft zum Schrägbild eines Quaders.

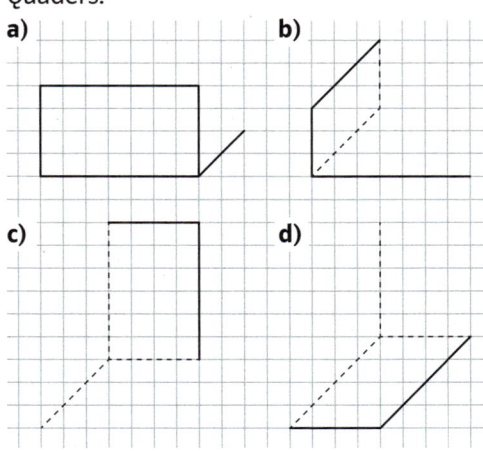

5 Zeichne das Schrägbild eines Quaders mit den Kantenlängen 6 cm, 5 cm und 4 cm in dein Heft. Zeichne mindestens zwei Möglichkeiten.

6 Hier sollte ein Quader mit den Kantenlängen 3 cm, 1 cm und 2 cm gezeichnet werden.

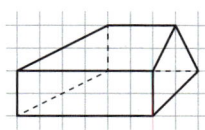

a) [SP] Welche Fehler wurden gemacht? Beschreibe.
b) Zeichne ein richtiges Schrägbild des Quaders.

7 Zeichne das Schrägbild des T-Körpers in dein Heft.

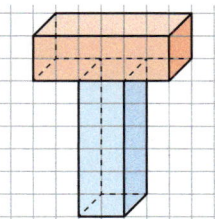

8 Du kannst auf dem Geobrett Ansichten von Körpern spannen.

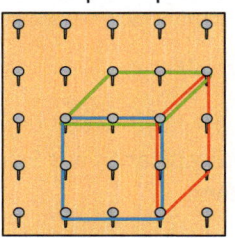 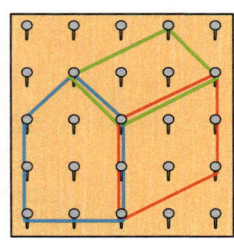

a) Spanne die Ansichten des Würfels und des Hauses. Zeichne sie in dein Heft.
b) Spanne das Schrägbild eines Quaders.
c) Spanne weitere Bilder. Zeichne sie.

9 ➕ Das Netz gehört zu einem Quader. Ein Kästchen entspricht 2 cm.

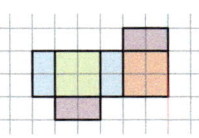

a) Zeichne ein Schrägbild des Quaders mit grüner Fläche als vorderer Fläche.
b) Zeichne ein Schrägbild des Quaders, wenn er auf der grünen Fläche liegt.

💡 **9 Tipp**
Zeichne das Netz auf ein Papier und markiere die Flächen farbig. Schneide das Netz aus und falte es zusammen. Zeichne es ab.

9 leichter
Zeichne einen Quader mit den Kantenlängen 3 cm, 5 cm und 2 cm aus zwei Blickwinkeln.

6 Schrägbilder

10 ➕ Aus gleichen Würfeln kannst du Buchstaben legen. Zeichne den Buchstaben E.

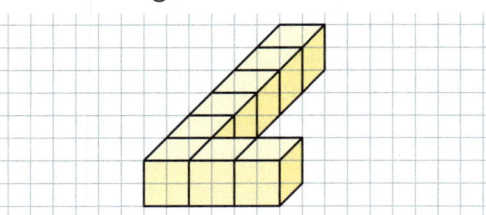

11 ➕ Die schräg verlaufenden Kanten können in verschiedene Richtungen gezeichnet werden.

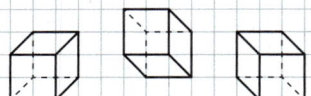

Zeichne die vier Ansichten eines Quaders mit den Maßen 6 cm, 3 cm und 4 cm.

12 ➕ Übertrage das Schrägbild doppelt so groß in dein Heft. Zeichne die verdeckten Kanten gestrichelt ein.

a) 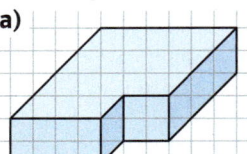 b)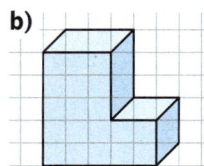

13 ➕ Wie sieht der Würfelbau von hinten aus, wie von links und wie von rechts? Zeichne in dein Heft.

a) 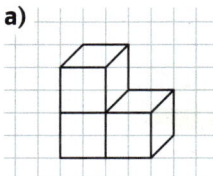 b)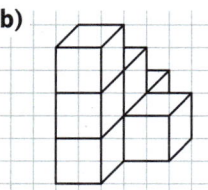

➕

💡 **10** Tipp
Lege den Buchstaben aus Spielwürfeln und zeichne dann.

○ **10** leichter
Lege drei Spielwürfel hintereinander und zeichne das Schrägbild.

💡 **11** Tipp
Skizziere die vier Schrägbilder. Schreibe die Maße an die Skizzen. Zeichne.

○ **11** leichter
Übertrage in dein Heft. Vervollständige das Schrägbild.

a) 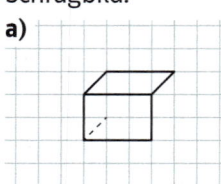 b)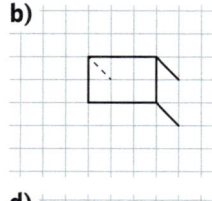

c) d)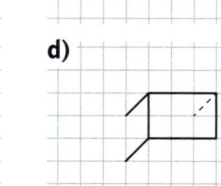

💡 **12** Tipp
Zähle die Kästchen und verdopple sie.

● **12** mehr
Übertrage das Schrägbild doppelt so groß in dein Heft. Zeichne die verdeckten Kanten gestrichelt ein.

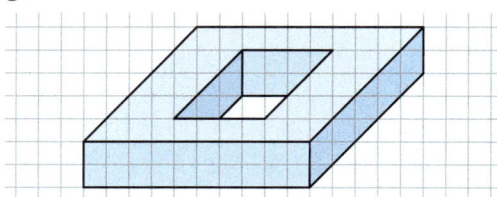

💡 **13** Tipp
Baue die Würfelbauten mit Spielwürfeln nach und zeichne dann.

● **13** mehr
Zeichne die Ansicht von hinten, von links und von rechts.

a) 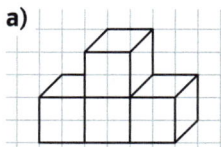 b)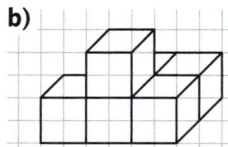

200 Schrägbilder

Schrägbilder

Wähle aus:

● 14 Gartenhäuschen
Zeichne mindestens ein Schrägbild des Gartenhauses in dein Heft.

● 15 Somawürfel
Aus Würfeln kannst du Figuren bauen. Wenn du drei gleich große Würfel aneinanderfügst, so gibt es nur eine andere Form als den Quader.

Verwendest du vier Würfel, kannst du sechs unterschiedliche Formen bauen.
Diese sieben Formen nennt man **Somateile**.

a) Baue die sieben Somateile und male sie bunt an.
b) Zeichne von den Somateilen Schrägbilder aus unterschiedlichen Ansichten.

● 16 Basteln mit Somawürfeln

a) Es gibt über 200 Möglichkeiten aus den Somateilen einen Würfel zusammenzusetzen. Fertige Skizzen an.
b) Aus den Somateilen lassen sich viele andere Tiere zusammenbauen. Baue die Tiere nach.

Gemeinsam sichern:

17 Für die Aufgabe benötigst du mehrere Würfel oder Steckwürfel gleicher Größe.
a) Baue aus den Würfeln eine Figur. Zeichne ein Schrägbild der Figur.
b) 👥 Tauscht eure Zeichnungen untereinander aus. Baut aus den Würfeln die Figur passend zu dem Schrägbild. Kontrolliert gemeinsam, indem ihr eure Würfelfiguren miteinander vergleicht.
c) 👥 [SP] Manchmal gibt es mehrere Möglichkeiten, zu einem Schrägbild eine Würfelfigur zu bauen. Diskutiert, weshalb das so ist.

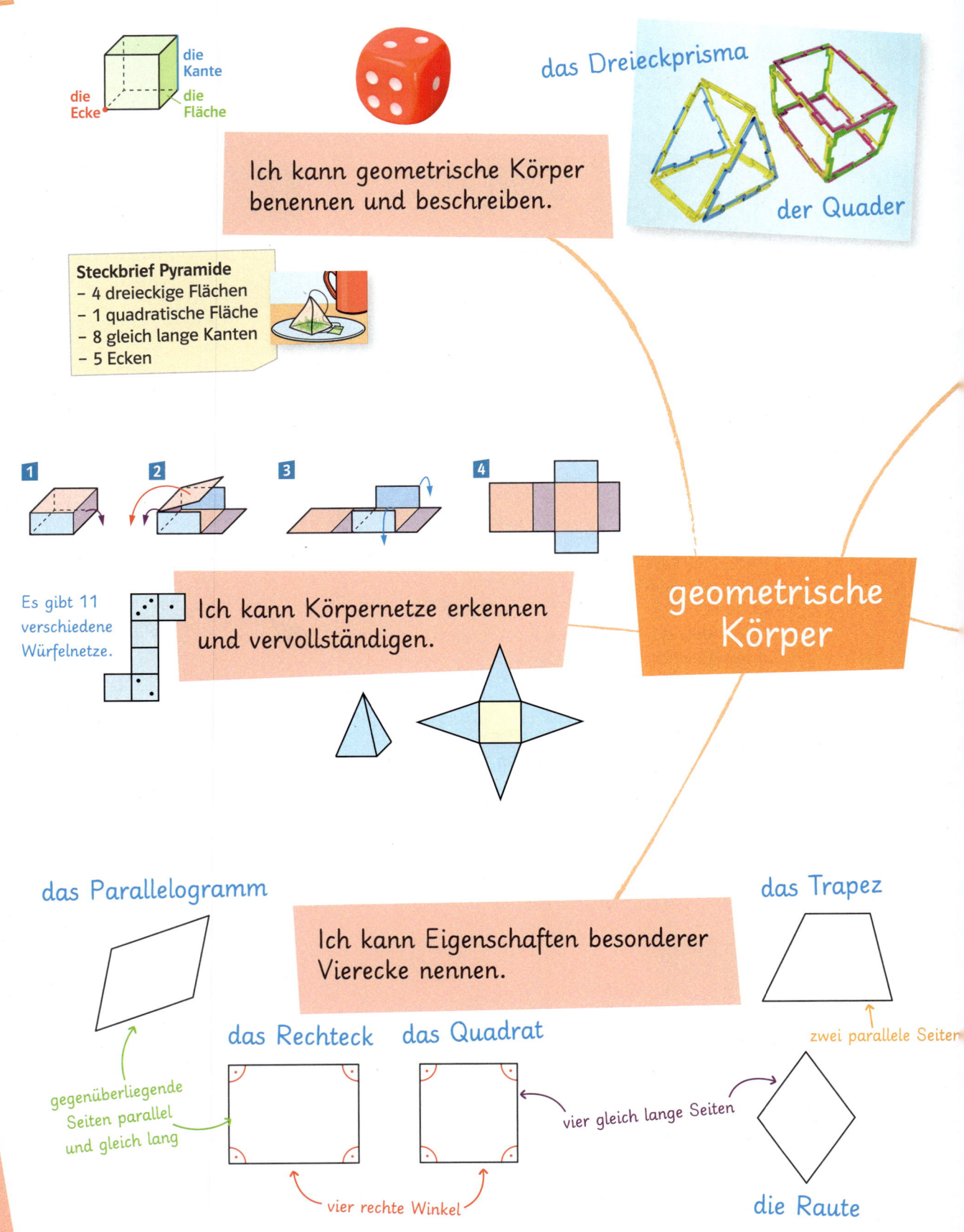

Auf einen Blick 6

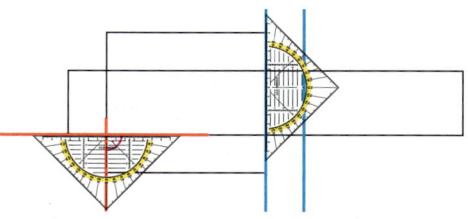
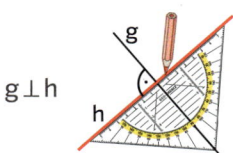

g ist senkrecht (orthogonal) zu h

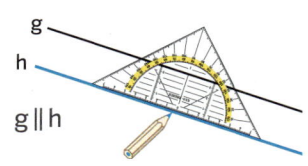

g ist parallel zu h

Ich kann mit dem Geodreieck Parallelen und Senkrechten prüfen und zeichnen.

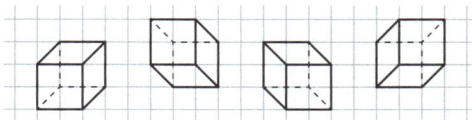
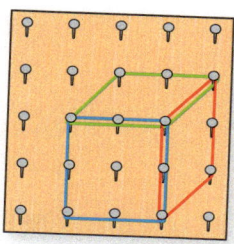

Ich kann Schrägbilder von Quadern zeichnen.

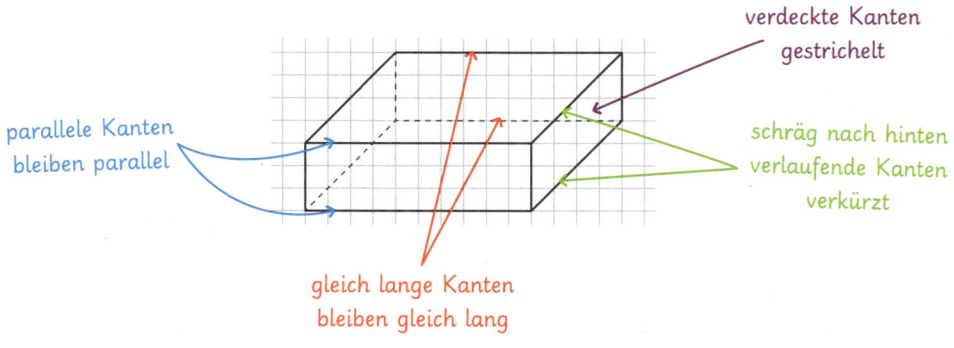

parallele Kanten bleiben parallel

verdeckte Kanten gestrichelt

schräg nach hinten verlaufende Kanten verkürzt

gleich lange Kanten bleiben gleich lang

1 [SP] Zu welchen Kompetenzen passt das Kärtchen? Ordne zu und erkläre deine Zuordnung.

gegenüberliegende Seiten   gleich lang   Diagonale   Oberfläche   Fläche

dreidimensional   zweidimensional   nach hinten verlaufend

2 Teilt euch die Kompetenzen auf.
a) Denkt euch Aufgaben zu euren Kompetenzen aus. Erstellt Lösungen dazu.
b) Löst gegenseitig eure Aufgaben und kontrolliert sie.

6 Kapiteltraining

Ich kann geometrische Körper erkennen und benennen.

Nachschauen kannst du auf den Seiten 182–185.

○ **1** Wie heißt der geometrische Körper?

a)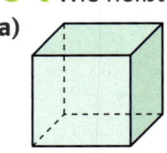
b)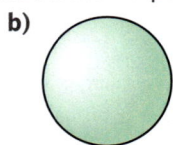
c)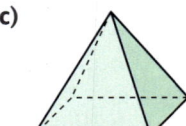
d)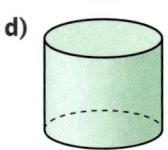

◐ **2** Wie heißt der geometrische Körper?

a)
b)

Ich kann geometrische Körper beschreiben.

Nachschauen kannst du auf den Seiten 182–185.

○ **3** Schreibe einen Steckbrief für ein Dreieckprisma.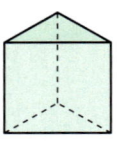

◐ **4** Schreibe einen Steckbrief für ein Sechseckprisma.

● **5** Lara und Luis haben für den gleichen geometrischen Körper einen Steckbrief geschrieben. Beide Steckbriefe sind unvollständig.

Lara:
12 Ecken
6 rechteckige Flächen

Luis:
12 Ecken
18 Kanten, davon
12 gleich lang
und 6 gleich lang

a) Wie heißt der geometrische Körper?
b) Schreibe einen vollständigen Steckbrief.

Ich kann Körpernetze erkennen und vervollständigen.

Nachschauen kannst du auf den Seiten 186–189.

○ **6**
a) Ordne den Netzen den richtigen Körper zu.

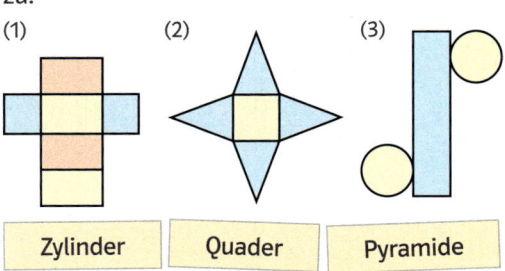

(1)   (2)   (3)

Zylinder   Quader   Pyramide

b) Übertrage die Zeichnung in dein Heft. Ergänze zum Quadernetz.

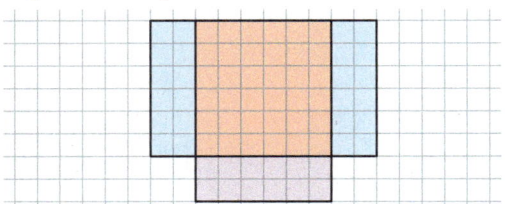

◐ **7** SP Untersuche, welches Quadernetz falsch gezeichnet wurde. Beschreibe die Fehler.

(1) 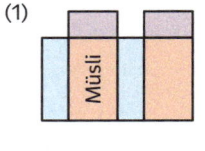   (2)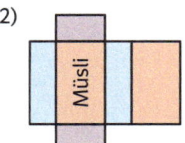

(3) 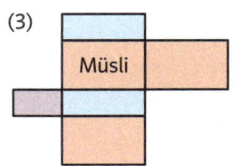   (4)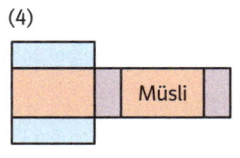

● **8** Bei dem Würfel sind gegenüberliegende Flächen gleich gefärbt. Vervollständige das Würfelnetz. Färbe die Flächen ein.

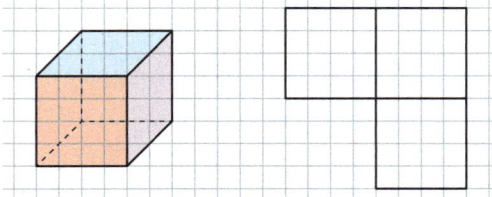

Ich kann überprüfen, ob Geraden parallel oder senkrecht zueinander liegen.

Nachschauen kannst du auf den Seiten 190–193.

○ **9** Finde alle senkrecht und parallel zueinander liegenden Geraden. Notiere mithilfe der Zeichen ∥ und ⊥.

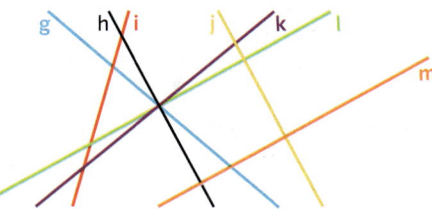

◐ **10** Übertrage die Figur in dein Heft. Zeichne parallele Strecken rot. Zeichne bei senkrecht zueinander liegenden Strecken einen rechten Winkel ein.

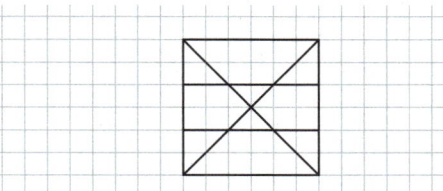

● **11** Welche Strecken sind parallel zueinander, welche sind orthogonal zueinander?

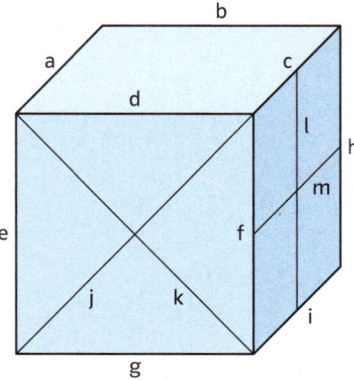

Ich kann mit dem Geodreieck Parallelen und Senkrechten zeichnen.

Nachschauen kannst du auf den Seiten 190–193.

○ **12**
a) Zeichne zwei Strecken, die senkrecht aufeinander stehen.
b) Zeichne zwei Strecken, die parallel zueinander sind.

◐ **13** Übertrage die Zeichnung in dein Heft.

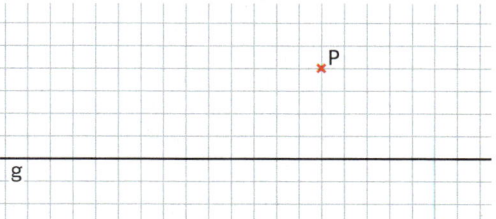

a) Zeichne eine Senkrechte zu g durch P.
b) Zeichne eine Parallele zu g durch P.

● **14** Zeichne die Buchstaben auf weißes Papier. Markiere die rechten Winkel.

Ich kann Eigenschaften besonderer Vierecke erkennen und benennen.

Nachschauen kannst du auf den Seiten 194–197.

○ **15** Beschreibe das Viereck.

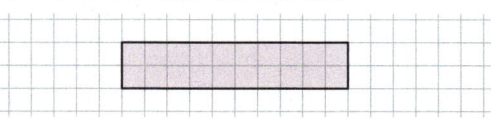

◐ **16** Welches Viereck ist gemeint?
a) Das Viereck hat vier rechte Winkel. Gegenüberliegende Seiten sind parallel und gleich lang.

b) Das Viereck hat keine rechten Winkel. Gegenüberliegende Seiten sind parallel und gleich lang.

● **17** Beschreibe ein Parallelogramm.

6 Kapiteltraining

Ich kann Schrägbilder zeichnen.

Nachschauen kannst du auf den Seiten 198–201.

○ **18** Zeichne in dein Heft.

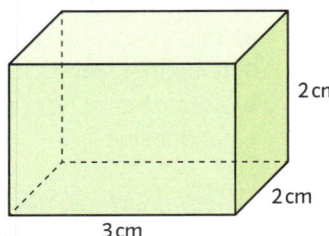

● **19** Zeichne ein Schrägbild des Quaders mit der Höhe 5 cm, der Tiefe 2 cm und der Breite 3 cm.

● **20** Zeichne ein Schrägbild des Buchstabens.
Ein Kästchen entspricht 1 cm.
Der Buchstabe soll 2 cm tief sein.

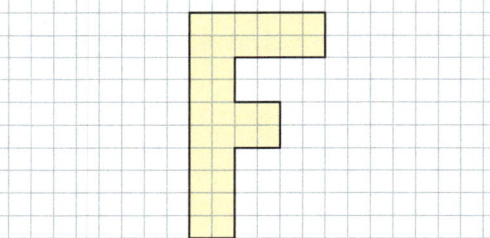

Alles im Blick

Nachschauen kannst du auf den Seiten 202, 203, 207.

○ **21**

Gesucht wird ein Körpernetz mit zwei gleich großen quadratischen Flächen und vier gleich großen rechteckigen Flächen.

a) Zeichne das Netz auf weißes Papier.
b) Benenne den geometrischen Körper.
c) Zeichne ein Schrägbild des Körpers.

◐ **22**

Gesucht wird ein Körpernetz mit sechs rechteckigen Flächen. Jedes Rechteck kommt genau zweimal vor.

a) Zeichne das Netz auf weißes Papier.
b) Benenne den geometrischen Körper.
c) Zeichne ein Schrägbild des Körpers.

● **23**

Gesucht wird ein Körpernetz mit drei rechteckigen Flächen und zwei gleich großen dreieckigen Flächen.

a) Zeichne das Netz auf weißes Papier.
b) Benenne den geometrischen Körper.
c) Zeichne ein Schrägbild des Körpers.

Kompakt 6

Geometrische Körper

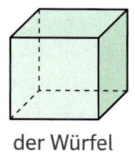 der Würfel
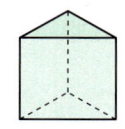 der Quader
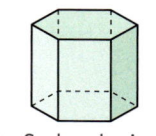 das Dreieckprisma
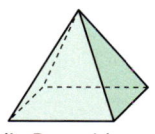 das Sechseckprisma
die Pyramide

 der Zylinder
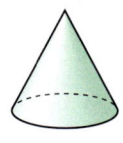 der Kegel
 die Kugel

Die Flächen begrenzen den Körper. Die Kanten entstehen dort, wo zwei Flächen zusammenstoßen. Eine Ecke entsteht, wenn mindestens drei Kanten aneinanderstoßen.

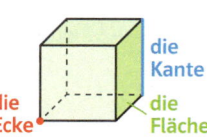

Körpernetze

Trennst du die Oberfläche eines geometrischen Körpers an den Kanten und breitest die Fläche aus, erhältst du das Netz des Körpers.

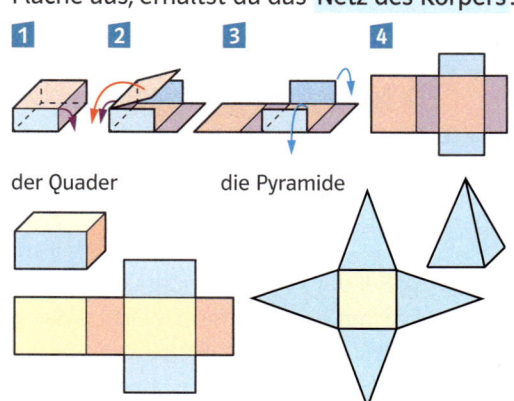

der Quader   die Pyramide

Parallel und senkrecht (orthogonal)

Die Geraden g und h schneiden sich im rechten Winkel. Sie sind senkrecht (orthogonal) zueinander.

g ⊥ h
g ist senkrecht zu h

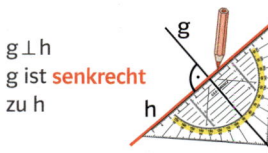

Die Geraden g und h haben überall den gleichen Abstand voneinander.

Abstand von g und h

Sie sind parallel zueinander.

g ∥ h
g ist parallel zu h

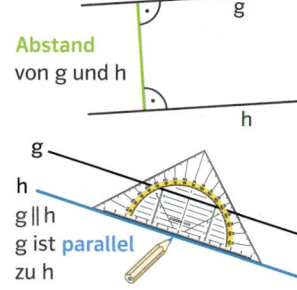

Besondere Vierecke

Ein Rechteck hat vier rechte Winkel.
Ein Quadrat ist ein Rechteck mit vier gleich langen Seiten.

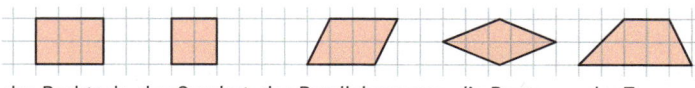

das Rechteck   das Quadrat   das Parallelogramm   die Raute   das Trapez

Im Parallelogramm sind gegenüberliegende Seiten parallel und gleich lang. Eine Raute ist ein Parallelogramm mit vier gleich langen Seiten. Beim Trapez sind zwei Seiten zueinander parallel.

Schrägbilder

Im Schrägbild wird ein Körper auf dem Papier dargestellt.
1 Zeichne die Kanten der vorderen Fläche.
2 Zeichne nach hinten verlaufende Kanten schräg und verkürzt.
3 Zeichne die Kanten der hinteren Fläche.
- Verdeckte Kanten werden gestrichelt gezeichnet.
- Parallele Kanten sind auch im Schrägbild parallel.
- Gleich lange Kanten sind auch im Schrägbild gleich lang.

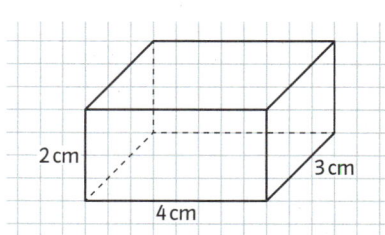

6 Test

Test A:

1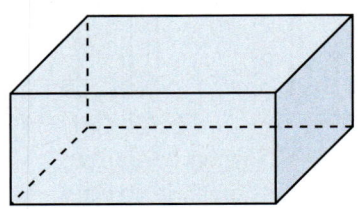

a) Beschreibe den Körper. Verwende die Begriffe Ecken, Kanten, Flächen, senkrecht und parallel.
b) Wie heißt der Körper?

2 Zeichne das Netz eines Würfels mit der Kantenlänge 3 cm auf weißes Papier.

3 Übertrage das Netz in dein Heft. Färbe die Fläche blau, die der grünen Fläche gegenüber liegt.

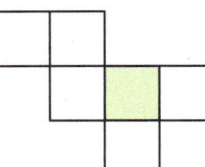

Kontrolliere deine Ergebnisse S. 294.

4 Welche Geraden sind senkrecht zueinander? Welche sind parallel zueinander? Notiere mithilfe der Zeichen ∥ und ⊥.

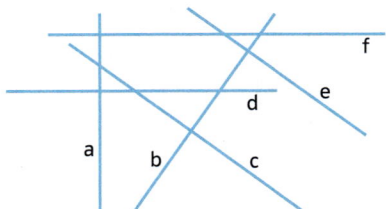

5 Gib an, aus welchen Vierecken die Figur besteht.

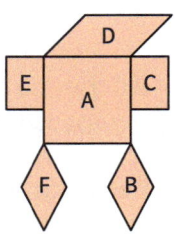

6 Zeichne das Schrägbild eines Würfels mit der Kantenlänge 4 cm.

Test B:

1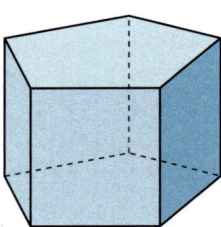

a) Beschreibe den Körper. Verwende die Begriffe Ecken, Kanten, Flächen, senkrecht und parallel.
b) Wie heißt der Körper?

2 Finde den Fehler. Zeichne das Netz richtig in dein Heft.

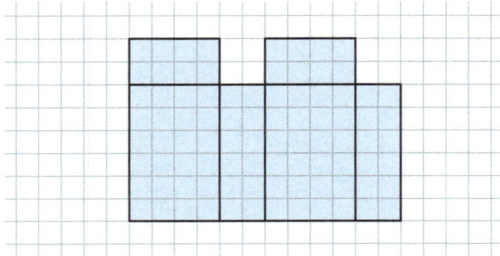

3 Bei dem Würfel sind gegenüberliegende Flächen gleich gefärbt. Zeichne das Netz ins Heft. Färbe die Flächen ein.

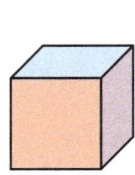 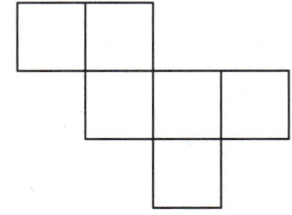

208

○ **4**

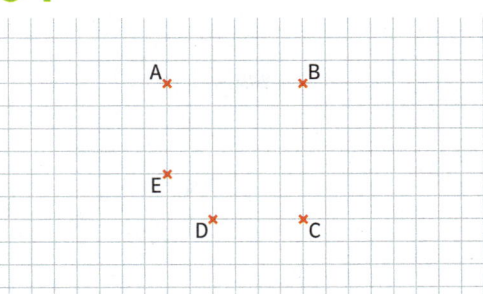

Übertrage die Punkte. Verdopple beim Zeichnen die Kästchenanzahl zwischen den Punkten. Zeichne alle möglichen Verbindungsstrecken ein und benenne sie. Welche Strecken sind senkrecht zueinander? Welche sind parallel zueinander?

Kontrolliere deine Ergebnisse S. 295.

○ **5** Welches Parallelogramm ist auch eine Raute? Begründe deine Entscheidung.

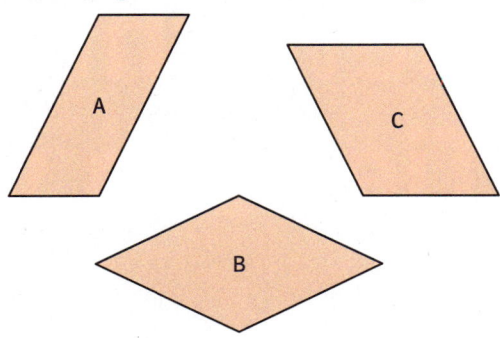

○ **6** Zeichne das Schrägbild eines Quaders mit den Maßen 6 cm, 5 cm und 3 cm.

Test C:

● **1**

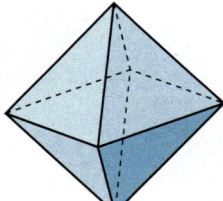

a) Aus welchen Teilkörpern ist der Körper zusammengesetzt?
b) Beschreibe die Eigenschaften des Körpers möglichst genau.

● **2** Zeichne zwei unterschiedliche Netze eines Quaders auf weißes Papier.

● **3**

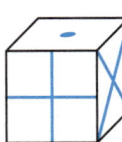

Bei dem Würfel sind gegenüberliegende Flächen gleich gemustert.
Übertrage das Netz ins Heft.
Zeichne die Muster ein.

Kontrolliere deine Ergebnisse S. 296.

● **4**

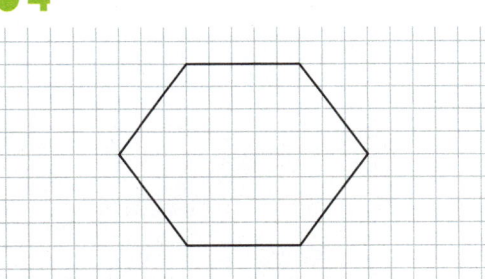

Übertrage das Sechseck in doppelter Größe in dein Heft.
Zeichne alle möglichen Verbindungsstrecken zwischen den Ecken ein und benenne sie. Welche Strecken sind orthogonal zueinander? Welche sind parallel zueinander?
Notiere mithilfe der Zeichen ∥ und ⊥.

● **5** Begründe, weshalb die Aussage falsch ist.

Jedes Rechteck ist ein Quadrat.

● **6** Zeichne das Schrägbild eines Körpers, der aus drei gleichen Würfeln zusammengesetzt ist.

209

Geld, Gewichte | Tierisch wichtig 7

In diesem Kapitel lernt ihr,
- wie ihr Kosten überschlagt,
- wie ihr mit Preisen rechnet,
- wie ihr Gewichtsangaben ordnet und vergleicht,
- wie ihr Gewichtsangaben umwandelt und damit rechnet,
- wie ihr Situationen mathematisch strukturiert,
- wie ihr Größen und Mengen abschätzt.

Check-in 7

1 Ich kann Geldbeträge in andere Einheiten umwandeln.
a) Schreibe in Cent: 1,89 €; 2,78 €; 26,65 €
b) Schreibe in Euro: 299 ct; 1070 ct; 750 ct
c) Schreibe mit Komma: 4 € 76 ct; 12 € 99 ct

2 Ich kann Geldbeträge vergleichen.
a) Setze <, > oder = ein.
2 € ☐ 2,67 €   3,54 € ☐ 12,03 €
0,34 € ☐ 34 ct   2,11 € ☐ 1,22 €
b) Ordne nach der Größe.

A 2,60 €; 26 ct; 26 €; 0,62 €; 6,20 €

B 7,80 €; 8,70 €; 78 ct; 8,07 €; 87 €

3 Ich kann Geldbeträge in Scheinen und Münzen angeben.
Gib den Betrag mit möglichst wenig Münzen und Scheinen an.
a) 18 ct; 49 ct; 56 ct; 63 ct
b) 1,22 €; 2,49 €; 12,89 €; 23,55 €

4 Ich kann Geldbeträge runden.
Runde auf Euro.
a) 2,78 €   b) 8,23 €   c) 0,78 €
d) 7,80 €   e) 5,58 €   f) 4,45 €

5 Ich kann Zahlen schriftlich addieren und subtrahieren.
Berechne schriftlich.
a) 567 + 890   b) 123 + 45   c) 345 + 6789
d) 678 + 90   e) 876 − 543   f) 1234 − 789

6 Ich kann Zahlen im Kopf multiplizieren und dividieren.
Rechne im Kopf.
a) 12 · 4   b) 8 · 13   c) 6 · 14
d) 23 · 10   e) 23 · 5   f) 23 · 15
g) 45 : 15   h) 121 : 11   i) 56 : 14
j) 70 : 14   k) 200 : 25   l) 120 : 15

Kontrolliere deine Ergebnisse S. 297.

---

1 Tipp
1 Euro = 100 Cent
1 € = 100 ct

Schreibweisen

mit Komma	8,68 €
gemischt	8 € 68 ct
ohne Komma	868 ct

2 Tipp
Wandle alle Geldbeträge zum Vergleichen in Cent um. Vergleiche die einzelnen Stellenwerte von rechts nach links.

3 Tipp
Geldscheine

Münzen

Beispiel: 6,42 € = 1 · 5 € + 1 · 1 € + 2 · 20 ct + 1 · 2 ct

4 Tipp
Gib den vollen Eurobetrag an, an dem der Betrag näher dranliegt.
Beispiel:
1,58 € gerundet auf Euro: 2 €
1,58 € gerundet auf 10 Cent: 1,60 €
Von 0 bis 4 in der nächsten Stelle wird abgerundet.
Von 5 bis 9 in der nächsten Stelle wird aufgerundet.

5 Tipp
Schreibe stellengerecht untereinander.
Denke an den **Übertrag**.

```
    4 7 3
+     9 1
    1
    5 6 4
```

6 Tipp
Multipliziere erst die Zehner und dann die Einer.
Zerlege die Aufgabe in Teilaufgaben, die du gut im Kopf rechnen kannst.
Beispiel: 9 · 62
zerlegen in 9 · 60 = 540
und   9 · 2 = 18
9 · 62 = 540 + 18 = 558

Check-in

7 ➕ **Ich kann geeignete Einheiten für Größen nutzen.**
Gib eine Einheit an, in der gemessen werden kann.
a) die Dauer einer Busfahrt in einer Stadt
b) die Dicke eines Buches
c) die Länge einer Wanderstrecke
d) die Dauer eines Augenblicks
e) der Preis eines Tretrollers

8 ➕ **Ich kann Größen aus der Umwelt einschätzen.**
Was ist richtig? Schätze.
a) Stundenlohn fürs Zeitungsaustragen
1,50 €   15 €   150 €
b) Weltrekord im 10 000-Meter-Lauf
26 min   2 h 6 min   26 h
c) Höhe einer Katze
18 mm   18 cm   18 m

Kontrolliere deine Ergebnisse S. 298.

9 ➕ **Ich kann Texte und Rechenausdrücke zuordnen.**
Ordne die Texte den passenden Rechenausdrücken zu. Vier bleiben übrig.

10 · 4,5 kg	4,50 € + 20 €	10 : 4,5 kg
20 € − 4,50 €		4,5 kg + 800 g
4,5 kg − 800 g	4,50 € : 3	3 · 4,50 €

a) Jakob bezahlt 4,50 € mit einem 20-€-Schein.
b) Josi teilt ihre 4,50 € unter den drei Freundinnen auf.
c) In der Tasche sind 4,5 kg Äpfel und 800 g Birnen.
d) Jean wiegt das Zehnfache seiner Katze. Die Katze wiegt 4,5 kg.

➕

💡 **7 Tipp**
Entscheide, um welche Größe es sich handelt, z. B. Länge, Zeit, Geldbetrag. Dann bestimme die Einheit, die sich für die Situation am besten eignet.
Beispiel: Für die Dauer eines 100-Meter-Laufes eignen sich Sekunden gut, weil der 100-Meter-Lauf nicht einmal eine Minute dauert.

💡 **8 Tipp**
Überlege, ob du andere Vorgänge oder Sachen kennst, die damit vergleichbar sind.

💡 **9 Tipp**
Achte auf:
- die verwendete Rechenart (plus, minus, mal, geteilt);
- die verwendeten Zahlen und Größen;
- Wörter, die auf die Rechenart hindeuten.

+
und
dazutun
mehr
zusammenzählen
insgesamt

−
weniger
wegnehmen
abziehen
Unterschied

·
das Vielfache (Dreifache, Vierfache, …)
malnehmen
zusammen
insgesamt
Wie viele?

:
aufteilen
teilen
jeweils
je Stück
pro Stück
Wie oft?
enthalten sein

Kosten überschlagen

Entdecke:

A 👥 Ein Haustier benötigt eine Menge Sachen, neben Futter und Wasser auch einen Platz zum Leben und verschiedenes Zubehör. Colin hat sich zwei Wellensittiche gekauft. Colin überlegt, was er noch für seine neuen Haustiere kaufen muss und will.

a) Diskutiert und entscheidet gemeinsam, was Colin nur einmal und was er regelmäßig kaufen muss.

b) Was kostet Colin die Haltung im Monat? Fragt diejenigen, die einen Wellensittich haben. Reichen 15 Euro im Monat?

c) Frederike überschlägt die Kosten für die Erstausstattung: „80 Euro müssten reichen." Erklärt, was überschlagen bedeutet.
Wie kommt Frederike auf 80 Euro? Diskutiert ihren Rechenweg.

So heißt es:

Überschlagen
Das Rechnen mit vereinfachten Geldbeträgen nennt man überschlagen.
Das Zeichen ≈ bedeutet ungefähr.

So geht es:

Beispiel: Überschlage die Summe von 2,45 €; 9,89 € und 6,13 €.

überschlagen
2,45 € ≈ 2,50 €
9,89 € ≈ 10 €
6,13 € ≈ 6 €
2,50 € + 10 € + 6 € = 18,50 €

Sprich: „Neun Euro neunundachtzig sind ungefähr zehn Euro."

genaues Rechnen

	2,	4	5	€
+	9,	8	9	€
+	6,	1	3	€
		1	1	
	18,	4	7	€

Schreibe es auf:

1 SP Überschlage die Summe 3,99 € + 4,09 € + 11,95 €. Erkläre, wie du vorgehst. Schreibe die einzelnen Schritte auf.

7 Kosten überschlagen

Übe jetzt:

○ 2 Überschlage im Kopf.
a) 2,98 € + 3,09 €   b) 6,89 € + 3,03 €
c) 12,89 € − 4,98 € d) 11,09 € − 2,79 €

○ 3 Überschlage im Kopf.
a) 3,95 € + 3,14 € + 7,08 €
b) 0,89 € + 1,73 € + 2,99 €
c) 6,13 € + 6,99 € − 2,09 €
d) 20 € − 3,79 € − 1,19 € − 0,99 €
e) 50 € − 13,88 € − 6,50 € − 4,99 €

○ 4 [SP] Hättest du auch so überschlagen? Schreibe deinen Weg auf.
a) 3,49 € + 8,99 € ≈ 3,50 € + 9 € = 12,50 €
b) 3,88 € + 7,09 € ≈ 4 € + 8 € = 12 €
c) 7,29 € + 9,69 € ≈ 7 € + 10 € = 17 €
d) 9,19 € + 4,89 € ≈ 9 € + 5 €
e) 6,29 € + 12,09 € ≈ 6,50 € + 12 €
f) 2,49 € + 12,99 € ≈ 3 € + 13 €

○ 5 Ordne die Preisangaben den Gegenständen richtig zu. (Eine Preisangabe ist zu viel.)
Beispiel: Das Hundefutter kostet 12,99 €.

99 €   7,95 €   59 €
15,99 €   2,95 €   29,50 €

○ 6 Berechne das Wechselgeld.

	zu zahlen	der Kunde gibt
a)	12,78 €	20 €
b)	18,56 €	50 €
c)	43,13 €	50 € 20 ct
d)	90,59 €	101 €

○ 7 Welches Wechselgeld gehört zu welchem Kauf?
A Preis: 2,86 €; bezahlt wird mit 10 €
B Preis: 14,07 €; bezahlt wird mit 20 €
C Preis: 6,55 €; bezahlt wird mit 10 €
D Preis: 45 ct; bezahlt wird mit 1 €
E Preis: 34,89 €; bezahlt wird mit 50 €

7,14 €   5,93 €   15,11 €   3,45 €   0,55 €

○ 8 [SP] Lene will für ihren Hund 20 Kaustangen zu je 53 ct kaufen. Sie hat 10 € dabei und überschlägt: „20 mal 50 ct sind 10 €." Reicht das Geld? Begründe.

○ 9 Felix möchte Zubehör für sein Aquarium kaufen und hat 25 € gespart.

Wurzel 5,39 €
Steinhöhle 7,99 €
Fangnetz 1,38 €
Magnetreiniger 16,47 €
Rückwandfolie 4,39 €
5 Pflanzen 2,99 €
100 ml Trockenfutter 3,82 €

a) Den Magnetreiniger benötigt er auf jeden Fall. Überschlage, was er sich sonst noch kaufen kann.
b) Überprüfe deinen Überschlag mit einer genauen Rechnung.

○ 10 Welche Geldscheine sollte Hilal mindestens mitnehmen?
a) Einkauf beim Bäcker:
6 Brötchen zu je 28 ct; ein großes Brot für 3,70 €; 2 Quarkteilchen für je 1,55 €
b) Einkauf im Supermarkt:
5 Liter Milch zu je 1,09 €; 2 Pfund Kaffee zu je 5,89 €; ungefähr 2 kg Äpfel, wobei 1 kg 2,99 € kostet, und noch die aktuelle Zeitschrift für Mama für 5,30 €
c) Einkauf im Fahrradladen:
2 Fahrradschläuche zu je 10,90 €; eine neue Klingel für 13,95 € und ein Helm für 65 €

Kosten überschlagen 7

11 Anna richtet mit ihrer Mutter ein Aquarium ein und kauft im Zoogeschäft Zubehör.
a) Überschlage den Gesamtpreis.
b) Berechne den Gesamtpreis.
c) Anna bezahlt mit einem 50-€-Schein und einem 20-€-Schein. Gib das Wechselgeld an.

ZOO-Raabe	
# 234	12.10.22
Pflanzen	12,34 €
Schnecken	4,85 €
Sand	2,99 €
Fische	12,90 €
Fische	18,60 €
Fische	15,40 €
Summe	

12 SP
a) Beschreibe den Unterschied zwischen den beiden Überschlagsrechnungen:
5,29 € + 4,89 € + 6,79 € ≈ 5 € + 5 € + 7 €
5,29 € + 4,59 € + 6,59 € ≈ 5,50 € + 4,50 € + 6,50 €
b) Inka behauptet: „Bei Preisen runde ich immer auf. Dann habe ich genug Geld dabei." Erkläre Inkas Überlegung. Wann ist diese Vorgehensweise schwierig?

13 Alex kauft in der Tierhandlung für seine Katze drei Snacks zu je 0,95 € und eine Packung Leckerlis zu 2,85 €. Er zahlt mit einem 20-€-Schein und bekommt 13,80 € zurück. Kann das stimmen? Begründe mit einem Überschlag.

14 SP

a) Beschreibe, was die Werbung bedeutet.
b) Wie viel € musst du bezahlen, wenn du die abgebildeten fünf Dosen kaufst?
c) Lomi sagt: „Da kaufe ich am besten sechs Dosen und bezahle das Gleiche wie bei fünf Dosen." Beurteile Lomis Aussage.

---

11 Tipp
a) Runde die Geldbeträge zunächst und überschlage dann.
b) Schreibe die Geldbeträge stellengerecht untereinander, Komma unter Komma.

11 mehr
Tilda kauft mit ihrem Vater einen Papagei, einen Käfig und Zubehör für den Vogel. Gib an, wie viel von 500 € ungefähr noch übrig bleiben.

Kassenbon	
Papagei	350,00 €
Käfig	49,50 €
2 x Napf	14,25 €
Spiegel	3,58 €
Badenapf	11,65 €
2 x Hirsekolben	2,80 €
250 g Körner	4,29 €
Summe	

12 leichter
Überschlage. Gib an, welche ungefähren Beträge du verwendest.
a) 10,76 € + 3,89 € + 2,29 €
b) 5,19 € + 4,89 € + 6,79 €

12 mehr SP
5,19 € kannst du mit 5 € oder mit 5,50 € überschlagen. Erkläre.

13 Tipp
Zähle Wechselgeld und Preis zusammen. Stimmt der Betrag?

13 leichter
Stimmt das Wechselgeld?

	Preis	bezahlt	Wechselgeld
a)	3,81 €	10 €	6,19 €
b)	17,55 €	20 €	2,65 €
c)	28,76 €	30 €	2,24 €
d)	65,32 €	100 €	34,68 €

14 Tipp
Welche fünf Dosen wählst du aus?

14 mehr
Beim Kauf von drei Produkten ist das günstigste kostenlos. Was zahlst du beim Kauf der fünf Produkte?

7 Kosten überschlagen

Wähle aus:

15 Weniger Münzen!
Niemand hat gerne viele Münzen im Geldbeutel. Manchmal bezahlt man deshalb an der Kasse im Supermarkt so, dass man nur eine Münze als Wechselgeld erhält.
a) [SP] Mehmet muss 4,56 € bezahlen und hat keine 50-Cent-Stücke dabei. Er gibt dem Kassierer 5,06 €. Erkläre Mehmets Überlegung.
b) Gib an, was du an der Kasse bezahlst, damit nur eine Münze zurückgegeben wird: 4,51 €; 0,62 €; 9,60 €; 14,04 €
c) Stellt euch gegenseitig Wechselgeld-Aufgaben, bei denen nur eine Münze zurückgegeben werden muss.

16 [MK] **Runden, aufrunden, abrunden**
In Tabellenkalkulations-Apps gibt es die Befehle runden, aufrunden und abrunden.

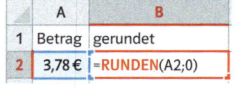
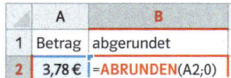

a) Probiere die Befehle mit den Beträgen 2,45 €; 12,76 € und 1,56 € mit einer App für Tabellenkalkulation aus.
b) [SP] Erkläre, was die einzelnen Befehle bewirken.
c) Welcher der Befehle wurde hier jeweils genutzt? Gibt es mehrere Möglichkeiten?

	A	B
1	Betrag	
2	3,78 €	3,00 €
3	6,34 €	6,00 €
4	0,89 €	1,00 €
5	1,11 €	2,00 €

17 Richtige Reihenfolge?!
a) Diskutiert zu zweit, warum es ein Unterschied ist, ob ihr gerundete Beträge addiert oder die addierten Beträge rundet. Probiert es aus: 2,48 € und 4,45 €.
b) Erfindet selbst ein Beispiel.

18 Wer mehr kauft, kauft billiger!
a) Gib an, in welcher Packung der Preis pro Dose niedriger ist. Begründe mit einem Überschlag.

b) Gib an, in welcher Packung der Preis pro Kilogramm niedriger ist. Begründe mit einem Überschlag.

Gemeinsam sichern:

19
Emma und Noah haben für ihr Kaninchen eingekauft.
Emma überschlägt die Summe: „Das kostet ungefähr 12 €."
Noah hingegen sagt: „Ich überschlage 10,50 €."
Erklärt den Unterschied.

5 Knabberstangen zu je 89 ct
2 Ballen Heu zu je 1,69 €
1 Nagestein zu 2,59 €

Mit Geld rechnen

Entdecke:

Jedes Tier braucht Nahrung, Pflege und noch viel mehr. Das Geld, das dafür aufgewendet wird, nennt man Haltungskosten.
a) Erkundige dich nach den monatlichen Kosten für einen mittelgroßen Hund. Die Tabelle kann dir dabei helfen. Wie oft fallen die jeweiligen Kosten an (täglich, monatlich, jährlich)?
b) Berechne die monatlichen und die jährlichen Kosten. Gib deine Rechnung an.
c) Jens und sein Bruder Sergio wollen sich die jährlichen Kosten für ihren Hund teilen. Was muss jeder von den beiden monatlich aufwenden? Beschreibe, wie du vorgehst, um das zu berechnen.

Haltungskosten	
Steuern	☐ €
Haftpflichtversicherung	☐ €
Impfungen	☐ €
Hundefrisör	☐ €
Trockenfutter	☐ €
Frischfutter	☐ €
Kauknochen/Leckerbissen	☐ €
Summe	☐ €

So geht es:

Geldbeträge vervielfachen und teilen

Beachte: Wandle Eurobeträge mit Komma immer vor dem schriftlichen Vervielfachen und Teilen in Centbeträge um.

Beispiel 1:
Berechne 3,85 € · 4.
3,85 € = 385 ct

Beispiel 2:
Berechne 0,87 € : 3.
0,87 € = 87 ct

1 Euro in Cent umwandeln
2 schriftlich multiplizieren bzw. schriftlich dividieren

```
3 8 5 · 4
---------
1 5 4 0
```

```
8 7 : 3 = 2 9
- 6
---
  2 7
- 2 7
-----
    0
```

3 Cent in Euro umwandeln   1540 ct = 15,40 €   29 ct = 0,29 €

Geldbeträge verteilen
Teilst du einen Geldbetrag durch eine Anzahl, so erhältst du einen **Geldbetrag**.
Beispiel 3: 3,50 € werden auf 5 Kinder verteilt. Berechne, was jedes Kind erhält.
3,50 € : 5 = 350 ct : 5 = **70 ct** = **0,70 €**

Geldbeträge aufteilen
Teilst du einen Geldbetrag durch einen Geldbetrag, so erhältst du eine **Anzahl**.
Beispiel 4: 3,50 € werden in 50-Cent-Stücke aufgeteilt. Wie viele 50-Cent-Stücke gibt das?
3,50 € : 0,50 € = 350 ct : 50 ct = **7**

Schreibe es auf:

1 [SP] Sean und Clara kaufen 3 Tüten Gummibärchen zu je 1,35 € und 3 Stangen Brause zu je 0,89 €. Sie wollen sich den Gesamtbetrag teilen.
a) Berechne, was jeder bezahlen muss.
b) Beschreibe deine Überlegungen und deine Rechnungen. Nutze dazu die Wörter:

| teilen | bevor | umwandeln | Eurobetrag | vervielfachen | Centbetrag | stellengerecht |

7 Mit Geld rechnen

Übe jetzt:

○ **2** Vervielfache.
a) 0,52 € · 4   b) 5,20 € · 4   c) 1,15 € · 5
d) 11,50 € · 5   e) 11 · 2,69 €   f) 26,90 € · 11

○ **3** Dividiere.
a) 5,20 € : 4   b) 0,52 € : 4   c) 1,15 € : 5
d) 11,50 € : 5   e) 27,90 € : 3   f) 2,79 € : 3

○ **4** Dividiere.
a) 5,20 € : 0,40 €   b) 0,52 € : 4 ct
c) 1,15 € : 0,05 €   d) 11,50 € : 5 ct
e) 3,90 € : 0,30 €   f) 2,79 € : 3 ct

○ **5** Berechne schriftlich. Nutze die Multiplikation.
a) 3,45 € + 3,45 € + 3,45 €
b) 2,99 € + 2,99 € + 2,99 € + 2,99 €
c) 11,19 € + 11,19 € + 11,19 € + 11,19 € + 0,89 € + 0,89 € + 0,89 €

○ **6** [SP] Gib einen Rechenausdruck an und berechne.
a) Merle kauft 3 Kugeln Eis zu je 1,20 €.
b) Can kauft 3 Packungen Katzenfutter. Eine Packung kostet 1,95 €.
c) Das Trinkgeld vom Schulfest von insgesamt 154,60 € soll gerecht unter den 4 Klassen aufgeteilt werden.

○ **7** Vervielfache in deinem Heft.

·	4	5	10	15
0,89 €	☐	☐	☐	☐
8,59 €	☐	☐	☐	☐
14,59 €	☐	☐	☐	☐

○ **8** Peter wünscht sich drei Wellensittiche. Ein Vogel kostet 21,50 €. Wie viel kosten drei Vögel?

○ **9** Welche Aufgaben haben die gleiche Lösung wie 2000 € : 40?

20 000 € : 4   20 € : 4
20 000 € : 400
200 € : 4   200 € : 40

○ **10** Lea will ihr Aquarium neu bepflanzen. Eine Wasserpflanze kostet 0,65 €. Der Fachverkäufer empfiehlt ihr für das Aquarium 12 bis 15 Wasserpflanzen.
a) Wie viel Euro kosten die Wasserpflanzen mindestens?
b) Wie viel Euro kosten die Wasserpflanzen höchstens?

○ **11** 👥 Die Haltungskosten für die Schildkröten betrugen im Juni 34,95 € und im Mai 22,10 €. Macht einen Vorschlag, wie ihr die Haltungskosten gerecht unter drei Geschwistern verteilen würdet.

○ **12** Cemil hat 6 € Taschengeld und möchte sich davon Fische kaufen. Ein Guppy kostet 1,30 €. Berechne, wie viele Guppys er kaufen kann.

○ **13**
a) Bilde zwei Multiplikationsaufgaben zu jedem Ergebnis.

1400 €   2,40 €   12,60 €

b) Bilde zwei Divisionsaufgaben zu jedem Ergebnis.

14 €   2,40 €   4

○ **14** [SP] Beschreibe die Fehler, die in den Rechnungen gemacht wurden.

a)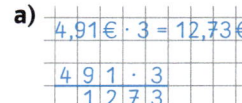

b)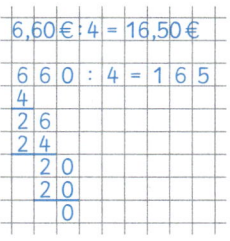

7 Mit Geld rechnen

15 Überschlage im Kopf. Prüfe, ob das Ergebnis richtig sein kann. Begründe, woran du ein falsches Ergebnis erkennst.
a) 3,29 € · 5 = 14,45 €
b) 11,28 € · 5 = 56,40 €
c) 9,89 € · 7 = 79,63 €
d) 10,12 € · 6 = 60,45 €
e) 7,15 € · 8 = 55,80 €
f) 7,85 € · 3 = 23,49 €

16 [SP] Überprüfe die Lösungen. Beschreibe dein Vorgehen.
a) 8,75 € : 5 = 1,75 €
b) 7,20 € : 8 = 1,90 €
c) 9,60 € : 12 = 0,80 €
d) 14,40 € : 12 = 1,90 €

17 Gib die neuen Preise an.

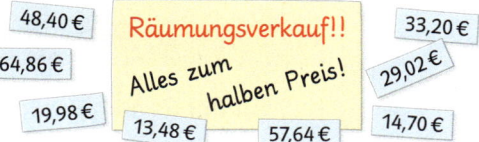

48,40 € 64,86 € 19,98 € 13,48 € 57,64 € 33,20 € 29,02 € 14,70 €
Räumungsverkauf!! Alles zum halben Preis!

18 In einem Supermarkt wird Katzenfutter in Mehrfachpackungen angeboten. Es gibt vier Bündelungen:
3 Dosen zu 3,81 €; 5 Dosen zu 6 €;
6 Dosen zu 7,50 €; 4 Dosen zu 4,76 €
Gib das Angebot an, bei dem du am wenigsten pro Dose bezahlst.

19
a) Lasse möchte eine Tier-Zeitschrift abonnieren. Die Tier-Zeitschrift erscheint jeden Monat. Im Laden kostet sie 3,50 €. Im Jahresabonnement müsste Lasse 39 € bezahlen. Wie viel Euro könnte er durch das Abonnement sparen?
b) Die Zeitschrift „Der Goldfisch" kostet pro Ausgabe 2,80 €. Sie erscheint monatlich. Was könnte ein Jahresabonnement kosten?

---

16 Tipp
Mache einen Überschlag. Achte auf die Endziffer.

16 leichter
Gib an, welche Ziffer beim Ergebnis an letzter Stelle stehen muss.
a) 2,53 € · 4   b) 6,98 € · 3   c) 12,51 € · 6
d) 2,48 € : 4   e) 11,20 € : 5 f) 28,12 € : 3

16 mehr [SP]
Überprüfe die Lösungen. Beschreibe dein Vorgehen.
a) 2,55 € · 4 = 10,20 €   b) 1,35 € · 3 = 4,27 €
c) 0,45 € · 9 = 4,65 €   d) 3,03 € · 6 = 18,18 €

17 Tipp
Halbiere schrittweise:
48 € : 2 = 24 € und 0,40 € : 2 = 0,20 €.

17 leichter
Verdopple den Betrag.
a) 6,65 €   b) 11,36 €   c) 9,99 €
d) [SP] Beschreibe eine geschickte Vorgehensweise für c).

17 mehr
Halbiere zweimal.
a) 56,20 €   b) 12,40 €   c) 9,92 €

18 Tipp
Überschlage zunächst.

18 mehr
Was ist billiger?
a) 12 Stück zu 29,90 € oder 5 Stück zu 14,59 €
b) 400 g zu 6,55 € oder 500 g zu 7,85 €

19 Tipp
Ein Jahresabonnement (kurz Jahresabo) z. B. einer Zeitschrift ist eine regelmäßige Lieferung 12 Monate lang.

19 mehr
Wie viel Euro kannst du bei den Abos sparen?
a) Heim und Tier: Jahresabo 69,00 €;
Einzelheft 6,50 € (erscheint monatlich)
b) „Der Kaninchenzüchter": Jahresabo 24,50 €;
Einzelheft 7,00 € (erscheint vierteljährlich)
c) „Hund und Mensch": Jahresabo 119,90 €;
Einzelheft kostet 5,00 € (erscheint 14-täglich)

7 Mit Geld rechnen

Wähle aus:

◐ 20 Einkaufen!
a) Alena hat vier Flaschen Saft zu je 0,75 € und drei Schokoriegel zu je 0,45 € gekauft. Sie bezahlt mit einem 20-€-Schein. Gib das Wechselgeld an.
b) Luca kauft zwei 12er-Kästen Wasser zu je 3,90 € und sechs Flaschen Limonade zu je 0,65 €. Das Pfand beträgt pro Flasche 0,15 € und 1,50 € für den Kasten. Berechne, ob 12 € ausreichen.
c) Erfindet selbst Einkaufsgeschichten und löst sie gegenseitig.

◐ 21 SP Ferienreitkurs
Bei einem Ferienreitkurs nimmt der Veranstalter 8736 € ein. Jedes Kind bezahlt 312 €. Wie viele Kinder haben an dem Kurs teilgenommen?
Wie kannst du die Teilnehmerzahl überschlagen und dir dadurch Rechenarbeit sparen? Beschreibe.

● 22 Hunde oder Katzen?
Im Jahr 2020 gab es in Deutschland 15,7 Millionen Katzen und 10,7 Millionen Hunde. In der Tabelle kannst du die Ausgaben für das Futter dieser Tiere ablesen.

Hundefutter (in Mio. Euro):
Feuchtfutter	502
Trockenfutter	463
Snacks	602
Total	1567

Katzenfutter (in Mio. Euro):
Feuchtfutter	1105
Trockenfutter	307
Snacks/Katzenmilch	268
Total	1680

a) Überschlage, wie viel Euro das pro Hund bzw. pro Katze sind.
b) Welches ist das „teurere" Haustier?

Gemeinsam sichern:

23
a) Erklärt mit einem Beispiel, was die Werbung bedeutet.
b) Zwei Schwestern kaufen einen Napf, zwei Kratzstäbe und zwei Spielmäuse. Berechnet, was jede bezahlen muss, wenn sie die Kosten gerecht aufteilen.
c) Ihr möchtet von jedem Teil eines kaufen. Wie bezahlt ihr am besten an der Kasse? Begründet euer Vorgehen.

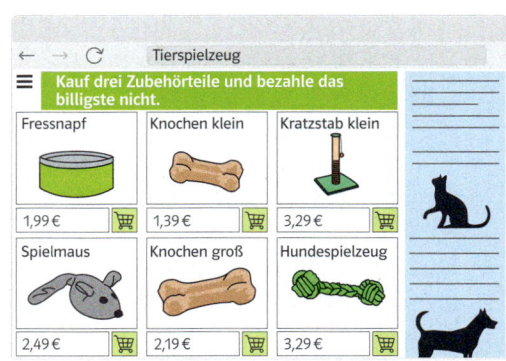

Tierspielzeug
Kauf drei Zubehörteile und bezahle das billigste nicht.

Fressnapf	Knochen klein	Kratzstab klein
1,99 €	1,39 €	3,29 €

Spielmaus	Knochen groß	Hundespielzeug
2,49 €	2,19 €	3,29 €

Gewichte vergleichen

Entdecke:

A

a) Legt eine Tabelle im Heft an. Notiert in der Tabelle alle Größen zu allen Tieren auf den Quartettkarten.
b) Schätzt die fehlenden Größen und recherchiert dann im Internet die tatsächlichen Größen. Bei welchen Tieren habt ihr gut geschätzt, bei welchen waren die Schätzwerte schlecht? Beschreibt, was euch beim Schätzen geholfen hat.
c) Sortiert die Tiere nach dem Gewicht, nach der Geschwindigkeit und nach dem Alter.
d) Schreibt auf, welche Haustiere ihr habt. Was wiegen eure Haustiere?
e) Erstellt weitere Quartettkarten mit Tieren.

So heißt es:

Die Gewichtseinheiten

ein **Milligramm** — eine kleine Stechmücke 1 mg
ein **Gramm** — eine Kreuzspinne 1 g
ein **Kilogramm** — ein Meerschweinchen 1 kg
eine **Tonne** — ein Stier 1 t

7 Gewichte vergleichen

So geht es:

Gewichtsangaben umwandeln

Gewichtseinheit	Kurzform	Gewichtseinheiten umwandeln
Tonne	t	1 t = 1000 kg
Kilogramm	kg	1 kg = 1000 g
Gramm	g	1 g = 1000 mg
Milligramm	mg	1 mg

Gemischte Schreibweise und **Kommaschreibweise**
1 t 300 kg = 1000 kg + 300 kg = 1300 kg
1 t 300 kg = 1 t + 0,3 t = 1,3 t

Gewichte kannst du am besten vergleichen, wenn sie in der gleichen Einheit sind.

Beispiel 1: Wandle in die kleinere Gewichtseinheit um.
1 kg = 1000 g; 3 kg = 3000 g; 0,3 kg = 300 g

Beispiel 2: Wandle in die größere Gewichtseinheit um.
1000 mg = 1 g; 2000 mg = 2 g; 200 mg = 0,2 g

Schreibe es auf:

1 SP Setze die beiden Sätze fort. Erfinde selbst drei ähnliche Sätze.
(1) 1,4 t sind leichter als 2500 kg, weil …
(2) 560 g sind schwerer als 0,05 kg, weil …

780 g sind schwerer als 0,7 kg, weil 780 g schwerer als 700 g sind.

Übe jetzt:

2 Ordne die Gewichtsangaben den Tieren zu. Formuliere wie im Beispielsatz.
Beispiel: *Die Katze wiegt ungefähr 5 kg.*

750 kg   30 kg    170 kg   10 g   1 g    5 kg

3 Wandle um.
a) in Gramm: 3 kg; 3,1 kg; 3,12 kg; 3,128 kg
b) in Milligramm: 4 g; 4,5 g; 4,55 g; 4,557 g
c) in Kilogramm: 7 t; 7,9 t; 7,93 t; 7,935 t

4 Wandle um.
a) in Gramm: 4000 mg; 4100 mg; 4130 mg
b) in Tonnen: 5000 kg; 5600 kg; 5670 kg
c) in Kilogramm: 9000 g; 9200 g; 9220 g

5 Was ist schwerer?
a) 670 g oder 0,6 kg   b) 4,5 t oder 5000 kg
c) 0,5 kg oder 50 g   d) 700 mg oder 7 g
e) 120 g oder 0,12 t   f) 56 g oder 560 mg

6 Schreibe in verschiedenen Einheiten und Schreibweisen auf.

t			kg			g			mg		
H	Z	E	H	Z	E	H	Z	E	H	Z	E
					3	5	0	0			
				8	0	7	0	0			
								3	6	1	0
				2	0	9					
	9	8	5	5	0						
									1	7	7

Beispiel: 3 kg 500 g = 3,5 kg = 3500 g

7 Gewichte vergleichen

7 Notiere das höchste Gewicht.
a) 1,25 kg; 2500 g; 2 kg 450 g
b) 2,5 t; 600 kg; 250 kg
c) 0,8 t; 30 000 g; 3,5 kg
d) 12,7 kg; 11 000 g; 110 000 g
e) 60 kg; 0,6 t; 60 000 g
f) 4000 g; 1 kg 400 g; 0,1 t

8 Sind es mehr oder weniger als 1 t? Gib jeweils die Differenz zu 1 t an.
a) 700 kg b) 2000 kg c) 1,3 t
d) 1250 kg e) 0,7 t f) 1 t 250 kg
g) 989 kg h) 1 kg i) 1000 kg

9 Wie viel fehlt zu 1 kg?
a) 900 g b) 0,8 kg c) 0,85 kg
d) 50 g e) 0,99 kg f) 350 g

10 Wie viel mehr als 1 kg ist das?
a) 1200 g b) 1350 g c) 1,6 kg
d) 2,5 kg e) 1,25 kg f) 3500 g

11 Zerlege wie im Beispiel.
Beispiel: 4600 g = 4000 g + 600 g
            = 4 kg 600 g = 4,6 kg
a) 3500 g b) 6750 g c) 7300 g
d) 10 050 g e) 7005 g f) 8001 g

12 Gib in der Einheit in Klammern an.
a) 5,2 kg (g) b) 1300 g (kg) c) 200 kg (t)
d) 1250 g (kg) e) 2,3 t (kg) f) 60 g (kg)
g) 25 000 kg (t) h) 0,7 kg (g) i) 0,85 t (kg)

13 [SP] Gib an, mit welchen Gewichten du die Gewichtsangabe wiegen könntest.

Beispiel: 750 g wiege ich mit einem 500-g-Gewicht, mit zwei 100-g-Gewichten und mit einem 50-g-Gewicht.
a) 450 g b) 600 g c) 150 g
d) 900 g e) 1,2 kg f) 2,65 kg

14 Wandle in die nächstkleinere Einheit um.
a) 4,7 kg b) 50,2 t c) 6,7 g
d) 6,99 kg e) 2,91 t f) 5,42 g
g) 5,4 g h) 9,887 kg i) 0,05 kg

15 Schreibe in Kommaschreibweise.
a) 4 kg 200 g b) 4 kg 20 g c) 420 g
d) 6 t 700 kg e) 6 t 70 kg f) 670 kg
g) 5 g 170 mg h) 517 mg i) 5017 mg

16 [SP]
a) Erfinde eigene Umwandlungsaufgaben.
b) Löst sie gegenseitig. Überpüft eure Lösungen zu zweit.
c) Welche Aufgaben sind für euch besonders schwierig? Erklärt.

17 [SP] Wer schafft die meisten? Wählt einen Buchstaben aus. Nennt Tiere oder Gegenstände, die mit dem Buchstaben anfangen.
a) mit einem Gewicht in Gramm
b) mit einem Gewicht in Kilogramm
c) mit einem Gewicht in Tonnen

18 Schreibe in der größeren Einheit.
a) 95 kg 600 g; 95 kg 60 g; 95 kg 6 g
b) 12 t 400 kg; 12 t 40 kg; 12 t 4 kg
c) 67 g 900 mg; 67 g 90 mg; 67 g 9 mg

19 Gib in Tonnen an.
a) 7 890 456 kg b) 789 045 kg c) 78 904 kg
d) 7890 kg e) 789 kg f) 78 kg g) 7 kg

20 Ordne nach der Größe.
a) 4360 g; 43,6 t; 43,6 kg; 4360 kg; 4,36 kg
b) 22,98 t; 229 800 kg; 2298 g; 2,298 kg
c) 506 g; 5 kg 600 g; 5,06 kg; 605 g

21
a) Sortiert die Fahrzeuge nach dem Gewicht. An welchen Merkmalen orientiert ihr euch?
b) Schätzt das Gewicht des Fahrzeugs.

7 Gewichte vergleichen

22 In welcher Einheit misst du das Gewicht
a) eines Flugzeugs? b) einer Feder?
c) einer Tasse? d) eines Tisches?
e) eines Autos? f) eines Pakets?

23 Welche Dinge werden mit den Waagen gewogen? Wo habt ihr solche Waagen schon gesehen? Beschreibt.

A
B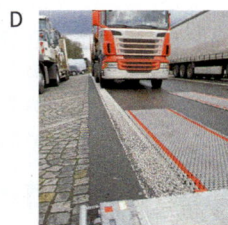
C
D

24 Bei Lkws gibt es die Bezeichnungen $7\frac{1}{2}$-Tonner oder $3\frac{1}{2}$-Tonner. Erklärt die Bezeichnungen.

25
a) Wandle in die Einheit in Klammern um.
0,668 kg (g); 12,89 t (kg); 1,006 g (mg);
35,886 kg (g); 22,802 g (mg); 0,056 t (kg)
b) Schreibe in gemischter Schreibweise.
1 500,107 kg; 23 005,889 g; 1 111 111 mg

---

24 Tipp
Überlege, auf was sich die Gewichtsangabe beim Lkw beziehen könnte.

24 leichter
a) Wie oft passt $\frac{1}{2}$ t in 1 t?
b) Wie oft passt $\frac{1}{4}$ t in 1 t?
c) Wie oft passt $\frac{1}{8}$ t in 1 t?

24 mehr
Gib in der nächstkleineren Einheit an.
a) $1\frac{1}{2}$ kg b) $5\frac{1}{2}$ kg c) $3\frac{1}{4}$ t d) $\frac{1}{2}$ t

25 Tipp
Nutze eine Stellenwerttafel.

t			kg			g			mg		
H	Z	E	H	Z	E	H	Z	E	H	Z	E
		4	3	7	6	2					
							7	0	5	8	

Beispiele: 43,762 t = 43 t 762 kg = 43 762 kg
7,058 g = 7 g 58 mg = 7058 mg

25 leichter
Schreibe die Gewichtsangaben einmal mit und einmal ohne Komma.

t			kg			g			mg		
H	Z	E	H	Z	E	H	Z	E	H	Z	E
						4	5	6	6		
				1	9	8	9				
							2	3	2	3	0
				5	7	9					
	8	7	5	5							
									5	9	3
					9	7	9				

25 mehr
a) Wandle in die Einheit in Klammern um.
0,38 kg (g); 11,09 t (kg); 1,065 g (mg);
3,884 kg (g); 99,803 g (mg); 0,56 t (kg);
0,306 kg (g); 0,6085 g (mg)
b) Schreibe in gemischter Schreibweise.
5 600,85 g; 78 910,32 kg; 6 851 495 mg

7 Gewichte vergleichen

26
a) Ein neugeborenes Nashorn-Baby wiegt bis zu 40 kg, eine erwachsene Nashorn-Mama wiegt ungefähr 1400 kg.
Gib an, wie viel Kilogramm ein Nashorn-Baby zunimmt, bis es erwachsen ist.

b) Das leichteste Landsäugetier ist die Hummelfledermaus. Sie wiegt circa 2 g. Gib an, wievielmal schwerer ein Nashorn-Baby sein kann.

27
Beim Tierarzt muss das Gewicht für Tiere, die weniger als 2 kg wiegen, auf 10 g genau angegeben werden. Bei Tieren, die mehr als 2 kg wiegen, muss die Angabe auf 100 g genau sein.

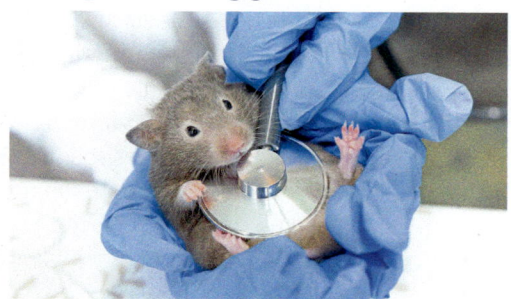

a) Diskutiert, was „auf 10 g genau" und „auf 100 g genau" bedeutet.
b) Gebt das Gewicht gemäß der Regel an:
Katze 5057 g; Hamster 389 g; Hund 3,45 kg
c) Bei Tieren über 20 kg soll die Angabe auf 500 g genau sein. Gib das Gewicht der Hunde auf 500 g genau an.
Berner Sennenhund: 30 kg 560 g
Deutsche Dogge: 36,78 kg
Schäferhund: 21,2 kg

26 Tipp
„Bis zu" bedeutet das Gleiche wie „höchstens".
„circa", „rund" und „etwa" bedeuten „ungefähr".
2 g passen 500-mal in 1000 g (1 kg).

26 leichter
Wie oft passen
a) 50 g in 1 kg?   **b)** 200 kg in 1 t?
c) 20 mg in 1 g? **d)** 25 g in 1 kg?
e) 250 g in 1 t? **f)** 150 g in 3 kg?

26 mehr
a) Ein Blauwalbaby wiegt bei seiner Geburt ungefähr 2,5 t. Ein ausgewachsener Blauwal wiegt ungefähr 120 t. Wievielmal schwerer ist ein ausgewachsener Blauwal?
b) Die Chihuahua-Hündin Miracle Milly wiegt ein halbes Kilogramm und gilt als kleinster Hund der Welt. Eine Deutsche Dogge wiegt zwischen 45 kg und 60 kg. Gib an, wievielmal schwerer als Miracle Milly die Deutsche Dogge mindestens und höchstens sein kann.

27 Tipp
Auf 10 g genau bedeutet gerundet auf 10 g.
Auf 100 g genau bedeutet gerundet auf 100 g.

27 leichter
a) Gib auf 1 kg genau an.
0,89 kg; 2,15 kg; 21,55 kg; 215,89 kg
b) Gib auf 1 t genau an.
1,67 t; 16,7 t; 167,07 t; 7,6 t
c) Gib auf 1 g genau an.
4,4 g; 1600 mg; 36,7 g; 22 709 mg

27 mehr
a) Gib auf 50 g genau an.
488 g; 1,66 kg; 1908 g; 28 g
b) Gib auf 500 g genau an.
4880 g; 16,6 kg; 1908 g; 280 g

7 Gewichte vergleichen

Wähle aus:

● 28 Meerschweinchen füttern
a) Stelle anhand der Futterliste einen abwechslungsreichen Futterwochenplan zusammen. Das Meerschweinchen soll täglich 80 bis 100 g Futter erhalten. Dabei darf der tägliche Bedarf an einzelnen Futterarten nicht überschritten werden.
b) Neben dem Futter soll das Tier täglich ca. 150 g Trinkwasser bekommen. Ist das mehr als 1 Liter pro Woche?

Futterliste für Meerschweinchen	
Futterart	tägl. Bedarf in g
Trockenfutter	
Trockenfuttermischung	10 bis 20
Körner (Weizen, Mais, Hafer)	10 bis 20
Heu	unbegrenzt
Trockenkräuter	unbegrenzt
Saftfutter	
Wiesengras	50 bis 80
Löwenzahn	30 bis 60
Brennesseln	30 bis 60
Möhren	50 bis 80
Futterrüben	50 bis 80
Gekochte Kartoffeln	20 bis 40
Äpfel	40 bis 70

● 29 [SP] Trocken- oder Dosenfutter?
Für Hunde gibt es für die tägliche Futtermenge eine Empfehlung je nach Körpergewicht:

Futterempfehlung für Hunde, täglicher Bedarf		
Körpergewicht	nur Dosenfutter	nur Trockenfutter
bis 10 kg	1 Dose	200 g
bis 25 kg	2 Dosen	400 g
bis 45 kg	3 Dosen	600 g

In einer Dose sind 400 g Futter.
a) Gib jeweils die wöchentliche Futtermenge (nur Dosenfutter bzw. nur Trockenfutter) an.
b) Erkläre, warum das Gewicht des Dosenfutters höher als das Gewicht des Trockenfutters ist.
c) Beschreibe den Zusammenhang von Körpergewicht und täglicher Futtermenge.
d) Fütterungsempfehlung Trockenfutter

Hundegewicht	5 kg	10 kg	15 kg
Rasse			
g pro Tag	120	200	250

Hundegewicht	30 kg	40 kg	55 kg
Rasse			
g pro Tag	450	600	750

Zeichne ein Schaubild, das den Zusammenhang zwischen Futtermenge und Gewicht zeigt.
e) [MK] Erstelle eine Futterempfehlung für verschiedene Hunderassen und Altersgruppen. Gib weitere Faktoren an, von denen die Futtermenge abhängt.

Gemeinsam sichern:

30 [SP]
a) Sortiert die Hunderassen nach dem Gewicht.
b) Entscheidet, ob ein Malteser mit 3760 g, ein Pekinese mit 2900 g und ein Zwergspitz mit 4600 g zu den Angaben auf der Webseite passen. Begründet.

Gewicht von Hunderassen	
Hunderasse	Gewichtsangabe
Collie	18 kg bis 30 kg
Deutscher Schäferhund	32 kg bis 38 kg
Foxterrier	6,5 kg bis 9 kg
Malteser	3 kg bis 4 kg
Pekinese	3,5 kg bis 6 kg
Pudel	ca. 15 kg
Scottish Terrier	8,5 kg bis 10 kg
West Highland Terrier	7 kg bis 9 kg
Zwergspitz	ca. 3 kg

Mit Gewichten rechnen

Entdecke:

A
a) Wie viele Rennmäuse wiegen so viel wie eine Katze?
b) Wie viele Katzen wiegen so viel wie ein Elefant?

Gewicht der Rennmaus ungefähr 40 g

Gewicht der Katze ungefähr 4 kg

Gewicht des Elefants ungefähr 3,2 t

So geht es:

Gewichtsangaben vervielfachen und teilen

1. in eine Einheit ohne Komma umwandeln
2. schriftlich multiplizieren bzw. schriftlich dividieren

Beispiel 1:
Berechne 2,7 kg · 13.
2,7 kg = 2700 g

```
  2 7 0 0 · 1 3
      2 7 0 0
  + 8 1 0 0
          1
    3 5 1 0 0
```

Beispiel 2:
Berechne 0,54 kg : 3.
0,54 kg = 540 g

```
  5 4 0 : 3 = 1 8 0
  - 3
    2 4
  - 2 4
      0 0
    -   0
        0
```

3. in größere Einheit umwandeln

35 100 g = 35,1 kg

180 g = 0,18 kg

Gewicht verteilen
Teilst du eine Gewichtsangabe durch eine Anzahl, so erhältst du eine **Gewichtsangabe**.
Beispiel 3: 3,50 kg Kirschen werden auf 5 Kinder verteilt. Berechne, wie viel kg jedes Kind erhält. 3,50 kg : 5 = 3500 g : 5 = **700 g = 0,7 kg**

Gewicht aufteilen
Teilst du eine Gewichtsangabe durch eine Gewichtsangabe, so erhältst du eine **Anzahl**.
Beispiel 4: 3,50 kg Kirschen werden in 0,5 kg Portionen aufgeteilt. Wie viele Portionen gibt das? 3,50 kg : 0,50 kg = 3500 g : 500 g = 7

Schreibe es auf:

1 SP Berechne die Aufgaben. Notiere, wie du vorgehst.
a) 0,4 kg · 6
b) 2,7 kg : 900 g

Übe jetzt:

2 Berechne das Ergebnis.
a) 2,3 kg · 4
b) 0,23 kg · 4
c) 1,15 kg · 5
d) 11,50 kg · 5
e) 8,9 kg · 3
f) 3 · 0,89 kg

3 Berechne das Ergebnis.
a) 5,20 kg : 4
b) 0,52 kg : 4
c) 1,15 kg : 5
d) 11,50 kg : 5
e) 2,79 kg : 3
f) 2,79 t : 3

4 Berechne das Ergebnis.
a) 5,2 kg : 0,40 kg
b) 0,52 kg : 40 g
c) 1,15 kg : 0,05 kg
d) 11,50 kg : 50 g
e) 3,9 kg : 0,30 kg
f) 3,9 t : 0,3 t

5 Gib einen Rechenausdruck an. Berechne.
a) Jerome kauft 3 Packungen Hundefutter, die je 1,5 kg wiegen.
b) Lilly verteilt die Dose mit 450 g Katzenfutter gerecht unter ihren drei Katzen.
c) Im Tierheim wird die 75-kg-Großpackung Trockenfutter auf 500-g-Portionen aufgeteilt.

6 Bilde zwei Multiplikationsaufgaben zu jedem Ergebnis.
a) 1,4 kg
b) 240 g
c) 12,6 t
d) 0,5 kg

7 Mit Gewichten rechnen

○ **7** Bilde zwei Divisionsaufgaben zu jedem Ergebnis.
a) 14 g   **b)** 0,4 t   **c)** 4   **d)** 10

○ **8** Berechne vorteilhaft im Heft.

·	9	11	21
2,65 kg	☐	☐	☐
1,17 t	☐	☐	☐
8,3 g	☐	☐	☐

○ **9** [SP] Überschlage im Kopf. Prüfe, ob das Ergebnis richtig sein kann. Erkläre, woran du den Fehler erkannt hast.
a) 3,2 kg · 5 = 15,5 kg   **b)** 11,28 kg · 5 = 48,4 kg
c) 9,89 t · 7 = 79,63 t   **d)** 10,1 t · 6 = 60,8 t

○ **10** Überschlage. Gib ein ungefähres Ergebnis an.
a) 2,53 kg + 12,97 kg + 950 g
b) 6,193 kg · 3
c) 61,77 t : 5
d) 50 kg − 3,99 kg − 6,08 kg

◐ **11** [+] In einem Personenaufzug steht als Obergrenze für das zulässige Gewicht der Personen in der Kabine: Höchstgewicht 450 kg oder 6 Personen.
a) Wie viele Kinder deiner Klasse könnten in den Aufzug steigen, wenn es keine Personenbegrenzung gäbe? Schätze zunächst und rechne dann.
b) Von welchem durchschnittlichen Gewicht einer Person wird ausgegangen? Begründe mit einer Rechnung.

◐ **12** [+] Fairos muss für ihren Hund täglich eine Mischung aus 400 g Trockenfutter, 0,6 kg Dosenfutter und 0,5 l Wasser herstellen. Gib das Gewicht des Futters für eine Woche an.

◐ **13** [+] Marius hat 94 50-Cent-Münzen gesammelt. Die 94 50-Cent-Münzen wiegen zusammen 752 g.
a) Reichen die Münzen aus, um einen Vogelkäfig für 39 € zu kaufen?
b) Wie schwer sind die 50-Cent-Münzen, die er zum Kauf des Vogelkäfigs benötigt?

💡 **11 Tipp**
Berechne das durchschnittliche Gewicht pro Person, indem du das Höchstgewicht durch die Anzahl der Personen teilst.

○ **11 leichter**
Berechne das durchschnittliche Gewicht pro Person.

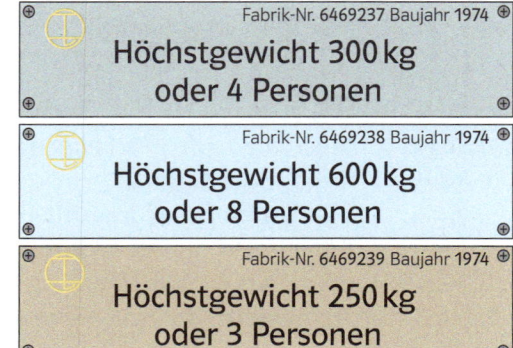

💡 **12 Tipp**
1 l Wasser wiegt ungefähr 1 kg.

◐ **12 mehr**
Gib das Gewicht der Futtermischungen pro Woche an.
a) 450 g Trockenfutter, 700 g Dosenfutter und 0,4 l Wasser pro Tag.
b) 1,2 kg Trockenfutter, 900 g Dosenfutter und 0,8 l Wasser pro Tag.
c) 150 g Trockenfutter, 0,2 kg Dosenfutter und 350 ml Wasser pro Tag.

💡 **13 Tipp**
a) Berechne den Wert der 94 Münzen in €.
b) Berechne zunächst das Gewicht einer 50-Cent-Münze.

○ **13 leichter**
Eine 20-Cent-Münze wiegt ungefähr 6 g. Eine 10-Cent-Münze wiegt ungefähr 4 g. Berechne das Gewicht.
a) 60 20-Cent-Münzen
b) 15 10-Cent-Münzen
c) 12 10-Cent-Münzen und 15 20-Cent-Münzen

Wähle aus:

14 Papageien und Sittiche

Futtermischungen für Tiere enthalten manchmal nur ungefähre Angaben zu den Mengen. Oft sind auch statt Mengen Anteile angegeben.
Grundsätzlich soll bei Papageien und Sittichen das Futtergewicht des frischen Futters (Früchte, Gemüse, Kräuter, Wildpflanzen) ungefähr doppelt so hoch sein wie das der Sämereien (Körner). Als Faustregel für Körnerfutter gilt: pro 500 g Körpergewicht 25 g Körner am Tag.

Paula hat eine Packung Körner mit einem Gewicht von 450 g gekauft. Gib an, für wie viele Tage die Körner ungefähr reichen und wie viel Frischfutter für diesen Zeitraum ungefähr benötigt wird. Runde und überschlage.
a) für einen Graupapagei mit 980 g Körpergewicht
b) für eine Blaustirnamazone mit einem Körpergewicht von 412 g
c) für einen Goffinkakadu mit einem Körpergewicht von 261 g

15 SP MK Tier-Steckbrief

a) Wähle ein Haustier oder Zootier aus und erstelle zu diesem Tier einen Steckbrief. Sammele dazu zuerst Informationen und Interessantes zu deinem Tier.

MEIN TIER-STECKBRIEF

Hauskatze

Lebensraum: weltweit
Größe: bis 50 cm; 2 kg – 8 kg schwer
Alter: 10 – 16 Jahre
Nahrung: Fleischfresser, Insekten, Nagetiere, kleine Vögel
Feinde: Füchse und größere Greifvögel
Wissenswertes (z. B. Fortbewegung, Fortpflanzung, Tragezeit, Feinde):
   Säugetier; dämmerungsaktiv; Einzelgänger
   Tragezeit: 60 – 65 Tage
   Wurfgröße: 2 – 8 Jungtiere
   Geschwindigkeit: 50 km/h

b) Überlege dir zu deinem Steckbrief drei sinnvolle Rechenaufgaben zum Beispiel zu Futtermengen oder Gewicht. Schreibe sie auf.
c) Erstelle eine Musterlösung zu deinen Aufgaben mit Rechenweg und Erklärungen, so dass sie leicht nachvollziehbar ist.

Gemeinsam sichern:

16 Löwen benötigen dreimal pro Woche ca. 12 kg Fleisch sowie zwei Hühner (ca. 1,4 kg) pro Woche und Tier.
a) Im Duisburger Zoo gibt es drei Löwen. Berechnet die jährliche Futtermenge, die für die Löwen im Duisburger Zoo notwendig sind. Erstellt eine Musterlösung mit Rechenweg und Stichpunkten.
b) Berechnet das Gewicht der Futtermenge pro Löwe und pro Tag.

7 Situationen verstehen

Entdecke:

A 👥 Ranas Eltern, ihre zwei Geschwister (5 und 8 Jahre) und ihr Cousin (11 Jahre) wollen gemeinsam mit Rana (10 Jahre) in den Zoo. Rana ist unsicher, für welche Eintrittskarten sie sich entscheiden soll.
a) Was ist für Ranas Entscheidung wichtig?
b) Schaut euch die einzelnen Preise für Tageskarten an. Beschreibt, welche Karten für Rana und ihre Familie infrage kommen.
c) Beratet Rana beim Kauf der Eintrittskarten.

Willkommen in unserem Zoo!
Preise und Tickets – Tageskarten

Kinder unter 6 Jahren	frei
Kinder (6 bis 16 Jahre)	5,50 €
Erwachsene	12,00 €
Ermäßigt	9,00 €
(Schüler:in, Studierende, Auszubildende; Senior:in, Erwerbslose; Schwerbehinderte)	
Familienkarte	30,00 €
(2 Erwachsene und max. 3 Kinder)	
Gruppenkarte (ab 10 Personen):	
Pro Kind	3,00 €
Pro Erwachsener	8,00 €

So geht es:

Beispiel: Für ihr Zwergkaninchen benötigt Iva täglich 70 g Trockenfutter und 50 g geriebene Karotten.
Wie lange reicht eine Packung mit 500 g Trockenfutter zu 4,99 €?

1 Überblick verschaffen
Lies den Aufgabentext zweimal.
Gibt es Fotos, Tabellen, Grafiken zur Aufgabe?
Was liefert dir noch weitere Informationen?

2 Aufgabe klären
Schreibe die wichtigsten Informationen auf.
Was ist gesucht?
Was musst du herausfinden?
Was weißt du schon?

3 Lösungen finden
Löse die Aufgabe.
Überprüfe deine Lösung (z. B. mit einem Überschlag). Passt die Lösung zur Aufgabe?

1. Alle Informationen sind im Text enthalten. Das Bild hat keine zusätzlichen Informationen.
2. Wichtige Informationen:
   Verbrauch Trockenfutter 70 g pro Tag
   Packungsgröße Trockenfutter 500 g
   Gesucht ist die Anzahl der Tage, für die eine Packung Trockenfutter reicht.
3. Rechnen: 500 : 70 = 7 Rest 10
   Die Packung reicht für 7 Tage. Es bleibt sogar ein kleiner Rest übrig.
   Prüfen mit Überschlag:
   7 · 70 = 490 (das passt)
   Das Ergebnis passt zur Rechnung und zur Situation. Denn Trockenfutter muss verbraucht werden, wenn die Packung geöffnet wurde.

Schreibe es auf:

1 [SP] Löse die Aufgabe und beschreibe deinen Lösungsweg. Notiere auch Zwischenschritte und Überlegungen.

Ein 6 Monate alter Hund benötigt ca. 400 g Futter am Tag.
Du hast 10 € für den Kauf von Futter.
Wie lange reicht die Menge, die du für diesen Preis kaufen kannst?

Welpenfutter je 2,95 €
Jetzt zugreifen! Nur für kurze Zeit erhältlich.

230

Situationen verstehen

Übe jetzt:

2

FISCHE im Müller-Gartenland
Guppy: 1,90 € (ab 3 Stück 1,50 €)
Zwergbärbling: 2,50 € (statt 3 €)
2 Zwergbärblinge und 2 Guppys: 7,50 €

a) Gib an, was ein Guppy kostet.
b) Gib an, was vier Guppys kosten.
c) Bei welchem Fisch wurde der Preis gesenkt?
d) Gib an, was ein Kardinalfisch kostet.
e) Was kosten 3 Zwergbärblinge und 2 Guppys?

3 Beurteile die Ergebnisse.
a) Länge einer Tageswanderung: 18 km
b) Dauer eines 50-Meter-Laufs: 7 min
c) Höhe eines Klebestifts: 8 cm
d) Breite eines Handys: 24 cm
e) Preis eines Aquariums: 1,99 €
f) Preis eines Vogelkäfigs: 39,90 €

4 Löwen benötigen täglich zwischen 7 kg und 10 kg Fleisch. Allerdings brauchen Löwen nicht unbedingt jeden Tag Nahrung. Manchmal verschlingen sie bis zu 40 kg auf einmal und pausieren dann ein paar Tage. Zu ihren Beutetieren zählen Säugetiere – vor allem Antilopen, Gazellen und Zebras.

Wie viele Tage kann eine dreiköpfige Löwenfamilie von einem 200 kg schweren Gnu leben?

5 Erkläre die Aussagen. Erfinde zu jeder Aussage ein Beispiel mit Zahlen.

A Kauf drei, bezahl zwei.
B Jetzt um 2 € reduziert.
C Bei drei Stück gibt's das billigste umsonst.

6 So lange schlafen Haustiere am Tag:

Tier	Katze	Hund	Pferd	Maus
Schlafbedarf	ca. 13 h	ca. 11 h	ca. 3 h	ca. 20 h

a) Vergleicht mit eurem eigenen Schlafbedarf.
b) Tiere schlafen zeitlich versetzt. Was bedeutet das?
c) Gib an, ob die Tiere mehr oder weniger als die Hälfte des Tages verschlafen.

7 Koi-Karpfen sind Zierfische, die aufgrund ihrer besonderen Farben und der Form oft sehr teuer

sind. Sie werden zwischen 25 und 35 Jahre alt. Einzelne Fische sind bis zu 15 000 € wert. Der teuerste Koi kostete ungefähr 1,5 Mio. €. Ein junger Zuchtkoi ist im Handel bereits ab ungefähr 15 € zu haben.
a) Wie viel € teurer ist der teuerste Koi im Vergleich zu den beiden anderen genannten Preisen?
b) Wievielmal teurer ist der teuerste Koi im Vergleich zu den beiden anderen genannten Preisen?
c) Nenne andere Beispiele von Gegenständen oder Tieren, die 1,5 Mio. € kosten.

---

7 Tipp
a) Berechne die Differenz zwischen den Preisen.
b) Wie oft passt der niedrige Preis in den höheren Preis?

7 mehr
Rassehunde können bis zu 4000 € kosten. Einen Hund aus dem Tierheim erhält man schon gegen eine Schutzgebühr von 150 € bis 300 €.
a) Berechne den Unterschied der Preise.
b) Wievielmal teurer ist ein Rassehund im Vergleich zu einem Hund aus dem Tierheim?

Wähle aus:

8 Wildpark – ein günstiges Vergnügen?

Wildpark ganz nah

Tageskarten

Erwachsene:	11,50 €
Kind (3–14 Jahre):	7,50 €
Ermäßigt:	10,00 €
(Schüler:in, Student:in, Senior:in, Erwerbslose)	
Menschen mit Behinderung:	7,50 €
(mit Ausweis)	

Tageskarten Gruppen
(Preis p. P., mind. 10 Personen)

Erwachsene:	10,00 €
Kind (3–14 Jahre):	6,50 €
Ermäßigt:	8,50 €
(Schüler:in, Student:in, Senior:in, Erwerbslose)	
Bei Schulklassen:	
Schüler:innen bis 14 Jahre:	6,50 €
(je 20 Kinder ist ein:e Betreuer:in frei)	
Schüler:innen 14 bis 18 Jahre:	7,50 €
Bei Kindergarten-Gruppen	
Kinder	5,50 €
(je 10 Kinder ist ein:e Betreuer:in frei)	

Berate beim Kartenkauf.
a) Familie Grabowski und Familie Tünc mit 3 Erwachsenen und 4 Kindern (2, 7, 9 und 15 Jahre alt)
b) Marie (15 Jahre alt) und ihre drei Freundinnen (16, 12 und 14 Jahre alt)
c) die Kindergartengruppe „Eule" aus dem Kindergarten „Kleine Leute" mit 19 Kindern und zwei Betreuerinnen
d) die Gruppe „Kochende Väter" mit 14 Personen
e) deine Klasse

9 Pferde sind teuer?

Gemeinsam wollen Gabor und Tom die Kosten für Anschaffung, Futter und Unterbringung ihres Pferdes übernehmen. Beim Pferdehof können sie eine Box inklusive Futter für 1800 € pro Jahr mieten.

Zeitlicher Aufwand

Pflege:	1 h täglich
Fütterung:	$\frac{1}{2}$ h täglich
Stallreinigung:	2 h wöchentlich
Ausführen und Reiten:	6 h wöchentlich

Anschaffung für das Pferd

Kaufpreis für ein Pferd:	ab 2500,— Euro
Sattel:	600,— Euro
Zaumzeug:	80,— Euro
Satteldecke:	60,— Euro
Pflegegeräte (Striegel):	70,— Euro

Regelmäßige Kosten (für ein Jahr)

Versicherung:	70,— Euro
Steuern:	80,— Euro
Reitplakette:	25,— Euro
Hufschmied:	80,— Euro
(pro Beschlag, ca. 6 x im Jahr)	

Mietbox und Futter (für ein Jahr)

1800,— Euro

Reitkleidung

Reithose:	100,— Euro
Reitstiefel:	150,— Euro
Kappe:	40,— Euro
Gerte:	15,— Euro

a) Können Gabor und Tom gemeinsam ein Pferd unterhalten? Reicht ihr Taschengeld für die regelmäßigen Kosten aus? Beide erhalten monatlich jeweils 25 € Taschengeld. Die Eltern geben pro Monat zum Pferdeunterhalt noch jeweils 50 € dazu.
b) Berechne die Anschaffungskosten.
c) Tom und Gabor reiten beide zusammen maximal 6 h in einer Woche. Überschlage, was 1 h Reiten für Tom und Gabor kostet. Rechne dazu die regelmäßigen Kosten auf die Reitstunden um.

Gemeinsam sichern:

10

a) Denkt euch zwei Textaufgaben zu eurem Lieblingstier aus. Schreibt auch zwei Sätze über euer Tier dazu.
b) Erstellt eine Lösung zu euren Aufgaben und tauscht sie dann mit einer anderen Gruppe. Überprüft die Lösungen. Sind sie richtig, vollständig und verständlich?

Größen schätzen

Entdecke:

A

a) Schätzt. Wie viel wiegt ein Otter? Wie breit ist der Baum auf dem Foto? Wie viele Marienkäfer sitzen auf dem Ast?
b) Wo fällt euch die Antwort leicht, wo fällt sie euch schwer? Begründet.

So geht es:

Manchmal muss man Größen oder Anzahlen schätzen, weil man sie nicht oder nur schwer messen oder zählen kann.

Schätzen mithilfe einer Vergleichsgröße
1. eine bekannte Vergleichsgröße finden
2. Wie oft passt die bekannte Größe in die gesuchte Größe?
3. Größe berechnen
4. Ergebnis notieren als Schätzwert

Beispiel 1: Schätze die Länge der Raupe.

1. Vergleichsgröße: Kinderfinger
   Ein Kinderfinger ist ungefähr 7 cm lang.
2. Die Raupe ist so lang wie der Mittelfinger.
3. 1 · 7 cm = 7 cm
4. Die Raupe ist ungefähr 7 cm lang.

Schätzen mithilfe eines Rasters
1. Menge durch ein Raster in gleich große Teile zerlegen
2. Anzahl in einem Teil bestimmen
3. gesamte Anzahl berechnen
4. Ergebnis notieren als Schätzwert

Beispiel 2: Schätze die Anzahl der Autos.

1. In 12 gleich große Teile unterteilen
2. In einem Teil sind ungefähr 16 Autos.
3. 12 · 16 Autos = 192 Autos
4. Es sind ungefähr 200 Autos.

Schreibe es auf:

1 Wie lang ist der Bart des Mannes auf dem Bild? Beschreibe Schritt für Schritt, wie du vorgehst.

7 Größen schätzen

Übe jetzt:

2 Nenne Tiere oder Gegenstände, die
a) zwischen 1 kg und 4 kg wiegen;
b) zwischen 20 cm und 30 cm lang sind;
c) zwischen 100 kg und 200 kg wiegen;
d) zwischen 1 m und 2 m hoch sind;
e) zwischen 2 mm und 10 mm lang sind;
f) zwischen 100 g und 500 g wiegen.

3 Schätze und überprüfe dein Ergebnis.

		Schätz-wert	Ermittel-ter Wert
a)	die Länge einer Katze (Kopf bis Schwanz)	☐	☐
b)	die Schnabellänge eines Wellensittichs	☐	☐
c)	die Höhe eures Schulgebäudes	☐	☐

4 Lege eine Vergleichsgrößen-Tabelle an.

Gegenstand	Größe
1 Packung Zucker	1 kg
Höhe einer Zimmertür	2 m
☐	☐

5 Nenne Tiere oder Gegenstände mit ungefähr folgender Länge.
a) 1 cm b) 1 m c) 10 cm d) 50 cm

6 Was ist schwerer?
a) eine Blaumeise oder eine Brieftaube?
b) ein Hamster oder ein Fuchs?
c) ein Husky oder ein Dackel?

7 SP Wie groß ist der Schmetterling? Beschreibe, wie du vorgehst, um die Größe zu ermitteln.

8 Wie viele Frauen sind zu sehen?

9 Alina wohnt im 12. Stock eines Hochhauses. Schätzt gemeinsam, wie hoch sich ihr Balkon über dem Boden befindet.

10 Schätzt, wie viele Bücher an die hintere Wand eures Klassenzimmers passen.

11 Der Walhai ist der größte Hai und der größte Fisch in den Ozeanen. Schätze die Länge und die Höhe des jungen Walhais auf dem Foto.

💡 **9 Tipp**
Wie hoch ist eine Etage?

9 mehr
Wie viele Autos stehen in einem 1 km langen Stau auf einer zweispurigen Autobahn?

10 leichter
Schätzt, wie viele DIN-A3-Bilder an die hintere Wand eures Klassenzimmers passen.

💡 **11 Tipp**
Eine erwachsene Frau ist ungefähr 1,70 m groß.

11 mehr
Schätze die Länge des Fisches, den der Junge gefangen hat.

Wähle aus:

● 12 Ganz schön viele!
In Deutschland leben geschätzt über 83 Millionen Menschen.
a) Schätzt, wie viele Hunde und Katzen es in Deutschland gibt.
b) Schätzt, wie viele Tierärzte es in Deutschland gibt.

● 13 Sesam zähle dich
a) Schätze, wie viel Gramm Sesamsamen in der Schüssel sind.
b) [SP] Warum ist das schwer zu schätzen? Erkläre.

◯ 14 [SP] Der kleine Eiffelturm
„Der Eiffelturm kann nur 3 Meter hoch sein," behauptet Jan.
Erkläre seine Überlegung. Was ist sein Denkfehler?

Gemeinsam sichern:

15 [SP]
a) Schätzt Höhe und Gewicht des Kürbisses.
b) Was fällt euch leichter? Begründet.

16 [SP]
Schätzt die Anzahl der Kürbisse und der Kürbiskerne. Erklärt, warum die Anzahl der Kürbisse leichter zu schätzen ist.

7

Geld und Gewichte

Wechselgeld

2,39 €
1,09 €
6,55 €

Reichen 10 Euro?

Ich kann Geldbeträge vergleichen und überschlagen.

	A	B
1	Betrag	gerundet
2	3,78 €	=RUNDEN(A2;0)
3		

3,85 € · 4 = 385 ct · 4 = 1540 ct = 15,40 €   Eurobetrag in Centbetrag umwandeln

Ich kann mit Geldbeträgen und mit Gewichtsangaben rechnen.

```
5 4 3 0 : 3 = 1 8 1 0
- 3
  2 4
- 2 4
    0 3
  -   3
      0 0
    -   0
        0
```

Gewichtsangabe durch Gewichtsangabe ergibt Anzahl

Gewichtsangabe durch Anzahl ergibt Gewichtsangabe

Ich kann Größen und Mengen schätzen.

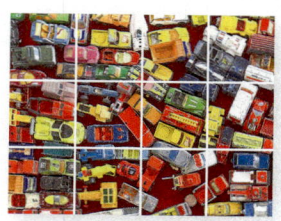
Wie viele?

Wie lang? Wie groß?

Wie hoch?

Auf einen Blick 7

Gewichtseinheit	Kurzform	Gewichtseinheiten umwandeln
Tonne	t	1 t = 1000 kg
Kilogramm	kg	1 kg = 1000 g
Gramm	g	1 g = 1000 mg
Milligramm	mg	1 mg

Ich kann Gewichtsangaben umwandeln und vergleichen.

Mehr oder weniger als eine Tonne?

Willkommen in unserem Zoo!
Preise und Tickets – Tageskarten

Kinder unter 6 Jahren	frei
Kinder (6 bis 16 Jahre)	5,50 €
Erwachsene	12,00 €
Ermäßigt	9,00 €
(Schüler:in, Studierende, Auszubildende; Senior:in, Erwerbslose; Schwerbehinderte)	
Familienkarte	30,00 €
(2 Erwachsene und max. 3 Kinder)	
Gruppenkarte (ab 10 Personen):	
Pro Kind	3,00 €
Pro Erwachsener	8,00 €

Ich kann Situationen verstehen und Probleme lösen.

1. Überblick verschaffen
2. Aufgabe klären
3. Lösungen finden

Tier	Katze	Hund	Pferd	Maus
Schlafbedarf	ca. 13 h	ca. 11 h	ca. 3 h	ca. 20 h

1 Zu welchen Kompetenzen passt das Kärtchen? Ordne zu und erkläre deine Zuordnung.

- Einheit ohne Komma
- genau
- Waage
- ungefähr
- Raster
- Vergleichsgröße
- vereinfachte Geldbeträge
- in gleiche Einheit umwandeln

2 👥 Teilt euch die Kompetenzen auf.
a) Denkt euch Aufgaben zu euren Kompetenzen aus. Erstellt Lösungen dazu.
b) Löst gegenseitig eure Aufgaben und kontrolliert sie.

7 Kapiteltraining

Ich kann Geldbeträge überschlagen.

Nachschauen kannst du auf den Seiten 213–216.

1 Überschlage.
a) 3,29 € + 8,79 € + 10,05 €
b) 12,88 € + 11,09 € + 9,59 €
c) 25,39 € − 6,09 € − 10,05 €
d) 8,79 € + 5,19 € − 6,99 €

2 Gib das Wechselgeld an.
a) Preis: 3,59 €; bezahlt mit 5 €
b) Preis: 12,79 €; bezahlt mit 20 €
c) Preis: 34,71 €; bezahlt mit 50 €
d) Preis: 0,67 €; bezahlt mit 1 €

3

Komplettausstattung für ein Aquarium:
1. Pumpe: 29,59 €
2. diverse Wasserpflanzen: 12,59 €
3. Aquarienerde und -steine: 14,60 €
4. Tonelemente: 7,89 €
5. Futterautomat: 23,70 €

a) Gib an, was Jean ungefähr für die Ausstattung seines neuen Aquariums bezahlen muss. Reichen 100 Euro?
b) Berechne den genauen Betrag.

Ich kann mit Preisen rechnen.

Nachschauen kannst du auf den Seiten 217–220.

4 Berechne.
a) 5,60 € + 2,45 €
b) 5,60 € − 2,45 €
c) 1,23 € + 4,56 € + 7,89 €
d) 9,87 € − 6,54 € − 3,21 €

5 Berechne.
a) 2,11 € · 3
b) 10,89 € · 4
c) 4,98 € : 3
d) 11,10 € : 0,30 €

6 Im Wildpark kaufen Ann-Marie und Tugba 3 Packungen Wildfutter zu je 1,50 €, außerdem ein Eis für 1,25 € und eines für 1,80 €. Der Eintritt betrug für beide zusammen 6,00 €. Gib die Gesamtausgaben an.

Ich kann Gewichtsangaben umwandeln, ordnen und vergleichen.

Nachschauen kannst du auf den Seiten 221–226.

7 Gib in der Einheit in Klammern an.
a) 5,6 kg (g)
b) 5,6 t (kg)
c) 560 g (kg)
d) 5600 kg (t)
e) 56 kg (g)
f) 560 kg (t)
g) 56 kg (t)
h) 0,056 t (kg)

8 Ordne die Gewichtsangaben nach der Größe. Beginne mit der kleinsten.
a) 2,34 kg; 234 kg; 0,234 t; 23,4 g; 234 g
b) 5080 g; 50,80 t; 5,080 kg; 0,5080 t; 508 t
c) 61 kg 52 g; 6 t 152 kg; 615 kg 200 g; 6,152 kg; 0,6152 kg
d) 9200 mg; 92 g; 0,92 kg; 920 mg; 0,092 g; 9,2 mg

9 3500 g ist in Deutschland ein mittleres Geburtsgewicht von Babys. Wiegt ein Baby unter 2500 g, so spricht man von einem niedrigen Geburtsgewicht.

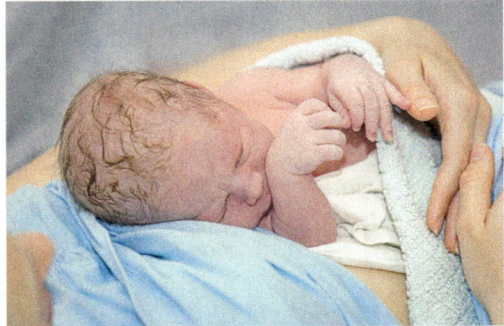

Gib an, um wie viel Gramm sich das Geburtsgewicht von 3500 g unterscheidet.
Welche Werte entsprechen einem niedrigen Geburtsgewicht?
a) 4,25 kg
b) 1970 g
c) 2860 g
d) 2,34 kg

Ich kann mit Gewichtsangaben rechnen.

Nachschauen kannst du auf den Seiten 227–229.

○ 10 Berechne.
a) 5,6 kg + 245 g
b) 5600 g – 2,45 kg
c) 1,2 kg + 3,45 g + 6,7 kg
d) 9,87 kg – 654 g – 3,2 kg
e) 12,3 t · 3
f) 11,8 kg · 4
g) 7,29 kg : 3
h) 8,40 kg : 300 g

○ 11 Für seine vier Hasen benötigt Bengt jeden Tag 0,5 kg Heu sowie 200 g Kleintierstreu. Seine drei Meerschweinchen brauchen lediglich 300 g Heu und 200 g Kleintierstreu. Gib an, wie viel Heu und wie viel Kleintierstreu Bengt für eine Woche benötigt.

● 12 Gib an, welche Packung am günstigsten ist.

a)

b)

Ich kann Situationen verstehen und Probleme lösen.

Nachschauen kannst du auf den Seiten 230–232.

○ 13

	Katze	Hund	Meer-schwein-chen	Wellen-sittich
Anschaffung	100 € bis 2000 €	200 € bis 3500 €	2 × ca. 30 €	40 € bis 50 €
monatliche Kosten	ca. 60 €	ca. 63 € bis 100 €	ca. 58 € (für 2)	ca. 13 €
Lebenserwartung	16 Jahre	14 Jahre	10 Jahre	12 Jahre

a) Gib an, wie viel € eine mittelteure Katze kosten kann.
b) Wie viel € kosten zwei Wellensittiche?
c) Was kostet der Unterhalt eines Hundes für ein Hundeleben?
d) Gib die Kosten an, die für zwei Meerschweinchen im Laufe ihres Lebens anfallen.

◐ 14 Pro Kilogramm Körpergewicht benötigt ein Kaninchen ca. 100 g Futter täglich. Zum Beispiel braucht ein Kaninchen mit einem Gewicht von 3 kg ca. 300 g Futter. Die Hälfte des täglichen Futters sollte aus Heu oder Gras, die andere Hälfte aus Obst und Gemüse bestehen. Außerdem ist stets frisches Wasser notwendig.

Erstelle einen Futterplan für ein Kaninchen mit einem Gewicht von
a) 2 kg;   b) 2,5 kg;   c) 3200 g.

Kapiteltraining

Ich kann Größen und Mengen schätzen.

Nachschauen kannst du auf den Seiten 233–235.

15 Können diese Lösungen stimmen?
a) Länge eines Pkws: 2,50 m
b) Breite eines Schulbuchs: 16 m
c) Dauer einer Wanderung: 3 h
d) Gewicht eines Ruderboots: 120 kg
e) Gewicht eines Singvogels: 1,8 kg

16 [SP]

a) Schätze die Anzahl der Schirme.
b) Erkläre, wie du vorgehst.

17

Schätze die Länge des Ferkels und die Breite seiner Nase. Gib an, an welchen Vergleichsgrößen du dich orientierst.

Alles im Blick

Nachschauen kannst du auf den Seiten 236, 237, 241.

18 Gib jeweils den Preis für 0,5 kg an.
a) 1000 g kosten 4,20 €.
b) 2 kg kosten 12,40 €.
c) 100 g kosten 3,19 €.
d) 5 kg kosten 12,90 €.

19 Verschiedene Haustiere benötigen Lebendfutter. Das können Mäuse oder Küken (z. B. für Schlangen) sein oder auch Insekten für Reptilien oder Amphibien.

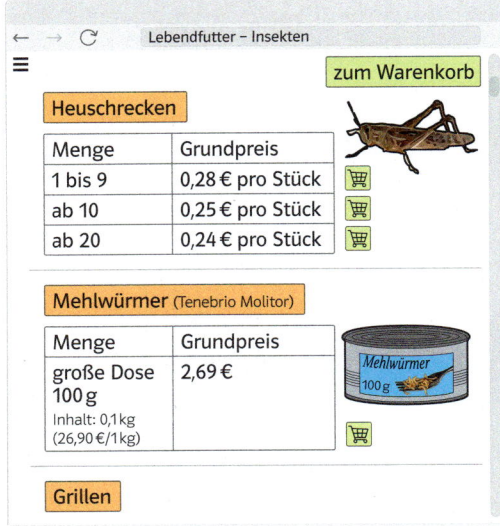

a) Eine Bartagame benötigt täglich bis zu 3 Heuschrecken und ca. 15 g Mehlwürmer. Berechne die wöchentlichen Futterkosten für die tagaktive, ungefährliche Echse.
b) Die natürliche Nahrung eines Chamäleons besteht aus Insekten wie Heuschrecken, Grillen und Mehlwürmern. Ein Chamäleon benötigt ungefähr 10 Futtertiere mittlerer Größe für eine Woche. Erstelle eine Einkaufsliste für den Monatsbedarf.

20 [SP] [MK] Das Balkendiagramm zeigt den Pro-Kopf-Verbrauch von Schokolade in verschiedenen Ländern (in kg).

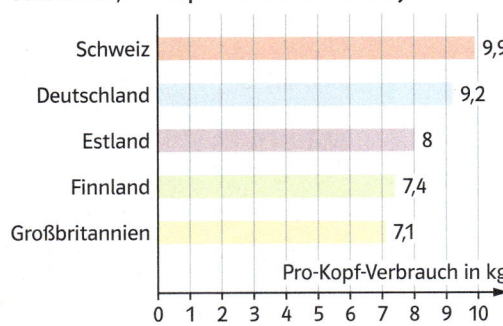

a) Erkläre den Begriff Pro-Kopf-Verbrauch.
b) Recherchiere den Preis für eine 100-g-Tafel Schokolade. Gib für jedes der fünf Länder an, was im Jahr pro Kopf für Schokolade ausgegeben wird.

Geld

Die Währung in Deutschland ist der Euro (€).
Die Untereinheit heißt Cent (ct).
1 € = 100 ct
Beispiel: 17,99 € = 17 € 99 ct = 1799 ct

Größen überschlagen

Für ein schnelles Ergebnis kannst du Rechnungen überschlagen. Runde dafür die exakten Größen auf oder ab.
Beispiel 1: Überschlage 2,89 € + 12,19 € + 7,59 €.
Überschlag: 3 € + 12 € + 7,50 € = 22,50 €
Beispiel 2: Überschlage 437 g · 3,8.
Überschlag: 450 g · 4 = 1800 g = 1,8 kg

Situationen verstehen

1 Überblick verschaffen
Lies die Aufgabe mehrfach.
Welche Informationen gehören zur Aufgabe?
Gibt es Fotos, Tabellen, Grafiken zur Aufgabe?
2 Aufgabe strukturieren
Was ist gesucht? Was sollst du herausfinden?
Welche Informationen im Text, im Foto, in der Tabelle, in der Grafik sind wichtig? Schreibe die wichtigen Informationen geordnet auf.
3 Lösungen finden
Welche Rechnung ist nötig, um die Aufgabe zu lösen? Überprüfe deine Lösung z. B. mit einem Überschlag. Macht die Lösung Sinn (passen die Größen/die Verhältnisse)?

Schätzen mithilfe einer Vergleichsgröße

1 eine bekannte Vergleichsgröße finden
2 Wie oft passt die bekannte Größe in die gesuchte Größe?
3 Größe berechnen
4 Ergebnis notieren als Schätzwert
Beispiel: Wie groß ist das Kalb?
Das Kalb geht dem Mann bis zur Brust. Ein durchschnittlicher Mann ist 1,80 m groß.
Das Kalb ist also ungefähr 1,50 m groß.

Gewichte

Einheit	Gewichtseinheit umwandeln
Tonne (t)	1 t = 1000 kg
Kilogramm (kg)	1 kg = 1000 g
Gramm (g)	1 g = 1000 mg
Milligramm (mg)	1 mg

Beispiele: 4,8 kg = 4 kg 800 g = 4800 g
0,76 t = 760 kg
5400 mg = 5 g 400 mg = 5,4 g

Mit Größen rechnen

Wandle vor dem Rechnen alle Größen in die gleiche Einheit um. Achte beim Addieren und Subtrahieren darauf, dass du stellengerecht untereinander schreibst.

Beispiel 1:
2,45 € + 123,56 €
```
   2,45
+123,56
   1 1
 126,01
```

Beispiel 2:
289,34 t − 97 540 kg
= 289,34 t − 97,54 t
```
 289,34
− 97,54
     1
 191,80
```

Wandle beim Multiplizieren und Dividieren von Größen in eine Einheit ohne Komma um.
Beispiele:
2,3 kg · 3 = 2300 g · 3 = 6900 g = 6,9 kg
1,59 € : 3 = 159 ct : 3 = 53 ct = 0,53 €
Eine Größe geteilt durch eine Zahl ergibt eine Größe.
Beispiel 1: 4,50 € : 5 = 0,90 €
Eine Größe geteilt durch eine Größe ergibt eine Anzahl.
Beispiel 2: 4,50 kg : 0,50 kg = 4500 g : 500 g = 9

Schätzen mithilfe eines Rasters

1 Menge durch ein Raster in gleich große Teile zerlegen
2 Anzahl in einem Teil bestimmen
3 gesamte Anzahl berechnen
4 Ergebnis als Schätzwert notieren
Beispiel: Wie viele Menschen sind auf dem Foto?
In einem Teil sind ungefähr 10 Menschen. Insgesamt sind es ungefähr 5 · 10 = 50 Menschen.

7 Test

Test A:

1 Überschlage.
a) 3,89 € + 5,09 € + 2,88 €
b) 50 € − 3,57 € − 19,19 €

2 Gib das Wechselgeld an.
a) Preis: 12,65 € – gegeben: 20 €
b) Preis: 0,89 € – gegeben: 5 €

3 Berechne. Wandle in eine Einheit ohne Komma um.
a) 6,45 € : 3
b) 1,35 € · 3
c) 22,50 € : 0,50 €
d) 1,80 € : 0,20 €

4 Wandle in die nächstkleinere Einheit um.
a) 4,5 kg
b) 3,77 t
c) 2,99 g

5 Ordne die Gewichtsangaben nach der Größe.
a) 1,2 kg; 760 g; 2,7 kg; 0,4 kg; 0,8 kg
b) 6700 kg; 4 t; 2,6 t; 570 kg; 0,7 t

6 Berechne.
a) 325 g : 25 g
b) 3,8 kg · 4
c) 2,79 kg : 3

7 Wie viel € kostet eine Dose Pansen Plus ungefähr?

8
a) Schwerer oder leichter als 1 kg?
Schulheft; Dackel; Armbanduhr
b) Schwerer oder leichter als 1 t?
Binnenschiff; E-Bike; Holzregal
c) Schätze die Anzahl der Schokolinsen.

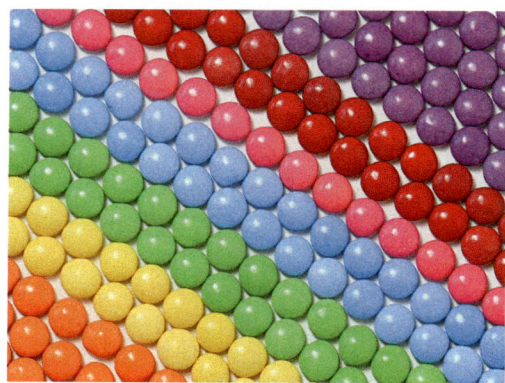

Kontrolliere deine Ergebnisse S. 298.

Test B:

1 Überschlage.
a) 20 € − 4,77 € + 12,89 €
b) 6,39 € + 15,89 € + 8,35 € + 11,19 €

2 Bezahle so, dass du nur zwei Münzen Wechselgeld erhältst. Du hast keine 10-Cent-, 20-Cent- oder 50-Cent-Münzen.
a) Preis: 12,76 €
b) Preis: 102,82 €

3 Berechne.
a) 5 · 12,59 €
b) 6,59 € · 12
c) 1,95 € : 0,05 €
d) 6,23 € : 89 ct

4 Wandle in die Einheit in Klammern um.
a) 5,407 t (kg)
b) 5 kg 360 g (g)
c) 0,067 t (g)
d) 523 489 g (kg)

5 Ordne die Gewichtsangaben nach der Größe.
a) 2 kg 550 g; 2760 g; 0,245 kg; 2,67 kg; 2 kg
b) 8990 kg; 0,98 t; 899 kg; 9 t; 800 kg

6 Berechne.
a) 1,89 kg : 3
b) 1,29 kg · 17
c) 65,4 kg : 300 g
d) 3,2 t : 0,8 t

Test

7 Corin kauft 3 Dosen Rinderherz, 5 kg Trockenfutter und 2 Kauknochen. Überschlage, was er bezahlen muss.

8
a) Größer oder kleiner als ein erwachsener Mensch?
Kleiderschrank; Kleinwagen; Löwe (Schulterhöhe)
b) Schätze, wie breit der Baum ist und welchen Umfang er hat.

Kontrolliere deine Ergebnisse S. 299.

Test C:

Kims Einkaufszettel:

Brot	3,59 €
Zwiebeln	1,99 €
Mineralwasser	6,99 €
Pfand	3,30 €
Gläser	11,50 €
Fleischtheke	27,37 €

1 Wie viel € kostet Kims Einkauf? Überschlage. Kim hat noch einen Leergutbon von 4,18 € dabei.

2
a) Berechne die genaue Summe von Kims Einkauf.
b) Kim bezahlt mit einem 100-€-Schein. Gib das Wechselgeld an.

3 Berechne.
a) 11 · 16,59 € + 3 · 1,89 €
b) 12 · 7,19 € − 3 · 0,69 €

4 Wandle in die nächstgrößere und in die nächstkleinere Einheit um.
a) 2,3 kg   b) 2030 g   c) 23 kg

5 Ordne die Gewichtsangaben nach der Größe.
a) 3,45 kg; 4,53 kg; 3 kg 45 g; 4 kg 350 g; 4305 g; 4500 g
b) 5606 kg; 5,6 t; 5,06 t; 506 kg; 0,56 t; 5660 kg

6 Berechne. Gib das Ergebnis in kg an.
a) 34,56 kg : 30   b) 0,3 t · 13
c) 2 t : 500 g   d) 0,2 g · 2222

7 Sheryl hat 20 Euro zur Verfügung. Stelle ein ausgewogenes Futter für ihren Hund zusammen.

8 Schätze, wie groß die Sperlinge sind. Erkläre, an welcher Vergleichsgröße du dich orientierst.

Kontrolliere deine Ergebnisse S. 300.

Symmetrie | Blüten, Blätter 8

In diesem Kapitel lernt ihr,

- welche Eigenschaften die Achsensymmetrie, die Parallelverschiebung und die Punktsymmetrie haben,
- wie Spiralen aufgebaut sind,
- wie ihr diese Symmetrien und Muster selbst zeichnen könnt.

Check-in 8

1 ➕ Ich kann Strecken messen und zeichnen.

a) Wie lang sind die Strecken?

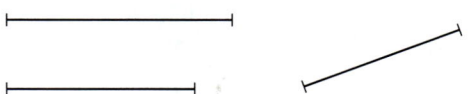

b) Die Kinder sollten gerade Linien zeichnen. Gib ihnen Tipps fürs Zeichnen, wenn nötig.

Gina

Maxi

Lara   Ben   Tom

c) Zeichne eine Strecke mit der Länge 5 cm.
d) Zeichne eine Strecke mit der Länge 7,5 cm.
e) Zeichne eine Strecke mit der Länge 4,8 cm.

2 ➕ Ich kann zueinander senkrechte Linien erkennen und zeichnen.

a) Welche Linien sind senkrecht zueinander?

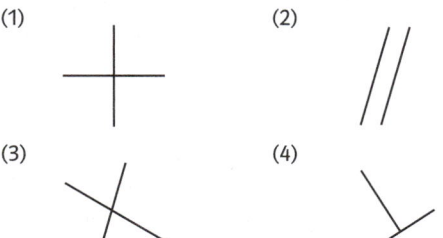

b) Zeichne drei gerade Linien. Zeichne zu jeder Linie eine senkrechte Linie.

3 ➕ Ich kann Zeichnungen in das Kästchenraster in mein Heft übertragen.

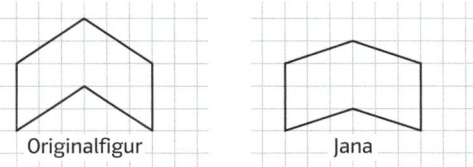

a) Zeichne die Originalfigur in dein Heft.
b) Welchen Fehler hat Jana beim Abzeichnen gemacht?

Kontrolliere deine Ergebnisse S. 301.

💡 **1 Tipp**

a) Lege die Kante des Lineals so auf die Strecke, dass die Null (0) genau auf dem Anfangspunkt liegt. Lies die Länge am Endpunkt der Strecke ab.

c) Zeichne Linien mit einem gut gespitzten Bleistift und dem Lineal. Beginne bei der Null (0) und miss ab.

💡 **2 Tipp**

Eine **Senkrechte** zu einer Linie kannst du mithilfe eines Geodreiecks erkennen oder zeichnen. Lege dazu die Mittellinie deines Geodreiecks auf die Linie.

💡 **3 Tipp**

1. Wie viel Platz brauchst du?
2. Wie viele Kästchen musst du von einem Punkt zum nächsten **nach rechts oder links** und wie viele **nach oben oder unten** gehen?
3. Wie musst du die Punkte verbinden?

Beispiel:

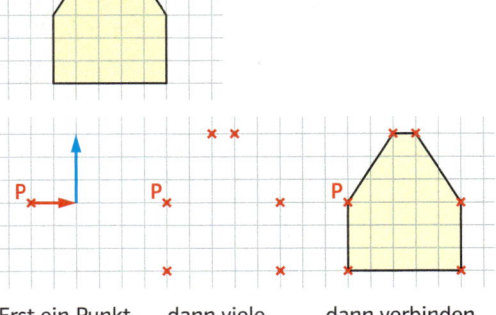

Erst ein Punkt,   dann viele,   dann verbinden.

8 Check-in

4 ➕ **Ich kann Zahlenfolgen fortsetzen.**
Ergänze die nächsten drei Zahlen.

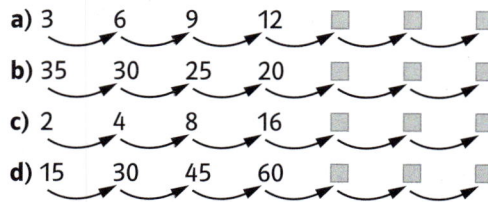

5 ➕ **Ich kann Punkte in einem Koordinatensystem ablesen.**
Gib die Koordinaten der Punkte an.

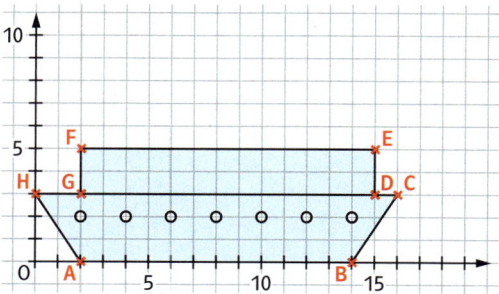

6 ➕ **Ich kann Punkte in ein Koordinatensystem einzeichnen.**

a) Zeichne ein Koordinatensystem.
Trage die Punkte A(2|1), B(12|1), C(12|6), D(10|8), E(4|8), F(2|6) ein.
Verbinde die Punkte in alphabetischer Reihenfolge. Verbinde am Ende F mit A.
b) Nur in einem Koordinatensystem ist alles richtig. Finde und beschreibe die Fehler.

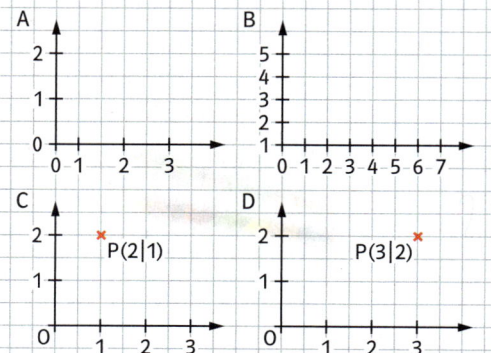

Kontrolliere deine Ergebnisse S. 301.

➕

💡 **4 Tipp**
Sieh dir die **Veränderung** von einer Zahl zur nächsten an.
Beispiel:

Entscheide, ob
- eine Zahl addiert wird,
- eine Zahl subtrahiert wird,
- mit einer Zahl multipliziert wird,
- durch eine Zahl dividiert wird
- oder verschiedene Rechenarten kombiniert werden.

Beispiel:

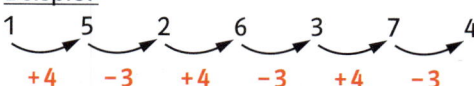

💡 **5 Tipp**

Beispiel:
Vom Nullpunkt
5 nach rechts und
0 nach oben ergibt
den Punkt P(5|0).

Beispiel:
Der Punkt liegt von der Hochachse aus
3 nach rechts und von der Rechtsachse aus **2** nach oben.
Es ist P(3|2).

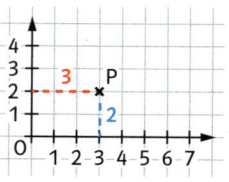

💡 **6 Tipp**
Achte auf die richtige Länge der Achsen.
Beginne beim Nullpunkt.
Trage den Rechtswert nach rechts ab und den Hochwert nach oben.

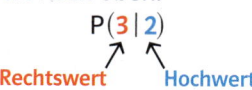

Beispiel:
P(3|2) eintragen:
Gehe vom Nullpunkt
3 nach rechts und
2 nach oben.

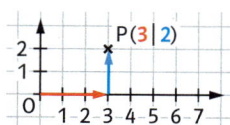

246

Achsensymmetrie

8

Entdecke:

A Sammle Blätter und Blüten.
a) Vergleiche deine Blätter und Blüten. Welche sind ähnlich, welche verschieden?
b) Stelle einen Spiegel so auf ein Blatt, dass du wieder ein vollständiges Blatt siehst.

B Du brauchst Papier und Schere.
a) Schneide aus dem Papier verschiedene Blattformen aus. Beschreibe, wie du vorgehst.
b) Falte dein Papier und schneide daraus weitere Blattformen aus. Erkläre, was das Besondere an diesen Blättern ist.

So heißt es:

Eine Figur mit zwei Hälften, die beim Falten genau aufeinander passen, heißt **achsensymmetrisch**.
Die Faltgerade nennt man **Symmetrieachse**.

Beispiel: die achsensymmetrische Figur

die Symmetrieachse

So geht es:

| das Veilchen | der Hartriegel | die Calla |

 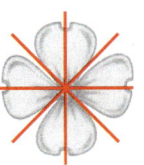   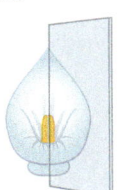

Das Bild des Veilchens ist achsensymmetrisch und hat eine Symmetrieachse.

Das Bild des Hartriegels ist achsensymmetrisch und hat vier Symmetrieachsen.

Das Bild der Calla hat keine Symmetrieachse und ist nicht achsensymmetrisch.

Du kannst auch dein Geodreieck zum Spiegeln benutzen.

Schreibe es auf:

1 **SP** Die Zeichnung der Orchidee ist achsensymmetrisch. Beschreibe mit eigenen Worten, wie du das erkennst.

8 Achsensymmetrie

Übe jetzt:

2 Entscheide, welche Blütenbilder achsensymmetrisch sind. Probiere mit einem Spiegel.

A die Gladiole B die Calla C das Stiefmütterchen

D der Frauenschuh E das Männertreu F die Pagodenblüte

3 Nenne achsensymmetrische Beispiele aus deiner Umgebung.

4 Gib an, wie viele Symmetrieachsen die Blütenbilder haben. Probiere mit einem Spiegel.

der gelbe Enzian das Veilchen die Erdbeere

5

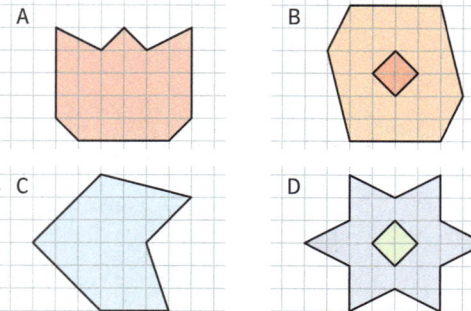

a) Entscheide, welche Zeichnungen achsensymmetrisch sind.
b) Gib die Anzahl der Symmetrieachsen an.

6 SP Erkläre, warum die Symmetrieachse auch Spiegelachse genannt wird.

7
a) Sucht Bilder mit einer Symmetrieachse, mit zwei Symmetrieachsen und mit drei und mehr Symmetrieachsen.
b) Ordnet eure Bilder. Erstellt ein Plakat.

8 Die Blumen sollen sich im See spiegeln. Finde die sechs Fehler.

8 Tipp
Stelle einen Spiegel auf die Symmetrieachse. Vergleiche das Bild jeder Blume mit ihrem Spiegelbild.

8 leichter
Finde die drei Fehler im Spiegelbild rechts.

8 mehr
Im Spiegelbild rechts der Blumen gibt es sechs Fehler. Finde sie.

Achsensymmetrie 8

● 9 SP + Passt A, B oder C zu dem Bild? Begründe.

A   B   C

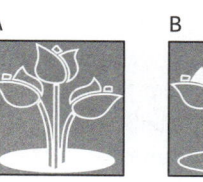

● 10 ⚇ + Schneidet verschiedene Sorten Obst in Scheiben.
Welche Schnittflächen haben
a) eine Symmetrieachse,
b) zwei Symmetrieachsen,
c) drei und mehr Symmetrieachsen?

● 11 +
a) Zeichne die Figuren in dein Heft. Zeichne in jede Figur alle Symmetrieachsen ein.

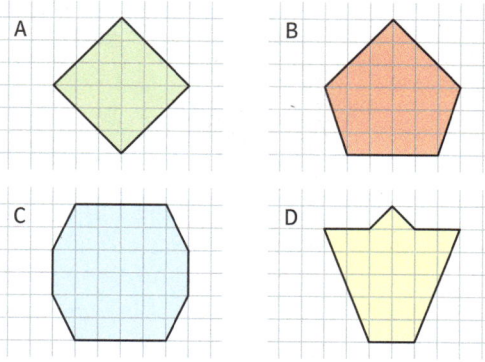

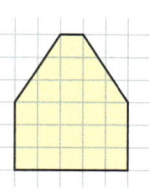

b) Erfinde eigene achsensymmetrische Figuren. Zeichne alle Symmetrieachsen ein.

+

💡 **9 Tipp**
Schwarzes wird im Spiegelbild weiß, Weißes wird im Spiegelbild schwarz.

○ **9 leichter**
Welches der Bilder A, B oder C passt zum ersten Bild? Begründe.

A   B   C

  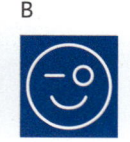 

💡 **10 Tipp**
1 Beschreibt verschiedene Möglichkeiten, wie ihr das Obst schneiden könnt.
2 Sind die Schnittflächen symmetrisch?
3 Wenn ja: Gebt die Anzahl und die Lage der Symmetrieachsen an.

● **10 leichter**
a) Sind die Schnittflächen der abgebildeten Obstsorten achsensymmetrisch?
b) Wie viele Symmetrieachsen entdeckt ihr?

der Apfel   die Zitrone   die Banane

💡 **11 Tipp**
Zähle von einem Punkt zum nächsten die Anzahl der Kästchen **nach rechts oder links** und **nach oben oder unten** ab.

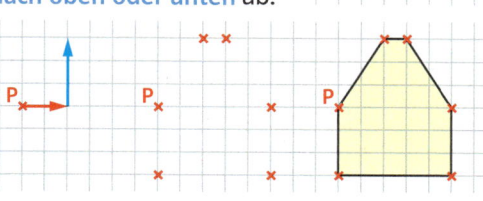

Erst ein Punkt,   dann viele,   dann verbinden.

○ **11 leichter**
Zeichne ein Rechteck mit den Seitenlängen 4 cm und 6 cm. Zeichne ein Quadrat mit der Seitenlänge 5 cm. Ergänze alle Symmetrieachsen.

● **11 mehr**
Zeichne die Figuren in dein Heft. Zeichne alle Symmetrieachsen ein.

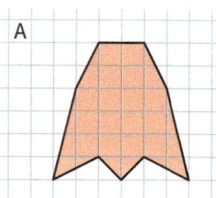 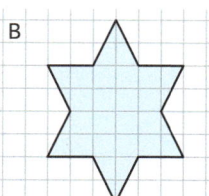

8 Achsensymmetrie

Wähle aus:

● 12 Ein Kind – drei Gesichter

a) Erklärt, wie die unterschiedlichen Gesichter entstanden sind.
b) [SP] Beschreibt, welcher Eindruck durch die verschiedenen Bilder entsteht.
c) Fotografiert euch gegenseitig und stellt selbst solche Fotos her.

● 13 Wirklichkeit und Modell

In der Mathematik arbeiten wir häufig mit **Modellen**, sozusagen mit ideal geformten Pflanzenbildern.

Viele Pflanzen sehen achsensymmetrisch aus. Legst du aber einen Spiegel an der vermuteten Symmetrieachse an, stellst du häufig fest, dass die beiden Hälften nicht ganz genau achsensymmetrisch sind.

das tränende Herz

a) Finde Beispiele für Pflanzen, die nicht ganz exakt achsensymmetrisch sind. Klebe Fotos oder Zeichnungen davon in dein Heft.
b) Fertige daneben achsensymmetrische Zeichnungen der Pflanzen an. Zeichne die Symmetrieachsen ein.

● 14 [SP] Ebenensymmetrische Körper

Auch Körper können symmetrisch sein, z. B. die Zwiebel.
Körper mit einer Symmetrieebene heißen auch **ebenensymmetrische** Körper.
a) Welche Frucht- und Gemüsesorten sind ebenensymmetrisch? Begründet.
b) Nennt andere ebenensymmetrische Körper aus eurer Umgebung. Beschreibt die Lage der Symmetrieebene.

die Tomate

die Sternfrucht

die Kiwi

die Mandarine

Gemeinsam sichern:

15 [SP]

a) Gebt an, welche Figuren achsensymmetrisch sind.
b) Beschreibt die Lage der Symmetrieachsen. Erklärt euch gegenseitig, wie ihr das erkennt.

Achsenspiegelung

Entdecke:

A Sammle Blätter und Blüten.
Lege achsensymmetrische Muster mit Blättern und Blüten.
Worauf achtest du beim Erstellen der Muster?

B Ergänze die Figur in deinem Heft zu einem achsensymmetrischen Blütenbild einer Lilie. Überprüfe deine Zeichnung mithilfe eines Spiegels oder Geodreiecks.

So heißt es:

Die Achsenspiegelung
Bei einer **Achsenspiegelung** wird jeder Punkt an der Symmetrieachse gespiegelt.
Der Punkt P und sein gespiegelter **Punkt P'** haben denselben Abstand zur Symmetrieachse.

Beispiel: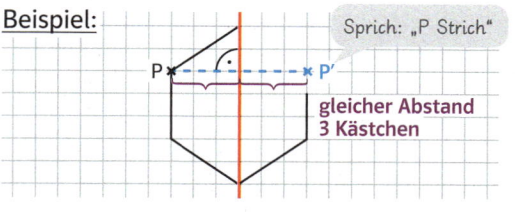

Sprich: „P Strich"

gleicher Abstand
3 Kästchen

So geht es:

Spiegeln durch Auszählen der Kästchen

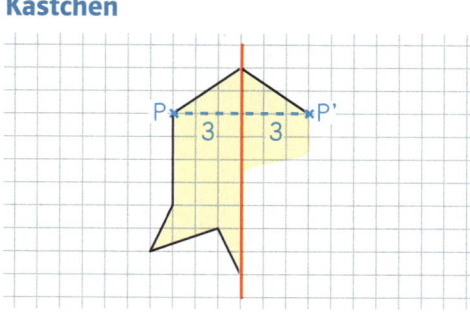

Spiegeln durch Messen mit dem Geodreieck

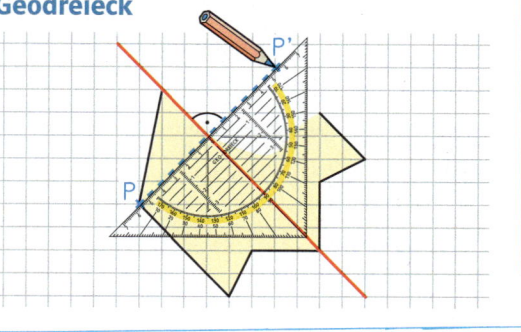

Schreibe es auf:

1 [SP]
a) Beschreibe, wie du einen Punkt an einer Achse spiegelst.
b) Tauscht eure Beschreibungen aus und führt damit eine Spiegelung durch. Überprüft dabei, ob die Beschreibungen alles richtig erklären.

8 Achsenspiegelung

Übe jetzt:

2 Welche Achsenspiegelung ist richtig gezeichnet?

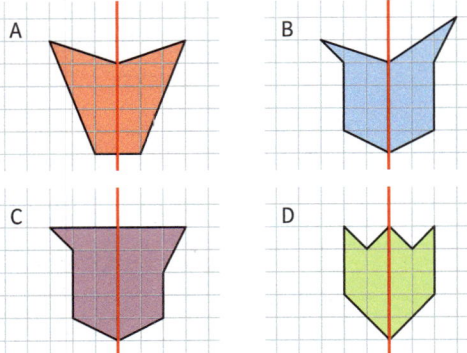

3 Ergänze das Spiegelbild im Heft.

a) 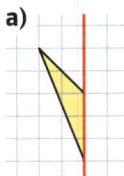 b) 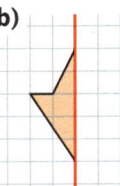 c)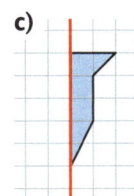

4
a) Spiegle die Figur an der Symmetrieachse.

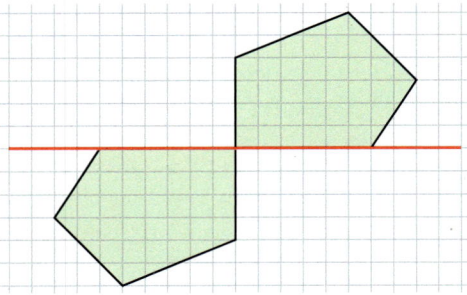

b) Zeichne alle Symmetrieachsen ein.

5 Stelle durch mehrfaches Spiegeln eine Figur mit vier Symmetrieachsen her.

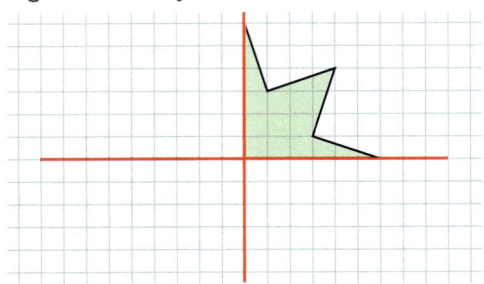

6
a) Ergänze in deinem Heft zu einer achsensymmetrischen Figur.

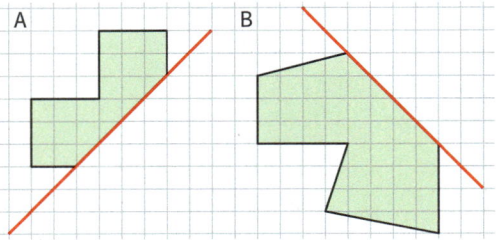

b) Überprüfe deine Zeichnung mit einem Spiegel oder dem Geodreieck.

7 Die Kinder machen Fehler beim Zeichnen des Spiegelbilds. Gebt ihnen Tipps fürs richtige Zeichnen.

Alex   Maxi

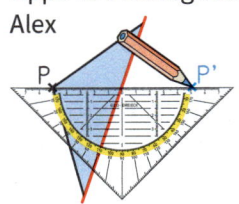   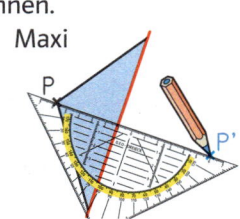

---

7 Tipp
Die Mittellinie des Geodreiecks muss auf der Spiegelachse liegen.

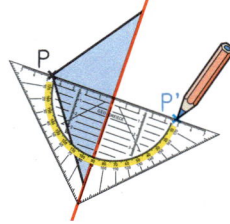

7 leichter
Zeichne ein Dreieck. Markiere eine Seite des Dreiecks als Symmetrieachse. Spiegele das Dreieck an der Symmetrieachse.

7 mehr
Welcher Fehler wurde beim Zeichnen des Spiegelbilds gemacht? Gib einen Tipp fürs richtige Zeichnen.

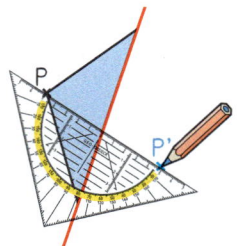

Achsenspiegelung 8

● 8 ✛

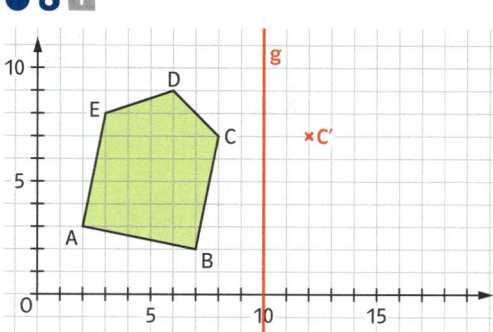

a) Lies die Koordinaten der Eckpunkte A, B, C, D und E ab.
b) Zeichne das Koordinatensystem und die Figur in dein Heft.
c) Spiegle die Figur an der Geraden g. Lies die Koordinaten der gespiegelten Eckpunkte ab. Beschreibe, wie sich Originalfigur und Spiegelbild voneinander unterscheiden.

● 9 ✛

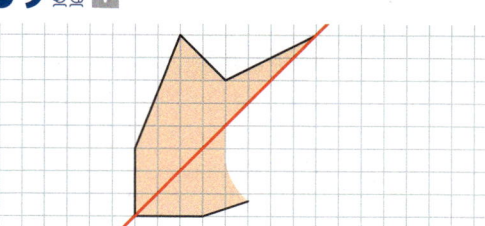

a) Überlegt gemeinsam, wie ihr spiegeln könnt. Findet verschiedene Möglichkeiten.
b) Zeichnet die vollständige Blüte.

● 10 ✛
Findet Achsenspiegelungen, mit denen ihr die linke Blüte in die rechte überführen könnt. Vergleicht eure Lösungen.

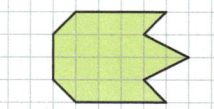

✛

💡 8 Tipp
P(3|2) liegt von 0 aus 3 Kästchen **nach rechts** und 2 Kästchen **nach oben**.

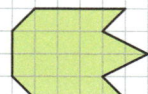

○ 8 leichter
a) Zeichne das Koordinatensystem und das Dreieck in dein Heft.
b) Spiegle das Dreieck. Lies die Koordinaten der gespiegelten Punkte A', B' und C' ab.

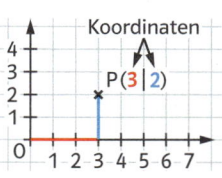

◔ 8 mehr
a) Zeichne ein Koordinatensystem. Verbinde die Punkte A(5|8), B(7|9), C(7|7), D(9|6), E(7|5), F(7|3) und G(5|4) zu einer Figur.
b) Spiegele die Figur an der Symmetrieachse durch die Punkte X(5|1) und Y(5|10).
c) Bestimme die Koordinaten der gespiegelten Eckpunkte.

💡 9 Tipp
Überprüft die Zeichnung mit einem Spiegel oder mit dem Geodreieck.

● 9 mehr
Spiegle das Kleeblatt an g.

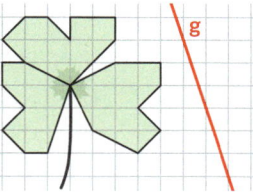

💡 10 Tipp
Spiegelt zweimal.

◔ 10 leichter
Spiegle das Blatt an g. Dann spiegle das neue Blatt an h.

● 10 mehr
Findet Achsenspiegelungen, mit denen ihr die eine Blüte in die andere überführen könnt.

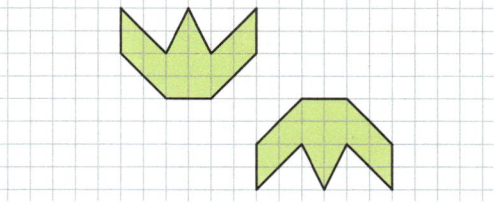

253

8 Achsenspiegelung

Wähle aus:

11 Blätterranke
Ergänze in deinem Heft zu einer achsensymmetrischen Ranke.

13 Herbstlaub
Ergänze die Figuren in deinem Heft zu achsensymmetrischen Blättern.

a) b) der Ahorn

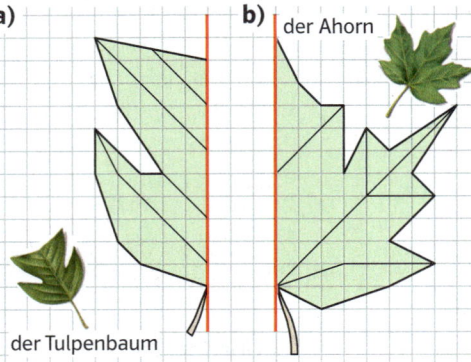

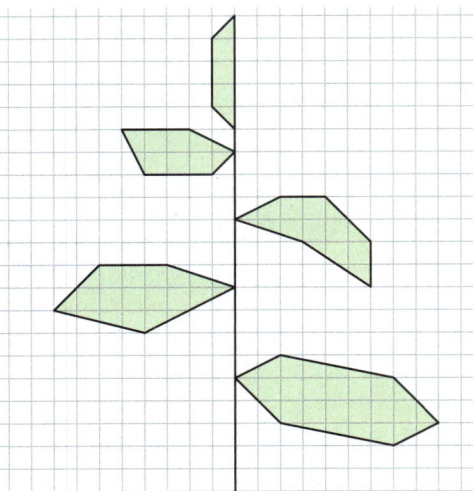

der Tulpenbaum

c) die Feige

d) e) die Birke

die Eiche

12 Die zwei Seiten eines Tores
a) Spiegele das Gartentor einmal nach links am linken Pfosten und einmal nach rechts am rechten Pfosten.
b) [SP] Beschreibe, wie sich das Originalbild und die Spiegelbilder voneinander unterscheiden.

Gemeinsam sichern:

14 💬 [SP]
a) Übertragt die Figuren ins Heft und führt eine Achsenspiegelung durch.
b) Kai sagt: „Zum Spiegeln habe ich Kästchen gezählt." Erklärt, wie er vorgegangen ist. Funktioniert die Zählmethode bei allen fünf Figuren?
c) Beschreibt weitere Möglichkeiten zu spiegeln.

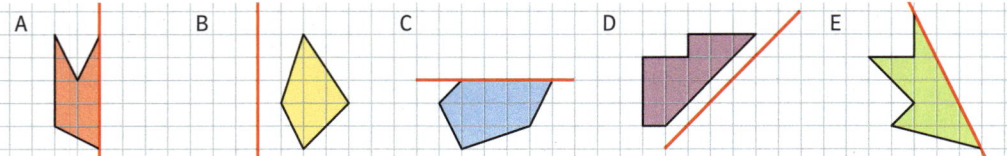

Parallelverschiebung

Entdecke:

A Du brauchst Blätter mit gut sichtbaren Blattadern, Papier und Buntstifte.
a) Stelle ein gleichmäßiges Muster her: Lege ein Blatt mit besonders ausgeprägten Blattadern unter das Papier. Reibe mit einem Buntstift vorsichtig über die Papieroberfläche. Dann schiebe das Papier ein Stück weiter und reibe wieder.
b) 👥 Überlegt gemeinsam: Wann sind die Muster besonders schön? Wie könnt ihr sie herstellen?

B a) 👥 Beschreibt, wie das Bandornament entstanden sein könnte.
b) Zeichnet selbst ein Bandornament.

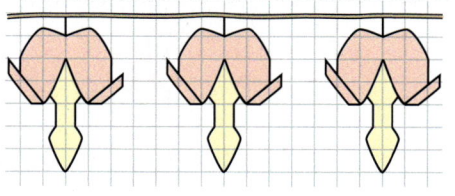

So heißt es:

Die Parallelverschiebung
Bei einer Parallelverschiebung wird jeder Punkt einer Figur nach derselben Verschiebungsvorschrift verschoben.

Beispiel: Verschiebe um 5 Kästchen nach rechts.
der Verschiebungspfeil ———▶

So geht es:

Jeder Punkt der Figur wird einzeln verschoben. Die Verschiebungsvorschrift „Verschiebe um 5 Kästchen nach rechts." wird durch den **Verschiebungspfeil** veranschaulicht.

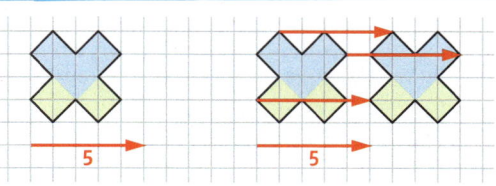

Schreibe es auf:

1
a) Zeichne die Figur in dein Heft. Verschiebe die Figur dreimal.
b) Beschreibe, wie du vorgehst und worauf du besonders achtest. Verwende dabei diese Wörter:

Verschiebungspfeil · Punkt · Kästchen · Parallelverschiebung · Richtung · Verschiebungsvorschrift

8 Parallelverschiebung

Übe jetzt:

○ 2 Verschiebe die Blüte im Heft dreimal um 7 Kästchen nach rechts.
Es entsteht ein Bandornament.

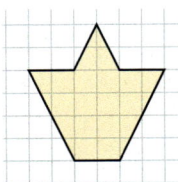

○ 6 Zeichne die Figur in dein Heft. Verschiebe sie wie angegeben. Überlege vorher, wie viel Platz du brauchst.

a) 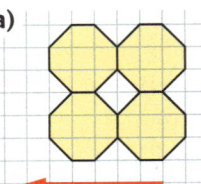 b)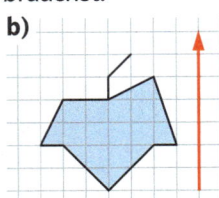

○ 3 Nenne Beispiele für Parallelverschiebungen aus deiner Umwelt.

○ 4

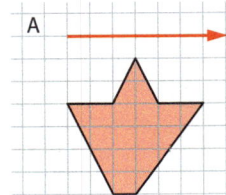 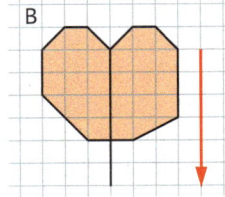

a) Zeichne die Figur in dein Heft und verschiebe sie.
b) Schreibe die Verschiebungsvorschrift auf.

○ 5 Übertrage eine der Blüten in dein Heft und zeichne den passenden Verschiebungspfeil. Verschiebe dann zweimal.

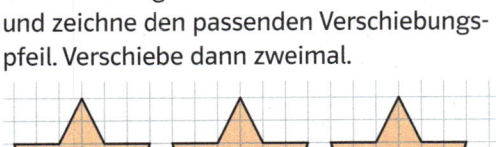

⊖ 7 👥 ➕ Lässt sich das Muster durch eine Parallelverschiebung erzeugen? Nenne für die Parallelverschiebungen die Verschiebungsvorschrift. Beschreibe die Ausgangsfigur, die verschoben wurde.

➕ **💡 7 Tipp**
Bei einer Parallelverschiebung gibt es Figuren, die sich wiederholen. Wurde jeder Punkt nach derselben Verschiebungsvorschrift verschoben?

○ 7 leichter
Welches Muster ist eine Parallelverschiebung? Nenne die Verschiebungsvorschrift.

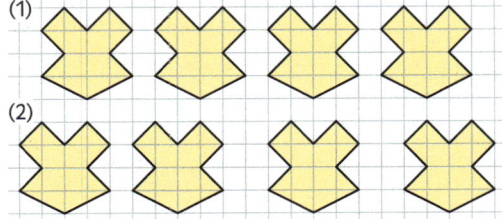

⊖ 7 mehr
a) Zeichne ein Muster mithilfe einer Parallelverschiebung.
b) Zeichne ein Muster, das nicht durch eine Parallelverschiebung entsteht.

Parallelverschiebung 8

◐ 8 ⊞
a) Zeichne die Figur in dein Heft.
b) Verschiebe die Figur dreimal, wie es der Verschiebungspfeil angibt. Überlege vorher, wie viel Platz du brauchst.

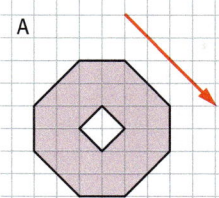 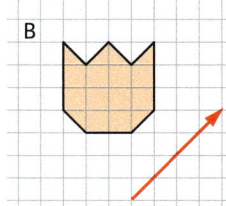

● 9 ⊞
a) Zeichne die Figur mit den Eckpunkten A(6|7), B(7|7), C(9|5), D(9|8), E(10|9), F(8|10) und G(6|8) in ein Koordinatensystem.
b) Die Figur soll um 5 Kästchen nach rechts und 4 Kästchen nach unten verschoben werden. Berechne die Koordinaten der verschobenen Punkte ohne zu zeichnen.
c) Verschiebe die Figur wie in b) angegeben und überprüfe die Koordinaten.

💡 8 Tipp
Verschiebungspfeile können auch anders liegen:

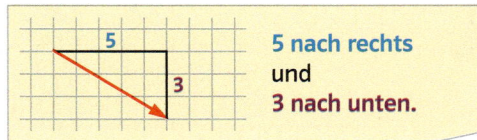

5 nach rechts und 3 nach unten.

○ 8 leichter
a) Zeichne die Figur in dein Heft.
b) Verschiebe die Figur dreimal so, wie es der Verschiebungspfeil angibt.

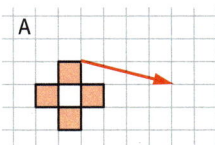 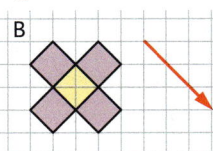

◐ 8 mehr
a) Zeichne die Figur in dein Heft.
b) Verschiebe die Figur mehrmals so, wie es der Verschiebungspfeil angibt.

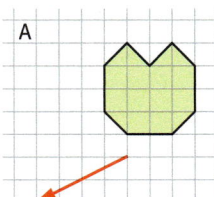 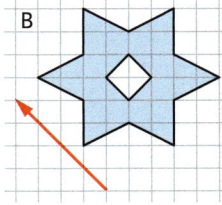

💡 9 Tipp
Die Rechtsachse des Koordinatensystems sollte mindestens 16 Kästchen lang sein. Die Hochachse sollte mindestens 11 Kästchen lang sein.

◐ 9 leichter
a) Zeichne ein Koordinatensystem in dein Heft.
Länge der Rechtsachse: 15 Kästchen;
Länge der Hochachse: 6 Kästchen
b) Zeichne die Figur mit den Eckpunkten A(2|2), B(3|5), C(7|5) und D(6|2) in das Koordinatensystem.
c) Verschiebe die Figur um 5 Kästchen nach rechts. Gib die Koordinaten der entstandenen Punkte A', B', C' und D' an.

● 9 mehr
a) Zeichne die Figur mit den Eckpunkten A(1|3), B(3|5), C(6|4), D(5|6), E(7|8), F(4|8), G(4|10), H(2|8), I(0|8) und K(2|6) in ein Koordinatensystem.
b) Die Figur soll um 7 Kästchen nach rechts und 2 Kästchen nach unten verschoben werden. Berechne die Koordinaten der verschobenen Punkte ohne zu zeichnen.
c) Verschiebe die Figur wie in b) angegeben und überprüfe die Koordinaten.

8 Parallelverschiebung

Wähle aus:

10 Efeuranke
a) Zeichne die Efeuranke in dein Heft.
b) Entwirf eigene Motive.

11 Bandornament
Zeichne die Figur in dein Heft. Verschiebe sie dreimal wie angegeben.

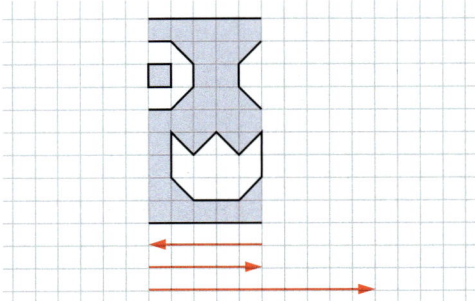

12 Flächenmuster
Zeichne die Figur in dein Heft. Verschiebe die Figur wie angegeben.

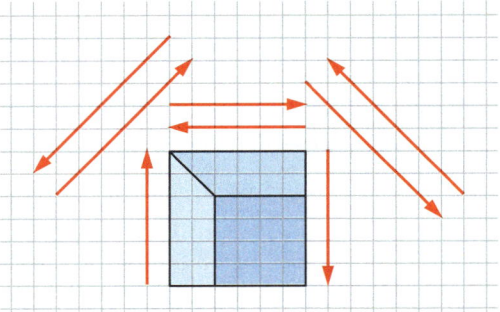

Gemeinsam sichern:

13
Entscheidet: Richtig oder falsch? Schreibt eure Begründung auf.

A Verschiebungspfeile verlaufen immer von links nach rechts.

B Bei einer Parallelverschiebung wird jeder Punkt einer Figur gleich weit in dieselbe Richtung verschoben.

C Durch wiederholtes Verschieben einer Figur mit derselben Verschiebungsvorschrift kann man Bandornamente zeichnen.

D Die Verschiebungsvorschrift wird immer durch einen Verschiebungspfeil angegeben.

Punktsymmetrie

Entdecke:

A Du brauchst Papierkarten, Pappe, Bilder, Stifte und Schere.

a) Was haben die beiden Grußkarten gemeinsam?
Beschreibe, wie sie entstanden sein könnten.

b) Gestalte eine eigene Grußkarte in der gleichen Art. Zum Beispiel:
- Klebe zwei gleiche Bilder auf.
- Stelle eine Schablone her und zeichne gleiche Bilder damit.
- Erstelle am Computer mit einem Zeichenprogramm selbst Muster.

B Beschreibt die Besonderheiten der Blütenzeichnung.

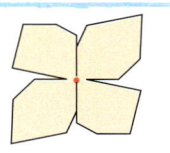

So heißt es:

Eine Figur ist **punktsymmetrisch**, wenn sie durch eine halbe Drehung wieder auf sich selbst abgebildet wird.
Der Punkt Z, um den die Figur gedreht wird, ist das **Symmetriezentrum**.
Das Verfahren heißt **Punktspiegelung**.

Beispiel:
Eine punktsymmetrische Figur

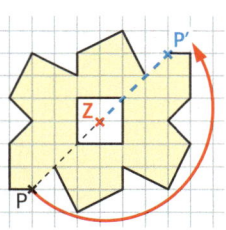

So geht es:

Beispiel: Spiegle Punkt für Punkt am Symmetriezentrum Z.

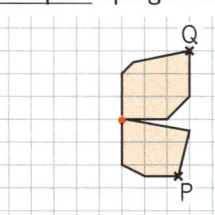
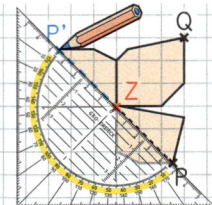

Beachte:
Der Abstand von P zu Z und der Abstand von Z zu P' sind gleich groß.

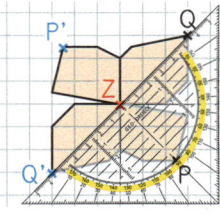

P an Z spiegeln · Q an Z spiegeln

Schreibe es auf:

1
a) Übertrage die Figur in dein Heft. Führe eine Punktspiegelung durch.
b) Schreibe auf, worauf du beim Zeichnen achten musst.

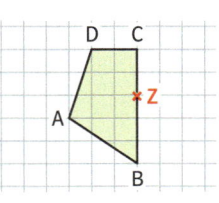

8 Punktsymmetrie

Übe jetzt:

2 Welche der Bilder sind punktsymmetrisch? Erkläre, woran du das erkennst.

der Efeu — das Kleeblatt — das Keimblatt der Buche

3 Nenne punktsymmetrische Beispiele aus deiner Umgebung.

  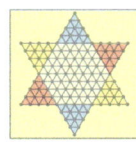

4 Zeichne die Figur in dein Heft. Ergänze zu einer punktsymmetrischen Blüte.

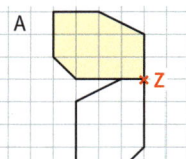 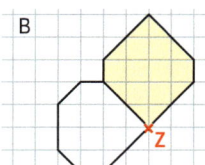

5 SP
a) Wer hat recht? Begründe.
Mara: „Die Karte ist punktsymmetrisch." Kai: „Die Karte ist achsensymmetrisch."
b) Untersuche andere Spielkarten auf Symmetrien.

6 Zeichne das Rechteck in dein Heft. Führe eine Punktspiegelung um das Symmetriezentrum Z durch.

a) 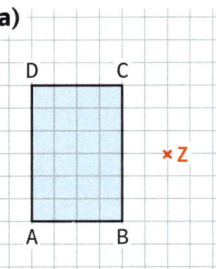 b)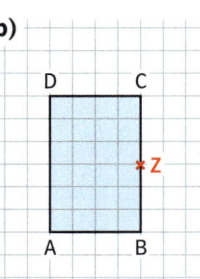

c) 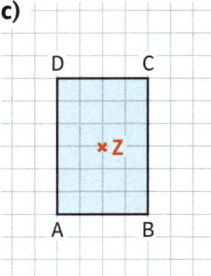 d)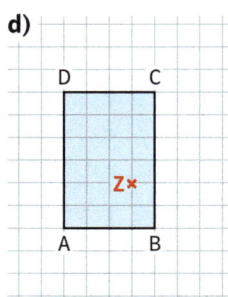

7 ➕ Zeichne die Figuren in dein Heft. Ermittle das Symmetriezentrum Z zeichnerisch. Erkläre, wie du vorgehst.

a) b)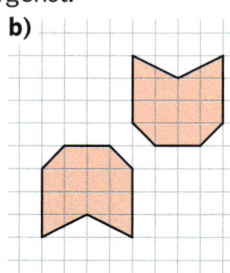

➕ **7 Tipp**
Verbinde gegenüberliegende Punkte. Im Symmetriezentrum schneiden sich alle Verbindungslinien.

7 leichter
a) Zeichne die Figuren.
b) Verbinde jeden Punkt mit seinem Spiegelpunkt. Ermittle so das Symmetriezentrum Z.

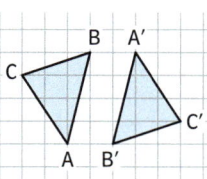

7 mehr
Zeichne die Figuren in dein Heft. Ermittle das Symmetriezentrum Z zeichnerisch.

a) 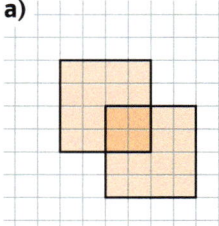 b)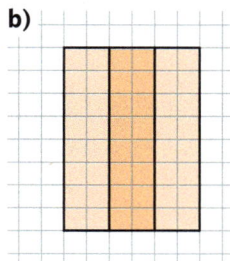

8

a) Zeichne die Figur ABCDE mit den Punkten A(5|3), B(5|4), C(4|4), D(3|5), E(1|3) und den Punkt Z(3|3) in ein Koordinatensystem.
b) Führe eine Punktspiegelung um den Punkt Z durch. Gib die Koordinaten der gespiegelten Punkte an.

9

Zeichne die Figur in dein Heft. Trage das Symmetriezentrum Z ein.

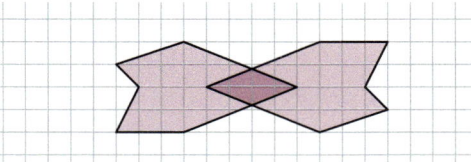

10

a) Noah behauptet, er kann durch Abzählen im Kästchengitter jeden gespiegelten Punkt finden. Erkläre, wie er vorgeht.
b) Zeichne die Figur in dein Heft und führe eine Punktspiegelung nach Noahs Vorgehensweise durch. Überprüfe mit dem Geodreieck.

(1) 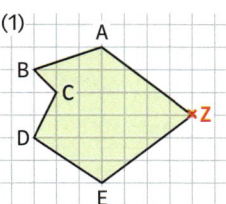 (2)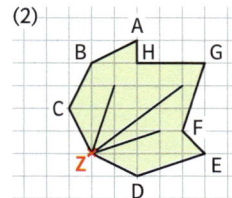

c) Überlegt gemeinsam, welche Vor- und Nachteile Noahs Vorgehensweise hat.

---

8 Tipp
Zeichne die Rechtsachse und die Hochachse mindestens 12 Kästchen (= 6 cm) lang.
(Der Abstand der einzelnen Striche beträgt 2 Kästchen (= 1 cm))

8 leichter
a) Zeichne ein Koordinatensystem.
(Rechtsachse: 7 cm; Hochachse: 6 cm)
b) Zeichne die Figur ABC mit den Punkten A(3|1), B(3|5), C(1|3) und den Punkt Z(3|3) in das Koordinatensystem.
c) Führe eine Punktspiegelung um den Punkt Z durch und gib die Koordinaten der gespiegelten Punkte an.

8 mehr
a) Zeichne die Figur A(2|1), B(3|2), C(3|4), D(2|6), E(1|5), F(2|3), G(1|2) und den Punkt Z(3|3) in ein Koordinatensystem.
b) Führe eine Punktspiegelung um den Punkt Z durch und gib die Koordinaten der entstandenen Punkte an.

9 Tipp
Verbinde die gegenüber liegenden Eckpunkte. Das Symmetriezentrum liegt genau in der Mitte. Dort schneiden sich alle Verbindungslinien.

9 mehr
Zeichne die Figur in dein Heft. Trage das Symmetriezentrum Z ein.

10 Tipp
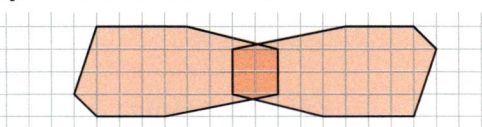

Von Z bis A:
3 nach oben und
4 nach links
Von Z bis A':
3 nach unten und
4 nach rechts

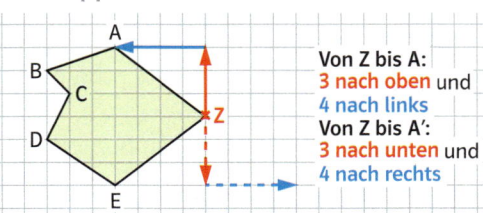

10 leichter
a) Zeichne die Figur in dein Heft.
b) Führe eine Punktspiegelung durch Abzählen durch. Überprüfe das Ergebnis mit dem Geodreieck.

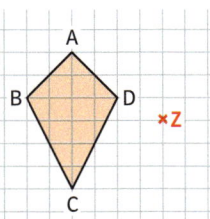

8 Punktsymmetrie

Wähle aus:

● 11 Muster ergänzen
Ergänze das Muster mit möglichst wenigen Strichen zu einer punktsymmetrischen Figur im Heft.

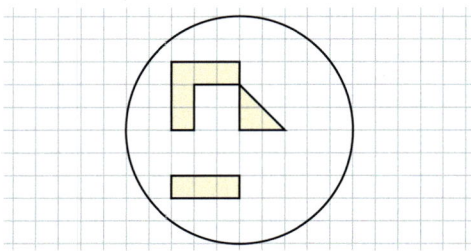

● 12 Symmetrisch färben
Zeichne die Figur mehrfach in dein Heft.

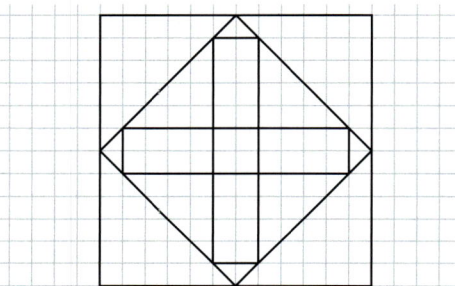

Experimentiere mit einer, zwei, ... Farben.
Färbe die Figur so ein, dass sie
a) punkt-, aber nicht achsensymmetrisch,
b) achsen- und punktsymmetrisch,
c) achsen-, aber nicht punktsymmetrisch,
d) weder achsen- noch punktsymmetrisch ist.
Wie viele Farben benötigst du mindestens?

● 13 Punkt- und/oder Achsensymmetrie?
a) Entwerft eigene Figuren auf Karopapier, die punkt- und/oder achsensymmetrisch sind.
b) Schneidet eure Figuren aus und ordnet sie nach Symmetrie.

● 14 Zum Knobeln
Übertrage die Figur auf Kästchenpapier und schneide die Teile aus.

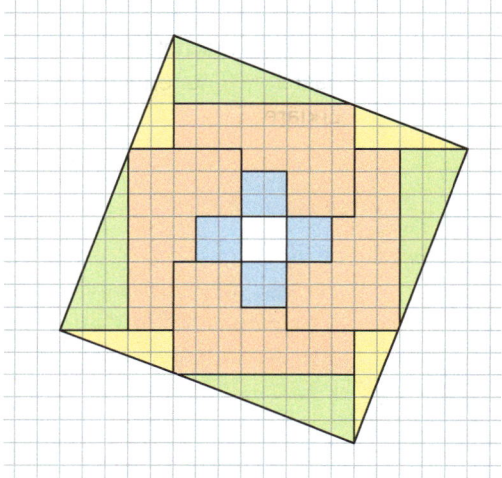

a) Lege die punktsymmetrische Figur ohne Vorlage aus deinen Teilen nach.
b) Lege eine weitere punktsymmetrische Figur mit quadratischer Grundfläche ohne das weiße Quadrat.

Gemeinsam sichern:

15 Ben hat versucht, die linke Figur mit einer Punktspiegelung um den Punkt Z zu drehen. Dabei hat er Fehler gemacht.
a) Findet heraus, welche Fehler Ben gemacht hat.
b) Zeichnet die Figur richtig ins Heft.
c) Beschreibt, worauf Ben beim Zeichnen achten sollte.

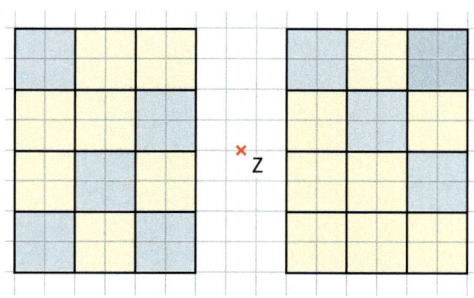

Spiralen

Entdecke:

A

a) Was haben ein Schnecken-haus, eine Nautilusmuschel und eine Sonnenblume gemeinsam? Beschreibe ihren Aufbau.

b) Zeichne auf einem Din-A4-Blatt ein ähnliches Muster wie bei einem Schneckenhaus. Halbiere dazu das Blatt immer wieder.

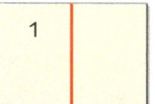  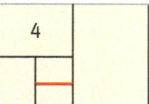 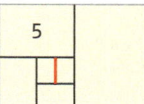 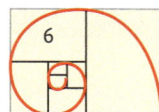

c) Wie ist das Muster der Nautilusmuschel im Kästchengitter entstanden? Erkläre.

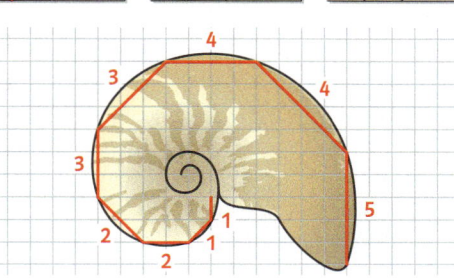

So heißt es:

Die Spirale

Spiralen sind Muster, die häufig in der Form von Schneckenhäusern verlaufen. Sie starten nach einer bestimmten Regelmäßigkeit von einem Punkt aus. Sie werden mithilfe von Zahlenfolgen beschrieben.

So geht es:

Eine Spirale zeichnen
Beispiel:

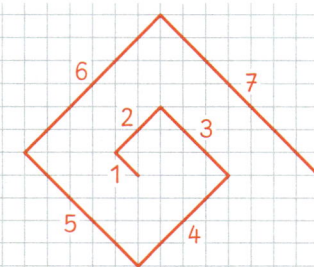 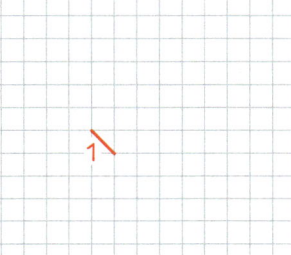 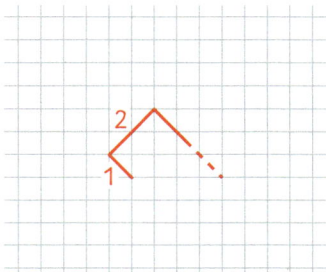

Zeichne die Spirale passend zur Zahlenfolge 1; 2; 3; 4; 5; 6; 7; …

1 Beginne in der Mitte. Zeichne zuerst eine Kästchendiagonale.

2 Ändere die Richtung immer nach dem gleichen Prinzip, und setze die Linien entsprechend der Zahlenfolge fort.

8 Spiralen

Schreibe es auf:

1 SP
a) Übertrage die Spirale in dein Heft.
b) Schreibe eine Zeichenanleitung. Überlege dazu, welche Zahlenfolge der Spirale zugrunde liegt.

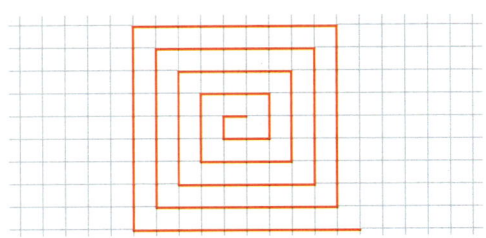

Übe jetzt:

2
(1)   (2)

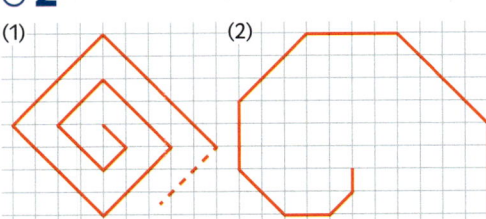

a) Welche Zahlenfolge liegt den Spiralen zugrunde? Wie unterscheiden sie sich?
b) Übertrage die Spiralen in dein Heft.

3 Nenne Beispiele für Spiralen.

4 Die Spirale wurde falsch gezeichnet.
a) Erkläre, was alles falsch gemacht wurde.
b) Zeichne die Spirale richtig in dein Heft.

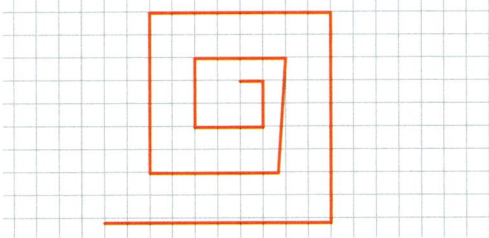

5 Spiralen können auch anders aussehen. Zeichne die Spirale und setze sie fort.
a) 2; 2; 1; 1; 3; 3; 1; 1; 4; 4; 1; 1; 5; …

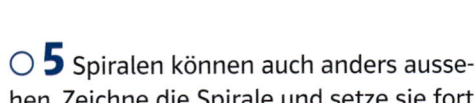
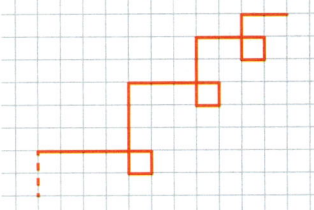

b) 1; 3; 3; 4; 1; 3; 3; 4; 1; 3; 3; 4; 1; …

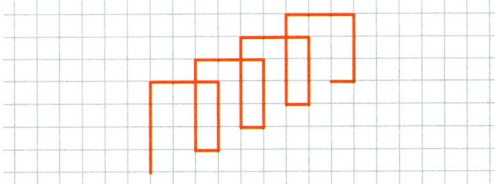

c) Erhältst du mit der Zahlenfolge 2; 2; 6; 2; 2; 6; 2; 2; 6; … auch eine Spirale?

6 ＋

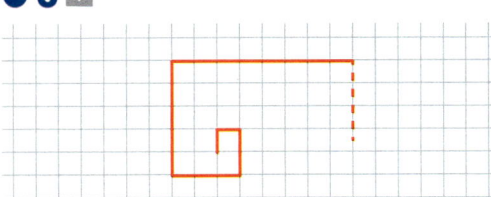

a) Nenne die Zahlenfolge dieser Spirale und ergänze drei weitere Zahlen.
b) Ergänze die Spirale in deinem Heft.

---

6 Tipp
Zahlenfolgen liegen immer Berechnungen zugrunde.

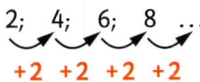   

6 mehr
a) Nenne die Zahlenfolge dieser Spirale und ergänze drei weitere Zahlen.
b) Ergänze die Spirale in deinem Heft.

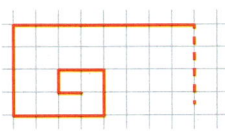

Spiralen 8

7 Zeichne eine Spirale zu der Zahlenfolge. Wie geht es weiter?
a) 2; 1; 3; 2; 4; 3; 5; 4; 6; …
b) 3; 2; 4; 3; 5; 4; …
c) 1; 3; 2; 4; 3; 5; …

8 Zeichne die Spirale mit dem Zirkel.

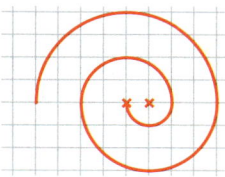

○ **7 leichter**
Zeichne eine Spirale zu der Zahlenfolge 2; 4; 6; 8; … Ergänze weitere Zahlen.

💡 **8 Tipp**
• Die Spirale besteht aus Halbkreisen.
• Sie gehört zur Zahlenfolge 1; 2; 3; 4; 5; …
• Verwende abwechselnd die beiden Mittelpunkte zum Einstechen deines Zirkels.

● **8 mehr**
Zeichne die Spirale mit dem Zirkel.

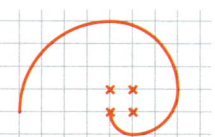

Wähle aus:

● **9 Winkelspirale**
Zeichne die Spirale mithilfe deines Geodreiecks und setze sie fort.

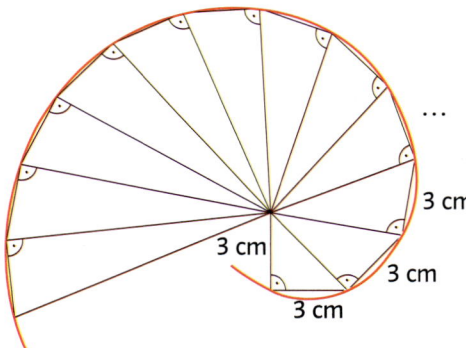

● **10 Besondere Spiralen**
Diese Spiralen wurden mit dem Zirkel gezeichnet.
a) Findet heraus, wie die Spiralen entstanden sind.
b) Übertrage die Spiralen in dein Heft.
c) Erfinde weitere eigene Spiralen.

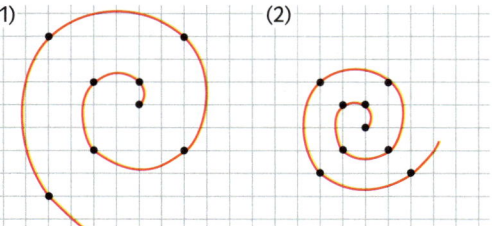

Gemeinsam sichern:

11 Spiralen könnt ihr auch in anderen Gitterformen zeichnen. Erklärt gemeinsam:
a) Welche Zahlenfolgen liegen den Spiralen zugrunde?
b) Erklärt, wie die Spiralen gezeichnet werden können.
c) Zeichnet selbst die Spiralen im Dreieckgitter.

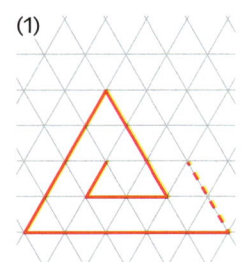
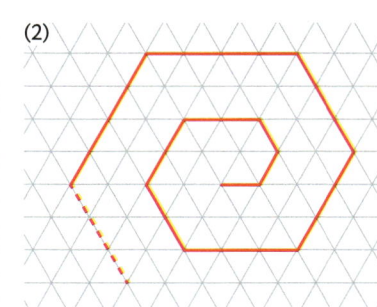

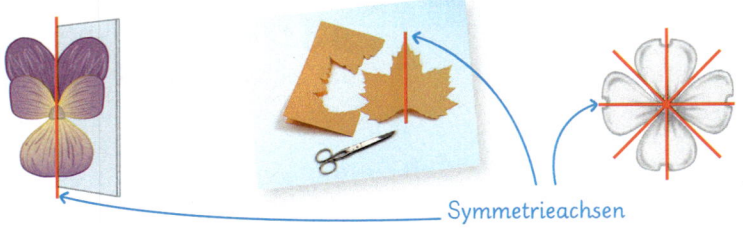
Symmetrieachsen

Ich kann achsensymmetrische Zeichnungen erkennen und erstellen.

Achsenspiegelung

P und P' haben den gleichen Abstand zur Symmetrieachse

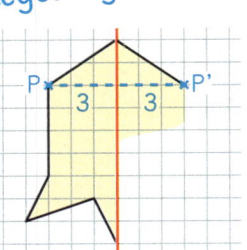
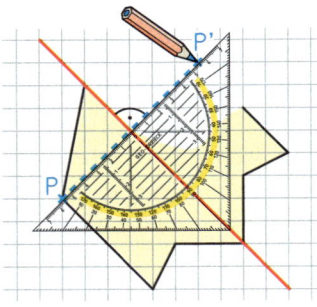

Punkt und gespiegelter Punkt liegen gegenüber

Symmetrie

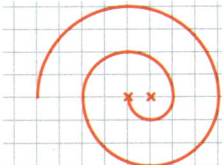
„spiralförmig"

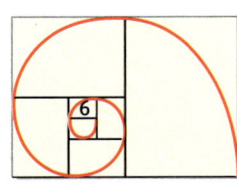

Ich kann den Aufbau von Spiralen erkennen und zeichnen.

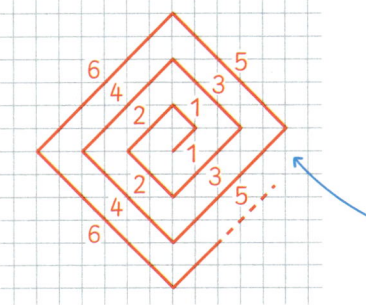

2; 4; 8; 16 …
·2 ·2 ·2 ·2

Zahlenfolge
1; 1; 2; 2; 3; 3; 4; 4; 5; …

Auf einen Blick 8

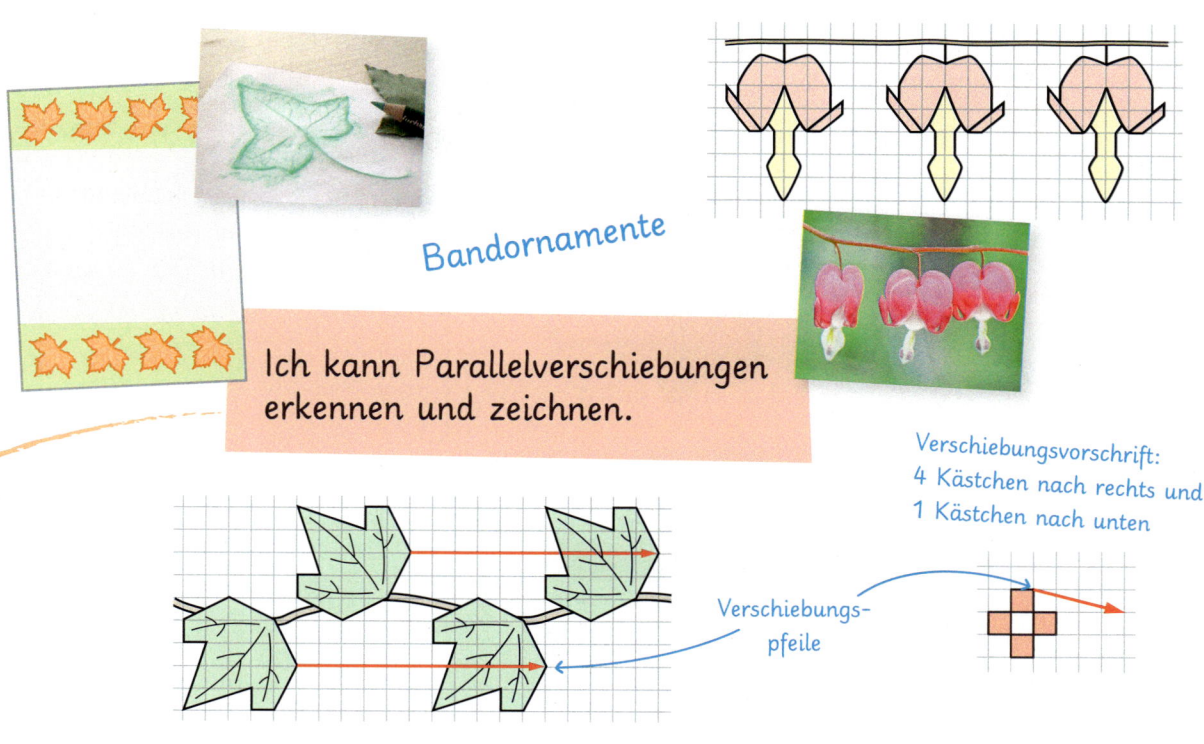

Bandornamente

Ich kann Parallelverschiebungen erkennen und zeichnen.

Verschiebungsvorschrift:
4 Kästchen nach rechts und
1 Kästchen nach unten

Verschiebungspfeile

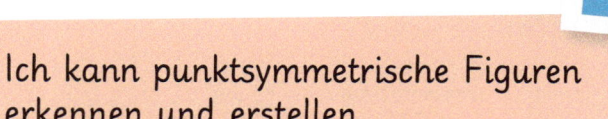

Ich kann punktsymmetrische Figuren erkennen und erstellen.

Symmetriezentrum

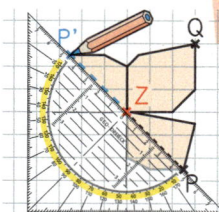

Punktspiegelung

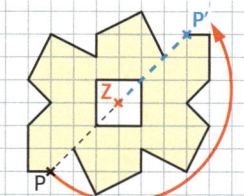

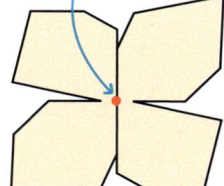

„Die Figur wird gedreht."

1 Zu welchen Kompetenzen passen die Kärtchen? Ordne zu und erkläre deine Zuordnung.

| Spiegelbild | Muster | Drehung | Abzählen | Schablone |

2 Teilt euch die Kompetenzen auf.
a) Denkt euch Aufgaben zu euren Kompetenzen aus. Erstellt Lösungen dazu.
b) Löst gegenseitig eure Aufgaben und kontrolliert sie.

8 Kapiteltraining

Ich kann achsensymmetrische Figuren erkennen.

Nachschauen kannst du auf den Seiten 247–250.

◯ **1** Sieh dir die Bilder der Meerestiere an. Welche Bilder sind achsensymmetrisch?

der Petersfisch

der Seeteufel

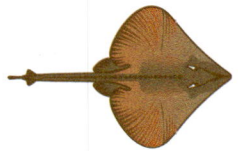
der Weißrochen

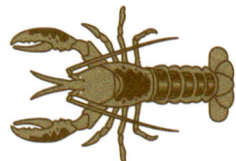
der Flusskrebs

◐ **2** Welches der Bilder A, B oder C zeigt die zweite Muschelhälfte? Erkläre, woran du das erkennst.

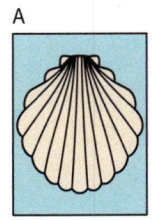
A

B

C

◐ **3**
a) Welche Figuren sind achsensymmetrisch?

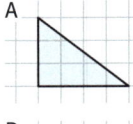
A

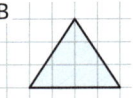
B

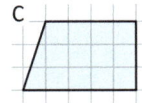
C

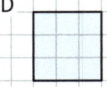
D

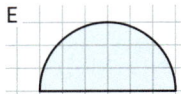
E

b) Übertrage die achsensymmetrischen Figuren ins Heft. Zeichne alle Symmetrieachsen ein.

Ich kann Achsenspiegelungen durchführen.

Nachschauen kannst du auf den Seiten 251–254.

◯ **4** Übertrage die Figuren in dein Heft. Spiegle sie an der Symmetrieachse.

a)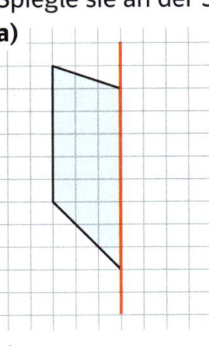
b)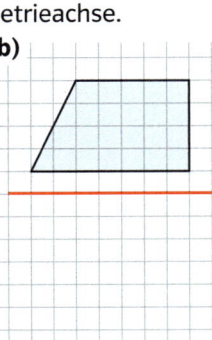

c)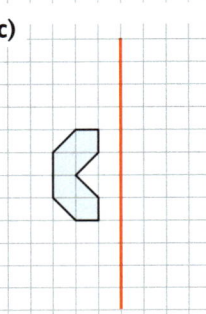
d)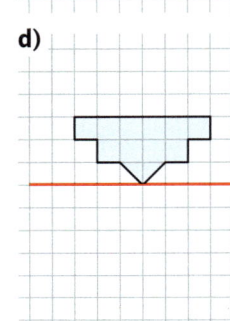

◐ **5** Führe eine Achsenspiegelung durch.

a)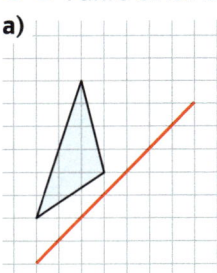
b)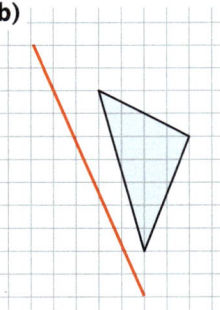

● **6** Führe eine Achsenspiegelung durch.

a)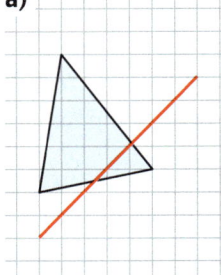
b)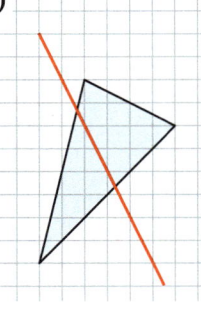

● **7** Ergänze in deinem Heft zu achsensymmetrischen Meerestieren.
a) der Seeteufel   b) der Weißrochen

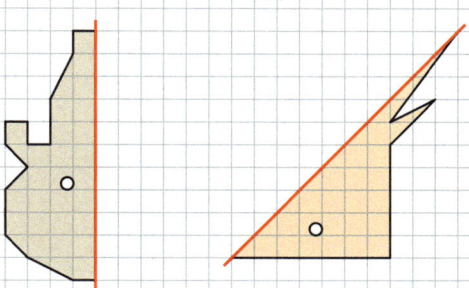

c) der Flusskrebs

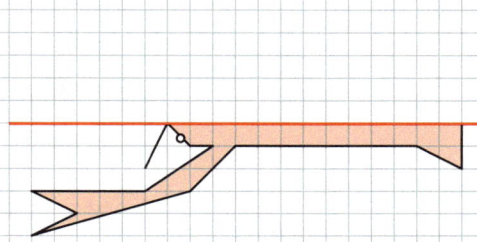

Ich kann Parallelverschiebungen erkennen und zeichnen.

Nachschauen kannst du auf den Seiten 255–258.

○ **8**
a) Verschiebe Figur A wie angegeben.
b) Finde den Fehler bei der Verschiebung von Figur B. Zeichne richtig.

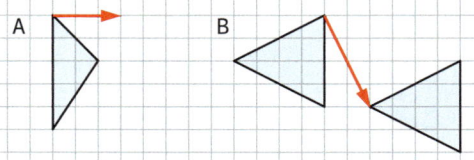

◐ **9** Lässt sich das Muster durch Parallelverschiebung erzeugen? Wenn ja, nenne die Verschiebungsvorschrift.
a)

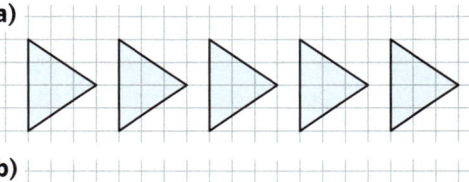

b)

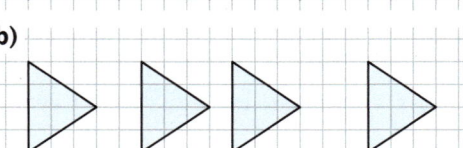

● **10** Übertrage die Zeichnungen ins Heft und verschiebe sie wie angegeben.
a) der Seehase

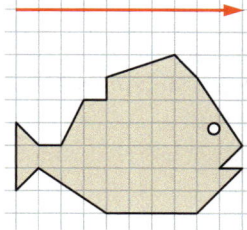 

b) die Rotbarbe

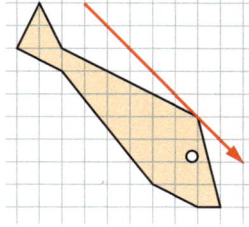 

Ich kann punktsymmetrische Figuren erkennen und zeichnen.

Nachschauen kannst du auf den Seiten 259–262.

○ **11** Welche Sterne sind punktsymmetrisch?

A   B   C   D

◐ **12** Welcher Fehler wurde bei der Punktspiegelung gemacht? Zeichne richtig in dein Heft.

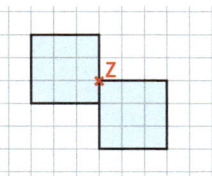

● **13** Führe im Heft eine Punktspiegelung durch.
a) die Qualle   b) der Seeigel

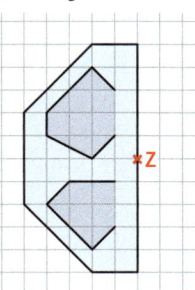 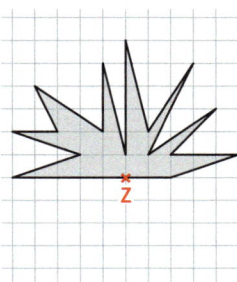

8 Kapiteltraining

Ich kann den Aufbau von Spiralen erkennen und sie zeichnen.

Nachschauen kannst du auf den Seiten 263–265.

○ 14
a) Nenne die Zahlenfolge, die der Spirale zugrunde liegt.
b) Zeichne die Spirale in dein Heft und führe sie fort.

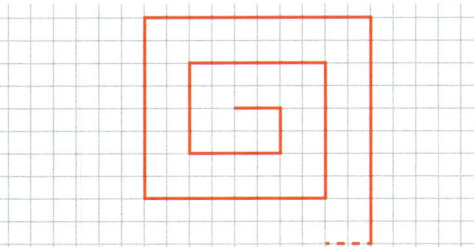

◐ 15
Die Spirale wurde falsch gezeichnet. Erkläre und zeichne richtig.

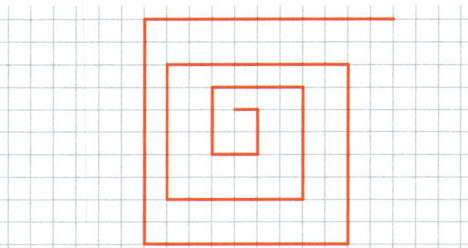

● 16
Zeichne die Spiralen im Heft weiter. Erkläre, wie sie entstanden sind.

A
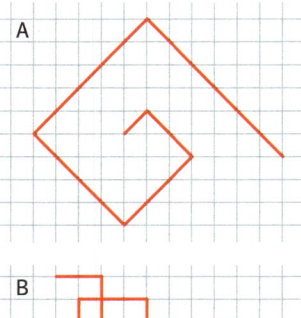

B
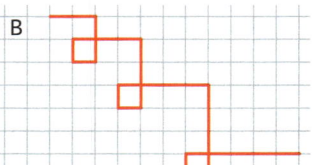

Alles im Blick

Nachschauen kannst du auf den Seiten 266, 267, 271.

○ 17
Prüfe, ob Achsensymmetrie, Parallelverschiebung, Punktsymmetrie oder eine Spirale vorliegt. Erkläre.

A

die Herzmuschel

B
der Seeigel

C
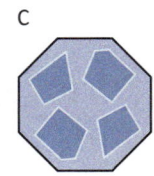
die Ohrenqualle

D

die Nautilusmuschel

E
die Krabbe

F

die Schildkröte

G
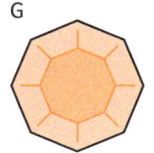
die Feuerqualle

H

die Fische

◐ 18

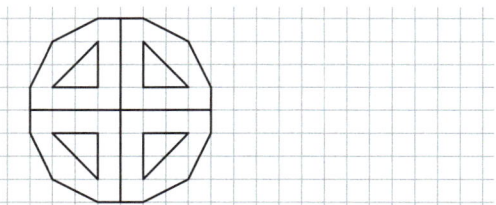

a) Zeichne die Qualle viermal in dein Heft.
b) Färbe eine Zeichnung so ein, dass die Qualle nur achsensymmetrisch ist.
c) Färbe eine Zeichnung so ein, dass die Qualle nur punktsymmetrisch ist.
d) Färbe eine Zeichnung so ein, dass die Qualle achsensymmetrisch und punktsymmetrisch ist.
e) Färbe eine Zeichnung beliebig ein. Dann verschiebe deine Qualle um 9 Kästchen nach rechts und 2 Kästchen nach unten.

Achsensymmetrie

Eine Figur heißt achsensymmetrisch, wenn sie aus zwei Hälften besteht, die beim Falten aufeinander passen. Die Faltgerade heißt **Symmetrieachse**.

Für jede Achsenspiegelung gilt:
Punkt und gespiegelter Punkt haben denselben Abstand zur Symmetrieachse. Sie liegen auf einer Senkrechten zur Symmetrieachse.

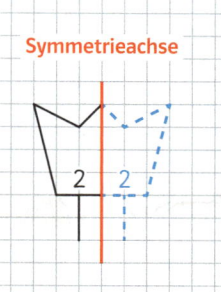 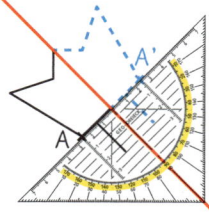

Spiegeln durch Zählen der Kästchen   Spiegeln mit dem Geodreieck

Parallelverschiebung

Bei der **Parallelverschiebung** werden alle Punkte einer Figur nach derselben Vorschrift verschoben.

Die Verschiebungsvorschrift kann durch einen Verschiebungspfeil veranschaulicht werden.

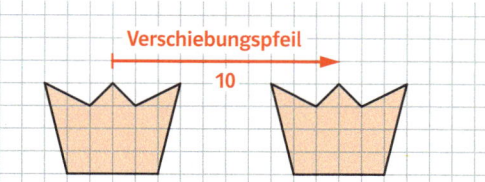

Verschiebe um 10 Kästchen nach rechts.

Durch mehrfaches Verschieben einer Figur kannst du Bandornamente zeichnen.

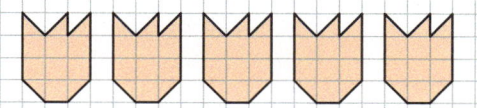

Punktsymmetrie

Eine Figur heißt punktsymmetrisch, wenn sie durch eine halbe Drehung auf sich selbst abgebildet wird.

Der Punkt, um den die Figur gedreht wird, heißt **Symmetriezentrum**.
Punkt und gedrehter Punkt liegen bei einer Punktspiegelung auf einer Geraden, die durch das **Symmetriezentrum Z** verläuft.

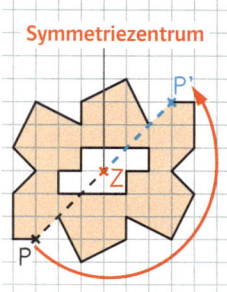 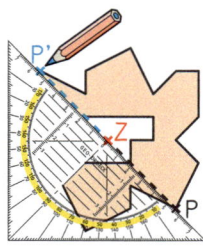

Spiralen

Spiralen sind Muster, die nach einer bestimmten Regelmäßigkeit um einen Punkt verlaufen. Sie können mithilfe von Zahlenfolgen beschrieben werden.

Beispiel: Der Zeichnung liegt z. B. die Zahlenfolge 1; 1; 2; 2; 3; 3; ... zugrunde.

Die verschiedenen Gitterformen, wie zum Beispiel das Quadratgitter, dienen als Zeichenhilfe.

8 Test

Test A:

1
a) Welche Figuren sind achsensymmetrisch?
b) Wie viele Symmetrieachsen haben sie?

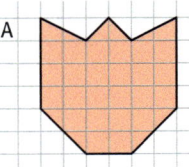
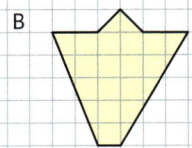
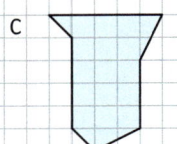
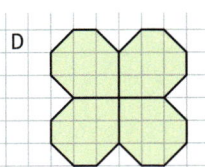

2
Übertrage die Figur in dein Heft. Ergänze zu einer achsensymmetrischen Figur.

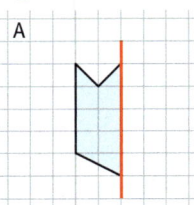
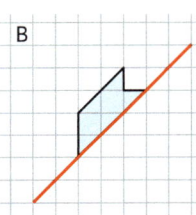

3
a) Nenne die Verschiebungsvorschrift.

b) Verschiebe die Figur, wie es der Verschiebungspfeil angibt.
Nenne die Verschiebungsvorschrift.

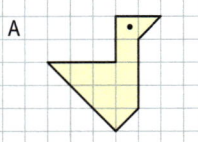
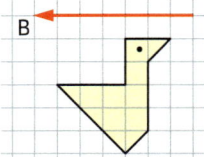

4
a) Übertrage die Figur in dein Heft.
b) Führe eine Punktspiegelung um das Symmetriezentrum Z durch.

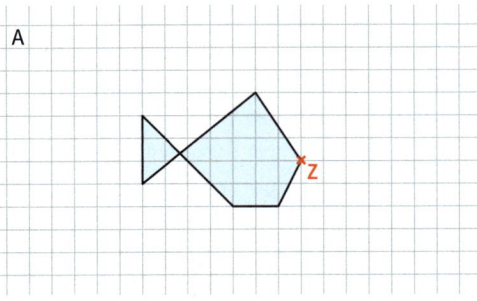
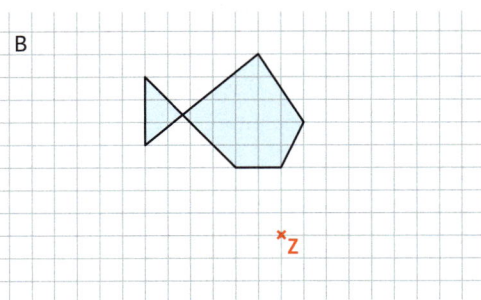

5
a) Übertrage die Spirale in dein Heft. Zeichne drei weitere Windungen.
b) Welche Zahlenfolge liegt hier zugrunde?

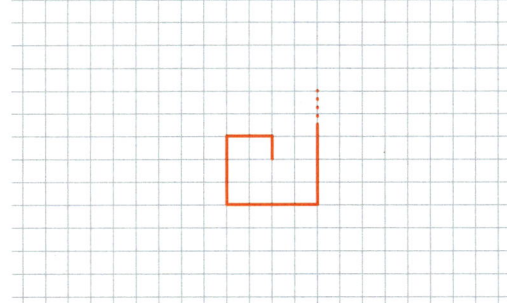

Kontrolliere deine Ergebnisse S. 302.

Test B:

1 Welche Figuren sind achsensymmetrisch? Übertrage diese in dein Heft und zeichne die Symmetrieachsen ein.

A 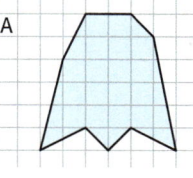   B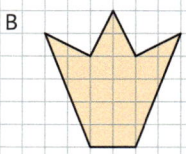

C 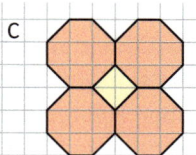   D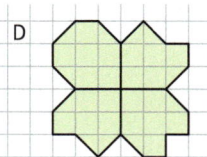

2 Übertrage die Figur in dein Heft. Ergänze zu einer achsensymmetrischen Figur.

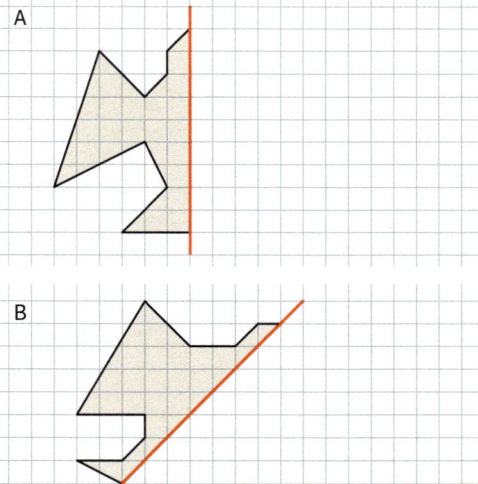

3
a) Welches Muster wurde durch eine Parallelverschiebung erzeugt?
Nenne die Verschiebungsvorschrift.

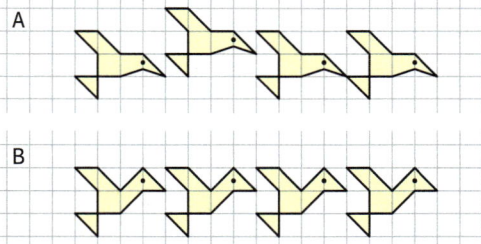

b) Verschiebe die Figur. Beschreibe, wie du vorgegangen bist.

C 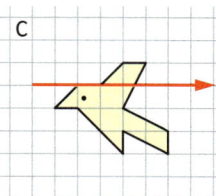   D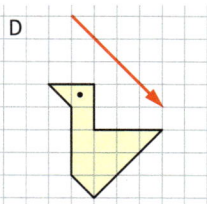

4
a) Übertrage die Figur in dein Heft. Egänze sie zu einer punktsymmetrischen Figur.

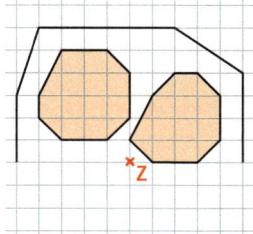

b) Zeichne einen Fisch auf Blankopapier. Wähle ein Symmetriezentrum.
Drehe den Fisch um das Symmetriezentrum, sodass eine punktsymmetrische Zeichnung entsteht.

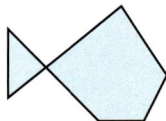

5 Übertrage die Spirale in dein Heft und zeichne drei weitere Windungen.
Erkläre, wie du vorgehst.

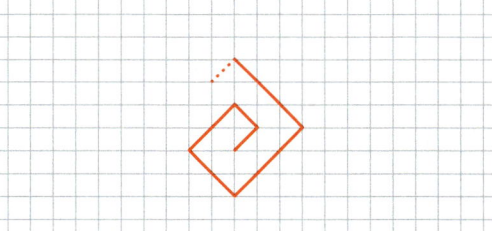

Kontrolliere deine Ergebnisse S. 303.

8 Test

Test C:

● **1** Übertrage die Figur dreimal in dein Heft. Färbe sie so ein, dass sie eine (zwei, vier) Symmetrieachsen hat. Zeichne die Symmetrieachsen ein.

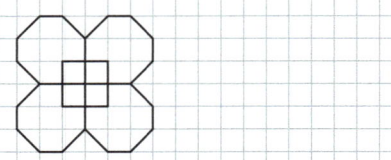

● **2**
a) Übertrage die Figur in dein Heft.
b) Ergänze zu einer achsensymmetrischen Figur.

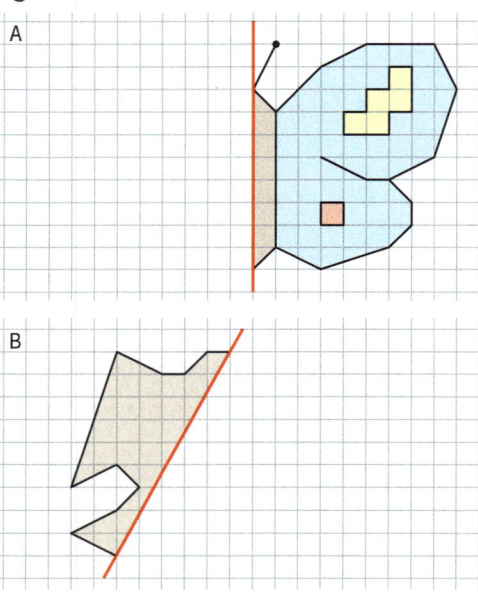

● **3**
a) Welches Muster wurde durch eine Parallelverschiebung erzeugt? Beschreibe die Ausgangsfigur und nenne die Verschiebungsvorschrift.

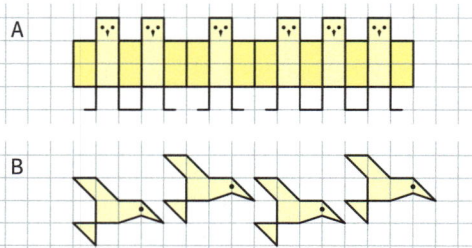

b) Verschiebe die Figur. Beschreibe, wie du vorgegangen bist.

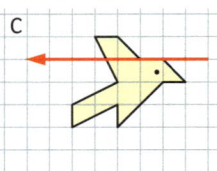 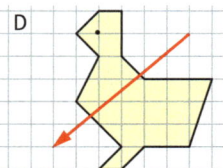

● **4**
a) Zeichne zwei ähnliche Figuren auf Blankopapier. Zeichne ein Symmetriezentrum. Drehe die beiden Figuren dann um das Symmetriezentrum, sodass eine punktsymmetrische Zeichnung entsteht.

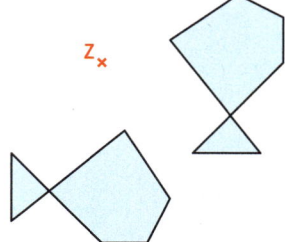

b) Übertrage die Figur zweimal in dein Heft. Färbe eine der Figuren so ein, dass sie punkt-, aber nicht achsensymmetrisch ist. Färbe die andere Figur so ein, dass sie punkt- und achsensymmetrisch ist.

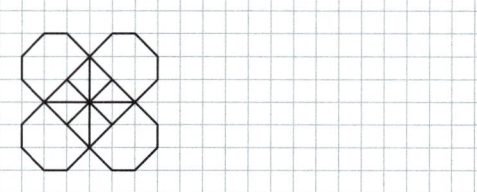

● **5** Zeichne die Spirale in dein Heft. Zeichne drei weitere Windungen. Erkläre, wie du vorgehst.

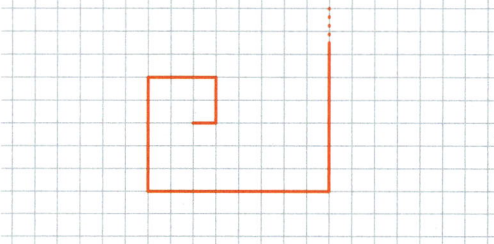

Kontrolliere deine Ergebnisse S. 304.

1 Daten | Neugierig aufeinander

Seite 8–9: Check-in

1
a) A = 8; B = 21; C = 29
b) D = 25; E = 170; F = 410

2 a) und b)

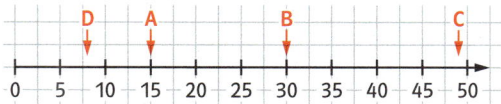

3
a)
b)

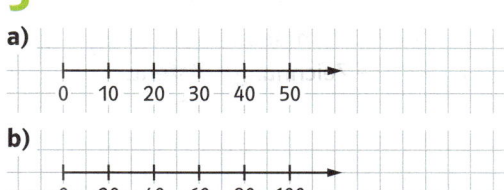

4
a) 2<u>3</u>45   12<u>6</u>04   40<u>5</u>46
b) Nachbarhunderter zu 231: 200 und 300
Nachbarhunderter zu 784: 700 und 800
Nachbarhunderter zu 920: 900 und 1000

5
a)

HT	ZT	T	H	Z	E	Zahl
	••	•••		••••	•••	
	2	3	0	4	3	23 043
		••	••••	•	••••	
		2	4	1	4	2414
•••	••••••		••	•••••	••	
3	6	0	2	5	2	360 252

b) Für die Zahl 12 benötigt man 3 Punkte, einen in der Zehner-Spalte und zwei in der Einer-Spalte.

6
a)
```
  2 4 5 3
+   3 4 2
---------
  2 7 9 5
```
b)
```
  1 2 3 4
+ 5 6 7 8
    1 1
---------
  6 9 1 2
```
c)
```
  6 1 4
+ 2 3 7
    1
-------
  8 5 1
```
```
  6 1 4 0
+ 2 3 7 0
      1
---------
  8 5 1 0
```
```
    6 1 4
+ 2 3 7 0
---------
  2 9 8 4
```

7
a) 179 − 71 = 108; 84 − 50 = 34; 84 − 49 = 35;
152 − 128 = 24
b) 345 m − 221 m = 124 m; 52 kg − 38 kg = 14 kg;
467 € − 288 € = 179 €
c) 388 cm − 345 cm = 43 cm; 304 cm − 295 cm = 9 cm

8
a) 8 kg < 15 kg < 42 kg < 43 kg < 850 kg
b) 271 m > 164 m > 158 m > 90 m > 89 m
c) 1 min < 12 min < 32 min < 80 min < 90 min < 125 min

Seite 35: Test A

○**1**
a) Jahrgang 5: 39 Kinder
b) Jahrgang 6: 38 Kinder
Jahrgang 7: 36 Kinder
c) Am meisten:
Jahrgang 5: Springseil (11 Ausleihen)
Jahrgang 6: Inliner (9 Ausleihen)
Jahrgang 7: Softball (12 Ausleihen)
Am wenigsten:
Jahrgang 5: Inliner und Softball (jeweils 3 Ausleihen)
Jahrgang 6: Stelzen (3 Ausleihen)
Jahrgang 7: Stelzen und Indiaca (jeweils 2 Ausleihen)

💡 **Tipp**
Zähle zuerst alle Fünferblöcke, fasse auch den Rest beim Zählen immer zu Fünferblöcken zusammen.
Passende Aufgabe im Schulbuch: S. 12, ○2; S. 30, ○1

○**2**
a) 12 Kinder sind sehr interessiert.
b) 30 Kinder wurden in der Klasse insgesamt befragt.

💡 **Tipp**
b) Alle Antworten zusammen ergeben die Gesamtzahl der Antworten.
Passende Aufgabe im Schulbuch: S. 13, ○4, ○9; S. 31, ○7

○**3** 6437 ≈ 6400
Der Amazonas ist ungefähr 6400 km lang.

💡 **Tipp**
Ist die Ziffer nach der Hunderterstelle kleiner als 5, rundest du ab. Ist sie größer oder gleich 5, rundest du auf.
Passende Aufgabe im Schulbuch: S. 20, ○3, ○5, ○6; S. 31, ○11, ○12

Lösungen

○ **4** (1) ist richtig, (2) und (3) sind falsch.
(2) Richtig wäre: Die Länge der Balken gibt an, wie viele Kinder das Internet „jeden Tag/fast jeden Tag", „einmal/mehrmals die Woche" oder „seltener" nutzen.
(3) Richtig wäre: Am häufigsten ist die Angabe „einmal/mehrmals die Woche".

💡 **Tipp**
Achte auf die Überschrift und die Beschriftung der Achsen.
Passende Aufgabe im Schulbuch: S. 13, ○ 9; S. 31, ○ 7

○ **5**
a) Luca 137 cm; Elif 138 cm; Nico 139 cm;
Elias 140 cm; Nella 140 cm; Sophie 143 cm;
Yusuf 146 cm; Kosta 148 cm
b) Spannweite: 148 cm – 137 cm = 11 cm
Zentralwert: 140 cm

💡 **Tipp**
b) Der Zentralwert berechnet sich aus der Summe der zwei mittleren Werte, geteilt durch 2.
Passende Aufgabe im Schulbuch: S. 25, ○ 2, ○ 3, ○ 4; S. 32, ○ 16, ○ 18

Seite 35 – 36: Test B

◐ **1**
a) Bei der Antwort „wichtig" unterscheiden sich die beiden Klassen am meisten, nämlich um 3 Kinder.
b) Zwei der möglichen Diagramme:
Säulendiagramm:

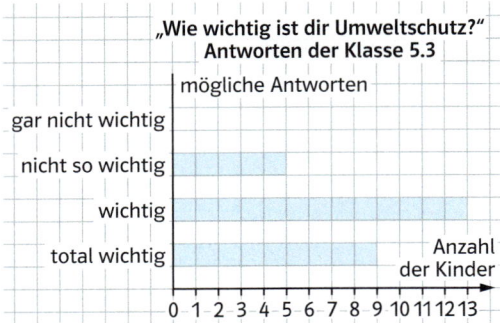

Balkendiagramm:

„Wie wichtig ist dir Umweltschutz?" Antworten der Klasse 5.3

💡 **Tipp**
b) Auf einer Achse steht die Anzahl der Kinder, auf der anderen stehen die möglichen Antworten. Überlege dir vor dem Zeichnen, wie viel Platz du für die Achsen benötigst. Du kannst für die Einteilung der Anzahl-Achse 1 Kästchen pro Kind nutzen.
Passende Aufgabe im Schulbuch: S. 14, ○ 11, ◐ 13; S. 15, ◐ 16 leichter; S. 30, ◐ 2, ◐ 3, ◐ 6

◐ **2**
a) 13 Kinder haben Käfigtiere.
Käfigtiere: Vögel (3); Mäuse (3); Hasen/Kaninchen (7)
b) Es leben mehr Haustiere in der Stadt als auf dem Land.
bei Kindern aus der Stadt: 15 Haustiere
bei Kindern auf dem Land: 14 Haustiere

💡 **Tipp**
a) Vögel, Mäuse und Hasen/Kaninchen gehören zu den Käfigtieren.
Passende Aufgabe im Schulbuch: S. 15, ◐ 14; S. 31, ◐ 8

◐ **3** Die Angabe wurde auf Zehntausender gerundet. Dann könnten in Bochum höchstens 374 999 und mindestens 365 000 Personen gewohnt haben.

💡 **Tipp**
Überlege zuerst, auf welche Stelle gerundet wurde. Die Nullen am Ende der Zahl geben dir einen Hinweis.
Passende Aufgabe im Schulbuch: S. 21, ◐ 10; S. 31, ◐ 13, ◐ 14

4

a) Säulendiagramm:

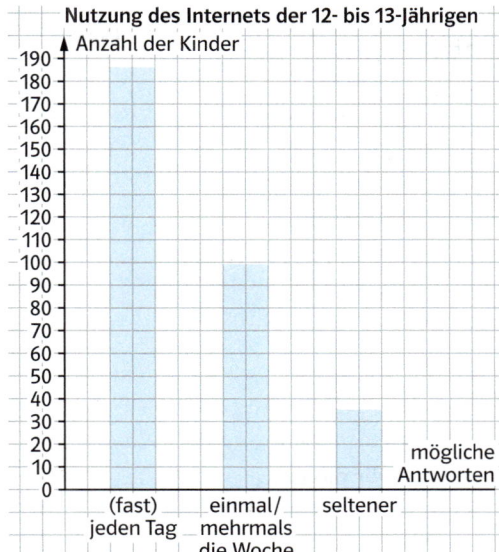

Balkendiagramm:

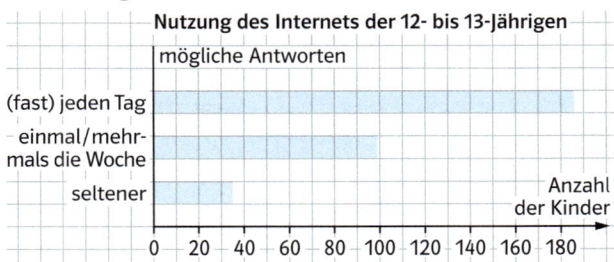

b) Das Diagramm beschreibt, wie häufig 12- bis 13-Jährige das Internet nutzen.
Die Säulen (Balken) stehen für die drei möglichen Antworten „(fast) jeden Tag", „einmal/mehrmals die Woche" und „seltener".
Die Länge der Säulen (der Balken) gibt an, wie viele Kinder die jeweilige Antwort gewählt haben.
Am häufigsten ist die Antwort „(fast) jeden Tag", am wenigsten wurde die Antwort „seltener" genannt. Wahrscheinlich nutzen viele 12- bis 13-Jährige täglich oder fast täglich soziale Netzwerke und Streamingdienste oder brauchen das Internet zum Lernen/für die Schule.

Tipp

a) Überlege vor dem Zeichnen, wie viel Platz du für die Achsen benötigst. Wähle auf der Anzahl-Achse ein Kästchen für 10 Kinder. b) Nutze die Satzbausteine:
- Das Diagramm beschreibt …
- Jede Säule zeigt … / Jeder Balken zeigt …
- Die Länge der Säulen (Balken) gibt an, …
- Am häufigsten ist die Antwort …
- Das könnte daran liegen, dass …

Passende Aufgabe im Schulbuch: S. 15, 16 leichter; S. 16, 18; S. 30, 6; S. 31, 8

5

a) Rangliste: 34 kg; 36 kg; 38 kg; 40 kg; 44 kg; 44 kg; 45 kg; 47 kg
Spannweite: 47 kg − 34 kg = 13 kg
Zentralwert: (40 kg + 44 kg) : 2 = 84 kg : 2 = 42 kg

b) Zum Beispiel:
4 Kinder wiegen höchstens 39 kg (also weniger als 39 kg oder 39 kg) und 4 Kinder wiegen mindestens 39 kg (also 39 kg oder mehr).

Tipp

Der Zentralwert ist der Wert in der Mitte einer Rangliste. Bei einer geraden Anzahl an Werten, teilt man die Summe der beiden mittleren Werte durch 2.
Passende Aufgabe im Schulbuch: S. 26, 7, 9; S. 32, 19, 20

Lösungen

Seite 36: Test C

a) 27 Kinder sind in der Klasse.
3 + 7 + 9 + 6 + 2 = 27
b) 19 Kinder brauchen höchstens 20 Minuten für ihren Schulweg.
3 + 7 + 9 = 19
c) Mehr als 10 Minuten für ihren Schulweg brauchen 17 Kinder.
9 + 6 + 2 = 17
d) Darstellung im Säulendiagramm (alternativ: Balkendiagramm)

Zeiten für den Schulweg – Säulendiagramm mit Anzahl der Kinder auf der Hochachse (bis 5 min: 3; zwischen 6 und 10 min: 7; zwischen 11 und 20 min: 9; zwischen 21 und 30 min: 6; mehr als 31 min: 2)

Tipp
b) Die Aussage „höchstens 20 Minuten" bedeutet 20 Minuten oder weniger.
d) Auf einer Achse steht die Anzahl der Kinder, auf der anderen die Zeitspanne.
Überlege vor dem Zeichnen, wie viel Platz du für die Achsen benötigst. Du kannst für die Einteilung der Anzahl-Achse 1 Kästchen pro Kind nutzen.
Passende Aufgabe im Schulbuch: S. 14, ◦ 13; S. 15, • 16; S. 31, • 9

a) Rangliste Wohnort Stadt:
1 (Fisch); 2 (Vögel); 2 (Hunde); 3 (Katzen); 3 (Mäuse); 4 (Hasen/Kaninchen)
Rangliste Wohnort Land:
0 (Mäuse); 1 (Vogel); 2 (Hunde); 3 (Hasen/Kaninchen); 3 (Fische); 5 (Katzen)
b) 5 Kinder haben kein Tier.
Anzahl der Antworten insgesamt: 29
6 Kinder haben 2 Tierarten.
Anzahl der Kinder mit Haustier: 29 − 6 = 23
Anzahl der Kinder ohne Haustier: 28 − 23 = 5

Tipp
b) Zähle alle Anzahlen für die Tierarten zusammen. Überlege mit den Informationen aus der Aufgabe, wie viele Kinder Tiere haben. Der Rest der Klasse hat keine Tiere.
Passende Aufgabe im Schulbuch: S. 14, ◦ 13; S. 15, ◦ 14; S. 16, ◦ 17

 Runden auf Millionen:
Deutschland: 83 707 633 ≈ 84 000 000
Nordrhein-Westfalen: 17 931 879 ≈ 18 000 000
Niedersachsen: 7 983 608 ≈ 8 000 000

Tipp
Damit die Hochachse nicht zu lang wird, sind auf dieser Achse Abschnitte von 1 cm für je 10 Millionen Menschen sinnvoll.
Passende Aufgabe im Schulbuch: S. 22, ◦ 14

● 4
a)

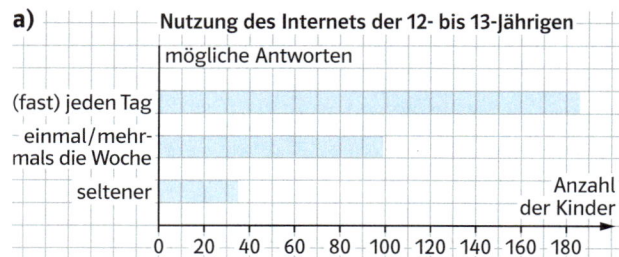

b) Beide Diagramme zeigen, wie häufig das Internet von Kindern genutzt wird. Das eine Diagramm zeigt die Daten für 12- bis 13-Jährige, das andere für 10- bis 11-Jährige.
In beiden Diagrammen stehen die Balken für die drei möglichen Antworten „(fast) jeden Tag", „einmal/mehrmals die Woche" und „seltener".
Die Länge der Balken gibt an, wie viele Kinder die jeweilige Antwort gewählt haben.
Am häufigsten ist in der Gruppe der 12- bis 13-Jährigen die Antwort „(fast) jeden Tag", in der Gruppe der 10- bis 11-Jährigen die Antwort „einmal/mehrmals die Woche". Am wenigsten wurde in beiden Gruppen die Antwort „seltener" genannt.
Dass die Altersgruppen sich in der Häufigkeit der Internetnutzung unterscheiden, könnte daran liegen, dass bei 10- bis 11-Jährigen die Eltern die Internetnutzung stärker reglementieren. Außerdem könnte es sein, dass die 12- bis 13-Jährigen stärker in sozialen Netzwerken aktiv sind oder das Internet für die Schule häufiger nutzen.

💡 **Tipp**
a) Suche den höchsten und den niedrigsten Wert. Beide Werte musst du (gerundet) einzeichnen können. Teile die Rechtsachse in gleich große, passende Abschnitte ein.
b) Achte beim Vergleich darauf, was die Diagramme beschreiben. Was zeigen die Längen der Balken? Welche Antworten sind am häufigsten? Woran könnte das liegen?
Passende Aufgabe im Schulbuch: S. 15, ●16; S. 17, ●19

●**5** Gruppe A:
Rangliste: 2,65 m; 2,87 m; 2,96 m; 3,04 m; 3,18 m; 3,24 m
Spannweite: 3,24 m − 2,65 m = 324 cm − 265 cm = 59 cm
Zentralwert: 2,96 m + 3,04 m = 296 cm + 304 cm = 600 cm
               600 cm : 2 = 300 cm = 3,00 m
Gruppe B:
Rangliste: 2,63 m; 2,89 m; 2,94 m; 3,06 m; 3,18 m; 3,22 m
Spannweite: 3,22 m − 2,63 m = 322 cm − 263 cm = 59 cm
Zentralwert: 2,94 m + 3,06 m = 294 cm + 306 cm = 600 cm
               600 cm : 2 = 300 cm = 3,00 m
Keine Gruppe ist entscheidend besser. Gruppe A hat das größere Maximum und auch das größere Minimum, jeweils 2 cm mehr als bei Gruppe B.
Nimmt man bei beiden Gruppen den größten Wert weg, hat Gruppe A auch den größeren Zentralwert (A: 2,96 m, B: 2,94 m), nimmt man den kleinsten Wert weg, hat jedoch Gruppe B den größeren Zentralwert (B: 3,06 m, A: 3,04 m). Addiert man alle Weiten in beiden Gruppen, ist Gruppe A insgesamt 2 cm weiter gesprungen (A: 17,94 m, B: 17,92 m).

💡 **Tipp**
Bei dieser Aufgabe ist es wichtig zu erkennen, dass allein mit der Spannweite und dem Zentralwert noch keine Aussage darüber getroffen werden kann, welche Gruppe besser ist. Es müssen die einzelnen Werte betrachtet und verglichen werden.
Passende Aufgaben im Schulbuch: S. 26, ●10; S. 32, ●21

2 Brüche | Fair verteilt

Seite 38–39: Check-in

1
a) Individuelle Lösungen, zum Beispiel:

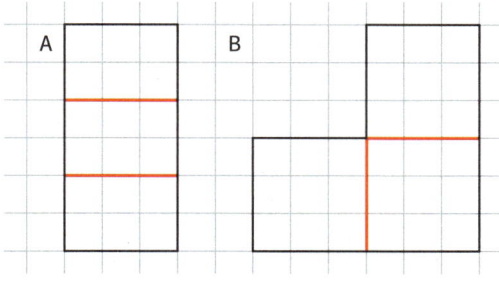

oder

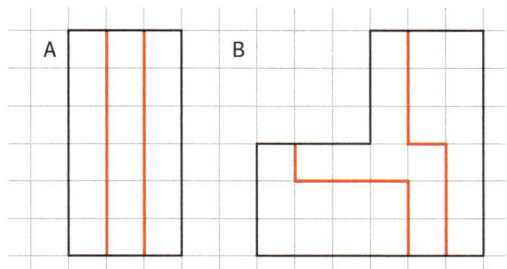

Auch andere Aufteilungen sind möglich.
Wichtig:
A Ein Teil besteht aus 6 Kästchen.
B Ein Teil besteht aus 9 Kästchen.

b)

c) Individuelle Lösungen
Jede Hälfte muss 36 : 2 = 18 Kästchen enthalten.
Es gibt viele Möglichkeiten, zum Beispiel:

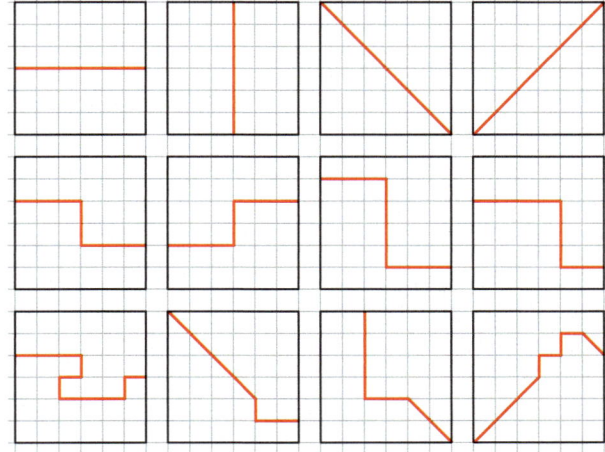

279

Lösungen

2
a) Drei Kinder haben zwei Geschwister.
b) 9 + 11 = 20
20 Kinder haben weniger als zwei Geschwister.
c) 9 + 11 + 3 + 2 = 25
Insgesamt haben 25 Kinder die Frage beantwortet.
d)

Tierart	Hund	Katze	Meerschweinchen	kein Haustier
Anzahl der Kinder	2	3	2	16

3
a) verdoppelt:

   8 Kinder

halbiert:

   2 Kinder

b) verdoppelt 24 Äpfel; halbiert 6 Äpfel

c) verdoppelt:

   12 Pizzen

halbiert:

   3 Pizzen

d) Individuelle Lösungen, zum Beispiel:
verdoppeln:

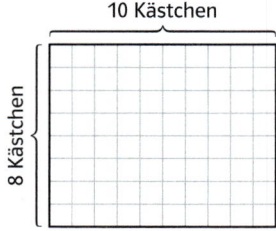

halbieren:

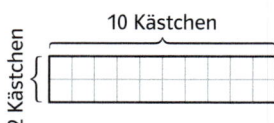

Andere Lösungen mit 80 und 20 Kästchen sind möglich.

4
a) 4 < 7   **b)** 8 > 3
c) 248 = 248   **d)** 1020 > 1002
e) 6 + 3 = 3 + 6 **f)** 6 · 3 = 3 · 6
g) 6 + 3 < 6 · 3 **h)** 18 : 3 < 6 · 3

Seite 70: Test A

○ **1**
a) Individuelle Lösungen, zum Beispiel:

 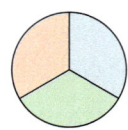

b) Jedes Kind bekommt zwei Drittel $\left(\frac{2}{3}\right)$ einer Pizza.

💡 **Tipp**
Teile die zwei Pizzen jeweils in drei gleich große Stücke auf.
Passende Aufgabe im Schulbuch: S. 42, ○ 2, ○ 6, ○ 7, ○ 8; S. 66, ○ 1

○ **2**
a) A $\frac{1}{5}$; B $\frac{5}{8}$

b) Individuelle Lösungen, zum Beispiel:

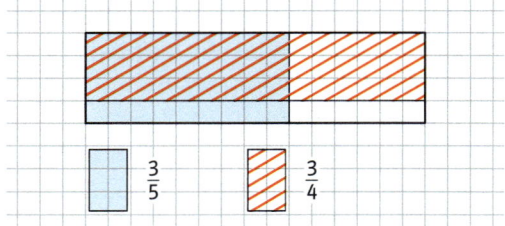

💡 **Tipp**
Der Zähler gibt an, wie viele Teile gefärbt sind.
Der Nenner gibt an, in wie viele Teile das Ganze unterteilt ist.
Passende Aufgabe im Schulbuch: S. 47, ○ 3, ○ 5, ○ 6; S. 66, ○ 4

○ **3** Bei A und B bekommt ein Kind gleich viel.
Mögliche Begründung:
Bei A kann man zwei Viertelstücke zu einer halben Pizza zusammenlegen. Dann sind es in A auch eine Hälfte und ein Viertel.
Alternativ: Bei B kann die halbe Pizza in zwei Viertel zerlegt werden. Deshalb sind es 3 Viertel.

💡 **Tipp**

Du kannst die Stücke vergleichen, indem du sie zusammensetzt oder weiter unterteilst.
Passende Aufgabe im Schulbuch: S. 53, ○ 2; S. 67, ○ 9, ○ 10

 4

Anzahl Pizzen	3	6	9
Anzahl Kinder	4	8	12

💡 **Tipp**

4 Kinder teilen sich 3 Pizzen.
Passende Aufgabe im Schulbuch: S. 53, ○ 3, ○ 4; S. 67, ◐ 11

 5

a) $\frac{1}{8}$; $\frac{2}{8}$; $\frac{3}{8}$ sind kleiner als $\frac{1}{2}$.

Mögliche Zähler sind also 1, 2 und 3.

b) $\frac{3}{4}$; $\frac{4}{4}$ sind größer als $\frac{1}{2}$.

Mögliche Zähler sind daher 3, 4 und höhere Zahlen.

💡 **Tipp**

Du kannst Bruchstreifen zum Vergleichen nutzen.
Passende Aufgabe im Schulbuch: S. 58, ○ 2, ○ 6, ○ 7

 6

a) 25 %
b) Individuelle Lösungen, zum Beispiel:

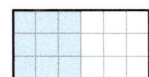

💡 **Tipp**

a) Prozent bedeutet „von Hundert". Es gibt also z. B. an, wie viele Kästchen von 100 Kästchen gefärbt sind.

b) 50 % = $\frac{1}{2}$

Zähle die Kästchen. Teile die Anzahl durch 2 und färbe dann diese Anzahl.
Passende Aufgabe im Schulbuch: S. 62, ○ 2, ○ 3; S. 67, ○ 16

Seite 70: Test B

◐ **1**

a) Individuelle Lösungen, zum Beispiel:

(1)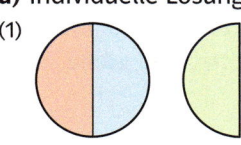

oder

(2)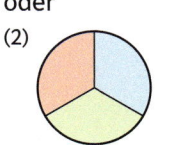

b) Jedes Kind bekommt eine halbe $\left(\frac{1}{2}\right)$ Pizza.

💡 **Tipp**

Für unterschiedliche Lösungen kannst du zum Beispiel Stücke zusammenfassen oder weiter unterteilen.
Passende Aufgabe im Schulbuch: S. 43, ◐ 10; S. 44, ◐ 13

◐ **2**

a) A $\frac{5}{6}$; B $\frac{1}{6}$

b) Individuelle Lösungen, zum Beispiel:

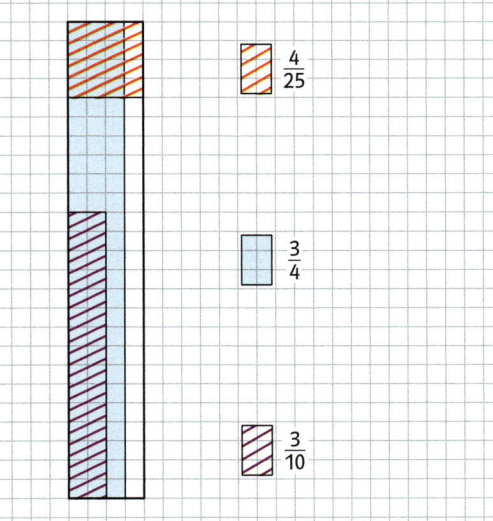

💡 **Tipp**

a) Durch Hilfslinien kannst du die Einteilungen besser erkennen.
b) Der Zähler gibt an, wie viele Teile gefärbt sind. Der Nenner gibt an, in wie viele Teile das Ganze unterteilt ist.
Passende Aufgabe im Schulbuch: S. 48, ◐ 8, ◐ 10; S. 49, ◐ 12, ◐ 13; S. 51, ◐ 19

Lösungen

3 Ein Kind bekommt bei A mehr.
Mögliche Begründung:
Wenn man das Viertel bei A zu dem großen Stück hinzufügt, ist es mehr als die 3 Viertel bei B.
Bei A sind es ein Viertel und 2 Drittel. Bei B kann man das Stück in 3 Viertel einteilen. Drittel sind größer als Viertel.

💡 **Tipp**
Du kannst die Stücke vergleichen, indem du sie zusammensetzt oder weiter unterteilst.
Passende Aufgabe im Schulbuch: S. 53, ◔ 7

4 Individuelle Lösungen, zum Beispiel:
Erklärung mit einer Zeichnung:

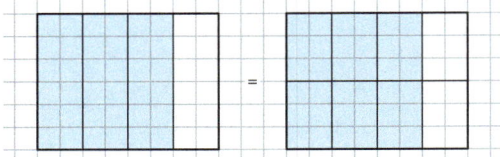

Erklärung mit einer Verteilsituation:
Wenn ich drei Pizzen an vier Kinder verteile und wenn ich sechs Pizzen an acht Kinder verteile, bekommt jedes Kind drei Viertel Pizza.

💡 **Tipp**
Du kannst Schokolade (Rechtecke) oder Pizzen (Kreise) verwenden.
Passende Aufgabe im Schulbuch: S. 67, ● 12

5

a) Da $\frac{1}{2} < \frac{5}{8}$, muss der gesuchte Bruch kleiner sein als $\frac{1}{2}$. Nur $\frac{1}{4}$ ist kleiner als $\frac{1}{2}$. Also ist der Zähler 1.

b) Der Bruch muss größer sein als $\frac{5}{8}$.
$\frac{4}{6}$; $\frac{5}{6}$; $\frac{6}{6}$ sind größer als $\frac{5}{8}$.

4, 5, 6 und höhere Zähler sind möglich.

💡 **Tipp**
Ordne erst die Brüche auf den weißen Karten der Größe nach. Du kannst Bruchstreifen zum Vergleichen nutzen.
Passende Aufgabe im Schulbuch: S. 59, ◔ 12, ◔ 13; S. 67, ○ 13, ◔ 14

6 A 65 % (Alle Ergebnisse zwischen 60 % und 70 % sind eine richtige Schätzung.)
B 30 % (Alle Ergebnisse zwischen 25 % und 35 % sind eine richtige Schätzung.)

💡 **Tipp**
Teile die Figur in gleich große Teile ein und schätze dann ab.
Passende Aufgabe im Schulbuch: S. 62, ◔ 8

Seite 71: Test C

1

a) Individuelle Lösungen, zum Beispiel:
(1)
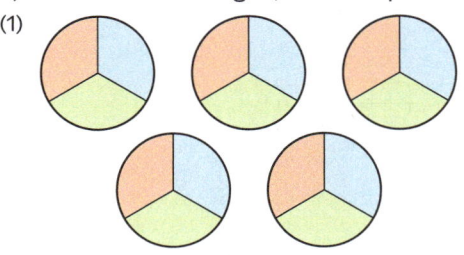

oder

(2)
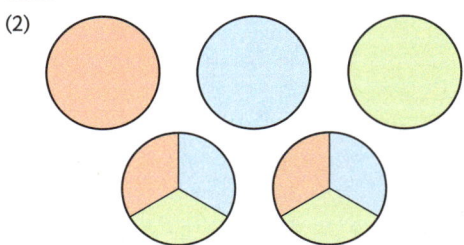

b) Jedes Kind bekommt eine ganze Pizza und zwei Drittel einer Pizza.

💡 **Tipp**
Für unterschiedliche Lösungen kannst du zum Beispiel Stücke zusammenfassen oder weiter unterteilen.
Passende Aufgabe im Schulbuch: S. 66, ● 3

Lösungen

● 2

a) A $\frac{5}{8}$; B $\frac{6}{8} = \frac{3}{4}$

b) Individuelle Lösungen, zum Beispiel:

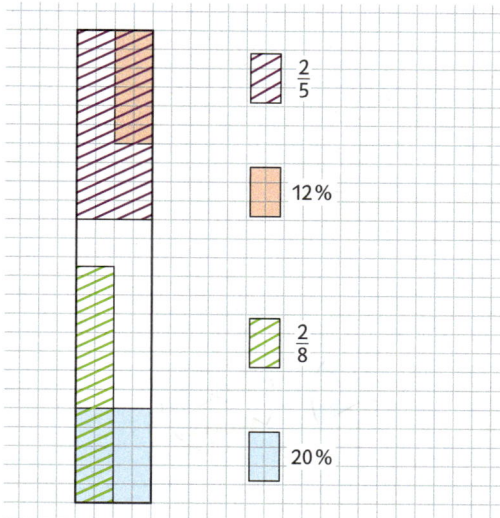

💡 **Tipp**

a) Durch Hilfslinien kannst du die Einteilungen besser erkennen.
b) Der Zähler gibt an, wie viele Teile gefärbt sind. Der Nenner gibt an, in wie viele Teile das Ganze unterteilt ist.
Passende Aufgabe im Schulbuch: S. 49, ◔ 12; S. 67, ● 8

● 3

Ein Kind bekommt bei A und B gleich viel. Wenn man in A beide Stücke zusammenfügt, ergibt sich eine Pizza, bei der $\frac{2}{6}$ fehlen. Das ist dasselbe wie in B.
Alternativ: Bei A und B kann man die Stücke in Sechstel teilen. Es sind bei beiden $\frac{4}{6}$.

💡 **Tipp**

Du kannst die Stücke vergleichen, indem du sie zusammensetzt oder weiter unterteilst.
Passende Aufgabe im Schulbuch: S. 54, ● 8; S. 55, ● 11

● 4

a) (1) $\frac{2}{3} = \frac{6}{9}$ (2) $\frac{6}{16} = \frac{3}{8}$

b) Individuelle Lösungen, zum Beispiel:
(1) Erklärung mit einer Zeichnung:

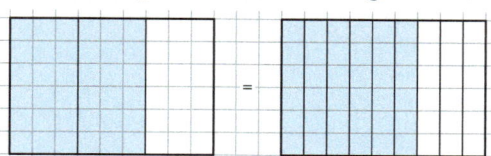

Erklärung mit einer Verteilsituation:
Wenn ich zwei Pizzen an drei Kinder verteile, bekommt jedes Kind genauso viel, wie wenn ich sechs Pizzen an neun Kinder verteile.

(2) Erklärung mit einer Zeichnung:

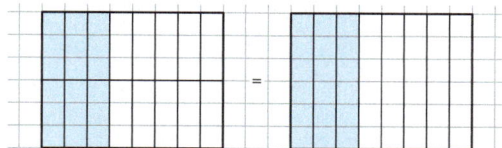

Erklärung mit einer Verteilsituation:

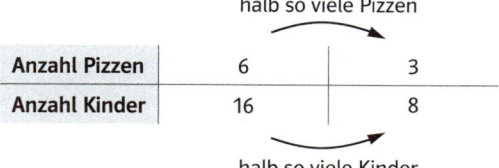

Anzahl Pizzen	6	3
Anzahl Kinder	16	8

halb so viele Kinder

💡 **Tipp**

b) Überlege mithilfe einer Tabelle Verteilsituationen zu den Brüchen.
Passende Aufgabe im Schulbuch: S. 54, ● 9, ● 10; S. 67, ● 12

● 5

a) Der kleinste Bruch auf einer weißen Karte ist $\frac{4}{10}$.
Die Brüche $\frac{1}{8}$; $\frac{2}{8}$; $\frac{3}{8}$ sind kleiner als $\frac{4}{10}$. Mögliche Zähler sind 1, 2 und 3.

b) Der größte Bruch auf einer weißen Karte ist $\frac{3}{4}$.
Die Brüche $\frac{6}{7}$; $\frac{7}{7}$ sind größer als $\frac{3}{4}$.
6, 7 und höhere Zähler sind möglich.

💡 **Tipp**

Ordne erst die Brüche auf den weißen Karten der Größe nach.
Passende Aufgabe im Schulbuch: S. 59, ● 14, ● 15

Lösungen

● 6 Fehler:
Es sind insgesamt nur 85 % und nicht 100 %.
Der Anteil bei 25 % ist zu klein gezeichnet.
Der Anteil bei 40 % ist zu groß gezeichnet.

💡 **Tipp**
Sind alle Anteile passend eingezeichnet?
Wie viel Prozent sind ein Ganzes?
Passende Aufgabe im Schulbuch: S. 63, ● 11

3 Zahlen | Teilen und Ordnen

Seite 73–74: Check-in

1
a) 26 b) 34 c) 76
d) 148 e) 194 f) 124

2
a) 12 b) 23 c) 90
d) 18 e) 69 f) 111

3
a) 24 b) 27 c) 36
d) 35 e) 56 f) 81
g) 9 h) 7 i) 9

4
a) 28; 31; 34; 37; 40; 43; 46; 49; 52
b) 41; 37; 33; 29; 25; 21; 17

5
a) 11 b) 37 c) 83
d) 97 e) 127 f) 386
g) 1275 h) 9855 i) 876 544

6
a) 12 b) 8 c) 16 d) 18

7
a) 3241
b) 3421
Die Zahl ist größer geworden.
c) 3232
Die Zahl ist um 9 kleiner geworden.
d) Individuelle Lösungen

Seite 113: Test A

○ 1
a) 18 hat die Teiler 1; 2; 3; 6; 9 und 18.
b) 6 und 12

💡 **Tipp**
Bilde Produkte, also $1 \cdot 18 = 18$; $2 \cdot 9 = 18$ usw.
Passende Aufgabe im Schulbuch: S. 77, ○ 2, ○ 3;
S. 108, ○ 1

○ 2
a) 58 und 551   b) 61 und 92   c) 3

💡 **Tipp**
Denk an die Endstellenregel für 5 und die Quersummenregeln für 3 und 9.
Passende Aufgabe im Schulbuch: S. 83, ○ 2, ○ 3;
S. 84, ○ 5, ○ 7 leichter; S. 108, ○ 6

○ 3
a) $4^3 = \mathbf{64}$
b) $4^2 = \mathbf{16}$; $5^3 = \mathbf{125}$; $2^4 = \mathbf{16}$; $3^4 = \mathbf{81}$

💡 **Tipp**
$4 \cdot 4 \cdot 4 = 4^3$
Passende Aufgabe im Schulbuch: S. 90, ○ 3, ○ 7 leichter

○ 4
a)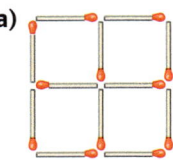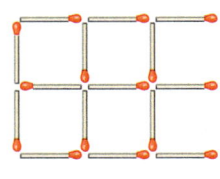

Figur 5   Figur 6

b) 2; 5; 7; 10; 12; 15
c) Starte bei 2 und addiere abwechselnd 3 und 2.

💡 **Tipp**
Es werden immer abwechselnd zwei Hölzer senkrecht und drei Hölzer waagerecht dazugelegt.
Passende Aufgabe im Schulbuch: S. 93, ○ 2, ○ 7;
S. 109, ○ 17

○ 5
a) Von klein nach groß: 453 000; 47 Millionen; 3 Milliarden
b) Von klein nach groß: CXXVIII = **128**; CLX = **160**; CCXV = **215**; CCL = **250**

💡 **Tipp**
C steht für 100. L steht für 50. X steht für 10.
V steht für 5. I steht für 1.
Entscheide zuerst, ob du von groß nach klein oder umgekehrt sortieren willst.
Passende Aufgabe im Schulbuch: S. 97, ○ 7, ○ 8 leichter; S. 110, ○ 20

○ **6**
a) 3784 b) 8212 c) 3623
d) 58 275 e) 1776 f) 69

💡 **Tipp**
Achte beim schriftlichen Rechnen immer darauf, dass die Zahlen stellengerecht untereinander stehen.
Passende Aufgaben im Schulbuch: S. 103, ○ 2, ○ 3, ○ 4, ○ 6, ○ 7, ○ 10, ○ 11; S. 110, ○ 23, ○ 24, ○ 25, ○ 26

Seite 113 – 114: Test B

 1
a) **12** hat mehr Teiler, weil 13 eine Primzahl ist und 12 nicht.
Teiler von 12: 1; 2; 3; 4; 6; 12
Teiler von 13: 1 und 13
b) **32** ist das Doppelte von 16 und kann deshalb durch alle Teiler von 16 geteilt werden. Also hat 32 mehr Teiler.
Teiler von 16: 1; 2; 4; 8; 16
Teiler von 32: 1; 2; 4; 8; 16; 32
c) **48** hat mehr Teiler.
Teiler von 48: 1; 2; 3; 4; 6; 8; 12; 16; 24; 48
Teiler von 58: 1; 2; 29; 58

💡 **Tipp**
Bilde systematisch Produkte, also $1 \cdot 12 = 12$; $2 \cdot 6 = 12$ usw.
Passende Aufgabe im Schulbuch: S. 77, ● 9; S. 108, ● 4

 2
a) 3645; 3060; 9495
Bei der letzten Zahl sind zwei Lösungen möglich: **5355** oder **5310**
b) Individuelle Lösungen, zum Beispiel: 3000 oder 4320; die letzte Ziffer muss eine 0 sein.

💡 **Tipp**
Denk an die Endstellenregeln für 2 und 5 und die Quersummenregeln für 3 und 9.
Passende Aufgabe im Schulbuch: S. 84, ● 6, ● 7; S. 108, ● 7

● **3**
a) $1 + 2^3 + 3^3 + 4^3 = 1 + 8 + 27 + 64 = $ **100**
b) $3^3 = 27$ $5^4 = 625$ $6^3 = 216$

💡 **Tipp**
$2 \cdot 2 \cdot 2 = 2^3$
Passende Aufgabe im Schulbuch: S. 90, ● 8; S. 109, ● 15

● **4**
a)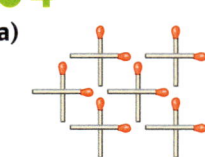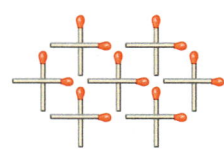

Figur 4   Figur 5

b) 2; 6; 8; 12; 14
c) Starte bei 2 und addiere abwechselnd 4 und 2.

💡 **Tipp**
Überlege, wie viele Hölzer von Figur zu Figur rechts dazugelegt werden.
Passende Aufgabe im Schulbuch: S. 93, ● 9; S. 109, ● 18

● **5**
a) Von klein nach groß: 550 Millionen; 1500 Millionen; 2 Milliarden; 25 Milliarden
b) XVII = **17** oder **CLII** = 152; **CL** = **150** oder **CV** = 105; IX = **9** oder **XI** = 11; MXV = **1015** oder **MCV** = 1105

💡 **Tipp**
M steht für 1000. D steht für 500. C steht für 100.
L steht für 50. X steht für 10. V steht für 5. I steht für 1.
Passende Aufgabe im Schulbuch: S. 97, ● 8; S. 110, ● 21

● **6**
a)    b)

💡 **Tipp**
Achte auf die Rechenart. Achte auf stellengerechtes Untereinanderschreiben.
Passende Aufgabe im Schulbuch: S. 104, ● 17; S. 110, ● 27

Lösungen

Seite 114: Test C

1

a) Teiler von 18: 1; 2; 3; 6; 9; 18
Teiler von 30: 1; 2; 3; 5; 6; 10; 15; 30
Gemeinsame Teiler sind **1; 2; 3 und 6**.
b) Individuelle Lösungen, zum Beispiel:
7 und 9; 2 und 3; 12 und 35.

💡 **Tipp**
Primzahlen haben nur 1 als gemeinsamen Teiler.
Passende Aufgabe im Schulbuch: S. 108, ● 5

2

a) Nein, die Zahl kann nicht so ergänzt werden, dass sie durch 2 und durch 9 teilbar ist. Denn:
Quersumme der Zahl: 3 + 8 + 6 = 17
Damit die Zahl durch 9 teilbar ist, müsste eine 1 ergänzt werden. Dann wäre sie nicht durch 2 teilbar.
b) Eine Zahl, die auf 0 endet, ist teilbar durch 2 und durch 5. Teilbarkeit durch 3 erkennt man mithilfe der Quersummenregel.

💡 **Tipp**
Denk an die Endstellenregel für 2 und 5 und die Quersummenregel für 3.
Passende Aufgabe im Schulbuch: S. 108, ◐ 7, ● 8, ● 9

3

a) $6^3 - 4^3 + 2^3 = 216 - 64 + 8 =$ **160**
b) $49 = 7^2$; $125 = 5^3$; $1000 = 10^3$; $343 = 7^3$

💡 **Tipp**
a) Ergänze zum kompletten Würfel und ziehe den kleinen Würfel ab.
Passende Aufgabe im Schulbuch: S. 91, ● 10, ● 12, ● 14

4

a)

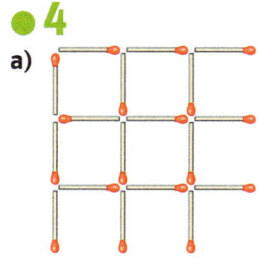
Figur 5

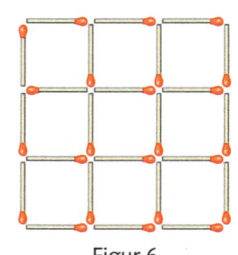
Figur 6

b) 2; 4; 8; 12; 18; 24
c) Starte bei 2. Addiere 2, dann addiere zweimal 4, dann addiere zweimal 6 usw.

💡 **Tipp**
Überlege, wie viele Hölzer von Figur zu Figur rechts dazugelegt werden.
Passende Aufgabe im Schulbuch: S. 93, ● 9; S. 109, ● 19

5

a) 400 Millionen < eine halbe Milliarde (= 500 Millionen)
b) 1500 Billionen (= 1,5 Billiarden) < 2 Billiarden
c) 1 Milliarde < eine Million Millionen (= 1 Billion)
d) MCM (= 1900) < MMC (= 2100)
e) ML (= 1050) > MXXVIII (= 1028)
f) MDCCCLXXX (= 1880) < MCMXCIX (= 1999)

💡 **Tipp**
M steht für 1000. D steht für 500. C steht für 100.
L steht für 50. X steht für 10. I steht für 1.
Passende Aufgabe im Schulbuch: S. 97, ◐ 8; S. 99, ● 14

6

a)
```
  7 0 3 0
- 5 3 2 1
  1   1
  1 7 0 9
```

b)
```
  2 8 3 · 7 4
      1 9 8 1
        1 1 3 2
  1
  2 0 9 4 2
```

c)
```
  1 0 0 8 : 1 2 = 8 4
-   9 6
      4 8
-     4 8
        0
```

💡 **Tipp**
Achte darauf, dass die Zahlen stellengerecht untereinander stehen.
Passende Aufgabe im Schulbuch: S. 104, ◐ 17; S. 110, ◐ 27

286

4 Längen | Unterwegs zueinander

Seite 116–117: Check-in

1
a) A: 0; B: 1; C: 5; D: 9; E: 10
b) F: 10; G: 15; H: 25; I: 35; J: 50

2
a)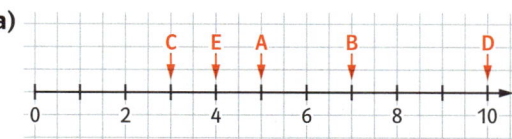

b)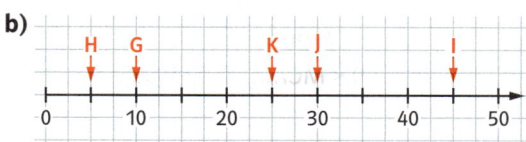

c)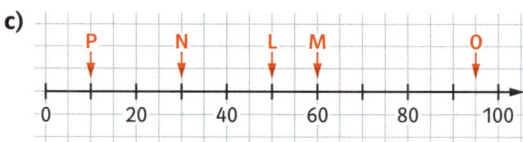

d)

3
a)

	HT	ZT	T	H	Z	E
2473			2	4	7	3
6402			6	4	0	2
75					7	5
15 009		1	5	0	0	9
538 038	5	3	8	0	3	8
170				1	7	0

b) A: 34   B: 812   C: 7084   D: 609

4
a)
```
  475        652        386        564
+ 214      + 187      - 125      - 283
           1                     1
  689        839        261        281
```

b)
```
 A            B           C           D
  772         543                      845
+ 420       +  81         770        -  73
+   5       +   2        - 707       -   8
1           1           1           1 1
 1197        626          63          764
```

c) A: Fehler: Richtig:
Die Stellenwerte wurden falsch
untereinandergeschrieben.
```
  763
+  54
  1
  817
```

B: Fehler: Richtig:
Die Einer wurden beim Subtrahieren
vertauscht.
```
  872
- 536
    1
  336
```

C: Fehler: Richtig:
Der Übertrag wurde nicht subtrahiert.
```
  645
- 216
    1
  429
```

5
a) 2·6 = 12   6·5 = 30   8·7 = 56
    3·5 = 15   7·4 = 28   9·8 = 72
    4·4 = 16   8·3 = 24   6·9 = 54
b) mit 10: 60; 80; 110; 270; 1230
mit 100: 300; 700; 1800; 3900; 27 400
mit 1000: 5000; 9000; 14 000; 62 000; 351 000

6
a) A 18:6 = 3; B 45:5 = 9; C 27:3 = 9;
D 64:8 = 8; E 36:4 = 9
b) durch 10: 7; 11; 370; 32 100
durch 100: 5; 84; 530; 274
durch 1000: 6; 54; 6205

Lösungen

Seite 146: Test A

○ 1
a) Amalienstraße: A1
b) Kunsthalle: C2
c) Im Gitterfeld B2 gibt es ein Gebäude mit dem merkwürdigen Namen Münze.

💡 **Tipp**
Das Gitternetz teilt die Stadt in rechteckige Gitterfelder. Die Lage der Gitterfelder kannst du mit den Buchstaben und Ziffern am Rand eindeutig beschreiben.
Passende Aufgabe im Schulbuch: S. 119, ○ 2, ○ 3, ○ 4; S. 142, ○ 1, ○ 2

○ 2
a) P(3|6); S(11|1); T(9|7)
b) und c)

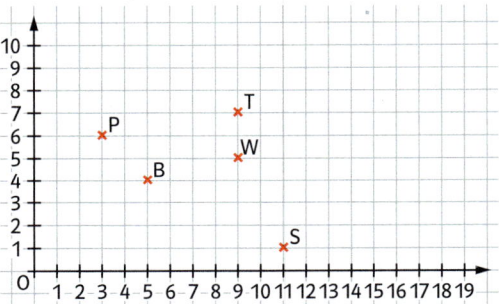

💡 **Tipp**
Jeder Punkt im Koordinatensystem wird durch ein Zahlenpaar, die Koordinaten, beschrieben. Der erste Wert ist der Rechtswert. Der zweite Wert ist der Hochwert.
Passende Aufgabe im Schulbuch: S. 122, ○ 2, ○ 3; S. 123, ○ 4, ○ 5, ○ 6, ○ 7; S. 142, ○ 4

○ 3 5 mm < 1 dm < 15 cm < 2 m < 3 km

💡 **Tipp**
1 km = 1000 m; 1 m = 10 dm;
1 dm = 10 cm; 1 cm = 10 mm
Passende Aufgabe im Schulbuch: S. 128, ○ 4

○ 4
a) 5 km = 5000 m   b) 10 dm = 1 m
c) 2 dm = 20 cm   d) 30 mm = 3 cm
e) 4 cm = 40 mm   f) 7000 m = 7 km

💡 **Tipp**
1 km = 1000 m; 1 m = 10 dm;
1 dm = 10 cm; 1 cm = 10 mm
Passende Aufgabe im Schulbuch: S. 128, ○ 8

○ 5
a) 13,7 km + 6,2 km = 19,9 km
Connys Rückweg beträgt 19,9 km.
b) 19,9 km − 4,5 km = 15,4 km
Die Länge des Umwegs beträgt 15,4 km.

💡 **Tipp**
Die Längen haben dieselbe Einheit. Solltest du schriftlich rechnen, achte darauf Komma unter Komma zu schreiben.
Passende Aufgabe im Schulbuch: S. 131, ○ 2

○ 6 5,8 km = 5800 m
5800 m · 5 = 29 000 m; 29 000 m = 29 km
Malu legt in einer Woche 29 km auf dem Schulweg zurück.

💡 **Tipp**
Wandle Längen vor dem Rechnen in eine kleinere Einheit ohne Komma um.
1 km = 1000 m
Passende Aufgabe im Schulbuch: S. 135, ○ 3, ○ 6

○ 7
a) 25 km : 5 = 5 km
Conny legt an einem Tag 5 km zurück.
b) 5 km = 5000 m
5000 m : 2 = 2500 m; 2500 m = 2,5 km
Connys Schulweg ist 2,5 km lang.

💡 **Tipp**
Wandle Längen vor dem Rechnen in eine kleinere Einheit um.
1 km = 1000 m
Passende Aufgabe im Schulbuch: S. 138, ○ 4, ○ 5; S. 144, ○ 15

Seite 147: Test B

1
a) Gemeint ist die Hauptpost.
b) Der Schlossgarten befindet sich in C3, D3.
c) Die Moltkestraße befindet sich in A3, B3.

💡 **Tipp**
Das Gitternetz teilt die Stadt in rechteckige Gitterfelder. Die Lage der Gitterfelder kannst du mit den Buchstaben und Ziffern am Rand eindeutig beschreiben. Manche Orte oder Straßen liegen auch in mehreren Feldern.
Passende Aufgabe im Schulbuch: S. 120, ● 5, ● 6

2
a)
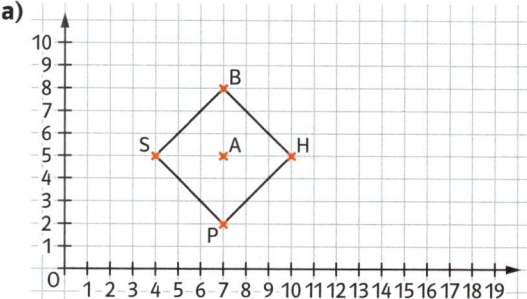
b) Es entsteht ein Quadrat.
c) Der Schatz wurde beim Punkt A(7|5) vergraben.

💡 **Tipp**
Jeder Punkt im Koordinatensystem wird durch ein Zahlenpaar, die Koordinaten, beschrieben. Der erste Wert ist der Rechtswert. Der zweite Wert ist der Hochwert.
Passende Aufgabe im Schulbuch: S. 123, ● 8; S. 124, ● 9, ● 10; S. 142, ● 5

3 Kaya besucht Malu. Kaya geht 250 m bis zur Bushaltestelle. Bis zu Malus Wohnung sind es 3 km. Malu hat für Kaya eine Schokotorte gebacken mit einer 1 cm dicken Kerze in der Mitte. Am Ende des Nachmittags haben die beiden alles gegessen bis auf einen 3 mm dicken Krümel.

💡 **Tipp**
1 mm = Stecknadelkopf; 1 cm = Breite deines Zeigefingers; 1 dm = Breite deiner Hand; 1 m = Breite der schmalen Seite einer Tafel; 1 km = Entfernung von zwei Orten auf einem Stadtplan
Passende Aufgabe im Schulbuch: S. 127, ○ 2, ○ 3; S. 142, ○ 7

4
a) in **mm**: 4 cm 3 mm = 43 mm; 4 dm 3 cm = 430 mm; 4 m 3 dm 5 mm = 4305 mm
b) in **cm**: 5 dm 6 cm = 56 cm; 5 m 6 cm = 506 cm; 5 m 60 mm = 506 cm
c) in **m**: 70 km 8000 m = 78 000 m; 7 km 800 m = 7800 m; 7 km 8 m = 7008 m
d) in die **kleinere Längeneinheit**: 1 m 2 cm = 102 cm; 3 dm 4 cm = 34 cm; 5 km 678 m = 5678 m; 9 cm 10 mm = 91 mm

💡 **Tipp**
1 km = 1000 m; 1 m = 10 dm; 1 dm = 10 cm; 1 cm = 10 mm
Passende Aufgabe im Schulbuch: S. 128, ● 11; S. 129, ● 12; S. 143, ● 8

5
a) 23 500 m = 23,5 km
369,71 km + 23,5 km = 393,21 km
Der Tachostand zeigt bei der Ankunft 393,21 km.
b) 675,11 km − 648,31 km = 26,8 km
Die Fahrstrecke beträgt 26,8 km.

💡 **Tipp**
a) Wandle zuerst die Längen in dieselbe Einheit um.
b) Um die Fahrstrecke zu berechnen, subtrahiere vom Tachowert bei der Ankunft den Tachowert des Starts. Achte beim schriftlichen Rechnen darauf, dass du Komma unter Komma schreibst.
Passende Aufgabe im Schulbuch: S. 132, ○ 5; S. 143, ● 11

6 3,7 km = 3700 m
3700 m · 210 = 777 000 m; 777 000 m = 777 km
Kaya legt in einem Schuljahr 777 km Schulweg zurück.

💡 **Tipp**
Wandle die Längen vor dem Rechnen in eine kleinere Einheit ohne Komma um.
1 km = 1000 m
Passende Aufgabe im Schulbuch: S. 135, ● 8; S. 136, ● 9; S. 143, ● 14

Lösungen

7

a) 116 km = 116 000 m
116 000 m : 20 = 5800 m; 5800 m = 5,8 km
Malu legt an einem Schultag 5,8 km zurück.
b) 5800 m : 2 = 2900 m; 2900 m = 2,9 km
Malus Schulweg ist 2,9 km lang.

Tipp
Wandle Längen vor dem Rechnen in eine kleinere Einheit um.
1 km = 1000 m
Passende Aufgabe im Schulbuch: S. 138, ◐ 7; S. 144, ○ 15, ◐ 17

Seite 148: Test C

1

a) Individuelle Lösungen, zum Beispiel:
Malu und Jule biegen von der Amalienstraße in die Douglasstraße ein. Am Ende der Douglasstraße gehen sie nach rechts auf die Stephanienstraße.
Am Ende der Stephanienstraße biegen sie links in die Hans-Thoma-Straße ein. Von dort aus laufen die beiden an der Orangerie vorbei zum Schlossgarten.
b) Bismarckstraße: A2, B2
Pädagogische Hochschule: A2, A3
Karlstraße: B1, B2

Tipp
Manche Orte oder Straßen liegen auch in mehreren Feldern.
Passende Aufgabe im Schulbuch: S. 120, ◐ 7; S. 142, ◐ 3

2

a) und b)

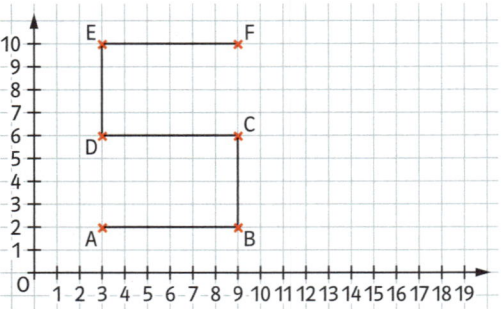

c) Der Schatz liegt auf dem S und hat den Rechtswert 6. Das betrifft die Punkte (6|2); (6|6) und (6|10). Nur der Punkt (6|6) ist gleich weit von B und F entfernt. Der Schatz liegt auf dem Punkt (6|6).

Tipp
a) Der erste Wert der Koordinate ist der Rechtswert. Der zweite Wert ist der Hochwert.
b) Ein S entsteht, wenn man den Punkt F(9|10) ergänzt.
c) Suche auf der Rechtsachse den Wert 6. Fahre von dort mit deinem Finger gerade nach oben. An welchen Stellen triffst du das S? Du kannst die Stellen auch markieren. Nur eine der drei markierten Stellen ist gleich weit von B und F entfernt. Dort liegt der Schatz.
Passende Aufgabe im Schulbuch: S. 125, ● 12, ● 13; S. 142, ● 6

3

a) in mm: 3 cm = 30 mm; 3 dm = 300 mm;
3 m = 3000 mm; 3 km = 3 000 000 mm
b) in cm: 6 dm = 60 cm; 66 dm = 660 cm;
6 m = 600 cm; 66 mm = 6,6 cm
c) in dm: 40 cm = 4 dm; 4 m = 40 dm;
44 m = 440 dm; 4 km = 40 000 dm
d) in m: 7 km = 7000 m; 770 cm = 7,7 m;
770 dm = 77 m; 7000 mm = 7 m

Tipp
1 km = 1000 m; 1 m = 10 dm;
1 dm = 10 cm; 1 cm = 10 mm
Passende Aufgabe im Schulbuch: S. 128, ◐ 11; S. 129, ◐ 12; S. 143, ◐ 8

4

a) in cm: $\frac{1}{2}$ m = 50 cm; $\frac{1}{4}$ m = 25 cm; $2\frac{1}{2}$ dm = 25 cm
b) in m: $\frac{3}{4}$ km = 750 m; $1\frac{1}{2}$ km = 1500 m;
$5\frac{1}{4}$ km = 5250 m
c) in mm: $3\frac{1}{2}$ cm = 35 mm; $1\frac{1}{2}$ dm = 150 mm;
$\frac{1}{4}$ m = 250 mm

Tipp
1 km = 1000 m; 1 m = 10 dm;
1 dm = 10 cm; 1 cm = 10 mm
Passende Aufgabe im Schulbuch: S. 130, ● 19, ● 20; S. 143, ● 9

5

a)

Woche	gefahren	Rechnung
1. Woche	47,9 km	173,6 km − 125,7 km = 47,9 km
2. Woche	26,5 km	212,4 km − 185,9 km = 26,5 km
3. Woche	44,3 km	281,1 km − 236,8 km = 44,3 km
4. Woche	52,4 km	333,5 km − 281,1 km = 52,4 km

b)

Wochenende	gefahren	Rechnung
1. Wochenende	12,3 km	185,9 km − 173,6 km = 12,3 km
2. Wochenende	24,4 km	236,8 km − 212,4 km = 24,4 km
3. Wochenende	0 km	281,1 km − 281,1 km = 0 km

c) 333,5 km − 125,7 km = 207,8 km
Jule ist insgesamt 207,8 km gefahren.
d) Individuelle Lösungen

💡 **Tipp**
Achte beim schriftlichen Rechnen darauf, Komma unter Komma zu schreiben.
Passende Aufgabe im Schulbuch: S. 133, ● 10

6
3,45 km = 3450 m
3450 m · 2 · 3 · 52 = 1 076 400 m; 1 076 400 m = 1076,4 km
Malu hat recht. Wenn sie Jule dreimal wöchentlich besucht, fährt sie 1076,4 km. Gerundet wären das 1000 km.

💡 **Tipp**
Denk daran, dass Malu hin- und zurückfährt. Wandle die Längen vor dem Rechnen in eine kleinere Einheit ohne Komma um.
1 km = 1000 m
Passende Aufgabe im Schulbuch: S. 135, ◐ 8

7
a) 357 km : 21 = 17 km
Malu legt an einem Schultag 17 km zurück.
b) 17 km = 17 000 m
17 000 m : 2 = 8500 m; 8500 m = 8,5 km
Malus Schulweg ist 8,5 km lang.

💡 **Tipp**
Wandle Längen vor dem Rechnen in eine kleinere Einheit um.
1 km = 1000 m
Passende Aufgabe im Schulbuch: S. 138, ● 8

5 Zeiten | Reiselustig

Seite 150 – 151: Check-in

1
a) (1) 02:00 Uhr oder 14:00 Uhr
(2) 08:30 Uhr oder 20:30 Uhr
(3) 04:42 Uhr oder 16:42 Uhr

b) (1) 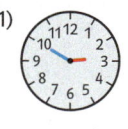 (2) 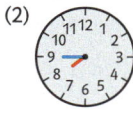 (3)

14:50 Uhr   Viertel vor 8   fünf nach halb 3

(4) 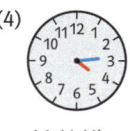 (5)

16:14 Uhr   17:40 Uhr

2
a) 40 min   **b)** 0 min   **c)** 4 min
d) 38 min   **e)** 49 min

3
a) 2 · 6 = 12; 6 · 2 = 12; 6 · 5 = 30; 8 · 6 = 48; 6 · 9 = 54;
11 · 6 = 66; 2 · 24 = 48; 24 · 4 = 96
b) 60; 80; 120; 270; 1230; 18 930; 100 000
c) 18 : 6 = 3; 36 : 6 = 6; 48 : 6 = 8; 66 : 6 = 11;
48 : 24 = 2; 72 : 24 = 3
d) 12; 720; 6000; 480 000

4
a) A(1|3); B(2|2); C(3|1); D(4|3); E(5|5); F(5|0); G(6|4)
b)
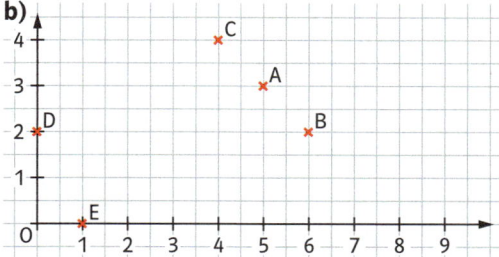

Lösungen

Seite 177: Test A

1
a) 2 h = **120** min
b) 600 min = **10** h
c) 500 s = **8** min **20** s
d) 72 h = **3** d
e) $1\frac{1}{4}$ h = **75** min
f) $2\frac{1}{2}$ min = **150** s

Tipp
Achte darauf, ob du in eine kleinere oder eine größere Zeiteinheit umwandelst.
Passende Aufgabe im Schulbuch: S. 153, ○ 2, ○ 3; S. 174, ○ 1

2
a) Zeitspanne: 95 min = **1** h **35** min
b) Zeitspanne: 2 h 30 min = $2\frac{1}{2}$ h = **150** min
c) Zeitpunkt 2: **19:10 Uhr**
d) Zeitpunkt 1: **12:35 Uhr**

Tipp
Die Zeitspanne kannst du in Minuten oder in Stunden berechnen.
Die Zeitpunkte berechnest du, indem du zu Zeitpunkt 1 die Zeitspanne hinzufügst oder von Zeitpunkt 2 die Zeitspanne abziehst.
Passende Aufgabe im Schulbuch: S. 157, ○ 2, ○ 3, ○ 4; S. 158, ○ 6; S. 174, ○ 4

3 19.07. bis 31.07.: 12 Tage
01.08. bis 31.08.: 31 Tage
01.09. bis 28.09.: 28 Tage
19.07. bis 28.09.: 12 + 31 + 28 = 71
Lisa hat in 71 Tagen Geburtstag.

Tipp
Die Monate Juli und August haben 31 Tage.
Passende Aufgabe im Schulbuch: S. 162, ○ 4; S. 163, ○ 5; S. 174, ○ 7

4
a) Ilkay hat um **07:25 Uhr** die Wohnung verlassen.
b) Ilkay ist um **08:10 Uhr** in der Schule angekommen.
c) Um **07:45 Uhr** ist Ilkay zwischen zwei Haltestellen mit dem Bus gefahren.

Tipp
Die Zeitpunkte kannst du auf der Rechtsachse ablesen.
Passende Aufgabe im Schulbuch: S. 167, ○ 2, ○ 3, ○ 4; S. 168, ○ 6; S. 175, ○ 10

5

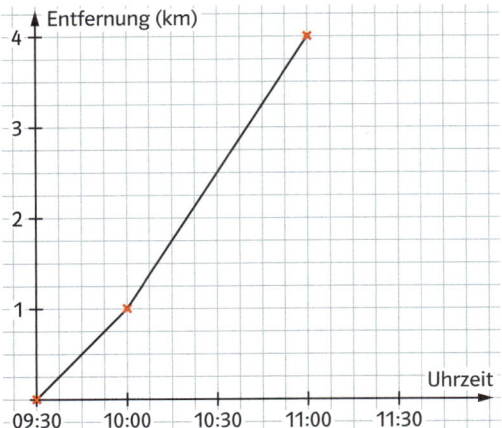

Tipp
Trage die Uhrzeit auf der Rechtsachse und die Entfernung auf der Hochachse ein.
Passende Aufgabe im Schulbuch: S. 167, ○ 5

Seite 177–178: Test B

1
a) 3 min = **180** s oder 5 min = **300** s
b) 2 h = **120** min oder 2 d = **48** h
c) richtig
d) $1\frac{1}{2}$ d = **36** h oder 3 d 18 h = **90** h
e) richtig
f) 360 s = **6** min oder 340 s = **5** min **40** s

Tipp
Achte darauf, ob richtig umgerechnet wurde und die richtige Zeiteinheit verwendet wurde.
Passende Aufgabe im Schulbuch: S. 153, ○ 3; S. 154, ● 8

2

	21.01.	21.03.	21.07.
Sonnenaufgang	08:35 Uhr	06:27 Uhr	05:20 Uhr
Sonnenstunden	8 h 25 min	12 h 27 min	16 h 20 min
Sonnenuntergang	17:00 Uhr	18:54 Uhr	21:40 Uhr

Tipp
Skizziere eine Uhr und gehe schrittweise vor.
Du kannst in Stunden und Minuten oder nur in Minuten rechnen.
Passende Aufgabe im Schulbuch: S. 158, ○ 6, ● 8, ● 9; S. 174, ● 5

◐ **3** Aylin sagt dies am 19.12., denn vier Wochen vor dem 19.01. ist der 22.12. Drei Tage davor ist der 19.12.
Alternative: 3 Tage vor dem 19.01. ist der 16.01. Vier Wochen davor ist der 19.12.

💡 **Tipp**
Der Dezember hat 31 Tage. 4 Wochen und 3 Tage sind insgesamt 31 Tage.
Passende Aufgabe im Schulbuch: S. 163, ◐ 8, ◐ 9; S. 174, ◐ 8

◐ **4**
a) Ilkay ist um 07:25 Uhr losgegangen und um 08:10 Uhr in der Schule angekommen.
Ilkay war 45 min unterwegs.
b) Wartezeiten: 5 min (07:30 Uhr – 07:35 Uhr); 5 min (08:00 Uhr – 08:05 Uhr)
Ilkay hat insgesamt 10 min gewartet.
c) Individuelle Lösung, zum Beispiel: Ilkay hat sich mit einer Freundin getroffen, um gemeinsam zur Schule zu gehen.

💡 **Tipp**
b) Ilkay wartet immer, wenn der Graph waagerecht ist. Ab 08:10 Uhr ist Ilkay in der Schule angekommen.
Die Zeitpunkte kannst du auf der Rechtsachse ablesen.
Passende Aufgabe im Schulbuch: S. 168, ◐ 7; S. 169, ◐ 8; S. 175, ◐ 11

◐ **5**

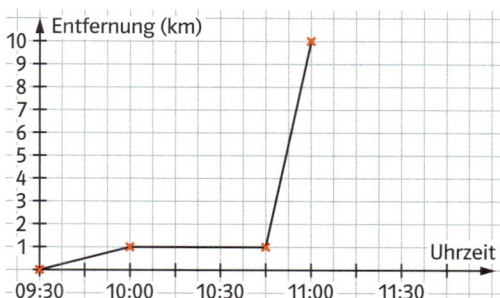

💡 **Tipp**
Wähle 1 cm für 15 min auf der Zeitachse und 1 cm für 2 km auf der Wegachse.
Passende Aufgabe im Schulbuch: S. 169, ◐ 9; S. 170, ◐ 10; S. 175, ◐ 12

Seite 178: Test C

● **1**
a) 2 d = 48 h = **2880** min
b) 4 h = 240 min = **14 400** s
c) 4200 min = 70 h = **2 d 22** h
d) 7260 s = 121 min = **2 h 1** min
e) 1 d = 24 h = 1440 min = **86 400** s
f) 2 h 4 min = 124 min = **7440** s

💡 **Tipp**
Beachte die Zeiteinheit, in die du umwandelst.
Du musst Zeiteinheiten überspringen.
Passende Aufgabe im Schulbuch: S. 153, ○ 3; S. 174, ○ 1

● **2**
a) Zeitpunkt: 02:42 Uhr
b) Zeitpunkt: 22:33 Uhr
c) Zeitpunkt: 16:00 Uhr
d) Zeitpunkt: 05:02 Uhr
e) Zeitspanne: 12 h 48 min

💡 **Tipp**
In den Teilaufgaben a) bis d) wird nach dem Zeitpunkt gefragt, in e) nach der Zeitspanne.
Passende Aufgabe im Schulbuch: S. 159, ● 10, ● 11, ● 12; S. 174, ● 6

● **3**
a) Aiko ist 2011, Jojo 2010 geboren.
b) Jojo war ein Jahr, einen Monat und einen Tag alt.

💡 **Tipp**
a) Subtrahiere das Alter von Aiko und Jojo vom Jahr 2022.
Passende Aufgaben im Schulbuch: S. 163, ● 10; S. 164, ● 13; S. 174, ● 9

● **4**
a) Ilkay hat die Wohnung um 07:25 Uhr verlassen, Lara um 07:50 Uhr.
b) Lara und Ilkay treffen sich um 08:05 Uhr. Ilkay geht um 07:25 Uhr los. Die beiden treffen sich 40 min nachdem Ilkay losgegangen ist.
c) Individuelle Lösung, zum Beispiel:
Lara ist langsam von der Haltestelle zum Treffpunkt mit Ilkay gegangen.

💡 **Tipp**
Die Zeitpunkte kannst du auf der Rechtsachse ablesen.
Passende Aufgabe im Schulbuch: S. 169, ◐ 8; S. 170, ● 11

Lösungen

5

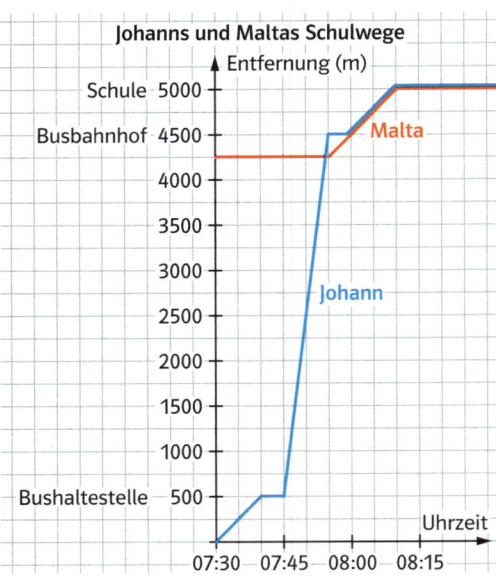

Tipp
Schreibe dir zuerst die wichtigen Zeitpunkte auf. Wähle ein Kästchen für 5 min auf der Zeitachse und 1 cm für 500 m auf der Wegachse.
Passende Aufgabe im Schulbuch: S. 169, ◐ 9; S. 170, ◐ 10; S. 175, ● 13

6 Geometrische Körper | Verpackt

Seite 180–181: Check-in

1
a) Der Würfel liegt vor dem Steckbaustein.
Oder: Der Steckbaustein liegt hinter dem Würfel.
b) Der Würfel liegt links neben dem Steckbaustein.
Oder: Der Steckbaustein liegt rechts neben dem Würfel.
c) Der Würfel liegt über dem Steckbaustein.
Oder: Der Steckbaustein liegt unter dem Würfel.

2
a) Individuelle Lösungen
b) Tipp für Lotta: „Zeichne die Linie gleichmäßig dick."
Tipp für Henni: „Versuche beim Zeichnen nicht mit dem Lineal zu wackeln."
Tipp für Luis: „Benutze zum Zeichnen einen Bleistift und nicht den Füller."
Tipp für Joana: „Du musst beim Zeichnen den Stift eng an das Lineal anlegen."

3 A Grundseite mit Längenskala
B Mittellinie
C Nullpunkt
D Winkelskala
E parallele Hilfslinien

4 A: Das Fenster ist ein Rechteck.
Die einzelnen Glasscheiben sind ein Quadrat.
B: Der Lolli ist ein Kreis.
C: Die Segel sind Dreiecke.
D: Das Cover des Buches ist ein Rechteck.
E: Jede Wabe ist ein Sechseck.

5 Individuelle Lösungen

6 a, d und e sind Strecken.
b, c und f sind Geraden.

Seite 208: Test A

○ 1
a) Der Körper hat 8 Ecken, 12 Kanten und 6 Flächen. Alle Flächen sind rechteckig. Gegenüberliegende Flächen sind gleich groß.
An jeder Ecke stoßen 3 Kanten aufeinander. Kanten, die aneinanderstoßen, sind immer senkrecht zueinander. Von den 12 Kanten sind jeweils 4 gleich lang und parallel zueinander.
b) Der Körper heißt Quader.

Tipp
Zähle Ecken, Kanten und Flächen am Schrägbild ab.
Passende Aufgabe im Schulbuch: S. 183, ○ 4, ○ 5, ○ 6; S. 204, ○ 1, ○ 3

○ 2 Individuelle Lösung, zum Beispiel:

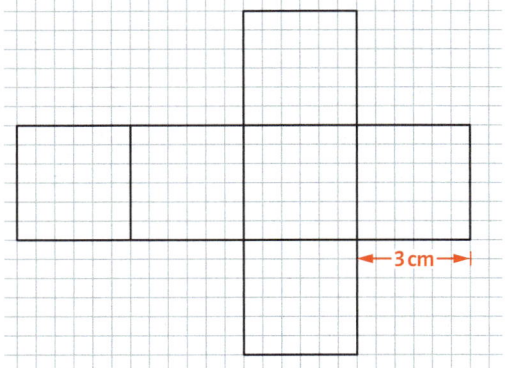

Lösungen

💡 Tipp
Prüfe parallele und senkrechte Strecken mit dem Geodreieck. Das ausgeschnittene Netz musst du zu einem Würfel falten können.
Passende Aufgabe im Schulbuch: S. 187, ○ 3, ○ 4, ○ 5, ○ 6, ○ 7; S. 204, ○ 6

○ **3**

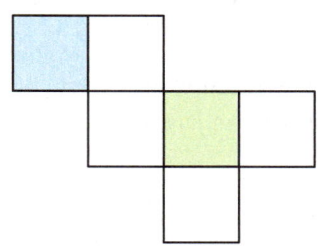

💡 Tipp
Übertrage das Netz auf ein Blatt Papier und schneide es aus. Falte es zu einem Würfel zusammen.
Passende Aufgabe im Schulbuch: S. 187, ○ 2, ○ 8

○ **4** parallel: f ∥ d; c ∥ e
senkrecht: a ⊥ f; a ⊥ d; b ⊥ c; b ⊥ e

💡 Tipp
Prüfe mit dem Geodreieck, ob die Geraden parallel oder senkrecht zueinander sind.
Passende Aufgabe im Schulbuch: S. 191, ○ 2, ○ 7, ○ 8; S. 205, ○ 9

○ **5** A Quadrat; B und F Raute; C und E Rechteck; D Parallelogramm

💡 Tipp
Miss die Seitenlängen der Vierecke und vergleiche sie. Untersuche auf rechte Winkel und parallele Seiten.
Passende Aufgabe im Schulbuch: S. 195, ○ 2, ○ 3, ○ 5; S. 205, ○ 15

○ **6**

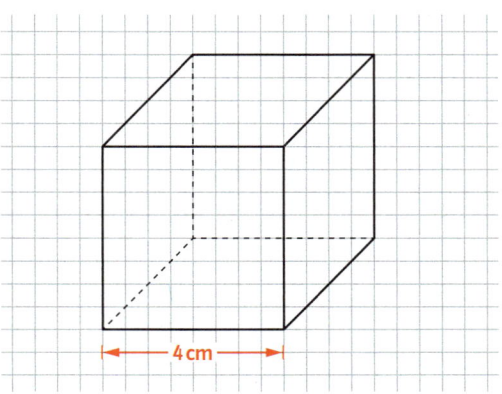

💡 Tipp
Zähle die Anzahl der Kästchen, um die Maße deines Schrägbildes zu überprüfen.
Passende Aufgabe im Schulbuch: S. 199, ○ 2, ○ 3, ○ 4; S. 206, ○ 18

Seite 208–209: Test B

● **1**
a) Der Körper hat 10 Ecken, 15 Kanten und 7 Flächen. Die untere und obere Fläche sind Fünfecke mit gleicher Form und Größe. Die 5 Flächen an der Seite sind Rechtecke. Die Kanten in der Mitte stehen senkrecht zu den Kanten oben und unten. Die 5 senkrecht stehenden Kanten in der Mitte sind alle parallel zueinander. Gegenüberliegende Kanten oben und unten sind parallel zueinander.
b) Der Körper heißt Fünfeckprisma.

💡 Tipp
Zähle Ecken, Kanten und Flächen am Schrägbild ab.
Passende Aufgabe im Schulbuch: S. 184, ● 9; S. 204, ● 2, ● 4

● **2** Individuelle Lösung, zum Beispiel:

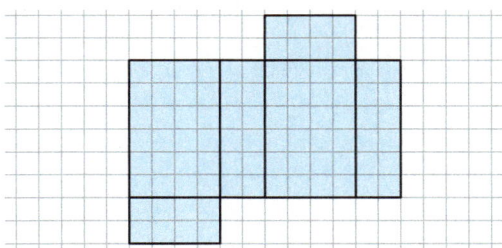

💡 Tipp
Falte das Netz in Gedanken zum Quader. Welche Seitenflächen stoßen wo aneinander? Zeichne mit dem Geodreieck.
Passende Aufgabe im Schulbuch: S. 188, ● 9; S. 204, ● 7

● **3**

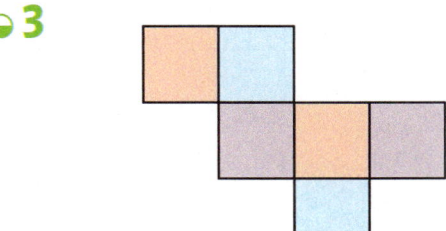

💡 Tipp
Überlege dir, welche Flächen beim Zusammenfalten gegenüberliegen.
Passende Aufgabe im Schulbuch: S. 188, ● 10

295

Lösungen

4

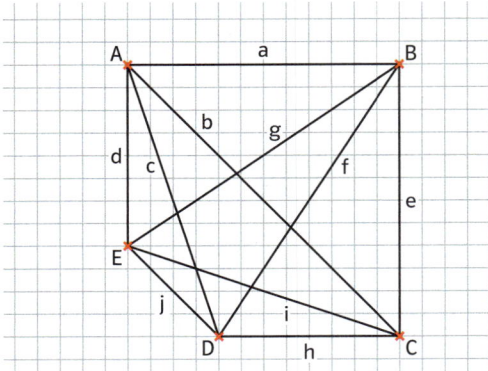

Parallel: a∥h; d∥e; j∥b
Senkrecht: a⊥e; a⊥d; e⊥h

💡 **Tipp**
Prüfe zueinander parallele und senkrechte Strecken mit dem Geodreieck.
Passende Aufgabe im Schulbuch: S. 191, ○2, ○8; S. 205, ○9, ●10

5
Das Parallelogramm B ist auch eine Raute, weil alle Seiten gleich lang sind.

💡 **Tipp**
Miss die Längen der Seiten und vergleiche sie.
Passende Aufgabe im Schulbuch: S. 196, ●12

6

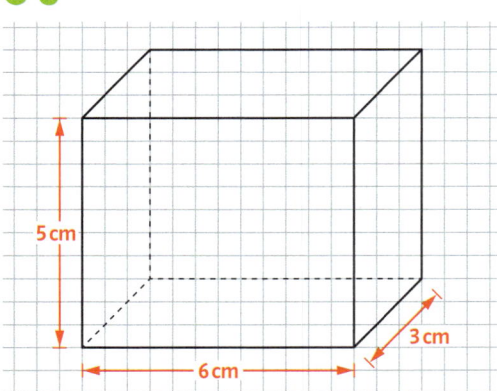

💡 **Tipp**
Zähle die Anzahl der Kästchen, um die Maße deines Schrägbildes zu überprüfen.
Passende Aufgabe im Schulbuch: S. 199, ●9; S. 200, ●11; S. 206, ●19

Seite 209: Test C

1
a) Der Körper besteht aus zwei zusammengesetzten Pyramiden mit quadratischer Fläche.
b) Der Körper hat 6 Ecken, 12 Kanten und 8 Flächen. Alle Flächen sind Dreiecke mit gleicher Form und Größe.
An jeder Ecke stoßen 4 Kanten zusammen. In der Mitte sind gegenüberliegende Kanten parallel und benachbarte Kanten senkrecht zueinander.

💡 **Tipp**
Zähle Ecken, Kanten und Flächen am Schrägbild ab.
Passende Aufgabe im Schulbuch: S. 185, ●14; S. 204, ●5

2 Individuelle Lösung, zum Beispiel:

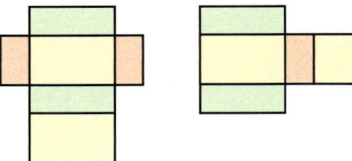

💡 **Tipp**
Prüfe parallele und senkrechte Strecken mit dem Geodreieck. Das ausgeschnittene Netz musst du zu einem Quader falten können.
Passende Aufgabe im Schulbuch: S. 204, ●8

3

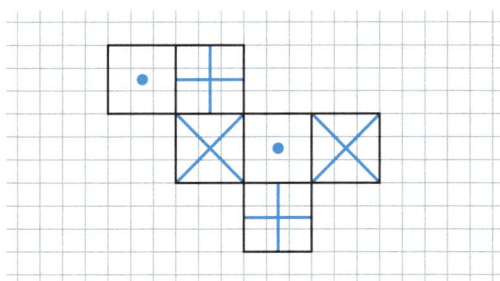

💡 **Tipp**
Übertrage das Netz auf Papier. Schneide es aus und falte es zu einem Würfel zusammen.
Passende Aufgabe im Schulbuch: S. 188, ●11

● 4

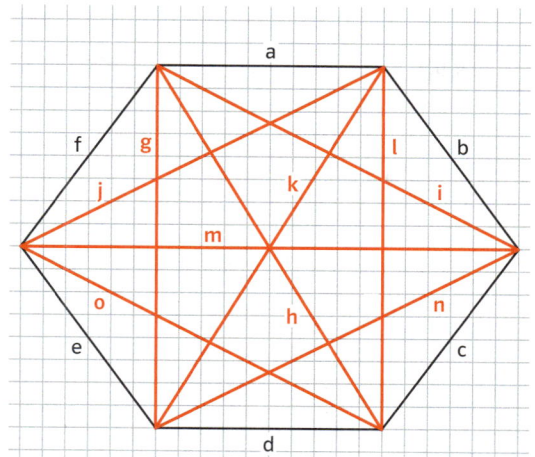

Parallel: f∥c; o∥i; j∥n; g∥l; a∥d; a∥m; d∥m; b∥e
Orthogonal: a⊥l; g⊥a; g⊥d; l⊥d; g⊥m; l⊥m

💡 **Tipp**
Prüfe zueinander parallele und orthogonale Strecken mit dem Geodreieck.
Passende Aufgabe im Schulbuch: S. 205, ● 11

● **5** Beim Rechteck sind die gegenüberliegenden Seiten gleich lang. Beim Quadrat sind alle Seiten gleich lang. Umgekehrt stimmt die Aussage: Jedes Quadrat ist ein Rechteck.

💡 **Tipp**
Zeichne ein Rechteck und ein Quadrat auf.
Miss die Länge der Seiten.
Passende Aufgabe im Schulbuch: S. 196, ● 13

● **6** Individuelle Lösungen, zum Beispiel:

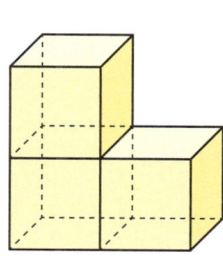
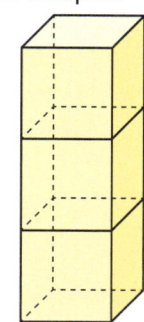

💡 **Tipp**
Zeichne die verdeckten Linien zuletzt ein.
Achte darauf, sie gestrichelt zu zeichnen.
Passende Aufgabe im Schulbuch: S. 200, ● 12, ● 13; S. 206, ● 20

7 Geld, Gewichte | Tierisch wichtig

Seite 211 – 212: Check-in

1

a) 1,89 € = 189 ct; 2,78 € = 278 ct; 26,65 € = 2665 ct
b) 299 ct = 2,99 €; 1070 ct = 10,70 €; 750 ct = 7,50 €
c) 4 € 76 ct = 4,76 €; 12 € 99 ct = 12,99 €

2

a) 2 € < 2,67 €   3,54 € < 12,03 €
0,34 € = 34 ct   2,11 € > 1,22 €
b) A: 26 ct; 0,62 €; 2,60 €; 6,20 €; 26 €
B: 78 ct; 7,80 €; 8,07 €; 8,70 €; 87 €

3

a) 18 ct = 10 ct + 5 ct + 2 ct + 1 ct
49 ct = 20 ct + 20 ct + 5 ct + 2 ct + 2 ct
56 ct = 50 ct + 5 ct + 1 ct
63 ct = 50 ct + 10 ct + 2 ct + 1 ct
b) 1,22 € = 1 € + 20 ct + 2 ct
2,49 € = 2 € + 20 ct + 20 ct + 5 ct + 2 ct + 2 ct
12,89 € = 10 € + 2 € + 50 ct + 20 ct + 10 ct + 5 ct + 2 ct + 2 ct
23,55 € = 20 € + 2 € + 1 € + 50 ct + 5 ct

4

a) 2,78 € ≈ 3 €   **b)** 8,23 € ≈ 8 €
c) 0,78 € ≈ 1 €   **d)** 7,80 € ≈ 8 €
e) 5,58 € ≈ 6 €   **f)** 4,45 € ≈ 4 €

5

a) 567 + 890 = 1457 (Übertrag 11)
b) 123 + 45 = 168
c) 345 + 6789 = 7134 (Übertrag 111)
d) 678 + 90 = 768 (Übertrag 1)
e) 876 − 543 = 333
f) 1234 − 789 = 445 (Übertrag 111)

6

a) 12 · 4 = 48   **b)** 8 · 13 = 104   **c)** 6 · 14 = 84
d) 23 · 10 = 230   **e)** 23 · 5 = 115   **f)** 23 · 15 = 345
g) 45 : 15 = 3   **h)** 121 : 11 = 11   **i)** 56 : 14 = 4
j) 70 : 14 = 5   **k)** 200 : 25 = 8   **l)** 120 : 15 = 8

Lösungen

7
a) Minuten (min)
b) Zentimeter (cm)
c) Kilometer (km)
d) Sekunde (s)
e) Euro (€)

8
a) 15 € b) 26 min c) 18 cm

9
a) 20 € − 4,50 €
b) 4,50 € : 3
c) 4,5 kg + 800 g
d) 10 · 4,5 kg

Seite 242: Test A

1
a) 3,89 € + 5,09 € + 2,88 € ≈ 4 € + 5 € + 3 € = 12 €
b) 50 € − 3,57 € − 19,19 € ≈ 50 € − 3,50 € − 19 € = 27,50 €

💡 **Tipp**
Beim Überschlagen rechnest du mit vereinfachten Geldbeträgen. Runde sie auf oder ab, um sie zu vereinfachen.
Passende Aufgabe im Schulbuch: S. 214, ○ 2, ○ 3, ○ 4; S. 238, ○ 1

2
a) 20 € − 12,65 € = 7,35 € b) 5 € − 0,89 € = 4,11 €

💡 **Tipp**
Subtrahiere den Preis vom gegebenen Geld.
Passende Aufgabe im Schulbuch: S. 214, ○ 6, ○ 7, ○ 10; S. 238, ○ 2

3
a) 645 ct : 3 = 215 ct = 2,15 €
b) 135 ct · 3 = 405 ct = 4,05 €
c) 2250 ct : 50 ct = 45
d) 180 ct : 20 ct = 9

💡 **Tipp**
Rechne schriftlich.
Passende Aufgabe im Schulbuch: S. 218, ○ 2, ○ 3, ○ 4, ○ 7; S. 238, ○ 5

4
a) 4,5 kg = 4500 g
b) 3,77 t = 3770 kg
c) 2,99 g = 2990 mg

💡 **Tipp**
1 t = 1000 kg; 1 kg = 1000 g; 1 g = 1000 mg
Passende Aufgabe im Schulbuch: S. 222, ○ 3, ○ 4; S. 238, ○ 7

5
a) Von klein nach groß:
0,4 kg; 760 g; 0,8 kg; 1,2 kg; 2,7 kg
b) Von klein nach groß:
570 kg; 0,7 t; 2,6 t; 4 t; 6700 kg

💡 **Tipp**
Wandle die Gewichte in die gleiche Einheit um.
Passende Aufgabe im Schulbuch: S. 223, ○ 20; S. 238, ○ 8

6
a) 325 g : 25 g = 13
b) 3800 g · 4 = 15 200 g = 15,2 kg
c) 2790 g : 3 = 930 g = 0,93 kg

💡 **Tipp**
Wandle zuerst in eine Einheit ohne Komma um.
Du kannst die Aufgaben schriftlich berechnen.
Passende Aufgabe im Schulbuch: S. 227, ○ 2, ○ 3, ○ 4; S. 228, ○ 8; S. 239, ○ 10

7
11,89 € : 3 ≈ 12 € : 3 = 4 €
Eine Dose Pansen kostet ungefähr 4 €.

💡 **Tipp**
Schaue nach, welcher Preis für Pansen Plus angegeben ist. Für wie viele Dosen ist dieser Preis?
Überschlage, wie viel eine Dose kosten würde.
Passende Aufgabe im Schulbuch: S. 231, ○ 2, ○ 4; S. 239, ○ 13

8
a) Schulheft: leichter als 1 kg
Dackel: schwerer als 1 kg
Armbanduhr: leichter als 1 kg
b) Binnenschiff: schwerer als 1 t
E-Bike: leichter als 1 t
Holzregal: leichter als 1 t

c) Das Bild wird in sechs gleich große Kästchen eingeteilt. In ein Kästchen passen ungefähr 18 Linsen. Es sind also ungefähr 6 · 18 ≈ 110 Linsen.

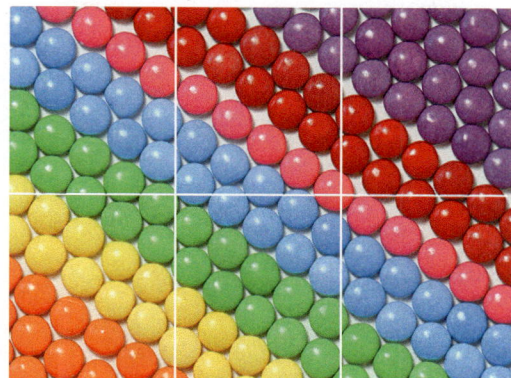

💡 **Tipp**

a) 1 Liter Wasser oder eine Tüte Mehl wiegen zum Beispiel 1 kg.
b) Ein Kleinwagen wiegt ungefähr 1 t. Er ist viel zu schwer um ihn hochzuheben.
c) Teile das Bild mit den Schokolinsen in gleich große Teile. Bestimme dann die Anzahl in einem Teil und berechne die gesamte Anzahl.
Passende Aufgabe im Schulbuch: S. 234, ○ 2, ○ 3, ○ 4, ○ 6, ○ 8; S. 240, ○ 15, ● 16

Seite 242–243: Test B

● 1

a) 20 € − 4,77 € + 12,89 € ≈ 20 € − 5 € + 13 € = 28 €
b) 6,39 € + 15,89 € + 8,35 € + 11,19 €
≈ 6,50 € + 16 € + 8,50 € + 11 € = 42 €

💡 **Tipp**

Beim Überschlagen rechnest du mit vereinfachten Geldbeträgen. Runde auf oder ab, um die Geldbeträge zu vereinfachen.
Passende Aufgabe im Schulbuch: S. 215, ● 11, ● 12, ● 13; S. 238, ● 3

● 2

a) Preis: 12,76 €; gegeben: 13,06 €;
Wechselgeld 0,30 € (eine 10-Cent-Münze und eine 20-Cent-Münze)
b) Preis: 102,82 €; gegeben: 103,02 €;
Wechselgeld 0,20 € (zwei 10-Cent-Münzen oder eine 20-Cent-Münze)

💡 **Tipp**

Du hast 1-Cent-, 2-Cent-, 5-Cent-, 1-Euro- und 2-Euro-Münzen dabei.
Passende Aufgabe im Schulbuch: S. 216, ● 15

● 3

a) 5 · 1259 ct = 6295 ct = 62,95 €
b) 659 ct · 12 = 7908 ct = 79,08 €
c) 195 ct : 5 ct = 39
d) 623 ct : 89 ct = 7

💡 **Tipp**

Wandle zuerst in eine Einheit ohne Komma um. Rechne schriftlich.
Passende Aufgabe im Schulbuch: S. 218, ○ 4, ○ 7

● 4

a) 5,407 t = 5407 kg
b) 5 kg 360 g = 5360 g
c) 0,067 t = 67 kg = 67 000 g
d) 523 489 g = 523,489 kg

💡 **Tipp**

1 t = 1000 kg; 1 kg = 1000 g; 1 g = 1000 mg
Passende Aufgabe im Schulbuch: S. 224, ● 25

● 5

a) Von klein nach groß: 0,245 kg; 2 kg; 2 kg 550 g; 2,67 kg; 2760 g
b) Von klein nach groß: 800 kg; 899 kg; 0,98 t; 8990 kg; 9 t

💡 **Tipp**

Wandle die Gewichte in die gleiche Einheit um.
Passende Aufgabe im Schulbuch: S. 223, ○ 20, ○ 21

● 6

a) 1890 g : 3 = 630 g = 0,63 kg
b) 1290 g · 17 = 21 930 g = 21,93 kg
c) 65 400 g : 300 g = 218
d) 3200 kg : 800 kg = 4

💡 **Tipp**

Wandle zuerst in eine Einheit ohne Komma um. Rechne schriftlich.
Passende Aufgabe im Schulbuch: S. 227, ○ 3, ○ 4, ○ 5; S. 228, ● 11, ● 12, ● 13; S. 239, ○ 11

Lösungen

7
8,59 € + 28,99 € : 2 + 2 · 2,49 €
≈ 8,50 € + 29,00 € : 2 + 2 · 2,50 € = 28 €
Er muss ungefähr 28 € bezahlen.

Tipp
Lies den Aufgabentext genau. Welche Informationen benötigst du? Achte besonders auf die Mengenangaben. Schreibe dir die Preise auf und runde sie.
Passende Aufgabe im Schulbuch: S. 231, 7;
S. 232, 8; S. 238, 3

8
a) Kleiderschrank: größer
Kleinwagen: kleiner
Löwe (Schulterhöhe): kleiner
b) Armlänge ca. 65 cm; Brustbreite ca. 40 cm
Umfang ist ungefähr 65 cm + 65 cm + 40 cm = 170 cm.
Länge Ellenbogen bis Hand: ca. 35 cm
Durchmesser ist ungefähr 55 cm.

Tipp
a) Ein erwachsener Mensch ist rund 1,65 m bis 1,80 m groß.
b) Der Mensch schafft es beinahe, einmal um den Baum herumzufassen. Wie lang sind seine Arme etwa? Und wie breit ist seine Brust?
Der Durchmesser ist die Breite des Baumes. Auf dem Bild erkennst du, dass der Baum ungefähr vom Ellbogen des einen Arms bis zum Ellbogen des anderen Arms geht.
Passende Aufgabe im Schulbuch: S. 234, 9, 11;
S. 240, 15, 17

Seite 243: Test C

1
Einkauf ohne Leergutbon:
Überschlag:
3,50 € + 2 € + 7 € + 3,50 € + 11,50 € + 27,50 € = 55 €
Einkauf mit Leergutbon: 55 € − 4 € = 51 €
Kims Einkauf kostet ungefähr 51 Euro.

Tipp
Überschlage erst, was der Einkauf kostet. Auf dem Leergutbon steht der Betrag, den du vom Supermarkt bekommst. Ziehe den Betrag vom Preis für den Einkauf ab.
Passende Aufgabe im Schulbuch: S. 215, 11;
S. 216, 18

2
a) 3,59 € + 1,99 € + 6,99 € + 3,30 € + 11,50 € + 27,37 €
= 54,74 €; Einkauf mit Leergutbon:
54,74 € − 4,18 € = 50,56 €
b) 100 € − 50,56 € = 49,44 €

Tipp
a) Berechne schriftlich die genaue Summe der Einkaufsliste.
b) Um das Wechselgeld zu berechnen, subtrahiere vom gegebenen Geld die Summe des Einkaufs.
Passende Aufgabe im Schulbuch: S. 215, 11;
S. 216, 18

3
a) 11 · 16,59 € + 3 · 1,89 €
= 11 · 1659 ct + 3 · 189 ct
= 18 249 ct + 567 ct = 18 816 ct = 188,16 €
b) 12 · 7,19 € − 3 · 0,69 €
= 12 · 719 ct − 3 · 69 ct
= 8628 ct − 207 ct = 8421 ct = 84,21 €

Tipp
Wandle zuerst in eine Einheit ohne Komma um. Achte auf die Rechenregeln. Es gilt „Punkt vor Strich". Multipliziere erst und addiere danach.
Rechne schrittweise.
Passende Aufgabe im Schulbuch: S. 238, 6

4
a) 2,3 kg = 2300 g = 0,0023 t
b) 2030 g = 2 030 000 mg = 2,03 kg
c) 23 kg = 23 000 g = 0,023 t

Tipp
1 t = 1000 kg; 1 kg = 1000 g; 1 g = 1000 mg
Passende Aufgabe im Schulbuch: S. 224, 25

5
a) Von klein nach groß: 3 kg 45 g; 3,45 kg; 4305 g;
4 kg 350 g; 4500 g; 4,53 kg
b) Von klein nach groß: 506 kg; 0,56 t; 5,06 t; 5,6 t;
5606 kg; 5660 kg

Tipp
Wandle die Gewichte in die gleiche Einheit um.
Passende Aufgabe im Schulbuch: S. 223, 20;
S. 238, 8

6
a) 34,56 kg : 30 = 34 560 g : 30 = 1152 g = 1,152 kg
b) 0,3 t · 13 = 300 kg · 13 = 3900 kg = 3,9 t
c) 2 t : 500 g = 2 000 000 g : 500 g = 4000
d) 0,2 g · 2222 = 200 mg · 2222 = 444 400 mg = 444,4 g

Tipp
Wandle zuerst in eine Einheit ohne Komma um.
Passende Aufgabe im Schulbuch: S. 227, ○ 3, ○ 4

7
Individuelle Lösungen, zum Beispiel:
3 Dosen Rinderherz, 1 Packung Leckerli und
2,5 kg Trockenfutter
Kosten: 8,59 € + 2,59 € + 28,99 € : 4
≈ 8,50 € + 2,50 € + 30 € : 4
= 18,50 €

Tipp
Für ein ausgewogenes Futter solltest du unterschiedliche Futtersorten kaufen. Überschlage die Preise.
Passende Aufgabe im Schulbuch: S. 232, ◐ 8, ● 9

8
Ein Ziegelstein ist ungefähr 15 cm hoch (Maß zwischen Daumen und ausgetrecktem Zeigefinger).
Die Sperlinge sind $\frac{2}{3}$ dieser Höhe, also ungefähr 10 cm groß.

Tipp
Überlege dir, welche Vergleichsgrößen du in dem Bild entdecken kannst. Wie hoch ist ein Ziegelstein etwa?
Passende Aufgaben im Schulbuch: S. 234, ○ 7, ◐ 11

8 Symmetrie | Blüten, Blätter

Seite 245–246: Check-in

1
a) 3 cm; 2,5 cm; 2,2 cm
b) Gina und Tom haben die Linien genau und sauber gezeichnet.
Maxi: Zeichne mit einem Bleistift und drücke gleichmäßig auf.
Lara: Drücke das Lineal fest auf das Papier. Halte deinen Finger nicht zu nah an den Linealrand.
Ben: Zeichne mit einem Bleistift statt mit einem Füller.

c) 5 cm
d) 7,5 cm
e) 4,8 cm

2
a) Zueinander senkrecht sind die Linien bei (1) und (4).
b) Individuelle Lösungen:
Du kannst deine Lösung überprüfen, indem du die Mittellinie eines Geodreiecks auf eine deiner Linien legst. Die senkrechte Linie muss dann der Kante des Geodreiecks entsprechen.

3
a) Individuelle Lösungen
b) Jana hat die Spitzen in der Mitte jeweils ein Kästchen zu niedrig gezeichnet.

4
a) 15; 18; 21
b) 15; 10; 5
c) 32; 64; 128
d) 75; 90; 105

5
A(2|0); B(14|0); C(16|3); D(15|3); E(15|5); F(2|5); G(2|3); H(0|3)

6
a)
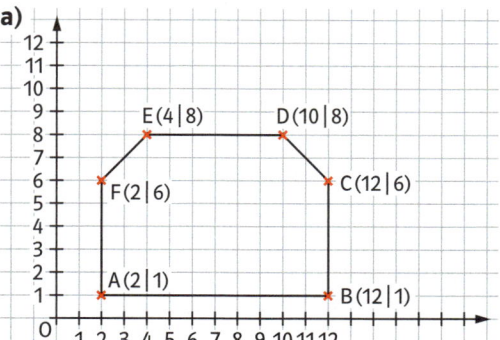

b) A Die Rechtsachse ist nicht in gleichmäßige Abschnitte eingeteilt. Der Abstand von 0 bis 1 ist kleiner als die anderen.
B Die Beschriftung der Hochachse beginnt mit 1 statt mit 0.
C Die Koordinaten des Punktes P wurden vertauscht: statt P(2|1) wurde P(1|2) gezeichnet.
D Hier ist alles richtig.

Seite 272: Test A

1

a) Die Figuren A und D sind achsensymmetrisch.
b) Figur A hat eine Symmetrieachse.
Figur D hat vier Symmetrieachsen.

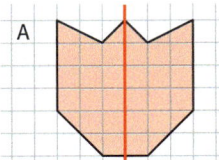
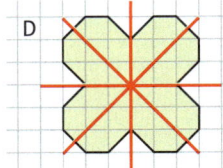

Tipp
a) Teile die Figur in zwei gleiche Hälften.
b) An einer Symmetrieachse kannst du die Figur falten. Du kannst auch einen Spiegel auf die Symmetrieachse legen.
Passende Aufgabe im Schulbuch: S. 248, ○ 2, ○ 4, ○ 5; S. 268, ○ 1

2

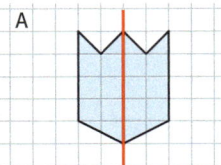
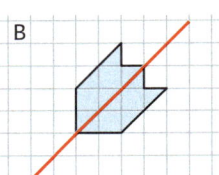

Tipp
Bestimme die Eckpunkte durch Auszählen der Kästchen oder durch Messen. Punkt und Spiegelpunkt haben denselben Abstand zur Symmetrieachse.
Passende Aufgabe im Schulbuch: S. 252, ○ 3, ○ 4, ○ 5, ○ 6; S. 268, ○ 4

3
a) Verschiebungsvorschrift:
Verschiebe um 6 Kästchen nach rechts.
b)

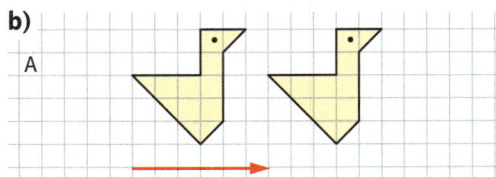

Verschiebungsvorschrift:
Verschiebe um 6 Kästchen nach rechts.

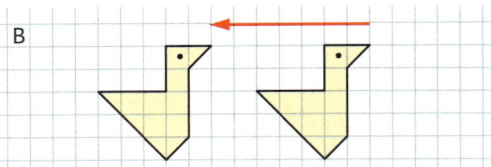

Verschiebungsvorschrift:
Verschiebe um 7 Kästchen nach links.

Tipp
b) Jeder einzelne Punkt muss um gleich viele Kästchen nach rechts (oder nach links) verschoben werden.
Passende Aufgabe im Schulbuch: S. 256, ○ 2, ○ 4, ○ 5, ○ 6; S. 269, ○ 8

4 a) und b)

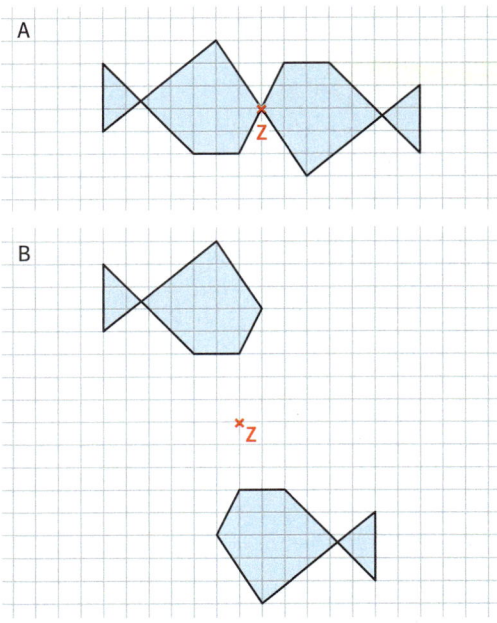

Tipp
b) Punkt und gespiegelter Punkt liegen auf einer Geraden durch Z. Sie haben denselben Abstand zu Z. Zeichne eine Hilfsgerade durch Z ein. Bestimme durch Messen den gespiegelten Punkt.
Passende Aufgabe im Schulbuch: S. 260, ○ 4, ○ 6

○ 5

a)

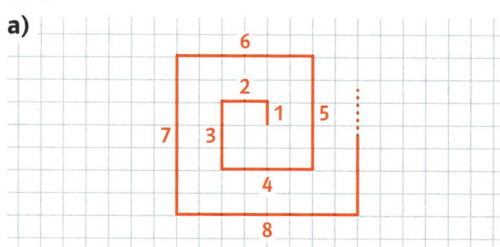

b) Der Spirale liegt die Zahlenfolge 1; 2; 3; 4; 5; 6; 7; 8; … zugrunde.

💡 **Tipp**
Beginne in der Mitte der Spirale. Zähle jeweils die Kästchen, bis sich die Richtung ändert.
Passende Aufgabe im Schulbuch: S. 264, ○ 2, ○ 4, ○ 5; S. 270, ○ 14

Seite 273: Test B

◐ **1** Die Figuren B und C sind achsensymmetrisch.

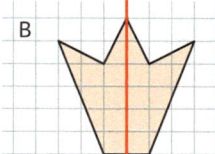 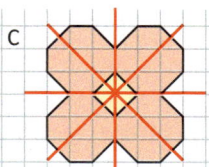

💡 **Tipp**
Überlege, wo du die Figur hälftig falten könntest.
Passende Aufgabe im Schulbuch: S. 249, ◐ 11; S. 268, ◐ 2, ◐ 3

◐ **2**

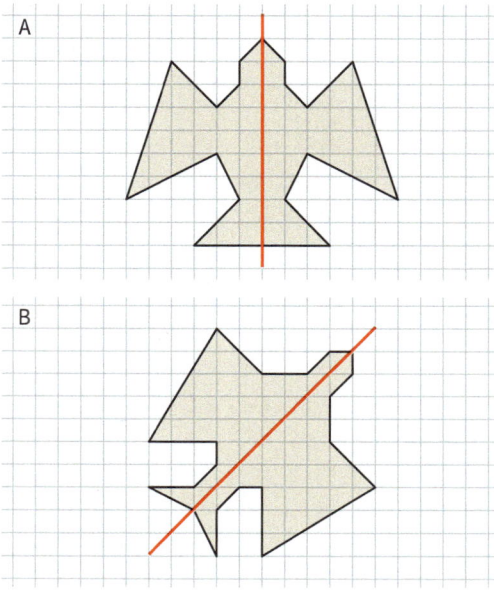

💡 **Tipp**
Punkt und Spiegelpunkt haben denselben Abstand zur Symmetrieachse. Bestimme durch Messen mit dem Geodreieck oder durch Abzählen den korrekten Abstand der Punkte zur Spiegelachse.
Passende Aufgabe im Schulbuch: S. 252, ○ 6; S. 253, ◐ 8; S. 268, ○ 4, ◐ 5

◐ **3**

a) Muster B wurde durch eine Parallelverschiebung erzeugt. Verschiebungsvorschrift:
Verschiebe um 4 Kästchen nach rechts.
Alternativ: Verschiebe um 4 Kästchen nach links.

b)

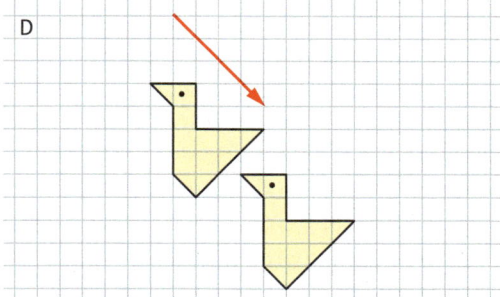

Verschiebungsvorschrift:
Verschiebe um 8 Kästchen nach rechts.

Verschiebungsvorschrift:
Verschiebe um 4 Kästchen nach rechts und um 4 Kästchen nach unten.

💡 **Tipp**
b) Verschiebe jeden Punkt der Figur um gleich viele Kästchen in die angegebene Richtung.
Passende Aufgabe im Schulbuch: S. 256, ◐ 7; S. 257, ◐ 8; S. 269, ◐ 9

Lösungen

● 4
a)
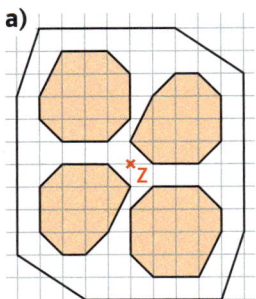

b)
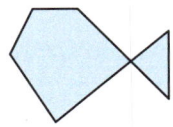

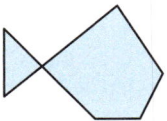

💡 Tipp
b) Zeichne eine Hilfsgerade durch Z. Bestimme mithilfe eines Geodreiecks den gespiegelten Punkt.
Passende Aufgabe im Schulbuch: S. 261, ●8, ●10 leichter; S. 269, ●12

● 5 Individuelle Lösungen, zum Beispiel:
Ich zähle die Kästchen-Diagonalen. Dabei beginne ich innen. Der Spirale liegt die Zahlenfolge 1; 1; 2; 2; 3; 3; 4; 4; 5; 5; 6; 6; … zugrunde.

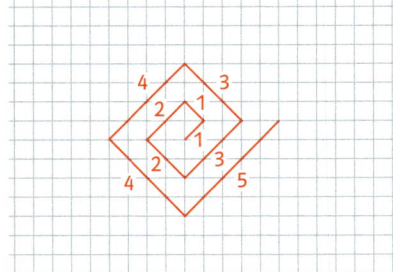

💡 Tipp
Zähle die Kästchen in jeder Windung der Spirale von innen nach außen.
Passende Aufgabe im Schulbuch: S. 264, ●6; S. 265, ●7; S. 270, ●15

Seite 274: Test C

● 1 Individuelle Lösungen, zum Beispiel:

eine Symmetrieachse
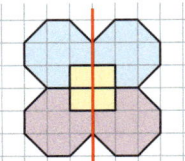

zwei Symmetrieachsen
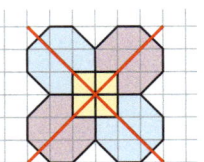

vier Symmetrieachsen
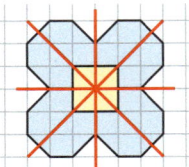

💡 Tipp
Zeichne zuerst die Symmetrieachsen ein und überlege dann, wie du die Figur einfärben musst, damit die Symmetrieachsen richtig sind.
Passende Aufgabe im Schulbuch: S. 249, ●11; S. 250, 15

● 2 a) und b)
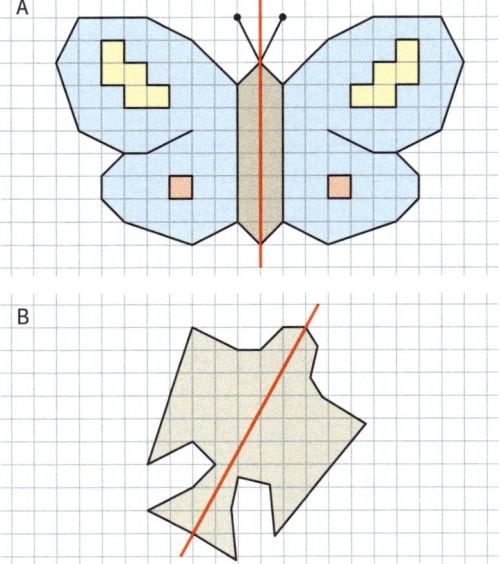

💡 Tipp
b) Bestimme mit dem Geodreieck den Abstand der Punkte zur Spiegelachse.
Passende Aufgabe im Schulbuch: S. 253, ●9; S. 254, ●11, ●13; S. 268, ●6; S. 269, ●7

● 3

a) Individuelle Lösungen, zum Beispiel:
Muster A wurde nicht durch eine Parallelverschiebung erzeugt, da zwischen dem zweiten und dritten Vogel zwei Flügel sind.
Muster B wurde durch eine Parallelverschiebung erzeugt. Die Ausgangsfigur besteht aus zwei nebeneinander liegenden Vögeln, die unterschiedlich hoch fliegen.
Verschiebungsvorschrift:
Verschiebe um 8 Kästchen nach rechts.

b)
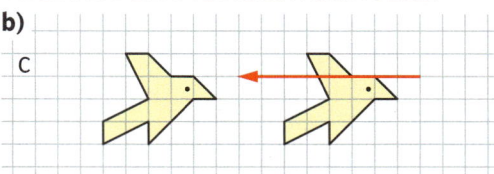

Verschiebungsvorschrift:
Verschiebe um 8 Kästchen nach links.

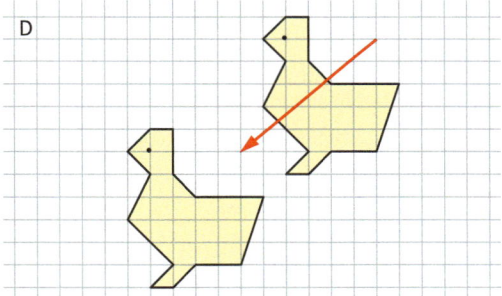

Verschiebungsvorschrift:
Verschiebe um 6 Kästchen nach links und um 5 Kästchen nach unten.

💡 **Tipp**
a) Auch mehrere Vögel können eine Ausgangsfigur sein.
b) Verschiebe jeden Punkt der Figur um gleich viele Kästchen in dieselbe Richtung.
Passende Aufgabe im Schulbuch: S. 256, ◐ 7; S. 258, ● 10, ● 11, ● 12; S. 269, ● 10

● 4

a)
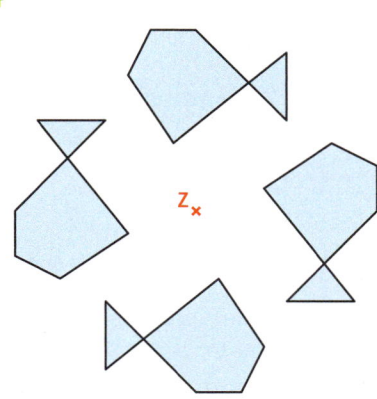

b) Individuelle Lösungen, zum Beispiel:

punkt-, aber nicht achsensymmetrisch

punkt- und achsensymmetrisch

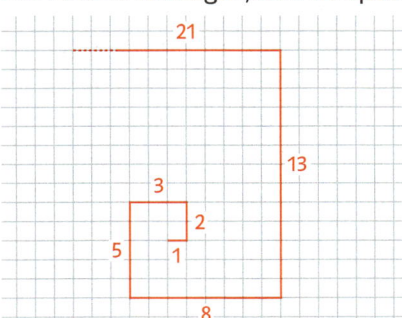

💡 **Tipp**
a) Zeichne eine Hilfsgerade durch Z ein und bestimme mit deinem Geodreieck den gespiegelten Punkt.
Passende Aufgabe im Schulbuch: S. 261, ● 10; S. 262, ● 11, ● 12

● 5

Individuelle Lösungen, zum Beispiel:

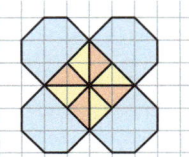

Der Spirale liegt die Folge 1; 2; 3; 5; 8; 13; 21; … zugrunde. Ich beginne in der Mitte und zeichne eine Kästchenlänge. Dann ändere ich die Richtung nach links und setze die Linie um 2 Kästchen fort. Dann ändere ich wieder die Richtung nach links und setze entsprechend der Zahlenfolge die Spirale fort.

💡 **Tipp**
Zähle die Kästchen in jeder Windung der Spirale von innen nach außen.
Passende Aufgabe im Schulbuch: S. 265, ● 8, ● 9, ● 10; S. 270, ● 16

Operatoren

Operatoren für Mathe live

Diese Liste hilft dir, mathematische Aufgabenstellungen zu verstehen und Aufgaben richtig zu lösen.

Operator	Was bedeutet der Operator?	Beispiel
angeben/ nennen	Du beantwortest die Aufgabe ohne Lösungsweg und Erklärung.	**Gib** alle Teiler von 12 **an**. 1; 2; 3; 4; 6; 12 **Nenne** die ersten 12 Quadratzahlen. 1; 4; 9; 16; 25; …
begründen	Du löst die Aufgabe und belegst deine Antwort mit Argumenten. Dazu kannst du rechnen, zeichnen oder ganze Sätze nutzen.	Ist die Aussage richtig? **Begründe**. „Jedes Rechteck ist ein Quadrat." Die Aussage ist falsch. Beim Rechteck sind nur die gegenüberliegenden Seiten gleich lang. Beim Quadrat sind alle Seiten gleich lang. Umgekehrt stimmt die Aussage. Jedes Quadrat ist auch ein Rechteck.
beschreiben	Du schreibst in Fachsprache auf, was du in einem Text, in einem Diagramm, in einer Tabelle liest oder wahrnimmst.	**Beschreibe** das Säulendiagramm. Das Diagramm beschreibt, wie häufig 12- bis 13-Jährige das Internet nutzen. Die Säulen stehen für …
bestimmen/ ermitteln	Du löst die Aufgabe rechnerisch, zeichnerisch oder auf einem anderen Weg. Du schreibst Zwischenschritte auf und formulierst das Ergebnis.	**Bestimme**, wie lange die Zugfahrt dauert. 17:38 Uhr ⎫ 1 h Die Zugfahrt dauert 18:38 Uhr ⎭ 18:47 Uhr ⎬ 9 min 1 h und 9 min.
darstellen	Du zeichnest oder schreibst Informationen übersichtlich und fachlich richtig auf. Zusammenhänge, Methoden oder Sachverhalte kannst du als Text, in Tabellen oder in Diagrammen darstellen.	**Stelle** die Daten in einem Diagramm **dar**. (Säulendiagramm „Zeiten für den Schulweg": Anzahl der Kinder, Zeitspanne bis 5 min, zwischen 6 und 10 min, zwischen 11 und 20 min, zwischen 21 und 30 min, mehr als 31 min)
entscheiden	Du wählst aus verschiedenen Alternativen eine Möglichkeit aus und begründest deine Wahl.	**Entscheide**, welcher Bruchteil größer ist. Der zweite Bruchteil ist größer, da 2 von 4 Teilen mehr sind als 1 von 4 Teilen.
ergänzen	Du fügst fehlende Informationen fachlich richtig dazu.	**Ergänze** die letzte Ziffer der Zahl so, dass sie durch 3 teilbar ist. 3750 oder 3753 oder 3756 oder 3759
erklären	Du beschreibst eine Vorgehensweise in eigenen Worten und achtest dabei auf Fachsprache.	Übertrage die Spirale in dein Heft und zeichne drei weitere Windungen. **Erkläre**, wie du vorgehst. Ich beginne in der Mitte und zeichne eine Kästchenlänge. Dann ändere ich die Richtung nach links und …

Operatoren

Operator	Was bedeutet der Operator?	Beispiel
erstellen	Du stellst das Ergebnis der Aufgabe übersichtlich in vorgegebener Form (wie Tabelle, Diagramm, Skizze) dar.	**Erstelle** eine Häufigkeitstabelle. | Sportart	Häufigkeit
---	---
Fußball	5
Turnen	4
…	…	
formulieren	Du schreibst möglichst genau eine Aussage, eine Regel oder ein Verfahren auf. Du benutzt ganze Sätze.	**Formuliere** eine Teilbarkeitsregel für die Teilbarkeit durch 25. Eine Zahl ist durch 25 teilbar, wenn die beiden letzten Ziffern 00; 25; 50 oder 75 lauten.
notieren	Du schreibst die wichtigsten Informationen und Angaben einer Aufgabe in Stichworten auf.	**Notiere** die Zahlenfolge. 3; 5; 8; …
ordnen	Du sortierst Informationen.	**Ordne** fünf Gegenstände aus deinem Klassenzimmer der Länge nach. Buchdicke, Füllerlänge, Heftbreite, …
(über-)prüfen	Du kontrollierst das Ergebnis oder den Zusammenhang mithilfe von vorgegebenen mathematischen Regeln.	**Prüfe**, ob die Zahlen durch 3 teilbar sind. 624; 264; 462; 642; 246; 426 Die Quersumme der Zahlen ist 12. Damit sind alle Zahlen durch 3 teilbar.
(be-)rechnen	Du löst die Aufgabe und notierst deinen Rechenweg. Nur das Ergebnis reicht nicht.	**Berechne** im Heft. 72 + 420 + 5 72 + 420 + 5 ――― 497
skizzieren	Du erstellst eine Zeichnung mit den wichtigsten Informationen. Die Zeichnung muss nicht genau sein. Längen und Winkel musst du nicht abmessen.	**Skizziere** ein Trapez.
umwandeln	Du rechnest Angaben in eine andere Darstellungsform oder Einheit um.	**Wandle** in Prozent **um**. $\frac{25}{100} = 25\,\%$ **Wandle** in die nächstkleinere Einheit **um**. 15 cm = 150 mm
vergleichen	Du nennst Gemeinsamkeiten und Unterschiede zwischen Situationen, Figuren, Körpern, Zahlen, Rechenwegen, Ergebnissen oder Aussagen.	Berechne und **vergleiche**. $5 \cdot 3$ und 5^3 $5 \cdot 3 = 15 \qquad 5^3 = 5 \cdot 5 \cdot 5 = 125$ Das Ergebnis von 5^3 ist größer als bei $5 \cdot 3$.
(aus-)wählen	Du entscheidest dich für eine der vorgegebenen Möglichkeiten.	**Wähle** ein schriftliches oder halbschriftliches Rechenverfahren **aus**. 348 : 3 = ? Halbschriftliches Dividieren 300 : 3 = 100 48 : 3 = 16 also ist 348 : 3 = 116

Operatoren

Operator	Was bedeutet der Operator?	Beispiel
zeichnen	Du zeichnest Figuren, Körper oder Diagramme. Du achtest auf alle wichtigen Informationen und eine genaue Darstellung.	**Zeichne** ein Säulen- oder Balkendiagramm. Nutzung des Internets der 12- bis 13-Jährigen. Anzahl der Kinder (Säulendiagramm mit Werten bis 200, Kategorien: (fast) jeden Tag, ein-/mehrmals die Woche, seltener). mögliche Antworten
zuordnen	Du notierst, welche Angaben jeweils zusammengehören.	**Ordne** dem Gegenstand einen geometrischen Körper **zu**. Buch: Quader; Basketball: Kugel; Getränkedose: Zylinder; …

Stichwortverzeichnis

A
abrunden 19, 34
Abstand 190, 207, 251, 259, 271
Achse
- Hochachse 11, 121
- Rechtsachse 11, 121
- Wegachse 166, 176
- Zeitachse 166, 176

Achsenspiegelung 251, 271
Achsensymmetrie 247, 271
addieren
- im Kopf 74
- schriftlich 9, 102, 117, 211, 241
- von Längen 131, 145
- von Geldbeträgen 213

Anteil 41, 69
aufrunden 19, 34
aufteilen 75
auswerten 10

B
Balkendiagramm 11, 33
Bandornament 255, 271
Basis 89, 112
Baumdiagramm 89
Befragung 10
Berliner Uhr 155
Billiarde 98
Billion 95
Bilddiagramm 11, 33
Bildungsregel 92
Binärsystem 100
Bruch
- angeben 40, 46, 69
- darstellen 40, 46, 69
- gleichwertig 52, 69
- vergleichen 57, 69

Bruchstreifen 56
Bruchstrich 46, 69

C
Cent 211, 217

D
Daten
- ordnen 24, 34

Dezimalsystem 96, 112
Dezimeter 127, 145
Diagramm
- Balkendiagramm 11, 33
- Baumdiagramm 89
- beschreiben 16, 34
- Bilddiagramm 11, 33
- Säulendiagramm 11, 33
- Weg-Zeit-Diagramm 166, 176
- zeichnen 12, 33

Differenz 9, 101
Dividend 101
dividieren
- halbschriftlich 102
- im Kopf 117, 151, 211
- schriftlich 102, 217

Divisor 101
Dreieckprisma 182, 207
Dreieckszahl 93

E
Ebenensymmetrie 250
Ecke 182, 207
Einheit
- Länge 127, 145
- Geld 211, 213, 241
- Gewicht 221, 241
- Zeit 153, 161, 176

Endstellenregel 83, 112
Entfernung 127, 166, 176
Eratosthenes, Sieb des 88
Eulerformel 185
Euro 211, 213, 241

F
Faktor 79, 89, 101, 112
Fibonacci-Folge 94
Figurenfolge 92
Fläche 181, 182, 207
Folgenglied 92
Fragebogen 10

G
Geburtstagskalender 10
Geld 211, 213, 241
gemischte Schreibweise 127, 222
Geobrett 194
Geodreieck 180, 190
Gerade 181, 190, 207
Geschwindigkeit 16, 171, 221
Gewicht 221, 241
Gitterfeld 118
Gitternetz 118, 145
gleichwertige Brüche 52, 69
Gramm 221, 241
Graph 166, 176
Größe
- ordnen 9, 24, 34
- schätzen 212, 233, 241

H
halbieren 39, 73
Häufigkeit 12, 33, 38
Hochachse 11, 121
Hochwert 122, 145
Hochzahl 89, 112
Hieroglyphen, ägyptische 96

J
Jahr 161, 176

K
Kante 182, 207
Kantenmodell 191
Kegel 182, 207
Keilschrift, babylonische 99
Kilogramm 221, 241
Kilometer 127, 145
Kolumbus, Christopher 164
Kommaschreibweise 127, 222
Koordinaten 122, 146
- Hochwert 122, 146
- Rechtswert 122, 146

Koordinatensystem 121, 122, 145
- Hochachse 11, 121
- Rechtsachse 11, 121
- zeichnen 122

Körper 182, 207
- Dreieckprisma 182, 207
- ebenensymmetrisch 250
- Kegel 182, 207
- Kugel 182, 207
- Pyramide 182, 207
- Quader 182, 207
- Sechseckprisma 182, 207

– Würfel 182, 207
– zusammengesetzt 185
– Zylinder 182, 207
Körpergröße 24
Körpernetz 186, 207
Kreis
– einteilen 38
Kubikzahl 91
Kugel 182, 207

L
Lagebeziehung 180
Länge
– addieren 131, 145
– runden 130
– subtrahieren 131, 145
– teilen 137, 145
– umwandeln 127
– vervielfachen 134, 145
Längeneinheit 127, 145
lotrecht 193
Luftlinie 126

M
Malkreuz 102
Maximum 24, 34
Median 24, 34
messen 245
Meter 127, 145
Milliarde 95
Milligramm 221, 241
Millimeter 127, 145
Million 95
Minimum 24, 34
Minute 153, 176
Minuend 101
Modell 182, 186, 250
Monat 161, 176
multiplizieren
– halbschriftlich 102
– im Kopf 73, 117, 151, 211
– mit dem Malkreuz 102
– schriftlich 102
Muster 92, 197, 258

N
Napiers Rechenstäbe 105
Nenner 46, 69

Netz 186, 207
Nichtteilbarkeitsregel 83

O
Orientierung 118, 145
orthogonal 190, 207

P
parallel 190, 207
Parallelogramm 194, 207
Parallelverschiebung 255, 271
Potenz 89, 112
– Basis 89, 112
– Hochzahl 89, 112
Präsentation 11, 45
Primzahl 86, 112
Prisma 182, 207
Produkt 101
Prozent 61, 69
Punkt 121, 145
Punktspiegelung 259, 271
Punktsymmetrie 259, 271
Pyramide 182, 207

Q
Quader 182, 207
Quadrat 194, 207
Quadratzahl 86, 112
Quersumme 83
Quersummenregel 83, 112
Quotient 101

R
Rangliste 24, 34
Raute 194, 207
Rechenstrich 101
Rechenverfahren 101, 112
rechnen
– halbschriftlich 101, 112
– im Kopf 9, 73, 74, 118, 151, 211
– mit Geld 213, 217, 241
– mit Gewichten 227, 241
– mit Längen 131, 134, 137, 145
– mit Zeiten 152, 156, 176
– schriftlich 102, 112
– vedisch 105
Rechteck 194, 207
– einteilen 38
rechter Winkel 190, 207

Rechtsachse 11, 121
Rechtswert 122, 145
runden
– mit Tabellenkalkulation 216
– von Längen 130
– von Geldbeträgen 211
– von Zahlen 19, 34
Rundungsstelle 19, 34

S
Säulendiagramm 11, 33
schätzen 233, 241
Schaubild 165
Schnittpunkt 192
Schrägbild 198, 207
Schrittlänge 134, 145
Sechseck 181
Sechseckprisma 182, 207
Sekunde 153, 176
senkrecht 190, 207
Sieb des Eratosthenes 88
Sierpinski-Dreieck 91
Somawürfel 201
Spannweite 24, 34
Spiegelung
– Achsenspiegelung 251, 271
– Punktspiegelung 259, 271
Spirale 263, 271
Stadtplan 118, 119, 145
Stammbaum 91
Stellenwertsystem
– binär 100
– dezimal 95, 96, 112
Stellenwerttafel 9, 74, 95, 116
Strecke 181
Strichliste 11, 33
Stunde 153, 176
Stufenzahlen 74
Subtrahend 101
subtrahieren
– im Kopf 9, 74
– schriftlich 102, 117, 211, 241
– von Längen 131, 145
Summand 101
Summe 101
Symmetrieachse 247, 271
Symmetriezentrum 259, 271

T

Tabellenkalkulation 18, 27, 94, 216
Tabelle 11
- Tabellenspalten 11
- Tabellenzeilen 11

Tag 153, 176
Teilbarkeitsregeln 83
- Endstellenregel 83, 112
- Nichtteilbarkeitsregel 83
- Quersummenregel 83, 112

Teiler 75, 112
Tonne 221, 241
Trapez 194, 207
Trillion 99

U

überschlagen 213, 241
Überschlagsrechnung 213
Übertrag 101, 117
Uhrzeit 150
Umfrage 11, 33
umwandeln
- Länge 127, 145
- Gewicht 222, 241
- Zeiteinheit 153, 176

V

verdoppeln 39, 73
Vergleichsgröße 233, 241
Verschiebung
- Verschiebungspfeil 255, 271
- Verschiebungsvorschrift 255, 271

verteilen 41
Verteilsituation 41, 47, 52, 56, 69
vervielfachen
- Längen 135, 146
- Geld 217

Vielfache 75, 112
Viereck 194, 207
- Parallelogramm 194, 207
- Quadrat 194, 207
- Raute 194, 207
- Rechteck 194, 207
- Trapez 194, 207

W

waagerecht 193
Wegachse 166, 176
Wegbeschreibung 118
Wegstrecke 166, 176
Weg-Zeit-Diagramm 166, 176
Winkel, rechter 190, 207
Woche 161, 176
Würfel 182, 207

Z

Zahlen
- römische 96
- zerlegen 85, 102

Zahlenfolge 92, 246, 263, 271
Zahlenstrahl 8, 79, 117
Zähler 46, 69
zeichnen
- Achsenspiegelung 251, 271
- Diagramm 12, 33
- Koordinatensystem 122
- Parallele 190, 207
- Parallelverschiebung 255, 271
- Punktspiegelung 259, 271
- Schrägbild 198, 207
- Senkrechte 190, 207
- Spirale 263, 271
- Zahlenstrahl 8, 79, 117

Zeitachse 166, 176
Zeiteinheit 153, 161, 176
Zeitpunkt 157, 166, 176
Zeitspanne 157, 166, 176
Zentimeter 127, 145
Zentralwert 24, 34
Ziffer 95
Zylinder 182, 207

Quellennachweis

Action Press GmbH, Hamburg (imagebroker.com), **221.11**; Alamy stock photo, Abingdon (EyeEm/Chuanchai Pundej), **115.2**; Alamy stock photo, Abingdon (Gregory Johnston), **94.6**; Alamy stock photo, Abingdon (Historic Collection), **185.2**; Alamy stock photo, Abingdon (Hufton+Crow-VIEW), **19.2**; Alamy stock photo, Abingdon (Schoening), **155.2**; Alamy stock photo, Abingdon (The Picture Pantry/Lisovskaya Natalia), **45.3**; Alamy stock photo, Abingdon (Westend61 GmbH/Kniel Synnatzschke), **4.2; 149.4**; Avenue Images GmbH, Hamburg (Brand X Pictures), **263.1**; Avenue Images GmbH, Hamburg (Digital Vision), **221.1; 221.5**; Avenue Images GmbH, Hamburg (Image Source), **221.4**; Avenue Images GmbH, Hamburg (Photodisc), **221.2**; Blühdorn GmbH, Fellbach, **60.2; 66.32; 194.1; 201.2; 201.4; 201.5; 201.6; 251.1**; ddp media GmbH, Hamburg (Eckehard Schulz), **155.5**; ddp media GmbH, Hamburg (Fotoagentur Express), **131.1**; Ernst Klett Verlag GmbH, Stuttgart, **2.6; 105.2; 244.1; 244.2; 247.9; 275.1; U1.3**; Fotosearch Stock Photography, Waukesha, WI (Brand X Pictures), **12.7**; Gebhardt, Dieter, Asperg, **247.3; 266.2**; Getty Images Plus, München (DigitalVision/Annie Otzen), **234.2**; Getty Images Plus, München (DigitalVision/Creative Crop), **179.1**; Getty Images Plus, München (DigitalVision/David Trood), **243.2**; Getty Images Plus, München (DigitalVision/Grant V. Faint), **234.5**; Getty Images Plus, München (DigitalVision/Image Source), **7.3**; Getty Images Plus, München (DigitalVision/Jacobs Stock Photography Ltd), **235.2**; Getty Images Plus, München (DigitalVision/Jordan Siemens), **233.2**; Getty Images Plus, München (DigitalVision/Klaus Vedfelt), **57.7**; Getty Images Plus, München (DigitalVision/Kohei Hara), **72.4**; Getty Images Plus, München (DigitalVision/MoMo Productions), **2.1; 7.5; 60.3**; Getty Images Plus, München (DigitalVision/Morsa Images), **51.8**; Getty Images Plus, München (DigitalVision/Richard Drury), **68.2**; Getty Images Plus, München (E+/DebraLee Wiseberg), **5.2; 244.3**; Getty Images Plus, München (E+/Dutchy), **159.3**; Getty Images Plus, München (E+/Funwithfood), **72.2**; Getty Images Plus, München (E+/Goads Agency), **143.1**; Getty Images Plus, München (E+/grandriver), **250.2; 250.3; 250.3; 250.4**; Getty Images Plus, München (E+/HRAUN), **46.2**; Getty Images Plus, München (E+/Imgorthand), **115.3**; Getty Images Plus, München (E+/Juanmonino), **57.6**; Getty Images Plus, München (E+/LeoPatrizi), **149.3**; Getty Images Plus, München (E+/Lisa5201), **233.5; 236.8**; Getty Images Plus, München (E+/Maica), **3.2; 115.4**; Getty Images Plus, München (E+/oleg66), **26.2**; Getty Images Plus, München (E+/PeopleImages), **220.3**; Getty Images Plus, München (E+/RichVintage), **149.1**; Getty Images Plus, München (E+/SimonSkafar), **241.1**; Getty Images Plus, München (E+/skynesher), **244.4**; Getty Images Plus, München (E+/STEEX), **165.5**; Getty Images Plus, München (E+/urbazon), **144.3**; Getty Images Plus, München (Image Source/Romona Robbins Photography), **273.9**; Getty Images Plus, München (Image Source), **240.3**; Getty Images Plus, München (iStock/arthon meekodong), **204.8**; Getty Images Plus, München (iStock/bagi1998), **233.6; 236.7**; Getty Images Plus, München (iStock/bondarillia), **210.3**; Getty Images Plus, München (iStock/Bravekanyawe), **186.1**; Getty Images Plus, München (iStock/chengyuzheng), **250.7**; Getty Images Plus, München (iStock/Deepak Sethi), **46.7**; Getty Images Plus, München (iStock/dmitriymoroz), **89.5**; Getty Images Plus, München (iStock/EricGerrard), **224.2**; Getty Images Plus, München (iStock/etorres69), **181.4**; Getty Images Plus, München (iStock/florin1961), **243.6**; Getty Images Plus, München (iStock/Goran Safarek), **269.7**; Getty Images Plus, München (iStock/hsvrs), **185.3**; Getty Images Plus, München (iStock/ilbusca), **95.1**; Getty Images Plus, München (iStock/Ivan Marjanovic), **181.10**; Getty Images Plus, München (iStock/jorge-imstock), **77.2**; Getty Images Plus, München (iStock/Juanmonino), **60.4**; Getty Images Plus, München (iStock/marcobir), **201.3**; Getty Images Plus, München (iStock/Mirko_Rosenau), **210.1**; Getty Images Plus, München (iStock/nataistock), **238.2**; Getty Images Plus, München (iStock/Natalia Sterleva), **169.3**; Getty Images Plus, München (iStock/NiseriN), **183.7**; Getty Images Plus, München (iStock/OlgaEzh), **264.7; 270.15**; Getty Images Plus, München (iStock/PJSchleitwiler), **254.6**; Getty Images Plus, München (iStock/Reimphoto), **224.3**; Getty Images Plus, München (iStock/Ridofranz), **101.1; 101.1; 101.1**; Getty Images Plus, München (iStock/SED Photography), **231.4**; Getty Images Plus, München (iStock/silverjohn), **244.6**; Getty Images Plus, München (iStock/Stanislav Shkoborev), **172.5; 177.9**; Getty Images Plus, München (iStock/supermimicry), **204.9**; Getty Images Plus, München (iStock/TT), **17.4**; Getty Images Plus, München (iStock/tunart), **240.2**; Getty Images Plus, München (iStock/Tuned_In), **148.3**; Getty Images Plus, München (iStock/urbazon), **268.10**; Getty Images Plus, München (iStock/VYCHEGZHANINA), **158.5**; Getty Images Plus, München (iStock/xefstock), **24.2**; Getty Images Plus, München (iStock/Yoyochow23), **250.9**; Getty Images Plus, München (The Image Bank/artpartner-images), **160.2**; Getty Images Plus, München (The Image Bank/Kevin Schafer), **233.3**; Getty Images Plus, München (The Image Bank/Mike Powell), **241.2**; Getty Images Plus, München (The Image Bank/Russell Monk), **41.29**; Getty Images Plus, München (The Image Bank/Ryan McVay), **234.3**; Getty Images, München (Michael Moeller / EyeEm), **7.6**; Getty Images, München (Moment/Catherine Falls Commercial), **210.4**; Getty Images, München (Moment/Cyndi Monaghan), **5.3; 244.5**; Getty Images, München (Moment/Marcel ter Bekke), **179.3**; Getty Images, München (Moment/Nancybelle Gonzaga Villarroya), **U1.1**; Getty Images, München (Moment/Nazar Abbas Photography), **7.4**; Getty Images, München (Moment/Robert Körner), **72.3**; Getty Images, München (Moment/Tahreer Photography), **179.2**; Getty Images, München (Moment/Witthaya Prasongsin), **U1.2**; Getty Images, München (Moment/Yinwei Liu), **3.1; 72.1**; Getty Images, München (Photodisc/John Block), **264.8**; Getty Images, München (Photographer's Choice RF/Thomas J Peterson), **4.1; 149.2**; Getty Images, München (Stone/Oliver Rossi), **5.1; 210.2**; Holtermann, Helmut, Dannenberg, **123.4; 125.1; 188.4; 262.2**; Hungreder, Rudolf, Leinfelden-Echterdingen, **13.1; 13.2; 13.5; 14.3; 15.1; 16.1; 16.2; 17.1; 19.7; 23.2; 32.1; 35.5; 38.1; 38.2; 42.2; 42.42; 42.43; 43.1; 43.10; 44.3; 47.31; 49.23; 49.37; 49.38; 49.41; 49.42; 50.5; 51.2; 52.1; 53.5; 53.6; 53.7; 53.11; 53.12; 53.13; 53.20; 53.52; 55.2; 55.33; 61.14; 62.15; 63.1; 63.2; 63.3; 63.4; 63.5; 63.7; 64.17; 70.1; 70.14; 71.4; 89.2; 91.1; 91.9; 96.19; 96.21; 99.2; 99.3; 99.6; 116.5; 121.2; 123.3; 127.3; 128.1; 128.3; 130.2; 136.3; 137.3; 137.4; 137.7; 137.8; 142.2; 150.1; 150.8; 154.2; 154.3; 154.4; 155.4; 158.1; 159.1; 161.4; 164.4; 165.2; 165.4; 165.6; 167.5; 170.1; 170.3; 174.1; 174.2; 175.1; 177.1; 178.3; 180.1; 180.2; 182.12; 183.2; 183.15; 185.4; 186.7; 187.18; 187.20; 187.21; 188.1; 188.2; 188.11; 188.12; 189.2; 189.3; 189.7; 190.1; 190.2; 190.9; 191.4; 191.6; 191.7; 193.2; 193.3; 193.4; 195.8; 195.10; 195.11; 196.2; 197.3; 198.1; 199.2; 200.2; 200.3; 200.4; 200.5; 200.6; 200.7; 200.12; 200.13; 202.9; 202.11; 202.12; 202.13; 203.1; 203.2; 203.3; 203.6; 204.3; 204.12; 204.13; 204.14; 204.15; 205.1; 208.1; 208.2; 208.4; 208.6; 208.7; 209.1; 209.4; 209.5; 211.1; 211.3; 215.1; 215.3; 219.2; 245.1; 245.5; 245.8; 245.9; 245.10; 245.11; 245.12; 245.13; 245.14; 245.15; 245.16; 246.1; 246.2; 246.4; 246.5; 247.7; 247.14; 248.12; 248.13; 248.14; 249.1; 249.4; 249.5; 249.6; 250.5; 251.3; 251.5; 251.7; 252.4; 252.10; 252.11; 253.1; 253.2; 253.3; 253.4; 253.5; 253.8; 254.2; 254.3; 254.4; 254.5; 254.7; 254.8; 255.4; 255.8; 256.2; 256.3; 256.4; 256.5; 256.6; 256.7; 256.8; 256.9; 257.1; 257.2; 257.3; 258.2; 258.3; 259.1; 259.5; 259.7; 259.10; 260.2; 260.8; 260.12; 260.13; 262.4; 263.4; 264.2; 264.5; 265.4; 265.5; 265.7; 266.7; 266.8; 268.16; 268.17; 268.18; 268.21; 268.22; 269.1; 269.2; 269.3; 269.5; 269.6; 269.8; 269.9; 269.10; 269.11; 269.12; 269.13; 269.14; 269.15; 269.16; 269.17; 270.4; 270.8; 271.1; 271.2; 271.3; 271.6; 271.7; 272.4; 272.7; 272.11; 272.12; 272.13; 273.5; 273.10; 273.11; 273.12; 273.14; 274.7; 274.10; 279.2; 279.3; 279.4; 296.3; 301.1; 301.2; 303.7; 304.5**; imago images, Berlin (Fotoarena), **46.1**; imago images, Berlin (Sergienko), **183.13**; iStockphoto, Calgary, Alberta (arlindo71),

Quellennachweis

222.4; iStockphoto, Calgary, Alberta (Chris Lukhaup), **214.2**; iStockphoto, Calgary, Alberta (Foto-ruhrgebiet), **171.1**; iStockphoto, Calgary, Alberta (Jiri Vaclavek), **220.2**; iStockphoto, Calgary, Alberta (rshklov), **222.9**; iStockphoto, Calgary, Alberta (Sjo), **223.4**; **237.2**; Jähde, Steffen, Sundhagen, **260.14**; KD Busch GmbH, Stuttgart, **188.10**; **202.2**; KOMA AMOK ®, Stuttgart, **255.1**; **259.2**; **259.3**; **259.4**; **267.1**; MEV Verlag GmbH, Augsburg, **136.4**; **141.4**; Okapia, Frankfurt (NAS / Merlin Tuttle), **225.3**; Picture-Alliance, Frankfurt/M. (dpa/Horst Ossinger), **229.5**; **236.5**; Picture-Alliance, Frankfurt/M. (dpa/Jerry Lampen), **161.2**; Rüdiger Vernay - Autor, Bremen, **182.2**; **186.2**; **202.3**; ShutterStock.com RF, New York (Africa Studio), **214.4**; ShutterStock.com RF, New York (Aksinia Abiagam), **167.7**; ShutterStock.com RF, New York (Aleksandar Malivuk), **175.4**; ShutterStock.com RF, New York (Aleksandr Yu), **233.8**; ShutterStock.com RF, New York (Alexey Borodin), **2.3**; **37.1**; ShutterStock.com RF, New York (arkasha1905), **280.13**; **280.14**; **280.15**; **280.16**; **280.17**; **280.18**; **280.19**; **280.20**; **280.21**; **280.22**; **280.23**; **280.24**; **280.26**; **280.27**; **280.28**; **280.28**; **280.28**; **280.28**; **280.28**; **280.28**; **280.28**; **280.28**; ShutterStock.com RF, New York (Arthimedes), **95.5**; ShutterStock.com RF, New York (AtlasStudio), **224.4**; ShutterStock.com RF, New York (Chaichan Chantapoon), **263.2**; ShutterStock.com RF, New York (Daisy Daisy), **14.4**; ShutterStock.com RF, New York (Denis Kuvaev), **41.22**; ShutterStock.com RF, New York (Dmitry_Tsvetkov), **37.4**; ShutterStock.com RF, New York (Eyesonmilan), **223.9**; ShutterStock.com RF, New York (FamVeld), **163.3**; **172.7**; ShutterStock.com RF, New York (flauma), **15.2**; ShutterStock.com RF, New York (FOTOGRIN), **235.6**; ShutterStock.com RF, New York (jax10289), **221.9**; ShutterStock.com RF, New York (Jihan Nafiaa Zahri), **57.9**; ShutterStock.com RF, New York (Koroleva Yana), **213.1**; ShutterStock.com RF, New York (Kwiatek7), **214.3**; ShutterStock.com RF, New York (Leon Rafael), **263.3**; **266.9**; ShutterStock.com RF, New York (LightField Studios), **153.3**; ShutterStock.com RF, New York (Lopolo), **152.4**; ShutterStock.com RF, New York (Lucky Business), **168.3**; ShutterStock.com RF, New York (MarcelClemens), **98.2**; ShutterStock.com RF, New York (Mario Krpan), **158.2**; **173.3**; ShutterStock.com RF, New York (M Selcuk Oner), **29.5**; ShutterStock.com RF, New York (Michal Lech Design), **236.1**; **236.1**; ShutterStock.com RF, New York (New Africa), **235.3**; ShutterStock.com RF, New York (Noam Armonn), **37.3**; ShutterStock.com RF, New York (Paul Stringer), **49.33**; ShutterStock.com RF, New York (Phovoir), **160.4**; ShutterStock.com RF, New York (Prachaya Roekdeethaweesab), **164.2**; ShutterStock.com RF, New York (prochasson frederic), **68.9**; ShutterStock.com RF, New York (Quorthon1), **57.2**; ShutterStock.com RF, New York (SARYMSAKOV ANDREY), **233.8**; ShutterStock.com RF, New York (Smile Studio), **46.5**; ShutterStock.com RF, New York (Stephanie Frey), **57.4**; ShutterStock.com RF, New York (SUN-FLOWER), **12.6**; ShutterStock.com RF, New York (Svetlanistaya), **227.1**; ShutterStock.com RF, New York (Tetyana Kaganska), **101.2**; ShutterStock.com RF, New York (Tijana Simic), **247.2**; ShutterStock.com RF, New York (VaLiza), **21.1**; ShutterStock.com RF, New York (Vasilyev Alexandr), **91.11**; ShutterStock.com RF, New York (vdimage), **196.1**; ShutterStock.com RF, New York (Veja), **50.4**; ShutterStock.com RF, New York (Ververidis Vasilis), **19.2**; **28.3**; ShutterStock.com RF, New York (Victoria Ray), **221.10**; ShutterStock.com RF, New York (V. Matthiesen), **2.2**; **37.2**; Statista GmbH, Hamburg (Quelle: Siemens Blitz Atlas 2020), https://creativecommons.org/licenses/by-nd/4.0/, Mountain View ; CC-BY-ND-4.0 Lizenzbestimmungen: https://creativecommons.org/licenses/by-nd/4.0/legalcode, siehe *2, **18.1**; stock.adobe.com, Dublin (Alessandro Grandini), **172.2**; stock.adobe.com, Dublin (Alexandr Vasilyev), **89.4**; stock.adobe.com, Dublin (alexkoral), **269.4**; stock.adobe.com, Dublin (ALF photo), **138.1**; stock.adobe.com, Dublin (alonesdj), **44.12**; stock.adobe.com, Dublin (am), **132.1**; stock.adobe.com, Dublin (annanahabed), **152.5**; **235.5**; **236.6**; stock.adobe.com, Dublin (anphotos99), **251.2**; stock.adobe.com, Dublin (Arina Surovenko), **214.5**; stock.adobe.com, Dublin (Bergfee), **233.1**; stock.adobe.com, Dublin (Bertrand Manière), **250.10**; stock.adobe.com, Dublin (bg-pictures), **146.9**; stock.adobe.com, Dublin (Birgit Reitz-Hofmann), **183.8**; **184.1**; stock.adobe.com, Dublin (birgitkurz), **255.2**; **267.4**; stock.adobe.com, Dublin (Björn Wylezich), **175.2**; stock.adobe.com, Dublin (bluedesign), **96.17**; stock.adobe.com, Dublin (Brad Pict), **40.11**; **40.12**; **40.13**; **41.2**; **41.3**; **41.4**; **41.5**; **41.6**; **41.7**; **41.12**; **41.13**; **41.14**; **41.15**; **41.16**; **41.17**; **41.18**; **41.19**; **41.20**; **41.23**; **41.24**; **41.25**; **41.26**; **41.27**; **41.28**; **42.6**; **42.7**; **42.19**; **42.23**; **42.24**; **62.19**; **64.1**; **64.2**; **64.3**; **64.4**; **64.5**; **64.6**; stock.adobe.com, Dublin (Brocreative), **38.4**; stock.adobe.com, Dublin (byrdyak), **225.1**; **237.1**; stock.adobe.com, Dublin (Christian Schwier), **183.12**; stock.adobe.com, Dublin (Darren Baker), **21.2**; stock.adobe.com, Dublin (David), **250.8**; stock.adobe.com, Dublin (Dmytro Panchenko), **51.9**; stock.adobe.com, Dublin (D. Ott), **229.2**; stock.adobe.com, Dublin (EcoView), **227.3**; stock.adobe.com, Dublin (ehrenberg-bilder), **138.2**; stock.adobe.com, Dublin (Emanuele Capoferri), **46.3**; stock.adobe.com, Dublin (FOOD-micro), **44.15**; stock.adobe.com, Dublin (FurryFritz), **214.7**; stock.adobe.com, Dublin (Gabsimod), **247.15**; stock.adobe.com, Dublin (Gilang Prihardono), **14.2**; stock.adobe.com, Dublin (Glaser), **144.2**; stock.adobe.com, Dublin (Gus Andi), **183.5**; stock.adobe.com, Dublin (HappyHaus), **226.2**; stock.adobe.com, Dublin (Irina Schmidt), **128.2**; **167.3**; stock.adobe.com, Dublin (JackF), **104.1**; stock.adobe.com, Dublin (kenkuza), **44.14**; stock.adobe.com, Dublin (khosrork), **165.3**; stock.adobe.com, Dublin (kudosstudio), **138.3**; stock.adobe.com, Dublin (Kzenon), **139.2**; **141.3**; stock.adobe.com, Dublin (Laima), **235.7**; stock.adobe.com, Dublin (Luis), **68.5**; stock.adobe.com, Dublin (luzpower), **227.2**; stock.adobe.com, Dublin (Marco2811), **171.3**; stock.adobe.com, Dublin (matimix), **183.14**; stock.adobe.com, Dublin (Matze), **218.2**; stock.adobe.com, Dublin (Max Topchii), **234.4**; stock.adobe.com, Dublin (mayrum), **46.4**; stock.adobe.com, Dublin (MH STOCK), **230.3**; stock.adobe.com, Dublin (mhp), **195.5**; stock.adobe.com, Dublin (Monkey Business), **217.1**; stock.adobe.com, Dublin (nataba), **221.8**; stock.adobe.com, Dublin (Natalia), **225.2**; stock.adobe.com, Dublin (Nataliia Makarovska), **10.1**; stock.adobe.com, Dublin (nexusseven), **181.3**; stock.adobe.com, Dublin (nightfly84), **222.5**; stock.adobe.com, Dublin (Paopano), **250.6**; stock.adobe.com, Dublin (Patrick Daxenbichler), **216.9**; stock.adobe.com, Dublin (Pavla Zakova), **152.1**; stock.adobe.com, Dublin (Pixel-Shot), **143.2**; stock.adobe.com, Dublin (Pongvit), **231.3**; stock.adobe.com, Dublin (pressmaster), **46.6**; stock.adobe.com, Dublin (PRILL Mediendesign), **96.2**; stock.adobe.com, Dublin (Prostock-studio), **134.1**; stock.adobe.com, Dublin (rammi76), **120.2**; **140.2**; stock.adobe.com, Dublin (roberaten), **270.13**; stock.adobe.com, Dublin (Robert Kneschke), **214.6**; stock.adobe.com, Dublin (rockpix), **63.9**; stock.adobe.com, Dublin (rysan34), **229.3**; stock.adobe.com, Dublin (R-Andreas Klein), **120.1**; stock.adobe.com, Dublin (sawitreelyaon), **115.1**; stock.adobe.com, Dublin (scaliger), **223.7**; stock.adobe.com, Dublin (Sebastiano Fancellu), **169.2**; **173.4**; stock.adobe.com, Dublin (seralex), **172.1**; stock.adobe.com, Dublin (Simon Dannhauer), **264.10**; stock.adobe.com, Dublin (sushaaa), **89.1**; stock.adobe.com, Dublin (svehlik), **242.1**; **299.1**; stock.adobe.com, Dublin (S. Engels), **224.5**; stock.adobe.com, Dublin (taddle), **96.18**; stock.adobe.com, Dublin (th-photo), **223.5**; stock.adobe.com, Dublin (Tijana), **4.3**; **179.4**; stock.adobe.com, Dublin (Tobias Arhelger), **119.5**; stock.adobe.com, Dublin (TTstudio), **224.1**; stock.adobe.com, Dublin (Unkas Photo), **12.8**; **29.1**; stock.adobe.com, Dublin (Uwe), **223.6**; stock.adobe.com, Dublin (Veta), **239.4**; stock.adobe.com, Dublin (Vikivector), **223.1**; **223.2**; **223.3**; stock.adobe.com, Dublin (WavebreakMediaMicro), **68.8**; stock.adobe.com, Dublin (xiquence), **44.13**; stock.adobe.com, Dublin (zhinna), **181.7**; stock.adobe.com, Dublin (12ee12), **49.1**; **65.26**; stock.adobe.com, Dublin (5second), **89.3**; stock.adobe.com, Dublin (6okean), **45.2**; Thinkstock,

Quellennachweis

München (Hemera), **51.12**; Thinkstock, München (iStock/Alexey Stiop), **222.6**; Thinkstock, München (iStock/Elliot Hurwitt), **222.8**; Thinkstock, München (iStock/MDoubrava), **221.3**; Thinkstock, München (iStock/TobyPhotos), **222.7**; tiff.any GmbH & Co. KG, Berlin, **8.1; 8.2; 8.4; 8.5; 10.2; 10.3; 11.1; 11.2; 11.4; 11.5; 11.6; 12.2; 12.4; 13.3; 13.4; 14.1; 15.3; 16.3; 17.2; 18.2; 18.4; 19.1; 19.5; 20.3; 20.4; 20.5; 20.6; 21.3; 23.3; 24.1; 25.2; 26.1; 28.2; 30.1; 31.1; 31.2; 31.3; 33.1; 33.2; 33.3; 33.4; 34.1; 35.2; 35.3; 36.3; 38.3; 38.5; 39.1; 39.3; 39.4; 39.11; 39.13; 40.1; 40.2; 40.3; 40.4; 40.5; 40.6; 40.7; 40.8; 40.9; 41.8; 41.10; 42.5; 42.13; 42.29; 42.31; 43.5; 43.6; 43.9; 43.13; 43.14; 44.1; 44.2; 44.4; 44.6; 44.7; 44.8; 44.10; 45.4; 45.6; 47.3; 47.5; 47.10; 47.13; 47.14; 47.15; 47.19; 47.20; 47.24; 47.25; 48.1; 48.2; 48.3; 48.4; 48.5; 48.6; 48.7; 48.8; 48.9; 48.10; 48.11; 48.12; 48.13; 48.14; 48.15; 49.2; 49.3; 49.13; 49.14; 49.15; 49.16; 49.17; 49.18; 49.19; 49.20; 49.21; 49.22; 49.26; 49.31; 49.34; 49.35; 49.36; 49.39; 49.40; 50.2; 50.6; 50.7; 50.8; 50.9; 50.10; 50.11; 50.12; 51.3; 51.4; 51.7; 51.11; 51.13; 51.14; 51.26; 52.4; 52.27; 53.2; 53.3; 53.4; 53.8; 53.9; 53.10; 53.21; 53.62; 53.63; 53.64; 53.65; 53.66; 53.67; 53.68; 53.69; 53.70; 53.71; 53.72; 53.73; 53.74; 56.1; 56.2; 56.3; 56.4; 56.5; 57.4; 57.5; 57.8; 57.9; 58.2; 58.3; 58.4; 58.5; 58.6; 58.7; 58.8; 58.9; 58.10; 58.11; 58.12; 58.13; 58.14; 58.15; 58.16; 58.17; 58.18; 58.19; 58.34; 59.1; 59.2; 59.3; 60.5; 60.6; 60.8; 60.9; 60.10; 60.11; 61.1; 61.2; 61.3; 61.4; 61.5; 61.6; 61.7; 61.8; 61.9; 61.10; 61.11; 61.16; 62.2; 62.3; 62.4; 62.5; 62.6; 62.7; 62.8; 62.9; 62.10; 62.11; 62.12; 62.13; 62.14; 62.17; 62.18; 62.24; 62.25; 64.14; 64.15; 65.3; 65.5; 65.6; 65.7; 65.8; 65.9; 66.6; 66.9; 66.24; 66.34; 67.1; 67.2; 67.3; 67.4; 67.5; 67.6; 67.7; 67.8; 67.9; 67.10; 67.11; 67.12; 67.13; 67.14; 67.15; 67.16; 67.18; 67.19; 68.1; 68.3; 68.4; 68.6; 68.7; 69.1; 69.2; 69.11; 69.12; 70.3; 70.4; 70.10; 71.1; 71.2; 71.8; 73.1; 73.2; 73.3; 73.4; 74.1; 74.2; 74.3; 74.4; 75.1; 75.2; 75.3; 75.4; 75.5; 75.7; 75.8; 75.9; 75.10; 75.11; 75.12; 75.13; 76.2; 76.3; 76.4; 76.5; 77.3; 77.4; 78.1; 78.2; 78.3; 79.1; 79.2; 79.3; 79.4; 80.1; 80.2; 80.3; 80.5; 81.2; 82.1; 86.1; 86.2; 86.4; 86.5; 87.2; 87.3; 87.5; 87.6; 88.2; 88.3; 88.4; 88.5; 88.6; 88.7; 88.9; 89.7; 89.8; 89.9; 89.11; 90.3; 90.4; 90.5; 91.2; 91.4; 91.5; 91.6; 91.7; 91.8; 92.1; 92.2; 92.3; 92.4; 92.5; 92.6; 92.7; 92.8; 92.10; 92.11; 92.12; 92.13; 92.14; 92.15; 93.2; 93.3; 93.4; 93.5; 93.6; 93.7; 93.8; 93.9; 93.10; 93.11; 93.12; 94.2; 94.3; 94.4; 94.5; 94.8; 95.3; 95.4; 96.3; 96.4; 96.10; 96.20; 96.36; 96.38; 97.2; 97.3; 97.4; 97.5; 97.6; 97.7; 97.8; 97.9; 97.10; 98.1; 100.1; 100.2; 100.3; 100.4; 100.5; 100.6; 100.7; 100.8; 100.9; 100.10; 101.6; 105.4; 106.2; 106.4; 106.5; 106.6; 107.2; 107.3; 107.4; 107.5; 107.6; 109.1; 109.2; 109.3; 109.4; 109.5; 109.6; 110.1; 110.2; 110.3; 110.4; 110.5; 110.6; 110.7; 110.8; 111.1; 111.2; 111.3; 111.4; 111.5; 111.6; 111.7; 111.8; 111.9; 112.1; 112.2; 112.3; 112.4; 113.2; 113.3; 113.4; 113.5; 113.8; 114.1; 114.2; 114.3; 114.5; 114.6; 114.7; 114.8; 114.9; 116.1; 116.2; 116.3; 116.4; 118.1; 119.2; 120.3; 121.1; 121.7; 121.8; 121.10; 122.2; 122.4; 122.7; 122.8; 123.1; 123.2; 124.3; 125.4; 126.1; 126.2; 127.2; 127.4; 127.5; 127.6; 129.1; 133.2; 134.2; 134.3; 134.4; 134.5; 136.1; 137.1; 140.1; 142.1; 142.3; 144.1; 146.2; 146.3; 146.4; 146.5; 146.6; 146.7; 146.8; 147.3; 148.4; 150.4; 150.5; 150.6; 150.7; 150.9; 150.10; 150.11; 150.12; 150.13; 150.14; 150.15; 150.16; 150.17; 151.1; 151.2; 151.3; 151.4; 151.5; 151.6; 152.2; 152.3; 154.1; 155.3; 155.7; 156.1; 156.2; 157.2; 157.3; 157.7; 157.8; 157.9; 157.10; 157.11; 157.12; 158.3; 158.4; 158.6; 158.7; 159.2; 161.1; 162.4; 163.1; 163.2; 163.4; 163.5; 163.6; 164.3; 164.6; 164.7; 164.8; 166.1; 166.2; 166.4; 166.6; 166.7; 167.2; 167.6; 167.8; 167.9; 168.1; 168.2; 169.1; 169.4; 171.2; 171.5; 171.6; 171.7; 171.8; 171.9; 176.4; 177.2; 177.3; 177.4; 177.5; 177.6; 177.7; 180.5; 180.6; 181.1; 181.2; 181.5; 181.6; 181.9; 181.11; 181.12; 181.13; 181.14; 181.15; 182.1; 183.6; 183.9; 183.11; 184.3; 185.8; 186.5; 186.8; 187.2; 187.3; 187.4; 187.5; 187.6; 187.7; 187.8; 187.9; 187.10; 187.11; 187.12; 187.13; 187.14; 187.15; 187.16; 187.17; 187.19; 188.8; 188.9; 189.11; 189.13; 189.14; 190.5; 190.7; 190.8; 191.3; 191.5; 191.9; 192.1; 192.2; 192.3; 194.2; 194.3; 194.5; 194.6; 194.7; 194.8; 194.9; 195.2; 195.3; 195.4; 195.6; 195.7; 195.9; 196.3; 196.4; 197.2; 197.4; 197.5; 198.2; 198.4; 198.6; 199.3; 199.4; 199.5; 199.6; 199.7; 199.8; 200.1; 200.8; 200.9; 200.10; 200.11; 202.10; 204.10; 204.16; 205.2; 205.3; 205.4; 205.5; 205.6; 206.1; 206.2; 207.11; 207.12; 207.18; 207.19; 207.20; 207.21; 207.22; 207.23; 208.3; 208.8; 209.2; 209.6; 213.2; 215.2; 215.4; 216.2; 216.3; 216.4; 216.5; 216.6; 216.7; 219.1; 220.5; 226.3; 226.4; 226.5; 226.6; 226.7; 226.8; 226.10; 228.1; 230.1; 230.5; 231.2; 232.2; 236.3; 237.3; 238.1; 239.1; 239.2; 239.3; 240.1; 240.4; 242.1; 243.4; 245.3; 245.4; 245.6; 245.7; 246.3; 247.5; 247.8; 247.10; 247.11; 247.12; 248.2; 248.3; 248.4; 248.5; 248.6; 248.7; 248.8; 248.9; 248.10; 248.11; 248.15; 248.16; 249.2; 249.3; 249.7; 249.8; 249.13; 249.14; 249.15; 249.16; 249.17; 249.18; 249.19; 249.20; 249.21; 250.12; 250.13; 250.14; 250.15; 250.16; 251.8; 252.2; 252.3; 252.5; 252.6; 252.7; 252.8; 252.9; 252.12; 252.13; 252.14; 252.15; 253.6; 253.7; 254.10; 254.11; 254.12; 254.13; 254.14; 255.3; 255.6; 255.10; 257.4; 257.5; 257.6; 257.7; 258.4; 259.9; 259.11; 259.13; 260.5; 260.6; 260.10; 260.11; 260.15; 260.16; 260.17; 260.18; 260.19; 261.1; 261.2; 261.3; 261.4; 261.5; 261.6; 262.3; 263.5; 263.8; 263.9; 263.10; 264.4; 264.6; 264.9; 264.11; 264.12; 264.13; 265.1; 265.2; 265.8; 268.1; 268.2; 268.3; 268.4; 268.5; 268.6; 268.7; 268.8; 268.9; 268.11; 268.12; 268.13; 268.14; 268.15; 268.19; 268.20; 270.1; 270.2; 270.3; 270.5; 270.6; 270.7; 270.9; 270.10; 270.11; 270.12; 270.14; 271.4; 272.2; 272.3; 272.5; 272.6; 272.8; 272.9; 272.10; 273.2; 273.3; 273.4; 273.6; 273.7; 273.8; 273.13; 273.15; 274.2; 274.3; 274.4; 274.5; 274.6; 274.8; 274.9; 274.11; 275.2; 275.4; 275.5; 276.1; 276.3; 277.1; 277.2; 278.2; 279.5; 280.3; 280.4; 280.5; 280.6; 280.25; 280.29; 280.30; 281.2; 281.3; 281.5; 282.2; 282.3; 282.4; 283.2; 283.3; 284.3; 284.4; 285.1; 285.2; 286.2; 286.3; 287.2; 287.3; 287.4; 287.5; 288.2; 289.2; 290.2; 291.2; 291.3; 291.4; 291.5; 291.6; 291.7; 292.1; 293.2; 294.1; 294.4; 295.3; 296.1; 296.5; 297.1; 297.3; 302.1; 302.3; 302.4; 302.5; 302.6; 302.7; 302.8; 302.9; 303.1; 303.2; 303.4; 303.5; 303.6; 304.2; 304.3; 304.4; 304.6; 304.7; 304.9; 305.1; 305.2; 305.3; 305.4; 305.5; 306.1; 307.1; 308.1**; topset GmbH Rudi Warttmann, Nürtingen, **280.2; 281.4; 283.1; 295.1; 295.4; 295.5; 296.4; 303.8; 304.8; 305.6**; URW, Hamburg, **260.7**; Uwe Alfer, Kråksmåla, Alsterbro, **53.49; 53.50; 53.51; 124.2; 182.4**; www.flaggen-server.de, **49.32**; www.panthermedia.net, München (Daniel Bolloff), **221.6**; Zuckerfabrik Fotodesign, Stuttgart, **128.4; 131.2; 141.1**

*2 Lizenzbestimmungen zu CC-BY-ND-4.0 siehe: http://creativecommons.org/licenses/by-nd/4.0/legalcode

Die Reihenfolge und Nummerierung der Bild- und Text-quellen im Quellennachweis erfolgt automatisch und entspricht u. U. nicht der Nummerierung der Bild- und Textquellen im Werk. Die automatische Vergabe der Positionsnummern erfolgt in der Regel von links oben nach rechts unten, ausgehend von der linken oberen Ecke der Abbildung.

Mathe live 5

Begleitmaterial:
Lösungsheft (ISBN 978-3-12-720153-6)
Arbeitsheft mit Lösungsheft (ISBN 978-3-12-720155-0)

1. Auflage 1 5 4 3 2 1 | 26 25 24 23 22

Alle Drucke dieser Auflage sind unverändert und können im Unterricht nebeneinander verwendet werden.
Die letzte Zahl bezeichnet das Jahr des Druckes.
Das Werk und seine Teile sind urheberrechtlich geschützt. Jede Nutzung in anderen als den gesetzlich zugelassenen Fällen bedarf der vorherigen schriftlichen Einwilligung des Verlages. Hinweis § 60a UrhG: Weder das Werk noch seine Teile dürfen ohne eine solche Einwilligung eingescannt und/oder in ein Netzwerk eingestellt werden. Dies gilt auch für Intranets von Schulen und sonstigen Bildungseinrichtungen. Fotomechanische, digitale oder andere Wiedergabeverfahren nur mit Genehmigung des Verlages.
Nutzungsvorbehalt: Die Nutzung für Text und Data Mining (§ 44b UrhG) ist vorbehalten. Dies betrifft nicht Text und Data Mining für Zwecke der wissenschaftlichen Forschung (§ 60d UrhG).

© Ernst Klett Verlag GmbH, Stuttgart 2022. Alle Rechte vorbehalten. www.klett.de
Das vorliegende Material dient ausschließlich gemäß § 60b UrhG dem Einsatz im Unterricht an Schulen.

Autoren: Karl Charon, Marie Diekgerdes, Dr. Dorothee Göckel, Mareike Helmis, Sabine Kliemann, Dr. Regina Puscher, Matthias Römer, Ronja Wienewski
Beratung: Marianne Richter, Wolfram Schmidt, Dr. Dirk Tönnies

Entstanden in Zusammenarbeit mit dem Projektteam des Verlages.

Gestaltung: Susanne Hörner, Staufen
Umschlaggestaltung: Susanne Hörner, Staufen
Titelbild: Getty Images (Moment/Nancybelle Gonzaga Villarroya), München; Getty Images (Moment/Witthaya Prasongsin), München
Satz: tiff.any GmbH & Co. KG, Berlin
Druck: Industriedruck Brandenburg GmbH, Wustermark

Printed in Germany
ISBN 978-3-12-720151-2